OEUVRES COMPLÈTES

DE PIERRE DE BOURDEILLE

SEIGNEUR DE

BRANTÔME

IMPRIMERIE GÉNÉRALE DE CH. LAHURE
Rue de Fleurus, 9, à Paris

OEUVRES COMPLÈTES

DE PIERRE DE BOURDEILLE

SEIGNEUR DE

BRANTÔME

PUBLIÉES D'APRÈS LES MANUSCRITS
AVEC VARIANTES ET FRAGMENTS INÉDITS
POUR LA SOCIÉTÉ DE L'HISTOIRE DE FRANCE

PAR LUDOVIC LALANNE

TOME CINQUIÈME

GRANDS CAPITAINES FRANÇOIS
COURONNELS FRANÇOIS

A PARIS

CHEZ Mme Ve JULES RENOUARD

LIBRAIRE DE LA SOCIÉTÉ DE L'HISTOIRE DE FRANCE

RUE DE TOURNON, N° 6

M DCCC LXIX

EXTRAIT DU RÈGLEMENT.

Art. 14. Le conseil désigne les ouvrages à publier, et choisit les personnes les plus capables d'en préparer et d'en suivre la publication.

Il nomme, pour chaque ouvrage à publier, un Commissaire responsable, chargé d'en surveiller l'exécution.

Le nom de l'éditeur sera placé en tête de chaque volume.

Aucun volume ne pourra paraître sous le nom de la Société sans l'autorisation du Conseil, et s'il n'est accompagné d'une déclaration du Commissaire responsable, portant que le travail lui a paru mériter d'être publié.

Le Commissaire responsable soussigné déclare que l'Édition des OEuvres complètes de Pierre de Bourdeille, seigneur de Brantôme, *préparée par* M. Ludovic Lalanne, *lui a paru digne d'être publiée par la* Société de l'Histoire de France.

Fait à Paris, le 31 janvier 1869.

Signé JULES MARION.

Certifié,

Le Secrétaire de la Société de l'Histoire de France,

J. DESNOYERS.

LES VIES

DES

GRANDS CAPITAINES

FRANÇOIS.

Puisque nous sommes encor sur les princes, il en faut encor continuer deux; et parleray de M. de Montpensier le premier.

M. de Montpensier, Louys de Bourbon, fut extraict de l'estoc de ce grand roy sainct Louys, ainsi qu'il est vray et qu'il en faisoit grand' jactance; et tascha fort de l'imiter en l'observance de sa saincte religion catholique, et en probité de mœurs tant qu'il pouvoit, bien qu'il fust homme comm' un autre :

M. de Montpensie

1. Louis de Bourbon, deuxième du nom, duc de Montpensier, fils de Louis de Bourbon, premier du nom, et de Louise de Bourbon, comtesse de Montpensier, sœur du connétable, né le 10 juin 1513, mort le 23 septembre 1582. Il épousa, 1° en 1538, Jacqueline de Longwic, comtesse de Bar-sur-Seine, morte en 1561; 2°, le 4 février 1570, Catherine de Lorraine, fille de François, duc de Guise, morte sans enfants le 6 mai 1596.

toutesfois il vivoit plus sainctement que le commun; pour le moins le monstroit-il fort par apparance; du reste je n'en puis juger, puisque cela appartient à Dieu de cognoistre le juste.

Il fut petit-filz de M. de Montpensier[1], dict messire Gillibert de Montpensier, qui fut laissé viceroy par le roy Charles VIII au royaume de Naples, qu'il garda le mieux qu'il peut; mais après il le perdit par faute de secours et d'argent dont il mourut de tristesse, autres disent de poison, autres de sa mort naturelle, qu'il advança des malaises qu'il receut après le traité d'Atelle[2] mal accomply, comme je l'ay ouy dire audict M. de Montpensier sondict petit-filz, dont je parleray maintenant.

Les histoires, tant les nostres que les estrangères, en parlent diversement. M. Philippe de Commines[3] y vient au poinct, auquel je renvoye les lecteurs, et mesmes quand il parle du traicté d'Atelle, qu'il dict estre le plus ignominieux qui aye esté jamais veu, après celuy des fourches claudiannes du temps des Romains, puis qu'estant encor de reste cinq ou six mil hommes de guerre, tant François qu'Allemans, Suysses, Italiens, ilz pouvoient donner une battaille,

---

1. Gilbert de Bourbon, comte de Montpensier, dit le *Comte Dauphin*, vice-roi de Naples et duc de Sessa, mort à Pozzuolo le 5 octobre 1496.

2. Le comte de Montpensier, enfermé avec 5000 hommes par Ferdinand II dans Atella, fut obligé de se rendre le 20 juillet 1496. Il devait être, ainsi que ses soldats, reconduit en France; mais la capitulation ne fut point observée; il fut cantonné entre Baia et Pozzuolo avec ses troupes qui furent presque entièrement détruites par la fièvre. Lui-même en fut atteint et en mourut.

3. Voyez Commines, livre VII, chapitre 21.

où, quand ilz l'eussent perdeue, n'eussent perdu tant de gens de coup de main comme ilz en perdirent de pauvretté, fain et misère; si que possible l'eussent-ilz gaignée. Pourquoy non? Les Arragonnois s'en moquoyent fort et s'en moquent encor, comme je l'ay veu dans Naples s'en rire; mesmes que dans le chasteau vous en voyez des painctures, qui nous en doit faire mal au cœur quand nous les voyons. Lesdictz Arragonnois et Espaignolz disoient, et disent encor : que ce malheur arrivast audict M. de Montpensier par une vangeance divine, pour avoir rompu les trefves faictes dans le Castel Novo[1] en sortant par mer, laissant ses pauvres ostages, gens de bien et d'honneur, telz que les histoires nomment, à la mercy du cousteau de la justice. Que si Ferdinand fust esté aussi cruel qu'aucuns de ses prédécesseurs, sans faillir ilz avoient tous la teste trenchée par juste droit de guerre. En quoy ledict M. de Montpensier fut blasmé fort, tant des siens que des estrangers.

Ce Gillibert ne mourut sans enfans, car il laissa Louys, Charles et François de Bourbon[2].

---

1. Il avait été conclu entre Ferdinand et Montpensier une trêve, aux termes de laquelle le Château-Neuf devait être livré par celui-ci, s'il n'était secouru dans un délai de trente jours. Mais, le délai expiré, Montpensier se sauva avec 2500 hommes, abandonnant Yves d'Alègre, Guillaume de la Mark, etc. qu'il avait livrés comme otages.

2. Il eut de Claire de Gonzague : 1° Louis, deuxième du nom, comte de Montpensier, dauphin d'Auvergne, mort au siége de Naples, à dix-huit ans, le 14 août 1501; 2° le connétable Charles de Bourbon; 3° François, duc de Châtellerault, tué à la bataille de Marignan.

Ce Louys mourut au royaume de Naples, y allant soubz la conduicte du conte d'Armaignac[1]; duquel Louys on treuve par escrit[2] que, visitant là les os et la sépulture de son père, et luy donnant de l'eau béniste, il devint si transi et si perdu de deuil et de tristesse, que soudain il tumba tout estendu mort sur le tumbeau. Je l'ay ainsi ouy raconter à aucuns dans Naples, qui mesmes me disoient qu'il eust mieux valu qu'il eust redoublé son courage pour en faire une belle vangeance que mourir ainsi, et d'autant plus en fust-il esté très-honoré et loué.

M. Charles de Bourbon ne fit pas ainsi; car, tant qu'il prit le party de son roy, il haussa autrement son courage et esveilla ses espritz : car il fut grand ennemy des Espaignolz, et en sacriffia plusieurs d'eux sur la mémoire de son père : mais après il les ayma bien autant quand il se mit avecqu' eux, qui luy firent acquérir beau renom et belle mort à la prise de Rome, comme j'ay dit.

Son jeune frère François, très-vaillant chevalier, fut tué à Marignan.

De tous ces trois enfans venus dudict Gillibert et de Clère ou Clérice de Gonzague, dont est très-grande alliance entre ces deux maisons de Bourbon et Mantoue, là où ledict M. de Bourbon fut très-bien retiré et receu quand il tira en Italie au service de l'empereur, fut leur sœur et première née, dicte Louyse de Bourbon, qui fut femme de Louys de Bourbon, prince de La Roche-sur-Ion, d'où sortit : M. de Montpensier duquel je parle, et qui le premier a esté

---

1. L. d'Armagnac duc de Nemours. — 2. V. Guichardin, liv. V.

duc, et les autres paradvant ne portoient que titre de contes, M. le prince de La Roche-sur-Ion, dict Charles de Bourbon[1], et Suzanne de Bourbon, dicte madame de Rieux, mariée en ceste grande maison de Rieux en Bretagne[2].

J'ay veu ceste dame Louyze de Bourbon que je dis, seur à M. de Bourbon, une très-honnorable, sage et vertueuse dame, qui a vescu cent ans[3]; et sa vieillesse estoit très-belle, car le sens et la parolle ne luy avoient point manqué. Le roy François II demeura avec sa court trois jours à Champigny; il l'alloit voir tous les jours en sa chambre (laquelle n'en bougeoit pour son imbécille vieillesse) avec tous les princes et grandz de la court : si faisoient les reynes, et mère et régnante, et toutes les dames; et entroit lors qui vouloit. Tout le monde l'arregardoit fort attentivement, et moy aussi bien que les autres, et tous l'admirions, autant pour sa vénérable vieillesse que pour estre sœur de ce grand M. de Bourbon; et les plus vieux, qui l'avoient veu, nous disoient qu'elles ressembloit fort à son frère de visage, et d'autant plus l'arregarda-on. Il ne sçauroit avoir plus haut de trente ans[4] qu'elle est morte, là où le roy, la reyne et tous les princes de la court et d'ailleurs, ses alliez, envoyarent ambassadeurs et agentz pour se trouver

1. Voyez son article après celui-ci.
2. Suzanne de Bourbon, mariée le 29 novembre 1529 à Claude de Rieux, morte en février 1570.
3. Elle mourut le 5 juillet 1561, non point à cent ans, mais n'ayant pas encore quatre-vingts ans, car son père s'était marié le 24 février 1481.
4. Le ms. 6694 portait d'abord *vingt ans*.

à ses obsèques, ainsi qu'est la coustume de ce faire parmy les grandz.

J'ay faict ceste digression de généalogie, que j'ay apprise mesmes de M. de Montpensier, pour monstrer son droict à aucuns doubteux sur la succession de M. de Bourbon, laquelle il retira en partye petite à la fin, avec de grandes peines et procez, puisque le bien a esté confisqué à la couronne.

Il n'en peut avoir grand cas du temps du roy François, pour la hayne qu'il[1] portoit à M. de Bourbon, et que la playe qu'il[2] luy avoit faicte estoit fort récente encor, et aussi qu'il estoit fort exact observateur de ses éditz et de ses droictz, car il en prétendoit de très-grandz par celuy de madame la régente, dont sourdist le mescontentement et la rébellion dudict M. de Bourbon.

Du temps du roy Henry, il en eut quelques lipées par le moyen de madame Jacquette de Longvic[3], de la maison ancienne de Givry, yssue de celle de Chaalon et des pallatins de Bourgoigne. Ceste dame, madame la duchesse de Montpensier, du temps du roy François, par un moyen que l'on disoit lors, M. d'Orléans la servant (quel mal pour cela? M. de Rostain, qui vit encor, le sçait bien), eut grande faveur à la court : mais elle n'y peut rien faire à ceste succession, pour la raison que j'ay dict; aussi qu'ell'estoit jeune et non si spirituelle comm'elle fut despuis. Du temps du roy Henry, ell'eut beaucoup

---

1. *Il*, François Ier. — 2. *Il*, le connétable.
3. Voyez plus haut, p. 1, note 1.

de faveur, car elle devint plus habile et gouvernoit fort la reyne.

Le roy François II vint à son règne, où elle peut beaucoup, car je l'ay veue gouverner si bien le roy et la reyne, que j'ai veu aussi deux fois de mes yeux que le roy faisoit recommander la cause de madicte dame, qui faisoit tout et son mary peu, et solliciter contre la sienne propre. Cela estoit fort commun à la court; et si vis une fois M. le cardinal de Lorraine, de la part du roy, en parler à messieurs de la court, qu'il avoit aussi envoyé querir à son hostel de Cluny lorsque le roy alla à Orléans, et leur recommander le droict de ladicte dame (ell'y estoit présente), jusques à dire que le roy la vouloit grattiffier en cela qu'il renonçoit pour sa part et son droict à ceste succession, et qu'il n'en vouloit nulle portion ny part, et qu'ilz passassent et coullassent cela le plus légèrement pour luy qu'ilz pourroient.

Pour fin, ceste princesse et ce prince et les leurs, les uns après les autres, ont tant travaillé, sollicité et plaidoyé, qu'ilz en ont eu pied ou aesle, fors la duché de Chastelleraud, que les roys par cy-devant n'avoient voulu desmordre et l'avoient mise à leur propre; laquelle despuis donnarent pour apanage à madame leur sœur naturelle légitimée, que nous avons veu longtemps appeler madame de Chastelleraud, aujourd'hui madame d'Angoulesme[1].

A ceste heure[2] ce duché est retourné à ceste maison de Montpensier, laquelle peut maintenant dire

---

1. Diane d'Angoulême, fille légitimée de Henri II.
2. *Var.* Asture. — Au moment où écrivait Brantôme, le duché

avoir cognu la fortune d'une et d'autre façon, car ell'a demeuré longtemps pauvre. Et disoit-on du règne du roy François et Henry au commancement, que M. de Montpensier estoit le plus pauvre prince de toute la France ; et il est mort le plus riche, après le chef de son nom, qu'est le roy de Navarre, car il a laissé à son héritier plus de trois cens mille livres de rente, et en argent monnoyé et autrement, bagues, joyaux et meubles, plus de trois cens mil'-escus (ce disoit-on à la court et comme je l'ouys dire à un grand qui le sçavoit bien) lorsqu'il mourut ; si bien qu'on disoit de luy qu'il ressembloit les chevalliers de Malte qui sur l'aage avoient des biens et honneurs ; car, de ces règnes là que je dis, il n'eut tous ces grandz biens..

Il ne fut non plus advancé en grades ny honneurs, ny à la court, ny aux armées, ausquelles pourtant il se trouvoit près de la personne de son roy en simple et privé prince, ne commandant qu'à sa compagnie de gens-d'armes (le père de Fontaine-Guerin[1], brave et vaillant capitaine, estoit lors son lieutenant), qu'il avoit tousjours belle et la mettoit tousjours en besoigne, à laquelle il sçavoit tousjours bien commander : que si elle faisoit une

de Châtellerault était engagé depuis le 26 novembre 1583 à François de Bourbon, duc de Montpensier.

1. Jean de Bueil, seigneur de Fontaines-Guérin, gentilhomme de la chambre du roi, lieutenant de la compagnie des gens d'armes du duc de Montpensier. Il était père de Honorat de Bueil, seigneur de Fontaines-Guérin, chevalier des ordres du roi (1583), vice-amiral et lieutenant général pour le roi en Bretagne, tué à Saint-Malo le 14 mars 1590.

petite faute, il disoit qu'ell'avoit faict de la sotte; si
bien qu'un temps cela couroit à la court, qu'on disoit : « Vous avez faict la compagnie de M. de Mont-
« pensier; » qu'estoit autant à dire : « Vous avez
faict de la sotte. » Il estoit très-brave, très-vaillant
prince, ainsi qu'il le fit bien parestre à la bataille de
Sainct-Quantin, là où il fut pris en combattant vaillamment; et là il eut pourtant quelque petite charge
de régiment au règne du roy François II, pour l'a-
mour des hautz bruitz et crieries qu'on faisoit : que
les princes du sang estoient du tout recullez d'auprès
de la personne du roy, et n'avoient nulles charges,
grades ny dignitez. On lui donna le gouvernement
de Touraine et d'Anjou, et à M. le prince son frère
celui d'Orléans, où fut son lieutenant M. de Sci-
pière, qui servit beaucoup contre la conjuration
d'Amboise[1]. Aux règnes de nos autres roys Charles
et Henry, mondict sieur de Montpensier commança
et continua d'avoir force grandes charges. Quand la
première guerre civile vint, il fut lieutenant de roy
en tous ces pays d'Anjou, le Mans, le Perche, Touraine et autres pays circonvoisins; et là en ceste
guerre, voulant du tout imiter le roy sainct Louys,
son grand mirouer, contre les infidelles, cestuy-cy,
disoit-on, de mesmes se monstra animé contre les
hérétiques qu'il ahissoit mortellement, jusques-là,
quand il les prenoit par composition, il ne la leur
tenoit nullement, disant qu'à un hérétique on n'estoit
nullement obligé de garder sa foy; ainsi qu'il le pra-

---

1. *Var.* Car il amena les forces premières qui estonnarent fort
les conjurateurs (ms. 6694, f° 339 v°).

ticqua bien à l'endroict du capitaine des Marays, qu'il prit dans le chasteau de Rocheffort-sur-Loyre par honneste capitulation et sur sa foy, et puis le fit exécuter aussi tost, se fondant sur son apopthème[1] que je viens de dire.

Quand on lui amenoit quelques prisonniers, si c'estoit un homme, il luy disoit de plein abord seulement : « Vous estes un huguenot, mon amy, je « vous recommande à M. Babelot. » Ce M. Babelot estoit un cordellier[2], sçavant homme, qui le gouvernoit fort paisiblement et ne bougeoit jamais d'auprès de de luy, auquel on amenoit aussitost le prisonnier, et lui, un peu interrogé, aussitost condempné à mort et exécuté. Si c'estoit une belle femme et fille, il ne leur disoit non plus autre chose, sinon : « Je « vous recommande à mon guidon; qu'on la luy « mène. » Ce guidon estoit M. de Montoiron[3], de l'ancienne maison de l'archevesque Turpin, du temps de Charles-Maigne, et en portoit le nom de Turpin. Il estoit un très-beau gentilhomme, grand, de haute taille, et avec cela si bien proportionné de son membre, qu'on disoit estre desmesuré et extravaguant et insatiable. Avec cela repassoit ainsi ces pauvres prisonnières, lesquelles, possible aucunes, mesmes les femmes, en estoient très-aises et contentes, et eussent desiré tousjours telle punition. Quand aux pauvres filles, je croy que le mal leur estoit

---

1. *Var*. Apotechme (apophthegme).

2. Il fut pris par les protestants, lorsqu'il s'emparèrent du château de Champigny, en 1568, et pendu. Voyez de Thou, livre XLIV.

3. Probablement Charles Turpin, seigneur de Montoiron, marié à Madeleine Babou.

cuysant[1] pour un temps. Je ne sçay si tout cela est vray, mais j'estois présent un jour à un disner de feu M. de Guyze, à qui on lui fit ce conte, en présence de madame de Guyze sa femme, de madamoiselle de l'Admirande[2], et autres dames et filles de la court qui estoient à table, ausquelles mondict sieur de Guyze leur en fit à toutes la guerre; et ne fut sans faire rire et hommes et femmes. Et si ce mot se dist longtemps à la court parmy les dames et gallans de la court qui leur disoient : « Je vous re-« commande au guidon de M. de Montpensier. » Dont aucunes qui en sçavoient le *tu autem* et desmesurée proportion disoient, ou par timidité ou par hypocrisie : « Ah! Dieu nous en gard'! » D'autres disoient : « Il nous fairoit pis que la raison. »

Voylà la punition de ces pauvres dames huguenottes, invantée par M. de Montpensier, qui me faict penser avoir esté prise et tirée possible de Nicéphore[3] par M. Babellot, où il dict que l'empereur Théodose osta et abollit une coustume qui estoit de longtemps dans Rome, à sçavoir que, si quelque femme avoit estée surprise en adultère, les Romains la punissoient, non par la cohersion du crime qu'ell'avoit commis, mais par plus grand embrazement de paillardise; car ilz enfermoient en un' estroicte logette celle qui avoit commis l'adultère, et puis après permettoient impudemment qu'ell' assouvist sa lubricité et paillardise son saoul, et d'un

1. *Var.* grief (ms. 6694, f° 340 v°).
2. De la maison de Pic de la Mirandole.
3. Le fait est rapporté non dans l'*Histoire ecclésiastique* de Nicéphore Calliste, mais dans celle de Socrate, liv. V, chap. xviii.

chascun qui voudroit venir. Et qui estoit plus vilain et salle, c'est que les compaignons gallans et paillardz qu' y alloient, se garnissoient et accommodoient de certaines sonnettes au temps qu'ilz avoient compaignie avec la dame, à ce qu'au mouvement, elles faisans un son et tintinement, donnassent non-seulement advertissement aux passans et escoutans de leur faict et besoigne qu'ilz y estoient, mais aussi affin que par ce moyen, et à ce son de sonnettes, fust enseignée ceste peine conjoincte avec injure et opprobre. Quel opprobre! dont elles s'en soucyoient beaucoup.

Vrayment voylà une terrible coustume que ce sage empereur abollist, ainsi que le dict l'historien Nicéphore, dans lequel, possible, M. Babellot l'avoit feuillettée et tirée pour la faire practiquer à ce brave guidon; lequel, au bout de quelque temps, despesché de M. son capitaine vers le roy en poste, vint à la court où il n'avoit jamais esté guières veu; mais je vous assure qu'il fut là bien veu et cognu et fort admiré pour sa grand'vertu naturelle, et mesmes des dames, dont j'en vis aucunes qui en rioient bien soubz bourre et en disoient bien leur rastellée. J'ay faict ceste disgression parce qu'elle m'est venue en main et m'en fust eschappée un'autre fois, et aussi qu'il faut un peu rire quelque petit coup, et n'estre pas si sérieux qu'on ne se jette sur la bouffonnerie et risée[1].

Pour tourner à mondict sieur de Montpensier,

---

1. Tout le passage depuis *si c'estoit une belle femme* (p. 10), est raturé sur le ms. 3263.

après qu'il eut bien purgé son gouvernement d'Anjou, Touraine et autres, puis par l'assistance aussi que luy firent MM. de Chavigny et Puygaillard, deux très-bons capitaines, et le capitaine Richelieu [1], qu'on appelloit le moyne Richelieu, qui avoient tous faict très-bien autresfois en Piedmont, et ailleurs faict de très-belles preuves de leur valeur, il fut envoyé lieutenant de roy en Guienne, Poitou, Onix [2], Xaintonge, Angoumois, où il servit très-bien le roy; et les huguenotz trembloient fort soubz luy, et eussent encor plus faict, sans que le roy de Navarre vint à mourir; et ce bon homme s'alla proposer en son ambition (car il en avoit sa bonne part, comme ceux de sa sorte en doivent avoir) qu'il tiendroit sa place en France, comme lors premier prince du sang après M. le cardinal de Bourbon, mais son [3] chappeau rouge l'excusoit, qui nonobstant y aspiroit un peu; et pour ce demanda au roy son congé, que moitié l'un, moitié l'autre, luy accorda. Il s'en vint à la court, disant aux uns et autres, quand il s'offroit à eux, ce seul mot : « Ast' heure j'ay moyen de vous tous re-
« cognoistre et faire plaisir, mes amys; car vous sça-
« vez bien que le roy de Navarre est mort (sans dire
« autre mot) et que je m'en vois à la court. » Mais y estant, comme je l'y vis arriver au bois de Vincenes, il se donna garde qu'il trouva sa place prise et qu'il n'en tint autre qu'auparavant; car il avoit

1. François le Roy, seigneur de Chavigny. — Jean Léaumont, seigneur de Puy-Gaillard. — Antoine du Plessis, seigneur de Richelieu.
2. *Onix*, Aunis.
3. *Son*, le chapeau du cardinal de Bourbon.

affaire à une maîtresse femme que la reyne mère, qui ne vouloit point de compaignon en ce lieu là, et aussi à feu M. de Guyze le Grand, qui s'entendoit avecqu' elle, et qui d'un seul clin d'œil gouvernoit la France, pour la grand' créance qu'elle avoit en luy, et qu'il avoit les forces en main.

Toutesfois il sembla (et le disoit-on) que mondict sieur de Montpensier en fist du malcontent, et voulust induire M. le cardinal d'en faire de mesmes, car ilz ne bougeoient d'ensemble; mais on leur donna à tous deux ceste petite souppe à la gorge (ainsi parloit-on), qu'ilz seroient les chefz du conseil. Et sur ce encor, la reyne les sceut bien mener et plastrer, qu'ilz se sentirent encor très-heureux de ce petit morceau. Ceux qui estoient de ce temps, et qui ont veu ces mistères comme moy, se souviendront bien si je dis vray ou non; car j'ay veu tout cela aussi bien qu'eux.

Les secondz troubles vindrent, où M. de Montpensier fut ordonné du roy, avec M. de Nemours, de mener l'avant-garde, qui fut autant que s'il fust esté lieutenant de roy ailleurs, voire plus, là où est la personne de son roy ou de Monsieur son frère, qui le représente en tout et tel que celuy-là, car il n'y en eut jamais en France qui ayt eu telle autorité.

Les troisiesmes troubles s'ensuivirent par amprès coup sur coup. Il fut lieutenant de roy; et à luy ne firent nul scrupulle d'obéir les plus grandz et bizarres capitaines d'alors, comme MM. de Martigues, de Brissac et d'Estrozze. Ce fut lors qu'ilz deffirent les Provençaux en Périgord, qui fut une deffaicte de grand' importance pour les huguenotz. Cela faict, il s'alla joindre avec M. nostre général vers Chastelleraud. Et bien luy servit d'estre bon et sage capitaine, de faire bonnes et longues traites pour cela, car messieurs le Prince et l'admiral le suivirent de près pour se mettre entre deux, et empescher leur assemblement.

M. de Montpensier menoit tousjours l'advantgarde, où il estoit tousjours fort honoré des nostres et redouté des huguenotz, car il ne parloit que de pendre, comme il fit à Mirebeau : et s'il eust esté creu, il ne s'en fust guières eschappé d'eux. Mesmes à ce grand M. de La Noue[1], et qui méritoit toute courtoisie, lorsqu'il fut pris il ne se peut garder de lui dire : « Mon amy, vostre procez est « faict, et de vous et de tous vos compagnons; son- « gez à vostre conscience. » Mais M. de Martigues vint là, qui le sauva, comme je diray ailleurs.

Les quatriesmes guerres s'esmeurent. M. de Montpensier fut encor lieutenant de roy; car il ne reffusa jamais de ces commissions, pour la hayne qu'il portoit aux huguenotz, et pour le sainct zelle de sa religion. Il vint en Poitou, où il trouva de l'affaire et un homme que je viens dire, M. de La Noue, qui luy en donna bien, et mesme au siège de Fontenay et Luzignan[2], qu'il prit pourtant à la fin : aussi avoit-il des bons capitaines, et de cheval (comme M. de Chavigny, M. du Lude, gouverneur de Poitou, Puygaillard et autres), et de gens de

---

1. Il fut fait prisonnier à Jarnac et à Moncontour.
2. En 1574.

pied, maistres de camp messieurs de Sarriou, de Bucy et Lucé[1].

Le siège de Luzignan fut fort long et de grand combat : j'en parleray, possible, ailleurs. Il fut pris, et, pour éterniser sa mémoire, il pressa et importuna tant le roy nouveau venu de Poulloigne qu'il le voulût en ce gratiffier, qu'il fit raser de fons en comble ce chasteau, dis-je ce beau chasteau si admirable et si ancien, qu'on pouvoit dire que c'estoit la plus belle marque de forteresse antique, et la plus noble décoration vieille de toute la France, et construicte, s'il vous plaist, d'une dame des plus nobles en lignée, en vertu, en esprit, en magnifficence et en tout, qui fust de son temps, voire d'autres, qui estoit Merlusine, de laquelle y a tant de fables; et, bien que soient fables, si ne peut-on dire autrement que tout beau et bon d'elle; et, si l'on veut venir à la vraye vérité, c'estoit un vray soleil de son temps, de laquelle sont descendus ces braves seigneurs, princes, roys et capitaines portans le nom de Luzignan, dont les histoires en sont plaines, ceste grande maison d'Archiac en estant sortie en Xaintonge, et Sainct-Gelais, dont les marques en restent très-insignes.

Lorsque la reyne mère fit la trefve avec Monsieur, frère du roy, à Jazeneuil[2], que Monsieur estoit à Sainct-Mexant (j'estois lors avecqu' elle, MM. d'Estrozze, de Grillon, Lanssac et La Rochepouzay; il

---

1. Bussy d'Amboise. — Jean de Couesme, baron de Lucé, tué au siége de Lusignan en 1574.
2. En 1575.

n'y avoit que nous quatre de courtizans avecqu'elle), l'envye luy prit, et s'en retournant à Poitiers, de s'esloigner un peu de son chemin, et passer à Luzignan pour en voir les ruynes.

Certes elle les y vit, et qui luy toucharent fort au cœur; si que[1] l'en vis en parler fort tendrement, et dire ces motz : « Hé! falloit-il que si belle, forte
« et noble place, à l'appétit d'une certaine opi-
« niastrètté mal à propos de M. de Montpensier,
« soit estée ainsi ruynée de fons en comble! Que
« quand le roi mon filz bien qu'il y eust esté en per-
« sonne, et qu'elle luy eust faict telle résistance, il
« ne l'eust jamais voulu faire abbattre, je m'en as-
« sure; pour le moins ce ne fust pas esté par mon
« conseil, car c'estoit la perle antique de toutes ses
« maisons, et le plus bel ornement qu'on y eust sceu
« voir. Jamais ne l'avois veue, dict-elle, sinon lors-
« qu'estant bien jeune j'y passay au voyage de Par-
« pignan[2]; mais, pour ma jeunesse d'allors, je n'en
« avois jamais conceu l'impression de sa beauté et
« grandeur comme je la comprendz encor par sa
« ruyne. Que, si je l'eusse eue si bien empraincte en
« mon esprit comme je l'ay, je vous assure que le
« roy mon filz n'eust donné jamais à M. de Mont-
« pensier le congé de l'abbattre à l'appétit de sa pas-
« sion, et jamais Chameraud[3] n'eust triumphé de si
« noble et riche despouille pour bastir et agrandir
« sa petite maison de Marigny. » Car il faut notter

1. *Var.* Si que je l'en vis (ms. 6694, f° 341 v°). — 2. En 1542.
3. Mery de Barbezières, sieur de Chemerault. Suivant de Thou (liv. LIX), ce fut à la sollicitation des habitants de la province que le château fut démoli.

que le roy en donna toute la ruyne audict sieur de Chameraud, qui avoit esté son enseigne de gens d'armes, quand il estoit Monsieur, dont il en a faict bastir une très-belle maison, qui n'est qu'à deux lieues de Luzignan, qui s'appelle Marigny.

Voylà ce que j'en vis dire à la reyne, qui se pourmena, advisa partout, et s'y amusa si fort, que, bien qu'on luy dist qu'il se faisoit tard et n'arriveroit qu'à la nuict noire à Poictiers, comm' elle fit, n'en laissa sa contemplation.

Je la vis aussi fort blasmer le sieur de Saincte-Solline, qui l'avoit laissé prendre et perdre en estant capitaine, et en avoit achepté la capitainerie du sieur du Vigean[1], que luy et ses prédécesseurs de la maison du Fou avoient gardé plus de six vingtz ans. Car on disoit que ledict Saincte-Solline, aymant un peu trop l'avarice, n'avoit léans qu'un pauvre vieux mortepaye, qui se laissa surprendre : que s'il n'eust ouvert la porte, et l'eust bien fermée seulement, et ne parler[2] à personne, ceste place estoit imprenable à tout le monde.

Voilà la pitié et ruyne de ceste place. J'ai ouy dire à un vieux morte-paye, il y a plus de quarante ans, que quand l'empereur Charles vint en France, on le passa par là pour la délectation de la chasse des dains, qui estoient là, dans un des plus beaux et an-

---

1. Les protestants s'étaient emparés sans coup férir de Lusignan en 1567.

2. *Ne parler*, pour *n'eust parlé*, se retrouve dans les deux manuscrits; c'est très-probablement une faute commise d'abord par le secrétaire qui avait écrit sous la dictée de Brantôme, puis reproduite par les copistes de ces deux manuscrits.

ciens parcz de France, à très-grande foizon, qui ne se peut saouler d'admirer et de louer la beauté, la grandeur et le chef-d'œuvre de ceste maison, et faicte, qui plus est, par une telle dame, de laquelle il s'en fit faire plusieurs contes fabuleux, qui sont là fort communs, jusques aux bonnes femmes vieilles qui lavent la lexive à la fontaine, que la reyne mère voulut aussi interroger et ouyr.

Les unes luy disoient qu'ilz la voyoient quelques fois venir à la fontaine pour s'y baigner, en forme d'une très-belle femme et en habit d'une vefve; les autres disoient qu'ilz la voyoient, mais très-rarement, et ce les samedis à vespres (car en cest estat ne se laissoit-elle guières voir) se baigner, moytié le corps d'une très-belle dame et l'autre moytié en serpent; les unes disoient qu'ilz la voyoient se pourmener toute vesteue avecqu'une très-grave magesté; les autres, qu'elle paroissoit sur le haut de sa grosse tour en femme très-belle et en serpent; les unes disoient que, quand il devoit arriver quelque grand désastre au royaume, ou changement de règne, ou mort et inconvénient de ses parens, les plus grandz de la France, et fussent roys, que trois jours avant on l'oyoit crier d'un cry très-aigre et effroyable par trois fois : on tient cestuy-cy pour très-vray. Plusieurs personnes de là qui l'ont ouy assurent, et le tiennent de pères en filz; et mesmes que, lorsque le siège y vint, force soldatz et gens d'honneur l'affirment qui y estoient; mais surtout, quand la sentence fut donnée d'abbattre et ruyner son chasteau, ce fut alors qu'elle fit ses plus hautz cris et clameurs; cela est très-vray, par le dire d'honnestes gens. Du despuis on ne l'a point ouye. Aucunes vieilles pourtant disent qu'elle s'est apparue, mais très-rarement.

Pour fin et vraye vérité finale, ce fut en son temps une très-sage et vertueuse dame, et maryée et vefve, et de laquelle sont sortis ces braves et généreux princes de Luzignan, qui par leur valeur se firent roys de Cypre, parmy les principaux desquelz fut Geoffroy à la Grand' Dent, qu'on voyoit représenté sur le portail de la grand' tour en très-grande stature.

Je n'ay guières veu de personnes qu'ayant veu ce chasteau en son lustre et splandeur, et puis en sa mémorable ruyne, qui ne maudist M. de Montpensier et son opiniastretté folle en cela : si que les roys ses enfans (disoit ladicte reyne) n'en avoient tant faict envers les villes qui avoient tenu, eux présens, contr' eux, et ne les avoient démolies, et luy avoit voulu faire plus qu'eux et se faire craindre et respecter.

Aussi tint-on de ce temps-là que ce prince susdict ne l'emporta guières loing, qu'il n'en eust un' estrette bien sarrée; car le roy, le voulant continuer en sa charge de lieutenant général et l'envoyer en Xaintonge et aux isles pour achever ses conquestes et l'y faire obéyr, il n'y voulut point aller; ains, voulant passer son ambition plus avant, s'il lui sembloit, il sçait comme le roy s'achemine à Reims pour s'y faire sacrer[1], il s'y achemine aussi pour s'y trouver au sacre, et là y tenir le premier rang après Monsieur et le roy de Navarre, et l'oster à M. de Guyze qui estoit là avant luy. Mais à quelles journées

---

1. Henri III fut sacré à Reims le 13 février 1575.

et en plein hiver! les plus grandes que j'aye jamais veu faire; car lors le roy m'ayant envoyé vers M. de La Noue à La Rochelle, et m'en retournant en poste le retrouver, je treuve mondict sieur de Montpensier à Bloys, ainsi que je courois et luy à ses journées; il arriva le soir à Paris, que je n'y estois arrivé que le matin; et comme j'estois allé voir madame de Guyze, qui estoit lors en couche, et que je parlois à elle, nous nous donnasmes la garde que nous vismes M. de Montpensier sur les bras, dont je fus fort estonné pour l'avoir laissé bien loing : marche de mesmes de Paris à Reins. Mais le roy ayant esté adverty de son intention à vouloir tenir le rang audict sacre, et entendu M. de Guyze aussi, qui ne luy vouloit pas céder ny perdre le sien, et mal aisément souffroit passer telle paille par le bec (car il eust fallu que ce fust esté, ou Dieu ou le diable), commença à entrer en collère et rumeur, et protester que si M. de Montpensier s'hasardoit le moins du monde de vouloir esjamber sur sa dignité, qu'il luy fairoit autre tour que ne fit Philippes le Hardy, duc de Bourgoigne, à l'endroict de son frère[1]; car il le prendroit par le collet, et le chasseroit de là et le jetteroit par terre, ou possible fairoit pis, selon que la collère le domineroit, tout son beau-frère qu'il estoit; car en cela ce sont les premiers anciens pairs de France qui tiennent lieu et rang là, non pas les princes du sang ny autres. Je vis le roy, la reyne et toute la court esmeue bien fort pour tout cela, et à trouver remède pour y pourvoyr; mais on n'en peut trou-

---

1. Voy. Paradin, *Annales de Bourgogne*, 1566, liv. III, p. 381.

ver aucun, pour la brave résolution de M. de Guyze.

Ce fut donc à opiner et arrester du tout de mander à M. de Montpensier de ne s'haster point tant à venir. Nonobstant, il vint près de deux lieus de Reins, résolu de passer plus outre. Mais, ayant bien sceu au vray la résolution de M. de Guyze, et qu'il y auroit du bruict et de la batterie, et n'y fairoit bon pour luy, et que le roy luy manda qu'il avoit peur de quelque grand escandalle, ce fut luy qui s'arresta tout court, et ne se trouva au sacre qu'il avoit tant abbayé dès la prise et ruyne de Luzignan, qui luy fut, possible, malencontreuse en cela (ce disoient aucuns), et que madame Merluzine avoit là beaucoup opéré.

Il en couva pourtant en son âme un grand despit et extrême collère contre M. son beau-frère (mais cela s'accorda après), et très-grand mescontentement contre le roy : et quelques mois après, Monsieur ayant pris les armes pour estre malcontant et maltraicté[1] du roy, Sa Magesté luy voulut donner sa lieutenance générale contre Monsieur; mais il la reffusa tout à plat, disant ne vouloir aller contre le filz et frère de ses roys, et que mondict sieur avoit quelqu' occasion de se mescontenter et mutiner, et qu'il le falloit appaiser et contenter. A quoy il poussa si bien avec la reyne, que l'accord se fit et trefves furent accordées à Jazeneuil, entre Saint-Mexant et Poitiers : et luy furent accordées force villes et places pour sa retraicte cependant; à quoy mondict sieur de Mont-

---

1. *Var.* Et traicté mal (ms. 6694, f° 343).

pensier travailla fort pour l'y faire entrer et ses gens, et principallement à Angoulesme, où il receût un affront que je diray ailleurs. Ainsi, M. de Montpensier se lia les bras contre Monsieur et ses gens et les huguenotz qui tous estoient avec luy et l'avoient esleu leur protecteur : ce qu'on trouva à la court et en France fort estrange, que celuy qui avoit esté si grand ennemy et le fléau des huguenotz, maintenant il en estoit à demy apuy et soustient ; ce qui fit penser et dire à aucuns, qu'il se laissoit plus dominer à son mescontentement et à son ambition qu'à sa religion, ce que n'eust pas faict son grand patron, le roy sainct Louys, avec les Sarrazins, disoit-on.

Il en bailla un pareil exemple lorsque M. de Nevers et luy eurent une grande querelle pour quelque parolle que M. de Nevers avoit dict en secret de Monsieur, frère du roy à M. de Montpensier, à cause de son mescontentement et eslévation[1], qu'il alla raporter à Monsieur[2]; dont Monsieur en voulut estre esclarcy et en avoir raison. Mais M. de Nevers nya les avoir dictes, et donna quelque desmenty en l'air; dont s'ensuivit une grosse querelle, et à qui feroit plus d'amas de ses parens, amis et serviteurs. Sur quoy le roy de Navarre s'envoya offrir à M. de Montpensier avec tous ses huguenotz, que M. de Montpensier, sans aucun respect de sa religion, contraire à la huguenotte, accepta très-voulontiers et fort librement. Il y avoit de l'autre costé M. de Guyze avec tous ses bons cathölliques (je sçay bien que m'en

---

1. *Eslévation*, soulèvement.
2. Voyez le récit de cette querelle dans de Thou, liv. LXXII.

dist un jour M. de Guyze); si bien qu'il y eust eu du combat et de la tuerie, sans la deffence du roy qu'il leur en fit, et l'accord qu'il en traicta après.

Voylà ce qu'on en a plus voulu obicer[1] à M. de Montpensier, de s'estre voulu ayder des huguenotz, et aussi qu'il traicta et fit la paix avec le roy de Navarre et les huguenotz, lorsque nous avions le siège devant Brouage.

Ce bon et grand prince faisoit estat et grand' gloire (comme j'ay dict) d'estre descendu de l'estoc de ce grand et bon roy sainct Louys, et s'efforçoit fort à l'imiter et se façonner à ses bonnes et sainctes mœurs et belles dévoctions.

Il avoit certes raison, car de plus beau modelle et patron n'eust-il sceu choisir ou trouver pour s'y conformer, non à celuy du duc Charles d'Anjou, roy de Naples, son frère, qui pour valeur n'en céda rien à sondict frère, mais le surpassa bien en toute cruauté, tesmoingt celle qu'il usa envers le roy Manfroy et Conradin, après les avoir desconfiz en battailles, et envers les prisonniers qu'y furent pris, tant seigneurs, gentilzhommes qu'autres, les uns massacrez, les autres les yeux crevez, les autres mortz en prison misérablement de fain et de vermine, jusques à la reyne, femme de Manfroy, et ses enfans, mortz ainsi en prison. Voyez l'*Histoire de Naples*[2], et autres qui en content assez à mon advis de ses cruautez. Aussi, ne les porta-il guières loing; car Dieu, juste vangeur des cruautez, luy en rendit de bonnes et cuysantes en durs chastiments, comme les Vespres sci-

---

1. *Var*. Objicer (objecter). — 2. De Collenuccio.

ciliennes, où tant de braves et généreuses âmes en pâtirent, jusqu'à un' infinité d'innocentes ; son armée de mer deffaicte par trop désastreusement ; son filz y pris ce pendant son deffy contre le roy d'Arragon, et puis de despit et tristesse il mourut. Il y avoit bien du subject. De sorte que j'ay ouy dire dans Naples à de grandz personnages discourans de luy : que bien luy a servy d'avoir eu un frère si sainct et homme de bien que son frère le roy sainct Louys, car sans luy et ses intercessions ilz le penseroient damné en enfer ; « et ainsy, me disoient-ilz, « qu'il faut que d'une race il en sorte des uns et des « autres, comme faict un potier, qui d'une mesme « terre et arzille[1] faict des potz et des vases, les uns « pour l'honneur et la beauté, les autres pour l'infa- « mie et la sallauderie. »

Ainsi me parloient ces grandz personnages à Naples, non qu'ilz ne me l'exaltassent grandement, comme de vray il y avoit une infinité de subjectz, mais par sur tous la reyne sa femme, madame Béatrix de Provance, qui le fit bien valoir, jusques à vendre ses plus précieux joyaux pour lui faire avoir une couronne : j'en parle ailleurs.

Pour fin, ce grand prince[2] a esté très-brave et vaillant, et qui a tousjours très-bien faict où il s'est trouvé ; et est mort en réputation d'un bon et sage capitaine, et laissa après soy un très-brave et vaillant-filz, M. Montpensier[3], que du temps du père nous

1. *Arzille*, argile. — 2. Le duc de Montpensier.
3. François de Bourbon, duc de Montpensier, mort le 4 juin 1592.

appellions le prince dauphin, duquel j'espère en parler en la vie de nos deux roys derniers, ensemble de M. de Monpensier[1] d'aujourd'huy, qui, tout jeune qu'il est, a faict tout plain de belles preuves de ses armes et courage, ainsi qu'il parest aux belles et honnorables marques qu'il a receu d'une grande harquebuzade au visage, sans autres grandz combatz, rencontres et sièges qu'il a desjà faictz en un si bas aage, que c'en est une chose très-estrange, outre plus, que c'est un très-bon et gracieux prince, vraye semblance de ce bon roy sainct Louys, autant en bonté qu'en valeur, comme j'en parleray ailleurs.

le prince la Roche-ur-Yon[2].

M. le prince de La Roche-sur-Yon fut frère à M. de Montpensier. Il ne fut, par apparance, comme luy si grand religieux, mais pourtant il le fut, et fort bon catholique, encor qu'aucuns ont eu opinion contraire, mais c'estoient abus. Bien est-il vray qu'il estoit plus pollitiq que passionné catholique, comme M. son frère, et qu'il conseilloit et tendoit plus à appaiser les troubles de la France par la douceur que par la guerre et la rigueur; et pour ce aucuns l'en tenoient plus sage.

Aussi s'il ne fust esté bon catholique et sage prince, on ne l'eust donné au roy Charles IXe pour son principal et surintendant gouverneur par dessus M. de Sipière, qui l'estoit du temps qu'il estoit M. d'Orléans. Et quand il vint à estre roy, l'on advisa, par

1. Henri de Bourbon, duc de Montpensier, fils unique de François de Montpensier, né le 12 mai 1573, mort le 27 février 1608.

2. Charles de Bourbon, prince de la Roche-sur-Yon, mort le 10 octobre 1565.

l'advis de la reyne mère, du roy de Navarre et autres grandz du conseil, que, pour honnorer d'avantage la personne du roy, qu'il eust près de soy un grand prince du sang et advisast à ses actions, bien que M. de Sipière ne perdist jamais sa charge, car il la méritoit très-bien ; et c'estoit un tel homme qu'il falloit à la jeunesse du roy, qu'il dressa si bien, que nous en avons d'elle de très-magnanimes effectz; aussi M. le prince luy cédoit beaucoup; cognoissant sa suffisance, aussi grande que de seigneur de France; et M. de Sipière, qui estoit très-sage, portoit aussi grand honneur et révérance à M. le prince : si bien qu'ilz s'accordoient très-bien ensemble. Et faisoit très-bon voir ces deux messieurs les gouverneurs près la personne du roy, tenans leur rangs comme il falloit, l'un haut et l'autre un petit bas ; enfin s'en ensuivit d'eux la belle et honnorable nourriture que nous en avons veu.

Ce M. le prince fut en ses jeunes ans fort pauvre ; et sans la vefve du mareschal de Montijan, madame Philippe de Montespedon, riche héritière qu'il espousa[1] il estoit plus que très-pauvre : ainsi le tenoit-on à la court du roy François ; mais il se remit si bien, que sur ses ans il devint fort riche, et pour ce très-magniffique et très-splandide, tant en luxes et grandes despenses de table qu'en beaux meubles et autres magniffiicences, qu'il fit fort parestre en Espaigne, lorsqu'il y fut conduire la reyne d'Espaigne, et aussi au voyage de Bayonne, où, recognoissant et renouvellant ses vieilles cognoissances de ce temps,

---

1. Elle mourut le 12 avril 1578, suivant son épitaphe.

il les festina très-superbement et y fit très-bien l'honneur de la maison de France pour son costé, car il estoit très-libéral autant que M. son frère avare.

Au retour de ce voyage il mourut, n'ayant laissé après luy aucuns enfans, en ayant perdu l'un des beaux, gentilz et honnestes jeunes princes qu'on eust sceu voir (M. le marquis de Beaupréau se nommoit-il[1]), qui mourut à Orléans ainsi que le roy et toute sa jeunesse se jouoient à cheval. On dit que le conte de Maulevrier le porta par terre et le creva, dont M. son père en eut si grand despit, qu'il chercha ledict conte longtemps pour le tuer ; et fut à luy à s'absenter et à se perdre de veue de luy, car il luy alloit de la vie.

Toutesfois le roy et la reyne, quelque temps après, obtindrent de M. le prince qu'il oublieroit le tout et ne luy demanderoit rien, en ce qu'il[2] ne se montrast jamais devant luy, autrement il perdroit patience et entreroit en si grande collère et regret de son ancienne douleur, et ne se pourroit tant commander qu'il ne le tuast. A quoy il ne fallit pas ; une fois, que nous tournasmes de la prise du Havre[3], que M. le prince, sortant de la chambre des filles, qui estoit en un lieu bas, et le conte y voulant entrer, fut rencontré, et aussi tost mondict sieur le prince mit l'espée au poing. Ce fut à l'autre à avoir de bonnes jambes.

---

1. Henri de Bourbon, marquis de Beaupréau, mort en décembre 1560, à dix-huit ans. Dans un tournoi à Orléans, il tomba, et Robert de la Mark, comte de Maulevrier, courant avec lui, ne put retenir son cheval qui écrasa le jeune prince.
2. *En ce qu'il,*... c'est-à-dire à condition qu'il....
3. En 1563

Et par bon encontre va trouver une fuye[1] qu'il contourna plusieurs fois, ainsi que M. le prince le poursuivoit tousjours l'espée au poing. Enfin il se sauva gallantement; dont il y eut après de la risée parmy nous, songeant à ceste fuitte, que ledict conte faisoit encor plus valoir quand il la contoit, car c'est l'homme du monde qui est de la meilleure et plus plaisante compaignie. Mais alors, et sur le coup, il n'y avoit pas à rire pour luy, qui gaigna plus à la mort de ce prince qu'en sa vie; car il n'eust falu qu'un malheur, ou bien qu'il se fust du tout banny de la court. Il falloit pardonner à la passion de cet honnorable père et prince; car il n'avoit que ce filz, son seul espoir, sa seule joye et consolation, sa seule attante de le voir un jour ce que desjà sa jeunesse si belle et si accomplie luy promettoit; et l'avoir veu mort de telle sorte, c'estoit un grand dommage et pour le père et pour le filz!

Entr'autres belles vertus qu'on donnoit à M. le prince, c'estoit qu'il estoit fort homme de bien et d'honneur, qui ne trompoit point les personnes qui s'addressoient à luy à la court, et ausquelz avoit une fois promis : aussi une belle fille de la court (de laquelle il estoit amoureux, voyre jouissant) l'appelloit le Grizon fidelle, sur l'exemple ou allégorie d'un fort beau cheval grizon que le roy avoit, qu'on appelloit ainsi.

Il estoit brave et vaillant; il le monstra en une querelle qu'il eut contre M. d'Andelot, très-mauvais garçon; et j'en parle ailleurs.

1. *Fuye*, volière, colombier.

Il estoit très-sage et fort advisé, et avoit un très-bon sens, et le tenoit-on meilleur que celuy de M. son frère; aussi le roy Henry le fit gouverneur de Paris et de l'Isle-de-France après la bataille de Sainct-Quantin, où il le servit très-bien et à son contentement et de tout le royaume.

C'est assez parlé des princes, parlons astheure encor un peu d'aucuns par cy-devant.

M. mareschal de Sainct-André[1]. Ceux qui n'ont bien cogneu M. le mareschal de Sainct-André, messire Jacques d'Albon, par ses faictz de guerre, et qui n'ont ouy que parler de sa vie délicieuse, n'ont peu jamais bien juger ny croyre qu'il fust esté si grand capitaine qu'il a esté, car il a esté fort subject de tout temps à aymer ses aises, ses plaisirs et grandz luxes de table. Ç'a esté le premier de son temps qui les a introduictz à la court, et certes par trop excessifz, disoit-on, en friandises et délicatesses de viandes, tant de chairs que poissons et autres friandz mangers.

Pour les superbetez et belles parures de beaux meubles très-rares et très exquis, il en a surpassé mesmes ses roys, ainsi qu'on les a veuz longtemps parestre en aucunes de ses maisons, et principallement à Vallery, l'une des belles et plaisantes de la France; et après sa mort, qu'on les a veu vendre à Paris aux enquans, desquelz on n'en peut quasi jamais voyr la fin, tant ilz durarent. Entr'autres, y avoit une tante de tapisserie de la bataille de Farsalle, que

---

1. Jacques d'Albon, marquis de Fronsac, seigneur de Saint-André, maréchal de France (1547), premier gentilhomme de la chambre de Henri II, tué à la bataille de Dreux en 1562.

le mareschal de Vieilleville achepta, dont il en décore sa belle salle de Durtal, qui est une chose très-riche et très-belle à voir, et qui se peut quasi parangonner à l'une de ces deux belles tantes du feu roy François, que j'ay dict ailleurs, qui estoient hors de prix. Il avoit aussi deux tapis velus tous d'or, persians, qui estoient hors de prix. Bref, qui voyoit de ce temps là Vallery meublé, n'en pouvoit assez estimer ny en priser les richesses. La pluspart desquelz meubles madame la mareschalle de Sainct-André[1], estant vefve, donna à M. le prince de Condé, avec ladicte maison de Vallery, tout en pur don, pensant l'espouser; d'autres disoient par capriche, car, estant de la religion et ne voulant accomplir le maryage promis entre sa fille madamoyselle de Sainct-André[2] et M. de Guyze, que les deux pères avoient accordé, elle luy fit ce beau présent par amourettes, affin qu'ell' espousast M. le Prince, et sa fille le marquis de Conty, depuis prince de Condé. Tant y a que ce fut là une libérallité qu'une grande emperière[3] ou reyne n'en eust voulu user.

Or, si mondict sieur le mareschal se montra un vray Lucullus en luxes, boubances et magnificences, il s'est monstré, durant les guerres, au camp, aux armées, tout pareil en valleur, en cœur et en répu-

---

1. Marguerite de Lustrac. Elle se remaria (1568) à Geoffroy, baron de Caumont, et survécut à son mari mort en 1574.

2. Catherine d'Albon, fille d'honneur de Catherine de Médicis, morte jeune à l'abbaye de Longchamp « du poison, dit Moréri, que lui fit donner sa mère, dans l'espérance d'épouser le prince de Condé. »

3. *Emperière*, impératrice.

tation de grand capitaine. Estant jeune, il fut estimé[1] des gallans de la court en tout, si qu'il fut esleu de M. le Dauphin pour un de ses plus grandz favorys. Il eut la réputation d'avoir très-bien faict et combatu à la bataille de Cerisolles, si bien (comme j'ay dict ailleurs) qu'allant des plus avantz à la charge, où il faisoit bien chaud, M. d'Anguien, jaloux, voullut se desbander à l'envy aussi bien que luy ; mais luy ayant esté remonstré le grand tort qu'il faisoit au grand devoir de sa charge et à toute l'armée, et qu'il se souvinst de M. de Nemours à la bataille de Ravanne, qui, par trop d'hardiesse, se perdit et fit perdre les autres, il ne respondit seulement. « Qu'on face donc retirer Sainct-André. »

Ce voyage le mit en grand honneur et en faveur de son maistre plus que devant ; et s'y maintint si bien, et mieux que le sieur de Dampierre, mon oncle, que tant qu'il a vécu il ne l'a jamais perdue d'un seul poinct, tant il fut bien sage et advisé, et bon courtisan, comm' il a esté tousjours à s'y bien maintenir et à complaire à son maistre en toutes les façons qu'il luy voyoit estre agréables.

Il le fit premier gentilhomme de sa chambre quand il fut roy, qui est un des grandz honneurs qui soit en la maison du roy, pour coucher en sa chambre et estre près de luy à son lever et coucher ; si bien qu'à toutes heures il en avoit l'oreille. En quoy il fit très-bien ses besoignes, tant pour les grandes dignitez que pour les biens qu'il eut et acquist à foizon. Il fut faict mareschal de France et eut la place de

---

1. *Estimé des*, tenu pour un des....

M. le mareschal du Bié, qui venoit de bonne main;
aussi elle tumba en bonne main, et s'estonna-on à
la court comment il eut ceste charge si jeune, laquelle ne se donnoit qu'aux plus anciens chevalliers.

Après le traicté et l'accord de Bouloigne, entre le
roy Henry et le petit roy Edouard d'Angleterre, le
roy son maistre l'envoya vers ledict roy Edouard[1],
pour en faire un serment très-sollempnel, et luy porter aussy son Ordre, qu'il luy[2] donna avec les cérimonies accoustumées, fors celles de l'Eglise. Aussi
ledict roy bailla le sien audict mareschal, par la permission de son roy, qui[3] ne l'eust osé prendre autrement, et envoya le sien pareillement au roy Henry; si que pour un coup s'est veu à la court, pour la
feste de Sainct-George, célébrer et porter cet Ordre
de trois François, ce que l'on observoit par curiosité : à sçavoir le roy, M. le connestable, qui l'avoit
eu du roy Henry d'Angleterre durant sa faveur, et
mondict sieur le mareschal; qu'estoit une belle chose
à voir, car la sollempnité en est très-belle, et l'Ordre
et le manteau très-beau, avec la jarrectière, dont
l'institution est fort antique et plus que tous les autres, fors celuy de l'Annunciade de la Savoye, qu'on
tient la plus ancienne[4].

Or, faut noter que, lors de la partance dudict sieur
mareschal vers Angleterre, bien que la paix fust en-

1. En 1550.
2. *Qu'il luy*, que le maréchal donna au roi Édouard.
3. *Qui*, le maréchal.
4. Brantôme se trompe. L'ordre de l'Annonciade fut institué
en 1362 par Amédée VI, comte de Savoie, dix-sept ans après la
fondation de l'ordre de la Jarretière par Édouard III (1349).

tre l'empereur et le roy, toutesfois les mains démangeoient si fort à l'empereur, qu'il ne cherchoit que les occasions à toute heure pour la rompre; à quoy veilloit la reyne de Hongrie, sa bonne sœur, qui le sçavoit très-bien servir selon son goust, tout ce qu'elle pouvoit du côté de son gouvernement des Pays-Bas; si bien qu'ayant armé grand' quantité de navires, leur faisoit tenir la mer de ce costé en grand' subjection, et plusieurs insolances en sortoient sur nos navires françois, à les desvalliser de leurs biscuitz, vins et munitions, jusques aux ancres et voylles; et ladicte reyne ayant sceu le voyage dudict mareschal vers l'Angleterre, fit tenir ladicte armée entre Calais et Douvres, affin qu'il ne passast qu'à leur mercy.

De quoy adverty, M. le mareschal prit le chemin de Diepe, là où il fit arrester deux ou trois navires flamans pour deux ou trois jours seulement, pendant lequel temps il peut estre passé et pris terre en Angleterre : ce qui s'exécuta si dextrement et gracieusement, qu'il n'y eut un seul marinier offancé, ny chose dans leur navire ostée, ny navire qui ne fust relasché aussitost qu'on sceut ledict mareschal arrivé en Angleterre.

A quoy ladicte reyne prit pied, et poinctilla aussitost, qu'elle fit arrester à ses portz tous les navires françois, à l'appétit de trois petitz navires flamans arrestez pour trois jours seulement, leur faisans oster les voyles, mettre la marchandise en terre, et consommer les mariniers, qui estoient en grand nombre, et les marchans, en fraiz de poursuittes, sans leur faire autre responce, sinon qu'on leur avoit retenu en France leurs navires, combien qu'ilz fussent desjà délivrez et que ceste rétemption fust seulement particulière à Dieppe, et pour juste cause, où l'autre estoit généralle, sans cause et exécutée avec tous les termes d'aigreur. Davantage ceste collère s'estendit sur les marchans qui par terre trafficquoient à Anvers, bien qu'ilz n'eussent rien de commun avec ceux qui navigeoient; et leur saisirent toutes leurs marchandises qu'ilz portoient sur leurs charriotz.

J'obmetz tant d'autres insollances qui seroient longues à réciter, par lesquelles l'on pourroit à plein cognoistre combien bonne ministresse estoit ceste reyne des dessains, secretz, entreprises et actions de l'empereur son frère. Et disoit-on qu'alors, si ell' eust peu attrapper mondict sieur le mareschal et son armement, qu'elle l'eust fort bien retenu et rançonné pour un mignon et favory du roy, et butiné, tant l'animosité et ambition d'un grand transporte son âme quelquefois!

A quoy sceut très-bien remédier par sa sagesse ledict sieur mareschal, tant pour l'aller que pour le retour, dont il fut fort loué et estimé, non pas pour ce faict seul, mais en[1] plusieurs autres qui s'ensuivirent après, et en toutes les armées, où, après M. le connestable, il avoit tousjours la principauté et charge de commander, ou en l'advangarde, ou en la battaille, ou arrière-garde sur les retraictes; car il estoit tout plain de valeur et de sage conduicte.

Il fit très-bien au ravitaillement premier de Ma-

---

1. *Var.* Pour.

riambourg, comme il fit aussi à la battaille de Sainct-Quantin, où il fut pris prisonnier avec beaucoup de réputation et l'espée sanglante en la main. Et puis fut l'un des plus principaux moyenneurs de la paix entre les deux roys. Et puis la guerre civile entrevenue, d'autant qu'il estoit très-bon et ferme catholique, il se montra fort ennemy des huguenotz ; et disoit-on que ce fut luy le premier qui fit l'association du triumvirat. Aussi les huguenotz l'hayssoient fort, et l'appelloient *harquebuzier de ponant*[1], et n'eussent sceu dire bien au vray pourquoy. Il fut envoyé audevant de M. d'Andelot pour luy empescher le passage de France avecques ses reytres ; mais il le trouva si fort et marchant en si bel ordre, que, le costoyant pourtant tousjours pour en expier[2] un' occasion pour le combattre, jamais il ne peut ; aussi que M. d'Andelot ne vouloit que passer et joindre messieurs le Prince et l'admiral : et mondict sieur le mareschal (eux ayantz estez joinctz), sçachant qu'ilz venoient assiéger Corbeil et prendre Paris par là (comm' on dict en commun proverbe), il s'y alla jetter dedans, et le garda si bien, qu'ilz en leverent le siège et vindrent assiéger Paris.

J'ay ouy dire de bon lieu, et nous le tenions aucuns, que ce fut luy qui ordonna l'ordre de la bataille de Dreux, qui fut en mode de croissant, mettant entre chasque bataillon de gens de pied un régiment de gendarmerie, estant pourtant en haye[3].

---

1. Sodomite. — 2. *Var.* Espier.
3. Voyez les gravures de Tortorel et Pérussin représentant la bataille de Dreux.

Messieurs de Guyze et connestable trouvarent ceste forme belle et bonne, et la luy defférarent, tant parce qu'ilz le tenoient de bon esprit et advisé capitaine, et aussi que tous trois s'entendoient si bien, que ce que l'un vouloit l'autre l'approuvoit, et n'avoient nulle contestation ensemble; ce qui est fort rare.

Le matin avant la battaille, il vint trouver M. de Guyze en sa chambre, qui n'estoit pas encore jour; et y entrant, il demanda au jeune Tranchelion, brave gentilhomme, qui en sortoit, ce que M. de Guyze faisoit : il luy dit qu'il venoit d'ouyr la messe et de faire ses pasques, et qu'il vouloit desjusner pour monter à cheval. « Ah! Dieu! (ce dist-il, car je « l'ouys et y estois) je suis bien malheureux que je « n'en aye autant faict et ne me sois mieux préparé, « car le cœur me dict que j'auray aujourd'huy « je ne sçay quoy. »

Ce jour là il fit tout ce qu'un grand capitaine pouvoit, fust à combattre, et fust d'aller de deçà, de delà, à commander où il falloit; mais le soir venu, ayant eschappé le grand hasard de tout le jour, et qu'on pensoit le tout gaigné, parust une trouppe de cinq cens chevaux des vaincuz qui s'estoient ralliez par le moyen de messieurs de La Noue et Advaret[1], disoit-on, qui vindrent à nous pour retenter la fortune et le hasard d'un nouveau et second combat : ce que de nos temps ne s'est guières veu.

M. le mareschal le[2] voulant aller recevoir avec

---

1. *Var.* Advaret. — N. Beziade d'Avaret, mort de la peste au siége d'Orléans (1562).
2. *Var.* Les voulant (ms. 6694, f° 347).

M. de Guyze, et faisant en dilligence chercher son second cheval de battaille, parce que le sien premier il l'avoit si fort pourmené, lassé et harassé tout le jour, et à combattre et aller, venir et tourner, qu'il n'en pouvoit plus. Sur ce second cheval estoit monté Pierregourde[1], page de la chambre du roy, gentil jeun'homme provançal, et brave et vaillant, qui fut tué en Périgord à la deffaicte des Provançaux (j'en parle ailleurs). Par cas, estant monté sur ce bon cheval, vint à passer un reystre devant luy, et se mit à le poursuivre; si bien qu'oubliant son devoir et sa charge, et croyant plustost son brave cœur, il se perdit en telle façon, qu'il ne peut en cela servir son maistre, qui, s'aydant de son premier cheval, alla très-hardiment au combat, et luy faillant au besoing, tous deux tumbarent par terre sans se pouvoir relever. Sur ce, il fut pris par un gentilhomme huguenot, qui, l'ayant monté en crouppe derrière luy, vint un, qu'on appelloit Bobigny[2], à qui M. le mareschal avoit autresfois faict desplaisir, voyre, disoit-on, jouyssoit de son bien par confiscation, qui le

1. François de Barjac, seigneur de Pierregourde. Il se fit protestant, devint l'un des principaux chefs de son parti, et fut tué avec Mouvans au combat de Mesignac, le 31 octobre 1568.

2. *Var.* Aubigny (ms. 6694, f° 34 v°). Mézières fils de Perdrier de Baubigny, greffier de la ville de Paris. De Thou a raconté (livre XXXIV) les causes de la haine que Baubigny portait à Saint-André, qui s'était conduit avec lui de la manière la plus odieuse. Il ajoute, en parlant de la mort du maréchal : « Tel fut le triste sort d'un homme aussi chargé de crimes qu'orné des plus belles qualités naturelles. » — Voyez aussi le récit fort détaillé de la mort de Saint-André dans les mémoires de Vieilleville, année 1562, livre VIII, chap. xxxvii.

recogneut et luy donna un coup de pistollet[1] par la teste, dont il tumba mort par terre.

On le trouva à dire sur la retraicte tout le soir et toute la nuict, jusques au matin l'endemain sur les neuf heures, qu'après avoir esté bien cherché et recherché parmy les mortz, il fut trouvé dans un petit fossé à l'entrée du bois près lequel avoit esté faict le combat. M. de Guyze le regretta bien fort, et plus que je ne sçaurois dire; et se courrouça fort, comme je vis, contre aucuns des siens que je ne dis, qui ne sçavoient rendre conte ny nouvelles de luy, et qui l'avoient ainsi abandonné et perdu sans dire qu'il estoit devenu.

Enfin il fut là trouvé. Et ne fut veu jamais un plus bel homme mort, par le dire et opinion de tous ceux qui le virent, et de moy aussi. Il fut fort regretté d'aucuns, et d'autres nullement, et mesmes de la reyne, qu'on disoit avoir débattu au conseil estroict du triumvirat qu'il la falloit jeter en un sac dans l'eau, laquelle opinion fut trouvée fort, voyre plus qu'estrange, d'opiner ainsi la mort de sa reyne, femme de son roy, et qui l'avoit tant aymé et favorisé, et elle et tout, jusques-là que quasi ordinairement, quand il n'y en avoit plus grand que luy, il la menoit ordinairement danser le grand bal, car le roy menoit tousjours madame sa sœur : si ne l'avoit-on jamais trouvé cruel pourtant. Quand il prit Poictiers aux premiers troubles, et de surprise, à cause du chasteau que le trésorier Pineau[2] tenoit

---

1. *Var.* Pistolle (ms. 6694, f° 347 v°).
2. François Pineau, receveur général du Poitou. La ville fut

pour le roy, et de force aussi, il n'y exerça si grande cruauté ny si rigoureuse justice qu'on disoit qu'il devoit faire; aussi son visage ne portoit en soy aucune façon cruelle, car il estoit fort beau et de bonne grâce, la parolle belle et l'esprit gentil, et bon jugement et bonne cervelle. Et comm' on voit en tous artz, et surtout en celuy de la guerre, les personnes qu'ont un tel don de nature y apprendre aussitost et mieux, et s'y faire plus expertes que les grossières et ydiottes et tardives, de mesme en fut ce mareschal; car en ses jeunes ans[1] il se rendit meilleur capitaine, pour si peu de guerre qu'il avoit pratiqué, qu'un autre en plus vieilles années et plus longues expériances, ainsi qu'il a faict parestre en toutes les charges qu'il a eues et les factions qu'il a exercées; dont entr'autres fut la retraicte (qui est fort à notter) qu'il fit au retour du camp de Valancianes auprès du Quenoy, menant l'arrière-garde[2].

Le roy Henry donc, ayant demeuré longtemps devant Valancianes, deffiant tous les jours à la bataille l'empereur Charles, qui s'estoit si bien là retrenché qu'il n'estoit pas possible au diable mesme de le r'avoir et le tirer de là, il s'advise de s'en desloger et aller assiéger quelque place, qui fut Ranty, pour l'attirer à ce qu'il desiroit le plus; et ainsi qu'il y marchoit droict, et que mondict sieur mareschal menoit l'arrière-garde, et faisant la retraicte et la queue

---

prise d'assaut le 1ᵉʳ août 1562, et il n'y eut point de cruautés qu'on n'y exerçât pendant huit jours, dit de Thou (liv. XXX).

1. *Var.* En ses ans jeunes (ms. 6694, f° 348).

2. En juillet 1554. Le récit de Brantôme est emprunté au livre XIII de l'histoire du président de Thou

avecq deux mille chevaux seulement, tant de gendarmerie que cavalerie légère, conduicte par messieurs d'Aumalle, couronnel, le seigneur Paulo-Baptiste Frégouse, vieux et gentil capitaine chevau-léger, le prince de Condé, messieurs le grand prieur de France, le marquis d'Albeuf son frère, d'Anville, de Suze, de Saux et de Cursol[1], tous avecq leurs compaignies de chevaux-légers, et avecqu' eux le capitaine Lancque[2] avecques sa compagnie d'arquebuziers à cheval, qu'on dict n'en avoir veu de plus belle jamais en France, et celle de Salsède[3] aux premiers troubles, après celle de M. le mareschal d'Estrozze devant Marolles, comme j'ay dict, car ledict capitaine Lancque estoit un très-bon capitaine qui les sçavoit bien mener, et qui avoit une fort belle façon et représentation brave, car il estoit fort grand, haut et proportionné à l'advenant, ses harquebuziers tousjours bien choisys et montez sur des bons courtaudz, dont le moindre de ce temps valoit bien soixante escuz, et aujourd'huy vaudroit bien le double, et tous portans de fort grandes harquebuzes à rouet et bonnes, qui ne failloient jamais, ainsi que portent aujourd'huy aucuns carrabins espagnolz : la compagnie estoit de cent chevaux, et marchoient tousjours avec la cavalerie. Il avoit appris cela de M. d'Estrozze, ce disoit M. de Guyze, qui louoit fort et le capitaine et les soldatz, ainsi que luy ay veu discourir d'autres-

---

1. Antoine de Crussol, depuis duc d'Uzès.

2. Jean de Choiseul, seigneur de Lanques, chevalier de l'ordre du roi, mort en 1564.

3. Pierre Salcède, gouverneur de Vic, tué à la Saint-Barthélemy, quoique catholique.

fois. Pour la gendarmerie qu'y estoit, il y avoit deux régimens, à l'un desquelz commandoit ce brave et généreux M. d'Anguien, et à l'autre M. le viconte de Turaine[1], un chevallier tout plain d'honneur et de valeur, ainsi qu'il fit paroistre à sa mort à la bataille de Sainct-Quantin.

Toutes ces braves trouppes marchans en un bel ordre vinrent à descouvrir au Quenoy six mille chevaux de l'empereur que conduisoit M. de Savoye, qui venoient droict à eux, et desjà les premiers des leurs s'attaquoyent aux derniers des nostres. M. le mareschal, voyant la partie n'estre pas esgalle, ny ses forces non plus, et que de secours il n'en falloit espérer de l'avant garde et battaille, qui estoient desjà bien loing d'un ruisseau qu'il leur falloit passer, vint à considérer qu'attendre les ennemis plus longtemps, ce seroit se perdre manifestement; de passer aussi le ruysseau soudainement, ce seroit autant donner frayeur, désordre et d'ambaras aux siens à ce passage d'eau, et donner cœur et advantage aux ennemis de suivre à toute bride et donner en doz aux fuyardz, estant le passage si estroict qu'on ne pouvoit que passer à la fille, et pour ce, l'ennemy en eust eu tel marché qu'il eust voulu, les prenant en tel désarroy en derrierre.

Sur ceste considération, M. le mareschal prend aussitost et sur le champ, sans tant songer (ce qui est de bon advis), de monstrer visage et faire contenance de vouloir combattre et d'avoir plus de forces que les ennemis n'avoient descouvert : si bien

---

1. François de la Tour, vicomte de Turenne,

qu'eux furent en suspendz de faire la charge ou de la recevoir, et ainsi songearent quelque temps pour s'advancer. Cependant M. le mareschal faict desrober devant[1] et derrière luy ses trouppes les unes après les autres tout bellement, à celle fin que l'ennemy ne s'apperceust qu'il y eust aucune place vuyde ny désemparée, et à manière que, quand les unes desplaçoient, les autres venoient à prendre leur place, et faisoient teste, en approchans du ruysseau tousjours pourtant; et ainsi se desplaçans et replaçans les uns et les autres, jamais les ennemis ne s'en peurent appercevoir : et ce qui donna encor après à penser à eux, c'est qu'à manière[2] que les trouppes qui avoient passé le ruysseau, elles prenoient place de bataille aussitost et se présentoient à eux, qui les mettoient en grand doubte s'ilz estoient deçà ou delà l'eau. Et entrarent en opinion que toute l'armée y estoit pour donner bataille; ce qui les fit tenir sur bride, jusqu'à ce qu'ilz se donnarent la garde qu'ilz virent toutes nos trouppes passées delà le ruysseau, et placées, fors quelques chevaux légers des seigneurs de Saux, Suze et Cursol, qui tousjours escarmouchoient, cependant que les nostres donnoient le loysir de passer, et puis se retirarent en belle contenance jusqu'à ce qu'ilz furent au ruysseau; et lors les ennemis les chargearent à toute bride sur ceste bonne occasion; mais ilz trouvarent là les harquebuziers du capitaine Lancque, ce qui fut un très-grand service (voylà comment on devoit

---

1. *Var.* D'aveq' et derrière luy (ms. 6694, f° 348 v°).
2. A mesure.

faire à la bataille de Sainct-Quantin, touchant ces harquebuziers, comme j'ay dict ailleurs, et comme fit aussi ce grand M. de Guyze le dernier, contre l'armée du baron Done), à ce passage de ruysseau, comme j'en parle aussi ailleurs, qui les receurent et arrestarent tout à coup à belles harquebuzades; dont ce fut à eux à ne passer plus outre et à se retirer, et les nostres de mesmes, tousjours en moult belle ordonnance de guerre. Voylà un exploict de ce mareschal, qui fut fort estimé, et des nostres et des ennemis, comme certes il estoit très-digne d'admiration; car autant se prise une belle retraicte, et telle que celle-là, comm' un combat sanglant, ainsi que j'en espère en faire un discours à part[1].

Et si M. le mareschal acquist beaucoup de réputation, j'ay ouy dire que les grandz capitaines qui estoient là de l'empereur pour commander, eurent là grand'faute d'yeux, de jugement, de courage, et voulonté de combattre; et mesmes, estans six mille chevaux contre deux mille, qu'ilz devoient bien estendre leurs yeux et leur jugement pour les bien recognoistre, et puis, les trouvant en si peu de nombre, les charger à toute bride, sans marchander tant par de petites escarmouches. Toutesfois, ceux qui excusent les impériaux, disent que M. le mareschal s'estoit placé si bien, en lieu si advantageux et commode (ce qui fut un traict de grand capitaine, ou que le lieu par hasard s'y adonnast), qu'ilz en firent perdre aux ennemys la veue, la cognoissance et le jugement.

---

1. Voyez dans un des volumes suivants son *Discours d'aucunes retraictes de guerre*.

Ce bel exploict, avec plusieurs autres, donne bien accroyre à un' infinité de personnes que, non sans cause, il prit pour sa devise le bras et l'espée d'Allexandre le Grand couppant le nœud indissoluble en Gordye, pallais antique de Mydas; donnant à entendre certain moyen qu'il tenoit, plus que les autres, à rendre par sa vertu faciles et aisées les choses estimées de plusieurs difficiles et impossibles. Les mots de la devise estoient *Nodos virtute resolvo.*

Outre ceste excellente vertu de guerre qui estoit en luy, il se plaisoit fort aussi à employer sa faveur à l'endroict du roy pour les gens de bien et d'honneur qui en faisoient proffession, et leur faisoit faire force biensfaicts. Je me souviens qu'au retour du siége de Metz, il fit donner au roy, de son espargne, au capitaine Bourdeille mon puisné frère, douze cens escuz, qui estoient comm' aujourd'huy trois mille, pour avoir esté blessé à Metz, à une sortie un jour sur le camp du marquis Albert, de trois grandes harquebuzades, deux dans le col et l'autre au mitan du bras, dont il cuyda mourir, sans maistre Doublet, chirurgien de M. de Nemours, qui de ce temps emportoit la vogue des chirurgiens de France, et fit dedans Metz d'estranges cures, et un chascun alloit à luy, bien qu'y fust maistre Ambrois Paré, tant renommé despuis et tenu pour le premier de son temps : et toutes ses cures faisoit ledict Doublet par du simple linge blanc, et bell' eau simple venant de la fontaine ou du puy; mais sur cela il s'aydoit de sortillèges et parolles charmées, comm' il y a encor force gens aujourd'huy qui l'ont veu, qui l'assurent. Du despuis, j'ay veu Sainct-Juste d'Allègre qui s'en mesloit de mesmes; et vis comme il se présenta à feu M. de Guyze¹ lorsqu'il fut blessé à Orléans, dont il mourut, et gageoit sa vie qu'il le guariroit. Jamais ce bon prince religieux et vertueux ne voulut qu'il y mist la main, disant qu'il aymoit mieux mourir que de s'ayder pour guérison d'un tel art diabolique, et offancer en cela Dieu.

Pour faire fin, ce grand mareschal méritoit bien la faveur qu'il avoit de son roy; car s'il l'employoit pour soy, il ne l'espargnoit nullement pour les honnestes gens et de valeur. Aussi l'ay-je veu suivre ordinairement mieux que prince et seigneur de la court, et des plus honnestes, comme de M. le conte de Saux, qui estoit son lieutenant de gens-d'armes, huguenot despuys, et mort à la bataille de Sainct-Denys en très-brave seigneur, de Montsallès, de La Chastre, d'Avaret, de Lenoncourt, du jeune Pardaillan, de Boygaumont, Ruffect dict Saict-Brisse, Des Pruneaux, de Jurignat, de Dussat, du segnor Camille, de Fère, du jeune Villeclair², du Bourg, du capitaine Rouveray, bref d'un' infinité d'autres dont je ne me souviens pas : possible aussi m'en souviendrois-je si j'y voulois un peu penser; mais je veux faire fin, sans passer plus outre sur le subject de ce seigneur, bien que j'aye beau m'arrester pour dire qu'après sa mort M. de Vieilleville³ eut sa place de mareschal de France, et se trouva à la court si bien à poinct pour cela. Il y avoit longtemps qu'il n'y estoit venu, et avoit

1. Voyez tome IV, p. 256, 257.
2. Reué de Villequier dit *le jeune* et *le gros*, chevalier du Saint-Esprit (1578), gouverneur de Paris et de l'Ile-de-France.
3. Voyez sa vie plus loin.

demeuré toujours en son gouvernement de Metz ; et par cas n'y avoit pas cinq sepmaines qu'il y estoit arrivé, et si bien à propos, que la reyne qui l'aymoit de longtemps, luy fit tumber ce gros morceau dans sa gueule, bien que j'ouys dire despuis à feu M. de Guyze qu'il l'eust faict tumber à celle du bonhomme M. de La Brosse, s'il ne fust mort à la bataille de Dreux, car il l'aymoit et honnoroit beaucoup. Aussi le méritoit-il pour avoir esté un ancien chevallier d'honneur et sans reproche, et bien que mondict sieur de Guyze fust un très-grand capitaine, si consultoit-il tousjours ce bon et honnorable vieillard, qui estoit à dire qu'il estoit capitaine très-suffisant, à mon gré et de beaucoup d'autres.

M. de la Bros le bon et brave vieillard

C'estoit le plus doux et gracieux homme de guerre, qu'on eust sceu voir, et qui commandoit aussi gracieusement, et donnoit des advis par parolles si douces et si bénignes, qu'un chascun l'en estimoit d'advantage ; bien au contraire de son compagnon M. de Sansac[2], qui estoit le plus bravant et rude à la guerre et à la chasse qu'on vist jamais : de plus, il avoit l'entretient si honneste et si doux, et duquel on en faisoit bien son proffit, fort humble à un chascun.

Je me souviens que le matin de la bataille de Dreux, que c'estoit de fort grand matin et qu'il faisoit un froid extrême, ainsi que l'on ordonnoit des batailles, ce bon homme vint passer devant le sieur de Beaulieu, capitaine de gallères, et moy ; nous le saluasmes et luy ostasmes le chappeau fort révérencieusement ;

1. Jacques de la Brosse.
2. Jean Prevôt, baron de Sansac.

il nous l'osta aussi, en nous disant : « Et comment,
« messieurs, en ce froid ostez-vous le chappeau? »
Nous luy respondismes : « A qui, monsieur, le sçau-
« rions-nous oster mieux qu'à vous, qui estes l'un
« des honnorables et anciens chevalliers qui soit en
« cest' armée? » Il nous respondit : « Hélas! mes-
« sieurs, je ne suis que des moindres. » Puis dist :
« Je ne sçay que c'en sera aujourd'huy de ceste bat-
« taille, mais le cœur me dict que j'y demeureray ;
« aussi est-ce trop vescu pour mon aage, là où il me
« faict beau voir de porter encor la lance et l'en-
« sanglanter, où je devrois estre retiré chez moy à
« prier Dieu de mes offances et jeunesses passées. »
Et ainsi se despartit d'avec nous, que M. de Guyze
faisoit appeller, car il le vouloit toujours consulter.
Quand ilz estoient de séjour et qu'ilz n'avoient rien
affaire que passer un peu le temps, vous les eussiez
veuz tous deux consommer un' après disnée à jouer
à la renette du tablier[1], et les y faisoit très-bon voir,
et débattre leurs petitz différans, quand ilz en avoient
ensemble, entremeslant tousjours quelques bons motz
et devis très-beaux et bons, dont l'assistance en faisoit bien son proffit.

Tant y a que la mort devoit avoir espargné cest
honnorable vieillard pour un an au moins, affin qu'il
fust mort en un estat qu'il méritoit très-bien, que
celuy de mareschal de France, dont il en tiroit l'estat et la pention dès lors qu'il fut esleu avec M. de

---

1. La *renette* ou *reinette* était une espèce de jeu de dames ou
d'échecs, dont la principale pièce était une reinette (petite reine).
Le tablier était l'échiquier sur lequel on le jouait.

Sansac pour estre près de la personne du roy François II. Enfin il mourut, avecqu' une très-belle réputation, en la battaille, aagé de quatre-vings ans ou prez. Ceste mort luy fut plus honnorable que cest estat, s'il eust survescu.

J'ay ouy dire qu'il se mit fort tard au mestier de la guerre, voyre en l'aage de trente ans ; en quel aage il apprit si bien, qu'il fut le principal conseil de M. de Guyze. Il fut gouverneur de M. de Longueville[1], sorty de madame de Longueville, despuis reyne d'Escosse, et puis fust envoyé en Escosse, où il servit très-bien.

M. de Vieilleville eut donc la succession de cest estat de M. le mareschal de Sainct-André. Voyez en cecy les accidens humains et les ordres de fortune ! M. le mareschal de Sainct-André vivant fut l'advancement dudict M. de Vieilleville, car il le fit lieutenant de ses gensdarmes, le poussa en honneurs, le fit faire chevallier de l'ordre et gouverneur de Metz ; et luy mort, le voylà parachevé en grandeur et faict mareschal de France[3].

M. le mareschal de Vieilleville

On trouva estrange qu'il le fust, et le fut plus tost

---

1. François d'Orléans, troisième du nom, duc de Longueville, fils de Marie de Lorraine et de Louis d'Orléans, mort le 22 septembre 1551.

2. François de Scepeaux, sire de Vieilleville et comte de Duretal, gouverneur de Metz, maréchal de France, né en 1509, mort le 2 novembre 1571. On a sous son nom des mémoires rédigés par Carloix, son secrétaire, et qui furent publiés pour la première fois par le P. Griffet, en 1757, 5 vol. in-12. Ils ont été depuis réimprimés dans les grandes collections.

3. Voyez, au sujet de son élévation à la dignité de maréchal, les chapitres XLII à XLIV du livre VIII de ses *Mémoires*.

que pensé; non qu'il le méritast très-bien, mais d'autant qu'on le tenoit lors pour fort suspect, à cause de la religion nouvelle, et qu'il luy avoit donné trop grand pied et accroissance à Metz, dont il s'en fust bien passé : et s'il eust voulu il l'heust bien mise à plus petit pied et bassesse; mais il la favorisoit, jusques-là aussi qu'il maria sa seconde fille avec le sieur Dulys, de Lorraine [1], qui estoit fort de la religion; ce que de ce temps fut trouvé fort estrange, car lors ces mariages n'estoient communs en France; et pour ce ledict mareschal se rendit suspect quand M. le Prince se sauva de sa ville de Noyers vers La Rochelle, et à la desbandade, avec M. l'admiral et quelques autres de la religion, très-foibles et escartez les uns après les autres, s'entresuivans comme pauvres perdus et esgarez [2], et comme dict l'Espaignol, *como Moros descaçados sin rey* [3]; et eux se disoient enfans d'Israël quand ilz sortirent d'Ægypte. Mondict sieur le mareschal de Vieilleville estoit pour lors à Poictiers, y envoyé de par le roy; laissa passer ledict prince à son bel aise, et à sa barbe de dix lieus seulement, bien que les sieurs de Lude et Montsallez, très-vaillans capitaines, luy demandassent congé de l'aller charger, dont ilz en eussent eu bon marché; et jamais n'y fit meilleur, pour les longues et grandes traictes qu'il avoit faict avec

---

1. Jeanne de Scepeaux, seconde fille du maréchal, épousa en premières noces Olry du Châtelet, baron de Deuilly (et non Dulys), mort en 1569. Elle se remaria à Antoine d'Espinay, seigneur de Broon et du Molai.

2. *Var.* Esguerez (ms. 6694, f° 349 v°).

3. Comme Maures poursuivis, sans roi.

femmes et enfans[1]. Mondict sieur le mareschal les empescha, et dist qu'il n'avoit ceste charge du roy, et qu'il en attendoit le commandement par un courrier qu'il avoit envoyé vers luy, aussitost[2] que ledict prince luy avoit envoyé le capitaine La Trappe, Gascon, brave et vaillant gentilhomme, et son enseigne, et luy avoit mandé qu'il ne s'esmeust autrement de sa passade, car il avoit esté contrainct de vuider sa maison, l'y ayant failly à prendre[3], et s'enfuyr et sauver au lieu seur de retraicte, qui estoit à La Rochelle, d'où il luy manderoit plus au long de ses nouvelles et au roy, ne desirant que d'estre son très-humble serviteur et vivre en paix et seuretté, là où il pourroit, en quelque coing de la France. J'estois pour lors à Poictiers, qui passois venant de la court en poste, et vis ceste ambassade de La Trappe, qui m'en conta davantage, car il estoit fort mon ami.

Ledict mareschal prit en payement ces belles parolles, et empescha MM. du Lude et Montsallez,

---

1. « Condé, dit de Thou (liv. XLIV), était accompagné de sa femme et de tous ses enfants, dont trois étaient encore au berceau. Coligny le suivait avec sa famille, composée d'une fille nubile et d'enfants en bas âge, dont quelques-uns étaient portés par leurs nourrices. La femme de d'Andelot y était aussi avec un enfant âgé de deux ans. Il n'avaient que 150 soldats d'escorte, et ils faisaient les plus grandes journées qu'ils pouvaient pour échapper aux embûches qu'on leur avait dressées. » — De Thou parle de la lettre que Condé écrivit à Vieilleville, dont les Mémoires ne renferment pas un mot à ce sujet.

2. *Var.* Aussi que (*ibid.*).

3. *L'y ayant failli à prendre*, c'est-à-dire ayant failli y être pris.

avecqu'une fort belle noblesse de Poitou, de monter à cheval, auxquelz il leur estoit fort à de mal[1] qu'ilz ne menassent les mains à si bonne et belle occasion qu'ilz ne recouvriroient jamais, ainsi qu'ilz recognurent très-bien; car ledict prince ayant gagné La Rochelle et assemblé ses forces d'Angoumois, Xaintonge et Pôictou, et le conte de La Rochefoucauld leur chef, il manda audict M. le mareschal qu'il avoit tant fuy qu'il avoit peu et que terre luy avoit duré; mais estant à La Rochelle il avoit trouvé la mer, et d'autant qu'il ne sçavoit point nager, qu'il avoit esté contrainct de tourner teste et de regaigner la terre, non avec les piedz comm'il avoit faict en se retirant, mais avec les mains, et se deffendre de ses ennemis.

Ainsi ledict prince accommança la guerre comme nous vismes, laquelle luy fut la dernière; et ainsi il donna la venue et la baye audict sieur mareschal; lequel n'en fut pour un long temps trop bien voulu du roy ny de Monsieur, pour avoir perdu là si bonne occasion; et attribuoit-on toute la faute à ce qu'il favorisoit fort soubz main le party huguenot.

Ceux qui le vouloient excuser disoient qu'il estoit plus polliticq que religieux, et qu'il ne vouloit rien troubler, mais paciffier tout s'il eust peu. De ce temps là on se mocquoit fort de ces pollitiqs[2], car, quelque police qu'on eust voulu establir, lorsqu'il plaisoit aux huguenotz, et leur heure estoit venue de prendre les armes, ilz se mocquoient de la police et s'eslevoient en piedz autant que jamais.

---

1. C'est-à-dire qu'il leur était un grand crève-cœur.
2. Le ms. 3263 porte *pollitifs*.

Si fut pourtant fort loué ledict mareschal en sa négociation qu'il fit à Rouan, où estant envoyé par le roy pour y faire entretenir la paix et vivre un chascun en repos, là où ilz ne faisoient que petites séditions et tumultes, autant par le mouvement du peuple que par les instigations et poussemens de M. de Villebon[1] leur baillif, qui estoit fort catholique séditieux, mais vieux et ancien bon capitaine, qui avoit esté tel estimé du temps des guerres estrangères, ausquelles il s'estoit très-bien porté, et nuist fort aux ennemis, aussi l'appelloit-on capitaine Bouttefœu; si que l'on dict despuis qu'il avoit si bien appris et accoustumé à estre bouttefœu de ce temps là, qu'il ne s'en peut désaccoustumer, et pour ce le mettoit en teste des catholliques de faire tousjours quelques insollances; dont sur ce mondict sieur le mareschal entra un jour en différant avec luy dans son logis où il l'estoit venu trouver, et si avant, que mondict sieur le mareschal, perdant patience, mit l'espée au poingt et l'autre aussi en pleine salle : sur quoy mondict sieur mareschal couppa une main audict bon homme M. de Villebon[2], dont sourdit une

---

1. Jean d'Estouteville, seigneur de Villebon, lieutenant de roi en Normandie, mort en 1565.

2. « Du premier coup que tira M. le mareschal, disent les Mémoires de Vieilleville, la main de M. de Villebon, avec environ demy pied de l'os du bras, tomba par terre, et l'espée quant et quant. » Le maréchal réfusa aux parents et aux gens de M. Villebon, qui l'avaient accompagné à dîner chez le maréchal, où eut lieu cette querelle, de leur laisser emporter cette main, « alléguant qu'elle demeureroit pour tesmoignage de son honneur. » Ce que les *Mémoires* ne disent pas et ce que rapporte de Thou (liv. XXVIII), c'est que Villebon obtint, et pour toute répara-

grand' rumeur du peuple, qui accourut en armes pour se ressentir du tort qu'on avoit faict à M. leur baillif; et de faict y cuyda avoir de la sédition; mais mondict sieur mareschal, ne s'estonnant point, fit teste et bonne contenance avec ses gardes et parolles assurées, que le tout s'appaissa, par le moyen aussi de plusieurs gens de bien de la ville point mutins. Non-seulement ce coup, mais avant que partir de Rouan, y establit un si bon ordre et pollice, qu'on ne tourna plus à tant de divisions, séditions et esmeutes qu'il y avoit ordinairement dans ceste ville. Le roy et la reyne en eurent très-grand contentement.

Ce mareschal avoit acquis de tout temps la réputation d'estre brave et vaillant. Aussi disoit-on à la court :

Chastaigneraye, Vieilleville et Bourdillon,
Sont les trois hardys compaignons.

Avec ceste hardiesse et vaillance, il estoit homme de grandz affaires, et de gentil esprit, et fort fin : ainsi le tenoit-on à la court. Il fut envoyé en ambassade vers l'empereur Ferdinand, dont il s'en acquitta très-dignement; car les affaires le requéroient, et c'estoit en partie pour ses villes de l'Empire détenues par le roy, que les Allemands demandoient toujours. Il en retourna avec fort grand contente-

tion, que son bras coupé serait porté avec pompe dans les rues et enterré avec honneur. — Voyez, sur le sujet de la querelle qui eut lieu en 1563, et où tous les torts n'étaient pas du côté de Villebon, les *Mémoires* de Vieilleville liv. IX, chap. x et suivants.

ment du roy, et le sien propre; car il en raporta un très-beau et grand buffet d'argent doré que je luy ay veu[1].

Il fut aussi envoyé vers MM. les cantons des Suysses[2], lesquelz bransloient un peu dans le manche à quicter le roy, tant par les menées de ce grand roy d'Espaigne, qui les commançoit à gaigner par de très-grandes offres, que pour n'estre payez de leurs payes et pentions si longtemps à eux deues. Mais M. le mareschal traicta si bien cet affaire, qu'il rompit le coup, et renoua mieux que jamais l'alliance; ainsi que despuis sceut encor bien faire ce grand personnage M. de Bellièvre[3], qu'on ne peut assez louer, qui les regaigna et remit, car encor ilz recommançoient à branler; alliance certes très-bonne et très-nécessaire aux roys de France, qu'ilz doivent entretenir à perpétuité, ainsi que j'ouys dire une fois à M. le connestable : que les roys de France avoient deux alliances et affinitez desquelles ne s'en devoient jamais distraire et despartir pour chose du monde : l'une celle des Suysses, et l'autre celle du Grand Turc.

Il est vray que l'une couste plus, disoit-il, que

1. En 1562. — Les *Mémoires* de Vieilleville ne parlent pas de ce buffet, mais d'un « coche doublé de velours cramoisi et monté de quatre grandes cavales de Turquie, blanches comme cygnes, ayant les crins et les queues peintes de rouge, » que l'empereur Ferdinand donna au maréchal, qui reçut le même jour, au moment de son départ, une bague en diamant de la princesse Élisabeth dont il venait de négocier le mariage avec Charles IX. (Voyez les *Mémoires*, liv. VIII, chap. XXI et suivants.)

2. En 1571. Voyez les *Mémoires*, liv. X, chap. XXI et XXIV.

3. Pomponne de Bellièvre. Il fut envoyé en Suisse en 1572.

l'autre à entretenir, qu'estoit celle des Suysses, pour le grand argent qu'ilz emportent de leurs payes et de leurs pentions : car, despuis les deux battailles de Morat et Granson, que perdit contr'eux ce nompareil Charles, duc de Bourgoigne, l'argent qu'ilz y gaignarent leur fut si beau et si agréable, qu'ilz en ont tousjours voulu avoir, duquel auparavant n'en avoient eu grand usage ; et despuis, nos roys de France les y ont toujours affriandez. Toutesfois, quand on considérera bien le tout, de celuy qu'ilz touchent en leur monstre en France ilz y en laissent bien autant qu'ilz en emportent en leurs pays pour le moins. Je dis les soldatz, car, estans bien pollicez et reglez qu'ilz sont, ilz achaptent tout, ilz vivent modestement, ne font aucunes pilleries ny ravages. Ilz ayment à faire bonne chère, et à boire tousjours de ce bon piot, quand il debvroit couster un escu le lot[1]. Voylà pourquoy ilz laissent aysément ce qu'ilz prennent, fors les couronnelz et capitaines qui gaignent le plus ; mais, comme disoit M. le connestable, il n'y a que les pensions grandes qu'on leur donne qui gastent tout.

Pour quand aux Turcs, nous ne sommes point en ceste peine de despense ny de leur rien donner, mais ce sont eux qui nous donnent ; car l'ambassadeur de France qui est près de la Porte du Grand Seigneur en Constantinople y est deffrayé, luy et sa maison, de tout ce qui luy faut pour son entretien et vivre, et rien ne luy mancque, jusques à l'avoyne

---

1. Le *lot* était une mesure équivalant à environ deux pots de Paris.

de ses chevaux; et le tout en si grand' abondance et superfluité, que deux maisons telles de l'ambassadeur s'en contenteroient. Je l'ay ainsy ouy dire à M. le connestable, et à force ambassadeurs qui en sont retournez, comme La Vigne, Dolus, Petremol, Grandchamp, Germiny, M. de Dax, son frère l'abbé de l'Isle, et puis évesque de Dax après son frère, et autres[1].

---

1. Jean de la Vigne fut envoyé à Constantinople en 1557 et 1558, et, en revenant en France, mourut à Raguse ou près de cette ville, où on fit ses funérailles, en 1559. Sa correspondance avec le roi, la reine, etc., se trouve à la Bibliothèque impériale, dans le fonds de la Marre. Voyez les *Négociations dans le Levant*, par Charrière, tome II.

Jean Dolu, valet de chambre de François II, envoyé auprès de Soliman II, en 1558 et 1560, mourut de la peste à Constantinople, le 10 juillet 1561. Sa correspondance se trouve aux archives du ministère des affaires étrangères. Voyez les *Négociations dans le Levant*, tome II, p. 499 et suivantes.

Antoine de Petremol, seigneur de la Norroy, agent à Constantinople, du 10 juillet 1561 à novembre 1566. Ses lettres au roi, à la reine, etc., sont conservées dans la collection Dupuy, n° 130, et dans le fonds français, n° 16168. Un extrait en a été publié à Troyes, 1625, in-8°.

Guillaume de Grand-Ry, seigneur de Grandchamp, chambellan du duc d'Alençon, envoyé à Constantinople en 1569, et révoqué en 1571. Voyez sur lui les *Additions aux Mémoires de Castelnau*, tome II, p. 461 et suivantes, et le tome III, p. 57, des *Négociations dans le Levant*.

Jacques de Germigny, baron de Germoles, fut ambassadeur à Constantinople de 1579 à 1584, et mourut en 1587. Ses négociations ont été imprimées dans le tome II de l'histoire de Chalon-sur-Saône que L. Bertaud a publiée sous le titre de l'*Illustre Orbandale*, 1662, 2 vol. in-4°.

François de Noailles, évêque de Dax, ambassadeur en 1571 et 1572. — Gilles de Noailles, évêque de Dax, ambassadeur en

Pour quand aux armées qui sont venues servir nos roys sous Barberousse, Dragut et autres, sont estées tousjours deffrayées aux despens de leur grand seigneur et maistre ; si que le service qu'ilz faisoient à nos roys ne leur coustoit pas un sol, comme l'on a veu à Nice, en Corsègue, et autres exploictz, le grand seigneur n'abhorant rien tant que quand on se veut prévaloir de luy donner : ainsi que j'ay veu dans un vieux livre de la prise de Rhodes[1], que le grand maistre estant en toute extrémité qu'il luy fallut parlamenter de reddition, il fit présenter quelque grosse somme de deniers à Agmet bascha[2], pour les fraiz grandz que le Grand Seigneur avoit faict devant, ce que le bascha détesta et renvoya bien loing, disant que semblables parolles et offres d'argent n'estoient pour estre dictes ny présentées au Grand Seigneur, sur peine de la vie, car il regardoit plus à l'honneur qu'à tous les biens du monde. En quoy l'on peut considérer et admirer tout à coup la grandeur et la gloire de ce grand prince. Bien est vray que luy et ses successeurs ont bien aymé des petites choses singulières et gentilles, et les prenoient quand on leur présentoit, et mesmes quand c'estoit des chefz-d'œuvres et surtout de belles orloges. Ilz ont aymé tous fort cela.

1574. Les négociations des deux frères sont conservées dans le manuscrit 521 de Dupuy.

1. Ce vieux livre est sans aucun doute l'*Histoire de l'oppugnation de Rhodes*, par Jacques, bâtard de Bourbon, 1525, in-fol., réimprimée dans l'*Histoire de l'Ordre de Malte*, de Vertot, édition in-4°.

2. Achmet-pacha.

Les baschas et les grandz de sa Porte, qui, comme Turcz, sont avares naturellement, en prennent de toutes mains. Il le faudroit demander au grand roy d'Espaigne, lequel (comme je tiens du feu roy Henry III pour luy avoir ouy dire), donne tous les ans aux grandz de la Porte dudict Grand Seigneur plus de huict cens mille escus de pention pour l'entretènement de la trefve qu'il a faicte avec luy despuis dix ou douze ans. Selon ce compte, elles luy coustent bon, Dieu mercy, ces révoltes de Flandres! Nos roys de France n'ont jamais faict cela en leur endroict; mais plustost nous en devroient-ilz; car ilz ont trouvé en quelque petit recoing de leur prophète, qu'un roy de France les doit un jour ruyner, et pour ce nous entretiennent en leur alliance et nous craignent.

Or ceste alliance a estée autresfois reprochée à nos roys, et l'est encores, par les impériaux, Espagnolz et autres princes chrestiens. M. de La Noue, en ses mémoires[1], en faict un très-beau discours pour nous donner à sçavoir si ell' est loysible ou non; et d'autant qu'il en a escrit aucunement bien, je luy quitte les armes, et n'entreprens d'en parler sur un si grand capitaine et suffisant personnage, et pour ce je me tays. Bien diray-je que M. le connestable, qui estoit un seigneur d'âme et de conscience, disoit qu'il avoit esté très-nécessaire à nos roys de s'ayder des forces du Turc, sans lesquelles leurs affaires fus-

---

1. Voyez le *XXIe Discours : que les alliances faites par les princes chrétiens avec les Mahumétistes leur ont toujours esté malheureuses, et qu'on ne se doit point allier estroittement avec eux*, dans les *Discours politiques*, 1587, p. 396.

sent allées très-mal, et l'empereur les eust fort descousues, et que contre les loups il se faut ayder des
chiens; voyre que l'empereur luy-mesmes, qui en
cryoit le plus, s'estoit bien aydé en ses guerres d'aucuns gens de guerre lansquenetz, protestans et hérétiques, comme j'ay dict ailleurs. Et disoit M. le connestable qu'il n'y avoit pas grand différance du Turc
à l'hérétique.

C'est une proposition que j'ay veu tenir à aucuns
théologiens, mesmes à M. de Saincte-Foy, despuis
évesque de Nevers[1], lequel un jour en pleine salle
basse du Louvre prescha, amprès la paix de Chartres, devant le roy, la reyne et toute la court, ceste
proposition, en la finissant par telz motz : qu'il ay-
meroit cent fois plustost estre Turc qu'hérétique ou
huguenot. Je ne sçay si on luy avoit faict dire, et
qu'il fust esté embouché d'ailleurs, ou qu'il l'heust
ainsi trouvé par ses raisons sainctes et théologiques,
mais j'en vis la plus grand'part de l'assemblée fort
escandallisée de ce mot. Et M. d'Estrozze, M. de
Combaut[2], despuis premier maistre d'hostel du roy
et moy, estions ensemble, qui autrement, pour estre
jeunes, nous nous soucions autant du Turc comme
de l'huguenot, en demeurasmes estonnez, et de plus
sçavans que nous. Dont en cela je m'en remetz à
nos grandz docteurs de Sorbonne, et à leur vérité.

Tant y a que l'empereur voyoit bien les petites
pailles dans les yeux d'autruy, et dans les siens

---

1. Arnaud Sorbin de Sainte-Foi.
2. Robert de Combault, seigneur d'Arcis-sur-Aube, chevalier
de l'ordre du roi, mort en 1601.

propres n'appercevoit pas une traisne¹ qui luy devoit crever les yeux. Et luy-mesme ne faisoit-il pas trefves avec le Grand Seigneur, lesquelles quand il rompit à la fois de la conqueste et prise de la ville d'Affriqua et du Monastère² que le Grand Seigneur s'en estomacqua si fort, qu'il en recommança la guerre et très-cruelle, l'empereur luy envoya faire ses excuses si humbles, qu'elles ne ressentoient nullement ce grand empereur; disant que ceste prise avoit esté faicte sur Dragut, un corsaire, un pilleur, un volleur, et que si les places fussent estées à luy, qu'il fust esté très-marry d'avoir songé seulement d'y attanter, et qu'il les luy fairoit rendre; toutesfois, puisqu'il s'en formallisoit tant, il luy envoyeroit les clefz, jusques à Zante ou l'Elépante; ce qu'il ne fit. Mais se fit tort pourtant de s'estre là tant humillié, car quelquesfois les parolles portent autant de préjudice que les effectz. Si nos roys eussent eu et tenu telz respectz de parolles au Grand Seigneur, comment³ l'empereur en eust faict son proffit, et s'en fust mocqué!

Icy voulontiers j'escrirois les grandz subjectz qu'eut l'empereur de se plaindre du roy François sur les grandes et belles occasions qu'il luy a faict perdre pour rudement mener le Turc, voire à le ruyner, mesmes au voyage de La Goulette et Thunis, cependant qu'il entamma la guerre de Savoye et du Piedmont; ce que ne se devoit pas, et ce qu'il

---

1. *Traisne*, solive, poutre.
2. *Monastère*, Monastir, dans la régence de Tunis.
3. *Comment*, combien.

sceut très-bien dire et représenter au pape et à tout son consistoire : mais aussi, de l'autre costé, le roy a bien eu d'aussi grandz subjectz et plus, que quand Rhodes fut assiégé il ne desiroit rien tant que luy donner secours; comme de vray, en ses portz de Marseille et autres de Provence, il manda et commanda à tous de n'espargner rien pour secourir les gens de bien qui estoient léans enclos et réduictz en telles extrémitez. Ce fut lors qu'on luy faisoit plus la guerre en son estat de Milan et qu'on le luy fit perdre, le pape y estant de moytié pour la consente et pour l'assistance.

Plusieurs autres occasions se sont présentées pour s'armer contre le Turc, que ce grand roy François a tousjours dict que l'empereur ne sçauroit sitost avoir le pied à l'estrieu pour y aller à l'encontre qu'il ne fust dans la selle, et ledict roy ne demandoit pas mieux : mais, sur ses belles attentes, l'empereur luy traversoit tousjours son bon et sainct zelle; me faisant souvenir d'un discours, que me fit un jour un très-grand personnage, d'aucuns huguenotz d'aujourd'hui, non pas tous certes, ausquelz j'ay ouy dire souvant : qu'ilz ne desireroient rien tant que la guerre contre l'Espagnol, et qu'ilz y courroient comme au feu; comme de vray ilz n'ont jamais cessé qu'ilz n'y ayent mis le roy bien avant, et persuadé de la luy déclarer à fœu et à sang; dont le roy s'en fust bien passé, et estoit sur les piedz de la luy faire en renard comm' il luy faisoit. Elle n'a pas estée plustost déclarée[1], ilz ont là planté le roy et se

---

1. Le 17 janvier 1595.

sont mis à faire plus de sinodes en un an qu'il n'en fut jamais faict en Allemaigne, France, Angleterre, Flandres et Genève en vingt ans, pour faire des demandes au roy très-excessives, s'aydans du temps pour pescher en eau trouble ; et peu d'eux sont allez secourir le roy en ce siège d'Amiens, qu'importoit toute l'entrée aux ennemis de la France. Que s'ilz ne se fussent là amusez, et fussent allez tous au secours du roy, comm' il y en a eu aucuns, ainsi qu'ilz devoient, et qui sont gens de bonne main et de grandz services, l'Espaignol s'en fust très-mal trouvé ; et c'est ainsi que le catholiq et l'huguenot se devoient bien accorder, et puis on en eust veu et verroit-on de beaux effectz.

Ainsi faisoit l'empereur à l'endroict du roy François, que, lorsqu'il le voyoit tout prest contre le Turc, il alloit prendre une querelle d'Allemaigne, comm' on dict, et luy rompit tout son beau dessain, et convertissoit toutes ses armes contre le roy. Qu'eust-il doncq faict nostre roy, voyant un si grand empereur et tout l'empire d'Allemaigne et Italie et Espaigne, bandé si aigrement et fortement contre luy, foible et desnué de forces au prix des autres, sinon, mandier et appeller secours d'où il pouvoit, puisqu'il est permis *in omni modo* se sauver et le sien ?

Voylà pourquoy il eut recours au Turc, lequel, ainsi que j'ay ouy dire au baron de la Garde, luy entamma les premiers propos, plustost que le roy à luy, en luy mandant que s'il avoit affaire de luy, qu'il luy assisteroit ; car il craignoit que l'empereur se fist si grand, comme desjà il l'estoit, qu'il ne le ruynast.

Or, qui voudra bien considérer le peu de dommage et le bien que nos roys ont apporté à la chrestienté pour l'alliance du Turc, il trouvera qu'elle ne luy a point tant nuist comm' on crye; car, qu'on advise bien toutes les armées de mer qu'ilz ont faict venir jamais pour le roy, s'il s'en est ensuivy dommage ny ravage le moins du monde aux terres des princes chrestiens, sinon à celles de l'empereur et d'aucuns ses confédérez qui tenoient son party. La raison n'y estoit-elle pas bonne?

Considérons aussi le grand bien que fit le roy François pour toute la chrestienté, lorsqu'il empescha sultan Solliman d'abbatre le sainct Sépulchre de Hierusalem, qu'il avoit par caprice entrepris totallement faire abattre et raser. Le roy François luy seul l'en empescha par prières, voyre par parolles poignantes; et pour l'amour de luy le sultan s'en désista[1]. Ce n'est pas un petit coup celuy-là, que d'avoir sauvé la ruyne des plus belles, nobles et insignes et sainctes marques de tout le monde, et ne s'en trouvera jamais un service tant signallé faict à la chrestienté, n'y s'en fera.

Au reste, combien de pauvres chrestiens, tant libres que esclaves, se sont-ilz sauvez et sortis de la chaisne par la faveur de nos roys? Qui sauva ceux-là de Tripolly, sinon M. d'Aramont[2], qui, passant

---

1. Voyez dans les *Négociations dans le Levant*, de Charrière, tome I, p. 137, une lettre de Soliman à François Ier, sur les priviléges de Jérusalem.

2. Gabriel de Luitz, baron d'Aramon, fut envoyé à Constantinople en 1546, 1548 et 1551, quitta la Turquie en septembre 1553, et mourut peu de temps après son retour en France. La

par là, allant en ambassade à Constantinople, ayda à faire la composition, car ilz s'en alloient tous perdus, et les emmena tous sains et sauves à Malte dont le grand maistre Almede[1] espaignol et peu amy des François, avec les commandeurs et chevalliers impériaux, furent si ingratz et si peu recognoissans ce grand bienfaict, qu'ilz allarent controuver qu'il s'entendoit avec le bascha, et qu'il avoit estonné nos chrestiens de léans, et mesmes celuy qui commandoit, qui estoit le commandeur Villiers[2], un très-brave et digne chevallier françois, et l'avoit persuadé de se rendre, car il estoit perdu; comme si la ville de Tripolly et le chasteau fussent estez fortz contre une si puissante armée turquesque qui estoit là devant, pourveue de cent pièces d'artillerie pour le moins, et pour tirer vingt mille coups. Le pauvre chevallier en fut mis en prison et en peyne, et cogneut-on après la vérité, et comme M. d'Aramont sauva ces braves chevalliers et autres soldatz, qui tous s'en alloient à la chaisne sans luy[3].

Qui est-ce qui sauva de-fraiz à ces gens de bien et d'honneur, messieurs les Vénitiens, l'isle de Candie, qu'ilz ne la perdissent aussi aysément comm'ilz venoient de perdre l'isle de Cypre? sinon nostre roi

relation de ses ambassades, écrite par J. Chesneau, son secrétaire, a été publiée dans la *Revue rétrospective*.

1. Jean Omedes.
2. Jean de Villiers, commandeur de Beauvais en Gâtinais.
3. Tripoli fut pris par les Turcs en août 1551. Voyez à ce sujet le livre VII de l'histoire du président de Thou, où sont racontés et discutés les faits rapportés par Brantôme, qui les a probablement puisés là.

Charles, qui envoya ce grand personnage, dis-je le plus grand homme et digne de sa robbe pour affaires d'Estat, M. de Dax, de la maison de Nouaille en Lymosin, lequel les Vénitiens esleurent et demandarent au roy sur tous autres, pour l'avoir cognu un très-suffisant personnage, pour ceste ambassade, du temps qu'il estoit près d'eux ambassadeur du roy cinq ou six ans, ou je l'ay veu; dont il s'en acquicta si dignement, que les roys ses maistres en furent fort sattisfaictz et les Vénitiens. Il en acquist un très-grand honneur et amour.

Le roy, pour obvier donc à leur ruyne totale, y despescha M. de Dax[1], que je vis partir de la court chargé de grandes recommandations de son roy pour parler bien au Turc et luy empescher du tout son dessein; ce qu'il fit dextrement et bravement, car il brava fort, comme il me dist à son retour, et que je l'ouys dire au roy, qu'il avoit triumphé et bravement parlé, qu'il obtint de luy et la roupture de son dessain et fit la paix. Et ne faut point douter, comm' il m'a dict despuis, que, sans le roy, sans luy et sa négotiation, les Vénitiens estoient ruinez, Candie estoit perdue, et autres places de leurs isles de mesmes, et peu à peu s'en fust venu en celles de terre ferme. Car pourquoy ne l'eust-il faict, puisque si aisément il conquist la Cipre, bien que Nicotie et Famagouste tindrent vaillamment en ce qu'ilz purent? Ce bon service n'est pas petit pour la chrestienté, quand il n'emporteroit autre chose que d'avoir sauvé un'infinité d'âmes chrestiennes, qu'on eust enlevé,

---

1. En 1572.

mis en esclavitude et vendus comme bestes au bajestan[1] de Constantinoble, ainsi qu'ilz firent à celles de Cypre ; dont j'ay ouy faire un conte à M. de Dax mesmes : qu'un jour, passant par là, il en vist vendre plusieurs qui pourtant avoient estées prises quelque temps avant sa légation. Entr'autres, il y vist une fort belle fille cypriote et de bonne maison, belle comme le jour, de l'aage de dix-huict ans, estre exposée en vente, et mise toute nue et visitée devant tout le monde si ell' estoit pucelle, laquelle ne se trouva, parce qu'elle avoit esté viollée d'un comite turc ; et pour ce, celuy qui la vouloit ne la voulut achepter : mais M. de Dax, usant de sa charité, la rachapta et en donna cent ducatz ; que l'autre en eust donné deux cens si ne fust esté despucellée. Quell' estrange pitié voir ces belles âmes chrestiennes ainsi estre traictées et vendues comme bestes ! Ce M. de Dax, tant qu'il fut en ceste ambassade, eut beaucoup de crédit à faire plaisir à beaucoup de chrestiens, car le Grand Seigneur le prit en amitié, tant pour sa belle et bonne conversation, que pour sa belle façon, car il estoit fort grand et de fort haute et belle taille, la barbe courte de nature, et les moustaches à leur mode : et pour ce, disoient-ilz tous qu'en sa taille et en sa carre il tenoit du Turc ; et tous l'en aymoient et admiroient et l'advisoient de meilleur cœur ; aussi qu'ilz le sçavoient estre un des prebstres de nostre loy, ainsy que luy-mesme ne me l'a nyé, car nous tenions ces nouvelles venues au roy à la court.

1. *Bajestan*. Je ne sais d'où vient ce mot dont la signification (bazar), ne peut être douteuse.

Pour fin, l'alliance du Turc, que nos roys entretiennent, n'est point inutile aux chrestiens. Que l'on s'informe un peu aux consulz et marchans qui traictent et sont pour le roy en Constantinoble, Alexandrie, au Cayre, en Damas, Alep, à Tripoly de Surye et à Alger, combien de plaisirs, grâces et courtoisies reçoivent tous les chrestiens une fois l'an, soubz le nom françois et cestuy du roy de France, et principallement par le moyen de nos ambassadeurs qui sont en Constantinoble. Aussi tant qu'il y en va et en retournent, ilz deviennent tous riches, comme fut La Vigne, que j'ay dict, qui estoit pauvre diable, et quand il en retourna il resta en chemin, où il mourut riche de plus de soixante mill' escus, qui est beaucoup de ce temps là, comm' aujourd'huy cent mille, et des plus beaux meubles et des plus exquis qu'on eust sceu voir. J'en vis aucuns entre les mains de M. de Dax, la première fois que je fus jamais à Venise, qui estoient très-excellans et très-rares; et de tous en frustra ses parans, héritiers, et en fit madame de Savoye sa seule héritière, pour avoir esté sa seule bienfactrice et l'avoir advancé.

M. de Dax, quand il en retourna aussi (mais celuy-là estoit riche du sien) il en remmena pour le moins, en des plus rares meubles et tapisseries, plus de cent mill' escus vaillant, dont la maison de son nepveu de Nouailles en est décorée et en reluist très-fort aujourd'huy.

Ces ambassadeurs, pour faire plaisir aux marchans chrestiens, et uns et autres, reçoivent les présens d'eux, et ainsi s'en prévalent d'eux. Il n'y a nul mal en cela, puisque tout plaisir requiert son semblable.

Voulontiers j'allongerois ce discours par plusieurs beaux exemples, et mesmes comme ce grand roy d'Espaigne a bien alliance et confédération avec les roys de Fez, de Maroque, et le Coriph[1], jusques à avoir de leurs enfans nourrys en sa court, et vivans en leur mode et religion, à ce que j'ay ouy conter despuis peu : chose bien différente à ce qu'au voyage de Bayonne, estant venu un' ambassade du Turc[2], les Espagnolz trouvarent cela si odieux, qu'il falut que le roy l'allast recevoir hors de Bayonne et de l'assemblée ; car j'y estois et le vis. Je craindrois que ce discours fust trop long ; et de faict il en mériteroit un entier à part, sans l'avoir mis en forme de digression, que j'ay faicte sur le propos de l'alliance que renoua M. de Vieilleville du roy et des Suysses[3], qui ne fut pas petit service faict à la France, pour estre ces messieurs à elle très-bons et utiles.

Aucuns pourtant tiennent qu'ilz n'y sont tant utilles ny de service qu'on diroit bien, et qu'ilz coustent plus qu'ilz ne servent, sinon d'autant qu'en un' armée ilz servent d'en faire un grand corps ; et si nous ne les avions, d'autres les auroient. J'espère en faire un discours à part sur les services et desservices qu'ilz nous ont faict, illustré de force exemples, et mesmes

---

1. *Var.* Le Ceriph, c'est-à-dire le shérif de la Mecque.
2. En 1565. Le roi ne reçut l'envoyé turc qu'après le départ des Espagnols. — Voyez de Thou, liv. XXXVII.
3. Voyez les Mémoires de Vieilleville (liv. X, chap. xx et suivants), sur cette ambassade qu'ils semblent placer à l'année 1571. De Thou (liv. XXXVI) en parle à l'année 1565. Le traité de renouvellement d'alliance entre Charles IX et les cantons suisses fut signé à Fribourg le 7 décembre 1564.

ce qu'en dist nostre grand roy d'aujourd'huy, lorsqu'ilz se mutinarent au siège de La Fère, qu'ilz plièrent bagage et mirent l'enseigne au vent, tabourin battant, amutinez pour n'estre payez. « Laissez-les « aller, dist-il; ilz me coustent plus qu'ilz ne valent « ny qu'ilz me font de service. » Mais après, le tout fut appaisé. J'en parleray en la vie du roy.

Pour achever donc à parler dudict M. de Vieilleville, il eut un très-grand honneur à la conservation de sa ville, sur laquelle jamais n'a mancqué de veilles ny d'entreprises, entr'autres une qui fut faicte par le comte de Maigne, gouverneur du Luxembourg, ayant gaigné et corrompu trois soldatz, dont l'un estoit caporal et l'autre l'ancepassade[1], et ce durant la trefve, et par le consentement du prince de Piedmont, comme j'ay dict en son discours[2].

Un' autre entreprise fut aussi par le moyen du chapitre général des Cordelliers, qui avoit esté monopollé et arresté exprez en ceste ville pour ce subject[3]. Il n'y a meschancetté qui ne se face soubz la couverture de religion, sans craindre Dieu : aussi cela fut cause que ledict sieur de Vieilleville advançast en la ville le presche et la religion huguenotte, et la mit plus haut que devant, de beau despit qu'il eut; et porta à la sienne catholique très-mauvaise vangeance pourtant, pour en avoir receu une telle extrette.

1. *Var.* L'ensepessade.
2. Voyez tome II, p. 149, et les *Mémoires* de Vieilleville, liv. VI, chap. xiv et suivants.
3. En 1555. Voyez les *Mémoires* de Vieilleville, livre VI, chap. xxii.

Cela le fit bien aussi soubçonner autant de la religion, avec plusieurs autres traictz que j'ay dict et point dict. Bien servit audict M. de Vieilleville d'estre là sage et fin, comme on le tenoit à la court. Aussi, pour rendre à l'ennemy ce qu'il luy prestoit, il bastit et traicta l'entreprise de Théonville, et M. de Guyze l'acheva et la prit[1].

Pour conclure, ce M. le mareschal mourut avec beaucoup de réputation en sa maison de Durtal; ainsi que le roy y arrivoit, et qu'il s'y préparoit de le bien festiner.

Son compaignon, M. de Bourdillon, fut aussi mareschal de France, qui avoit esté en ses jeunes ans escuyer d'escurie de M. le Dauphin, qui estoit de ce temps là un très-bel estat pour avoir souvant l'oreille de son maistre quand il va par les champs, près lequel se doit tousjours tenir et le suivre partout, là où quelquesfois le peut entretenir à part, comm' il luy plaist, et quand il le botte aussi. Il estoit de bonne maison et puisné de sa maison, estant son aisné le sieur des Bordes[3], qui suivoit

M. le maresch de Bourdillon

---

1. En 1558. Voyez les *Mémoires* de Vieilleville, livre VII, chap. VII et suiv.

2. Imbert de la Platière, seigneur de Bourdillon, maréchal de France (1562), mort à Fontainebleau le 4 avril 1567. Il était fils de Philbert de la Platière, sieur des Bordes, bailli et capitaine de Meulan, mort le 24 septembre 1499. Marié d'abord à Claude de Damas, dame de Ragny, il épousa en secondes noces Françoise de Birague, fille unique de René de Birague, lieutenant général au gouvernement de Lyon, puis chancelier de France et cardinal.

3. François de la Platière, seigneur des Bordes, baron d'Epoisses, tué devant Châlons-sur-Marne le 1er septembre 1544.

M. d'Orléans; tous deux braves et vaillans gentizhommes.

Ce M. de Bourdillon fut lieutenant de M. de Nevers en son gouvernement de Champaigne, où il a très-bien servy le roy tant que la guerre a duré. Les histoires en sont toutes pleines de ses valeurs et services, sans que je les dye.

La paix estant faicte, le roy le retira de là, et l'envoya son lieutenant général en Piedmont[1] quand il en révocqua M. le mareschal de Brissac. Or, par ce traicté de paix entre les deux grandz roys, il avoit esté dict, que Thurin et autres places seroient rendues, qui sont comprises audict traicté, au bout de quelque temps, et lorsqu'il en sortiroit un filz né du maryage de M. et madame de Savoye. M. de Savoye, fin, trinquat[2] et corrompu, fit tout ce qu'il peut, et madame sa femme, pour avoir un filz, et, aussitost eu, ne faillit d'en sommer le roy et les luy demander, prenant le temps bien à propos; car ce fut sur sa minorité et le commancement des guerres civiles. Cela fut mis au conseil, débatu par diverses raisons. Les uns oppinarent : que les roys n'estoient tenuz de tenir ce que leurs prédécesseurs avoient faict et accordé, et que, selon les changemens des roys, les oppinions et effectz se pouvoient changer.

Autres dirent : qu'il falloit attendre la majorité du roy, et qu'estant mineur, il ne pouvoit rien ordonner pour affaires de telle conséquence sans une convocation d'estatz[3] comme cela s'estoit veu; et

---

1. En 1559. — 2. *Var.* Trinquaut (ms. 6694, f° 356).
3. D'états généraux.

que de les assembler ne se pouvoit, à cause que la France estoit toute en trouble, division, sédition et guerre, et qu'il falloit attendre qu'elle fust paciffiée, comme l'on estoit tous les jours après. Tant d'autres raisons alléguoient là-dessus, qu'ilz faisoient ceste opinion meilleure que des autres, qui dirent qu'il falloit contenter M. de Savoye, qui ne voudroit point attendre et se pourroit mutiner et nous faire la guerre; et que ce qu'il demandoit par douceur, qu'en luy reffusant il l'auroit par force; et, Dieu sçait! d'un an il n'eust pris la moindre ville de celles qu'il nous demandoit, estant dès lors très-foible encor, et qu'il n'avoit mis ordre à s'establir et fortiffier comme quand il reeut[1] ses places.

Autres disoient : que ce n'estoit pour l'amour de M. de Savoye qu'on le devoit faire, au moins qu'on le fist pour l'amour de madame de Savoye, qui estoit si bonne fille de France. A quoy les plus zellez respondoient : Que le diable y ayt part! ell' en avoit trop eu et emporté, et qu'elle s'en devoit contenter; et que jamais fille de France, non pas dix autres ensemble, n'en eurent jamais tant en mariage.

Autres disoient que le roy d'Espaigne s'en formaliseroit. Alors disoient les braves du conseil : « Quand
« ce viendroit là, il y songeroit trois fois; et s'il
« nous recommence la guerre, nous la luy soubs-
« tiendrons, et fairons aussi bravement que jamais;
« et possible n'y gaignera rien, et sera cause que
« nous nous accorderons et rallirons tous, comme
« de la jeunesse de l'empereur Charles firent les Es-

---

1. *Var.* Reheut (ms. 6694, f° 356 v°).

« paignolz révoltez contre M. de Chièvres, lorsque
« nous leur allasmes faire la guerre en leurs fouyers,
« soubz M. de l'Esparre[1]. »

Le roy de Navarre, tenant le premier lieu en
France, s'abattit lors sur l'escot[2], et débattit qu'il falloit faire ceste restitution résolument; autrement il
n'auroit point le royaume de Sardaigne tant com-
promis[3]; et que M. de Savoye luy avoit mandé et
promis qu'il luy ayderoit beaucoup à l'endroict du
roy d'Espaigne : et Dieu sçait, encor que[4] le roy
d'Espaigne eust rien en cela faict pour luy, sinon
qu'il eust redondé et tourné à son proffit. Madame de
Savoye luy en manda de mesmes, et qu'elle en sol-
liciteroit fort M. son mary, parce qu'ell' aymoit fort
aussi la reyne de Navarre Marguerite, sa tante et sa
marrine[5], et cousine de la vivante, la reyne Jehanne.

Pour fin, amprès force altercations, le plus foible
party emporta le plus fort; et pour ce fut despesché
en Piedmont du bois de Vincennes, amprès la prise
de Bourges, comme je vis, le seigneur d'Aluye[6],
l'un des quatre secrettaires des commandemens, lequel estoit fort amoureux pour lors de madamoyselle
de Pienne, qu'il désiroit fort espouser; et le roy de

1. Voyez tome I, p. 222. — 2. Sur la parenté.
3. Voyez tome IV, p. 364.
4. *Var*. Si le roy d'Espaigne (ms. 6694, f° 357).
5. *Var*. Mayrrine (*Ibid.*).
6. Florimond Robertet, baron d'Alluye, secrétaire d'État (1559),
mort en 1569, à 36 ans. Il fut envoyé en 1562 en Piémont, pour
la restitution de Turin et d'autres places au duc de Savoie. Il
épousa Jeanne de Hallwin, fille d'Antoine de Hallwin, seigneur
de Piennes, celle que François de Montmorency avait épousée
secrètement ou avait dû épouser. Voyez tome III, p. 151.

Navarre luy promit que s'il faisoit bien le négoce à son contentement, qu'il la luy fairoit espouser; où il n'y avoit nulle apparance autrement sans ceste faveur, d'autant que ceste damoyselle estoit fille de l'une des meilleures maisons de France, et des belles et honnestes, et qui avoit reffusé en son temps de si hautz et grandz partys, qu'il n'y avoit point de raison qu'un petit secrettaire des commandemens l'espousast; qui l'espousa pourtant après, plus par humeur et capriche qu'il en prit à la fille que par raison; ainsi l'ay-je veu et dire à force gens de nostre court alors, et cognu; et non par la faveur du roy de Navarre, car il estoit mort plus d'un an avant; mais ce fut luy pourtant qui, premier, luy tint le menton en cet amour et l'y encouragea et luy assista le plus qu'il peut, ainsi qu'en ces choses à la court les grandz y peuvent et servent beaucoup, mesmes leurs compaignons et amis particuliers. Voylà donc le seigneur d'Aluye despesché.

Cependant ledict seigneur de Bourdillon brave fort en parolles et rodomontades, que résolument il ne fairoit aucune restitution de places, et qu'elles luy avoient estées données en garde par un roy majeur; et qu'il attendoit la majorité, quelque commandement qu'il receust, et qu'un jour il en pourroit estre recherché de sa vie, de son honneur et de ses biens. Les bons François zellez louoient et exaltoient ledict sieur de Bourdillon tout ce qui se peut, et que c'estoit faict en homme de bien et d'honneur, et qu'il devoit ainsi faire.

Ceux de Thurin et des autres villes l'y poussent et se resjouissent fort de sa belle résolution en cela;

aussi bien différante est la domination du roy de France, grand et puissant, à celle d'un duc, quelque grand qu'il soit; car ilz ne se veulent disjoindre s'ilz peuvent de leur roy acquis, plustost que de leur seigneur naturel, bien que nous tenons le Piedmont de droict de la couronne.

Tout ce beau jeu se joua l'espace de quelque temps; mais ledict sieur d'Aluye arrive, qui promet audict sieur de Bourdillon un estat de mareschal de France, le premier vacquant, voire un supernuméraire; promet aussi des pentions et biensfaictz du roy et du roy de Navarre. M. de Savoye promet aussi la pièce d'argent, ce disoit-on, pour sa manche, comme dict l'Italien.

M. le président de Biragues, beau-père dudict de Bourdillon[1] à qui il avoit donné sa fille unique en mariage, avec de bon argent, le gaigne aussi par belles promesses et offres de beaux et grandz estatz en France, ainsi qu'il n'y fut point trompé, car il[2] fut du conseil privé, et donné à Monsieur frère du roy pour un de ses principaux conseilz aux armées; car il estoit homme de plume et d'espée, pour avoir fort traisné les guerres du Piedmont, comme je luy ay veu. Il fut gouverneur de Lyon en Lyonnois en absence de M. de Nemours, car je l'y ay veu en très-grande authorité et respect, et marcher avec sa garde ordinaire comm' un prince; fut après garde des sceaux, puis chancellier et, pour fin, cardinal et riche en biens d'églize; ce qu'il ne vouloit point; et accepta le chappeau en despit de luy, parce, disoit-il,

---

1. Voyez plus haut, p. 71, note 2. — 2. *Il*, Birague.

qu'il n'estoit pas bien né ny adextre *à far tutte queste gentillesse e cerimonie ecclesiastique*[1] usant de ces mesmes motz, encor d'un autre plus estrange[2] qui n'est pas bien séant de dire pour la révérance de la religion : mais ce n'estoit pas là l'encloueure qui le picquoit, car il ne se vouloit deffaire des sceaux qui luy portoient tous les jours de si bon fruict d'escuz, que le seigneur de Goutery, son secrétaire, faisoit ordinairement changer d'air et passer de là les montz en quelque bancque, ce disoit-on, tant pour son maistre que pour luy, qui est mort à Thurin pauvre prebstre, n'ayant que[3] sa messe et son brévire[4] luy produisoient, comme j'ay ouy dire. Touchant son maistre, on n'a trouvé après sa mort tant que l'on disoit durant sa vie ; et quand à moy avec d'autres, je ne l'ay trouvé tant rapineux comm' on l'a faict et en crioit-on, et d'autres ses pareilz ont faict ; car je l'ay tousjours veu et cognu pour un fort homme de bien et d'honneur, et qui aymoit plus la noblesse françoise qu'on ne disoit ; car il estoit très-bon François et bien affecté à la couronne, dont pour ce en fut banny de Milan et ses biens confisquez, luy et les siens. Aussi fut-il fort aymé et honoré de ses roys et reyne mère, luy vivant ; et, luy mort, le roy Henry dernier luy ordonna des obsèques très-belles et toutes pareilles à celles d'un très grand-prince[5].

Voylà donc ce président gaigné, qu'on n'eust jamais

---

1. A faire toutes ces gentillesses et cérémonies ecclésiastiques.
2. Probablement le mot que le cardinal Hippolyte d'Este dit à l'Arioste au sujet de l'*Orlando furioso*.
3. *Que*, que ce que. — 4. Bréviaire.
5. Il mourut à Paris, le 6 décembre 1583, à soixante-seize

pensé qu'il deust abandonner Thurin, d'où il estoit premier président, où de longue main il s'estoit accasé et habitué, et y estoit fort aymé, et y commandoit en Piedmont mieux que son gendre, qui n'y avoit si grande créance que le beau-père, qui l'avoit acquise là de longue main.

Pour fin, et l'un et l'autre se laissarent aller avecqu' un très-grand mescontentement des Piedmontois franchisez, qui les maudirent en diable et leur reprochoient qu'ilz avoient faict *una bella spampanata e niente*[1]; autres disoient qu'ilz avoient faict *una bella cagata*[2]; et les François disoient que ledict sieur de Bourdillon avoit faict une fort belle levée de boucliers, et qu'il n'avoit amprès faict que chier dessus.

Aucuns disoient qu'il devoit tenir jusqu'au bout et laisser voir venir le temps, et qu'il n'est pas bon quelquefois en telz subjectz et occurrances d'obéyr toujours à son roy et à son prince; car bien souvant commande-il une chose, soit par prière ou importunité, ou pour autre occasion, que tout aussitost il s'en repent : comme fit nostre roy Henri III, quand il accorda à Monsieur son frère, la ville d'Angoulesme, et puis contremanda en cachettes au sieur de Ruffec[3] de la rendre, ainsi que j'en parle ailleurs.

---

ans, et fut enterré avec grande cérémonie dans l'église Sainte-Catherine qu'il avait bâtie.

1. Une belle fanfaronnade, et rien. — 2. Une belle cacade.
3. Philippe de Volvire, seigneur de Ruffec, gouverneur de l'Angoumois. Il refusa obstinément de remettre Angoulême au duc d'Alençon à qui cette ville avait été accordée par la trêve conclue en novembre 1575. Voyez de Thou, liv. LXI.

Lorsqu'il accorda là aussi la ville de Sainct-Jehan[1] à M. le prince de Condé dernièrement mort, pour sa seuretté, il en fit la despesche au maire de la ville, car il n'y en avoit d'autre pour lors qui commandast que luy, pour la rendre; ce qu'il fit aussitost : mais, deux jours après, il luy renvoya un courrier en toute dilligence, pour luy commander qu'il ne le fist pas. Mais il n'estoit plus temps, car M. de Sainct-Mesmes[2], qui despuis y a toujours demeuré gouverneur, y estoit deux jours devant seulement. [Je pense avoir dict et escrit cecy en autre lieu; il y faut adviser : un bon correcteur en faira l'office[3].]

Si celuy qui livra le connestable de Sainct-Pol, de par le duc Charles de Bourgoigne, au roy Louys XIe, eust un peu temporisé à le livrer, il eust veu arriver le courrier qui luy en apportoit un contraire mandement, et ledict duc s'en fust mieux trouvé; car oncques despuis ceste perfidie et livraison il ne proffita, ce disent nos histoires[4].

Si ceux qui livrarent la ville de Pize, Serzanne et autres places que le roy[5] s'estoit réservé à son voyage de Naples, eussent creu M. de Ligny, très-sage chevallier, qui soubz bourre leur deffendoit tousjours, et qu'ilz temporisassent un peu, possible n'eussions-

---

1. Saint-Jean-d'Angély. Le prince Henri de Condé s'en mit en possession en octobre 1576.
2. Jean de Rochebeaucourt, seigneur de Sainte-Mesme.
3. Cette phrase intercalée dans le texte du ms. 3263 est, dans le ms. 6694, écrite en marge, de la main de Brantôme, et biffée par lui-même.
4. Voyez Commines, année 1475, liv. IV, chap. xii et xiii.
5. Charles VIII. Voyez Commines, liv. VIII, chap. xxi.

nous perdu le royaume de Naples, ou, pour le moins, nous l'eussions mieux secouru et les chasteaux qui nous tendoient les bras.

En ces choses donc de telle conséquence il y faut bien adviser et attendre un peu le boiteux[1], que nos roys et supérieurs ayent un peu meury leurs advis, comme l'on fait des fruictz verdz sur la paille, que le temps assaizonne. Ainsi qu'une fois très-bien rencontra un gallant homme que je sçay, qui, voyant un jour un de nos roys porter en esté un chappeau de paille : « Voylà, dist-il, comment ilz devoient ces « roys, en esté et en hyver, porter de ces chappeaux « de paille tousjours, affin qu'en estans bien couvertz « ilz en meurissent mieux leurs cervelles. »

Il se fairoit sur ce subject un très-beau et très-ample discours, que je laisse faire à plus suffisans que moy.

Pour fin, M. de Bourdillon s'estant despouillé de ses villes, je le vis arriver à la court à Paris, après la paix de la première guerre, bien venu du roy et de la reyne, d'aucuns estimé et d'aucuns non, pour avoir ainsi laissé la sainture et faict la quinquenelle[2] de ces pauvres places, comme l'on disoit à la court. Si ne se peut-on passer de ses services, car il estoit seigneur de valeur ; aussi en avoit-il la façon, et estoit de bonne grâce et haute taille et belle apparance. Il avoit les advis très-beaux et bons, et estoit fort sage et froid en ses conseilz et actions ; et pour

1. *Le boiteux*, le temps.
2. *Quinquenelle*, délai, répit de cinq ans laissé par le créancier à son débiteur.

ce fut faict mareschal de France, comm' il le méritoit et qu'on luy avoit promis; et mourut tel à Fontainebleau, avec le regret du roy et de la reyne et de toute la court. Pour quand au seigneur d'Aluye, je le vis arriver quelque temps après à la court à Fontainebleau, chargé, disoit-on, de fort beaux présens, receuz de M. et madame de Savoye pour son ambassade bien faicte à leur plaisir. Entr'autres il avoit une très-belle et grosse chaisne d'or à gros chaisnons, qui pesoit plus de deux mill' escus, après laquelle M. de Villeclair le gros[1], se mit à faire l'amour tout un long temps; et ne cessa ny discontinua jusques à ce qu'il luy eust gaigné à la prime teste à teste; car ilz estoient tous deux très-grandz joueurs, mais l'un y estoit plus fin et habille que M. d'Aluye, qu'on disoit l'avoir emportée par artifice.

Il fut tout un longtemps que ledict sieur d'Aluye, tant qu'il jouoit, on le brocardoit à tous coups : « Ce « sont des escus de Savoye, » (bien qu'ilz fussent de France et d'Espaigne) « de quoy vous en souciez-« vous? » D'autres luy disoient : « Ne jouez pas tant; « car on vous en a assez donné, on ne vous en donra « plus. » Ainsi luy faisoit-on la guerre : et aucuns en faisoient bien autant, et les dames principallement, à M. de Bourdillon quand ilz luy voyoient quelque chose de beau, ou d'or, ou de pierreries, ou meubles, à luy ou à sa femme; et ceux qui ne le disoient à leur nez le disoient à part : que c'estoient des présens de M. et madame de Savoye.

1. René de Villequier, qui accompagna Henri III en Pologne. Voyez tome IV, p. 326.

Voylà que c'est que de la court, devant laquelle il ne faut guières bruncher; car, bien que mondict sieur et dame de Bourdillon eussent assez de quoy et moyens pour en avoir et achepter de très-beaux, on leur donnoit de celles-là.

Voylà comm' alla et se mena et se joua la despouille de nos villes qui nous estoient restées en Piedmont, et qui nous avoient tant cousté d'argent et de sang.

Le tiers, qui estoit compaignon des dessus-dicts MM. de Vieilleville et Bourdillon, fut M. de La Chastaigneraye mon oncle, duquel ne faut douter nullement que, s'il eust faict quelque peu plus d'aage qu'il ne fit, qu'il ne fust esté bien plus grand et bien plustost advancé à plus grandz grades que ses deux compaignons; car desjà il estoit gentilhomme de la chambre du roy pour lors que les autres n'estoient qu'escuyers d'escuryes, et aussi qu'il les surpassoit tous deux, sans leur faire tort, et de faveur et de valeur; car si les autres en avoient des eschantillons pour en faire la preuve et la monstre, cestuy-cy en avoit la pièce toute entière. Mais le traistre dieu Mars, qui favorise le plus souvant plus une foyble espée qu'une bonne, l'emporta, n'ayant encor attaint les vingt-six ans, par ce combat contre le sieur de Jarnac, dont j'en espère ailleurs parler [2], et certes contre l'opinion de tout le monde, et principallement de ceux qui avoient veu et cognu ses hardiesses, ses

M. de la Chastaigneraye [1].

---

[1]. François de Vivonne, seigneur de la Chastaigneraie et d'Ardelay. Il avait épousé Philippe de Beaupoil de Sainte-Aulaire.
[2]. Voyez le *Discours sur les Duels*.

prouesses et ses armes, qu'on tenoit lors pour les meilleures de la France; et y en eut force qui ne le regrettarent guières, car ilz le craignoient plus qu'ilz ne l'aymoient. Aucuns, qui honnoroient sa valeur, le regrettarent de sa mort ainsi par mesgarde advenue. On s'en estonna grandement; et plusieurs, qui en estoient loing du lieu du combat, en demeurarent en suspens et en incertitude : tellement que deux vaillans soldatz de Piedmont s'assignarent combat là dessus, et s'entre-tuarent; l'un le disant mort, et l'autre afferma tout à trac le contraire, et qu'il estoit impossible qu'un si vaillant homme et qui avoit les armes si bien en main, fust esté tué ainsi d'un sien nonpareil. Quelle bizarretté de ce soldat, et quell' obligation mon oncle luy en devoit avoir, et s'estans entretuez, en l'autre monde ce qu'il luy en peut dire et remercier, si les âmes là haut ont quelque ressentiment et recognoissance!

S'il eust survescu, ce seigneur s'en alloit très-grand, car le roy Henry l'aymoit extrêmement, et désiroit fort l'advancer; et luy avoit promis l'estat de couronnel de l'infanterie de France, comme je diray ailleurs, le cognoissant fort propre à ceste charge; car dès lors qu'il commança à porter les armes il s'y adonna fort, comme au camp d'Avignon et à la prise du Piedmont, où il fut fort blessé, et à l'assaut de Conis, y allant des premiers, sans aucune charge, et s'y fit fort signaller; aussi en demeura-il estroppié d'un bras, qui fut cause de sa mort, comme je diray ailleurs.

M. le Dauphin, qui commançoit fort à l'aymer, l'osta et le desbaucha de ceste infanterie, et le pria de prendre son guidon au camp et avitaillement de Landrecy. Et ce fut là où il inventa, luy premier de tous et avant, d'envellopper son guidon et drappeau à travers le corps, car luy ne vouloit autre chose que mener les mains, et n'estre point abstrainct à le garder pendu au bout d'une lance, ainsi que le commun, et avoir quasi par manière de dire les mains liées sans les employer. Il fut blessé aussi en ce voyage en un' escarmouche, où l'on parla fort de Chastaigneraye et de sa vaillance.

Il fut aussi, à l'envitaillement de Thérouanne, blessé. La garnison de la compaignie de M. le Dauphin estoit dans Perronne establie, où l'on y attendoit un second siège; mais il y a encor force gens vieux vivans léans, qui peuvent tesmoigner les belles courses que faisoit mondict sieur de là vers Bapaume et en Flandres.

Quand j'y estois en garnison avec ma compagnie de gens de pied, force gens de ceste ville là encores m'en contoient de fort belles choses, et, m'en sçachant estre son nepveu, m'en faisoient une très-grande chère et honneur.

Il avoit beaucoup remis et redressé ceste compagnie de cent hommes d'armes de très-bons et braves hommes de son pays de la Guyenne et mesmes de Gascons, laquelle auparavant M. d'Humières[1], lieutenant, n'avoit composée que de Picards, vieux censiés[2] et francimens[3]; et trouva-on que, dès que M. de

---

1. Jacques, sire d'Humières et de Monchy, chevalier du Saint-Esprit (1578).
2. *Censiés*, censiers, fermiers, métayers.
3. *Francimens*, Français.

La Chastaigneraye en fut guidon, elle fut trouvée cent fois plus belle et renforcée, et qui faisoit de fort beaux exploictz, et parloit-on fort d'elle. Aussi M. le Dauphin, quand le roy fut mort et luy roy, voulut luy donner la moytié de sa compagnie, mais il ne vouloit estre que couronnel : et dès ce temps les couronnelz n'avoient point de gens-d'armes, comme nous avons veu despuis; et qui avoit un estat, ne falloit qu'il en eust deux. Si M. le Dauphin l'aymoit, le roy François l'aymoit bien autant; mais il ne luy estoit si privé comme M. le Dauphin, car, de jeune à jeune et de vieux à vieux, il n'y a que la main.

Le plus souvant, quand le roy vouloit faire une partie pour courir la bague, il disoit tousjours : « Nous sommes quatre gentilzhommes de la Guyenne, « qui sont : Chastaigneraye, Sansac, d'Essé et moy « (faisant cet honneur à la Guienne de l'appeler sa « patrye, comme de raison il estoit né à Coignac), « qui courrons à tous venant; » ce qu'ilz faisoient, et le plus souvant emportoient la bague; et mondict sieur oncle estoit des meilleurs coureurs et des plus adroictz; et quasi ordinairement en ses courses il jettoit en l'air sa lance par trois fois, et la reprenoit, et rencontroit souvantesfois la bague, quelquefois non : aussi le roy, quand il couroit avec luy par partie faicte, il luy deffendoit[1] de cesser ces lançades; car cela ne le faisoit que desbaucher et empescher ses dedans.

Le roy l'appelloit la pluspart du temps *ma nourri-*

---

1. *Deffendoit*, c'est-à-dire ordonnait.

ture ou *son filleul*, comme il portoit son nom et estoit son parrain, ainsi qu'en l'aage de dix ans M. le séneschal de Poictou son père[1] le donna au roy, et le roy le prit très-voulontiers pour un de ses enfans d'honneur; aussi de meilleure maison n'en pouvoit-il avoir; et c'estoit lors un très-grand honneur, et plus que pages de la chambre. Estant en si belle et honnorable nourriture, il ne chauma pas; car il employa le temps en toutes sortes d'exercices honnorables, desquelz il en sçavoit beaucoup, et principallement des armes, où il estoit fort addroict, et s'y exerçoit toujours; car, sortant de sa nourriture, il avoit ordinairement avec luy un bon tireur d'armes, et l'envoyoit quérir en Italie quoy qu'il coustast : si bien qu'en sa maison, ou à la court, ou à l'armée, ou en sa patrie, estoit une vraye escolle de toutes vertuz et exercices honnestes. Aussi tout abbondoit là dedans, et l'eust-on pris plustost pour un prince que pour un seigneur, tant il faisoit une grande et sumptueuse despense, bien qu'il n'en eust les biens si immenses pour y fournir, mais la fortune bonne. Aussi estoit-il le plus libéral homme du monde, et mesmes à l'endroict des honnestes gens et des bons hommes de guerre, qu'il aymoit par-dessus tous; et ne leur desroboit jamais leur honneur quand il leur voyoit bien faire. Aussi se faisoit-il fort aymer à tout le monde, car il estoit fort gracieux aux gracieux, mais très-glorieux aux glorieux ou qui le vouloient contrefaire; mais peu s'addressoient à

---

1. André de Vivonne, sénéchal du Poitou, mort en 1532, à quatre-vingts ans.

luy pour jouer ce personnage. Aussi disoit-on de luy qu'il n'avoit que cela de mauvais : qu'il estoit trop haut à la main, scallabreux et querelleux.

J'ay ouy dire à madame de Dampierre sa sœur[1], qu'elle n'avoit veu jamais à la court jeun' homme qui le ressemblast mieux, ny qui en eust plus de complexions que M. de Bussy[2]. Cela se pouvoit, car il y avoit de l'alliance.

Il estoit fort crainct, fust en jeu, fust à bon escient, car il avoit une très-bonne et friande espée : aussi estoit-il extrêmement fort. Il n'estoit ny trop haut, ny trop petit; il estoit d'une très-belle taille, très-nerveux et peu charnu.

J'ay ouy conter à feu madame la séneschalle de Poictou sa mère, que feu son père, lorsqu'il fut trié de sa nourrice, luy faisoit mesler en tous ses mangers et boires de la poudre d'or, d'acier et de fer, pour le bien fortiffier; remède souverain qu'un grand médecin de Naples luy apprit, quand il y fut avec le roy Charles VIIIe; ce qu'il luy continua si bien jusques en l'aage de douze ans, qu'il le rendit ainsi fort et robuste, jusques à prendre un toreau par les cornes, l'arrester en sa furie : aussi qu'il n'y avoit homme, tant fort qu'il fust, qu'il ne portast par terre, avec l'addresse qu'il avoit très-grande à la lutte : ce que le sieur de Jarnac s'en advisa très-bien, aussi luy gesna-il bien le bras. Et pour ce, quelquesfoys feu son père, qui disoit le mot, luy faisoit la guerre,

---

1. Jeanne, femme de Claude de Clermont, seigneur de Dampierre.
2. Bussy d'Amboise.

disant : « Le voyez-vous là? s'il va jamais en enfer,
« il faira si grand peur aux diables qu'il les en chas-
« sera tous et s'en rendra maistre, tant il sera un
« jour fort; et qu'il sera plus noir en sauce de cas-
« seron¹ que tous eux. » Il disoit cela en gaussant,
car il n'estoit si noir comme il le disoit; bien estoit-
il brunet, mais le teinct fort beau et dellicat et fort
aymable, et pour ce en son temps fut-il bien voulu
et aymé de deux très-grandes dames de par le monde,
que je ne dis.

C'est assez parlé de luy pour le coup, car j'en parleray ailleurs, sinon qu'il laissa après luy seulement
une fille unique, qu'on a veue à la court, Chastaigneraye, gaye et gentile fille, fort aymable, qu'est
aujourd'hui madame de l'Archant²; que si elle fust
estée aussi bien garçon, ell' eust fort ressemblé le
père, car elle en a le courage très-généreux, et avec
cela fort vertueuse et très-honneste dame. Lorsqu'elle
nasquit, son père fut fort marry qu'elle ne fust un
garçon pour le façonner à sa façon. Encor, toute
petite fille qu'ell' estoit et au berceau, il lui mettoit
tousjours un' espée et une dague nue entre les mains,
disant que puisqu'il ne l'avoit peu faire homme,
qu'il la vouloit faire amazonne; mais il mourut trop
tost pour cela, car il la laissa qu'elle n'avoit que trois
ans, encores pas.

De ces trois derniers seigneurs fut contemporain

---

1. *Casseron*, espèce de poisson de mer.
2. Diane de Vivonne, dame d'Ardelai, mariée à Nicolas de Grémonville, seigneur de l'Archant, morte le 8 mars 1592, sans postérité.

et compagnon M. de Tavannes; mais il estoit plus vieux, et à M. d'Orléans, et les autres à M. le Dauphin. Ses prédécesseurs furent d'Allemaigne, de très-bonne et illustre maison, et son père vint au service du roy Louis XIIᵉ et roy François, couronnel d'un régiment de lansquenetz, et servit très-bien la couronne de France; si qu'il en eut de belles récompenses, qui fut cause qu'il s'y habitast, et les siens après, vers la Bourgoigne.

Ce M. de Tavannes fut brave et vaillant en ses jeunes ans, et partout où il se trouva il fit fort parler de luy. La première charge qu'il eut jamais, il fut guidon de la compagnie de cent hommes d'armes de M. le grand escuyer Galliot[2], l'un des bons capitaines de France; et luy mort, M. d'Orléans eut sa compagnie, de laquelle fut quelque temps lieutenant ce grand M. le conte de Sancerre[3], et M. de Tavannes enseigne; mais mondict sieur le conte ne le fut de longtemps[4], car le roy luy donna une compagnie en chef, lorsqu'il sortit de Sainct-Dizier; et M. de Tavanes fut lieutenant, mais fort peu, car M. d'Orléans mourut tost après, et M. de Tavannes en eut la moitié, comme de raison. Et ce fut en la

---

1. Gaspard de Saulx, seigneur de Tavannes, maréchal de France, mort au château de Sully, le 19 juin 1573, à soixante-trois ans. On a sous son nom de curieux mémoires qui ont été écrits par son troisième fils, Jean de Saulx, vicomte de Tavannes. Imprimés d'abord en secret à petit nombre au château de Sully, vers 1617, ils furent ensuite réimprimés vers 1649 ou 1650, puis dans les grandes collections de mémoires.

2. Voyez sa *Vie*, tome III, p. 72.

3. Voyez sa *Vie*, tome III, p. 233.

4. *Var*. Ne le fut longtemps (ms. 6694, f⁰ 361 v⁰).

guerre de Boulloigne, où il fut un peu taxé, ce disoit sa femme[1], d'estre cause de la mort du sieur de Dampierre, son compaignon et parent, à ce qu'il ne s'estoit rendu à poinct au rendez-vous donné pour un entreprise et embusche qu'ilz avoient dressée sur le milort Gray, près d'Ardres, là où le seigneur de Dampierre ne faillit. Le seigneur des Cars de mesmes en fut blasmé; mais eux dirent que le sieur de Dampierre s'estoit trop tost advancé, et qu'il y estoit allé en jeune et peu pratiq capitaine, et eux ilz estoient advant luy et plus expérimentez, disoient-ilz (non pas des Cars qui ne valoit en rien) et qu'ilz sçavoient mieux que luy ce qu'il falloit faire.

M. d'Orléans mort, M. de Tavannes y perdit beaucoup, car il estoit fort son favory et tout son cœur, et le possédoit fort. La paix se fit avec l'empereur au camp de Jallon, et la guerre de Boulloigne ne dura guières. M. de Tavannes fut envoyé avec sa compagnie en garnison vers Bourgoigne, où M. d'Aumalle, venant à estre M. de Guyze et gouverneur de ladicte Bourgoigne par la mort de M. son père, fit là M. de Thavannes son lieutenant en son gouvernement, qu'il gouverna très-sagement. Plusieurs années s'escoularent, que la battaille de Ranty se donna, où il se trouva bien à poinct avec sa compaignie de gens-d'armes, qui fut trouvée très-belle, bien complette, bien armée, et les chevaux tous bardez d'acier, retenant encor de la mode ancienne qu'il avoit veu soubz M. le grand escuyer, quand il en estoit guidon.

M. de Guyze voulut avoir ce bon capitaine près

---

1. La femme de M. de Dampierre.

de luy à un si bon affaire, et luy fit faire la prémière charge sur les pistolliers de l'empereur. Et donna si à propos, les prenant par flanc (j'en parle mieux ailleurs), qu'estant secondé, et de près, de M. de Guyze, ilz furent aussitost rompus, et par ce moyen l'avant-garde de l'empereur moitié deffaicte[1], moitié mise en routte, dont s'en ensuivit le total gain de la battaille; après laquelle M. de Guyze, qui ne desroba jamais l'honneur d'un vaillant homme, présenta M. de Tavannes au roy, luy raconta ses vaillantises et le service signallé qu'il luy avoit faict, outre que le roy l'avoit[2] très-bien veu de ses propres yeux : par quoy en plein champ de bataille gaignée, le roy osta son Ordre du col et le luy donna, et le fit ainsi chevallier de son Ordre; marque certes très-honnorablement acquise à luy, aveq' une forme et façon peu veue et ouye de nos pères, et bien différante à celle que j'ay veu despuis parmy aucuns de nos chevalliers acquérir par prières, par pourchas, par importunitez, par faveurs d'hommes et de dames, et amprès par si grand' accoustumance, le despartir aux uns et aux autres, qu'il vint par amprès si commun et trivial, que, d'autant plus que par le passé il avoit esté honnoré et révéré par toute la chrestienté, jusques aux plus grandz roys, princes et souverains, qui s'estimoient honnorez et heureux de le prendre et le porter de nos roys, en signe de grand honneur, confédération, alliance et amitié; jusques-là qu'aucuns de nos François qui ne le pouvoient avoir abandon-

1. *Deffaicte*, tuée.
2. Les deux manuscrits portent : Outre que le roy qui l'avoit....

noient leurs femmes, comm' on les nommeroit bien, et d'autres donnoient leurs biens, comme fit M. de Chasteaubriand, [qui] donna sa terre et belle maison de Chasteaubriand à M. le connestable pour cet effect[1]. Despuis nous le vismes donner à simples gens et des capitaines de gens de pied comme, après les premières guerres, au capitaine Pasquier et Foyssy, dont j'en ay veu à la court faire de grandes merveilles et esbayssemens, et en crier de grandz abuz et scandalles; lesquelz pourtant estoient de bons capitaines, qui avoient assez bien servy le roy aux premières guerres, bien que ce Foyssy eût esté autrefois pourvoyeur de M. de Nemours, disoyt-on. Je ne touche autrement à leurs quallitez et noblesse : mais ce n'est rien encor, il estoit bien employé à ceux-là, puisque tel honneur s'acquiert par les armes. Nous l'avons veu donner à des gens, et jeunes et très-vieux que je sçay, qui n'avoient jamais bougé de leurs maisons, despuis quelque petit voyage ou deux qu'ilz avoient sorty dehors; et se contentoient de si peu de loches qu'ilz avoient, non pas prises, mais avoient veu prendre. Telz chevaliers j'ay veu que nous les appellions des avortons, comme n'estans venus à terme, ny achevez de faire.

Ce n'est pas tout : nous avons veu des conseillers sortir des courtz de parlement, quitter la robe et le bonnet carré, et se mettre à traisner l'espée, et les charger de ce collier aussitost, sans autre forme d'avoir faict guerre, comme fit le sieur de Montaigne[2],

---

1. Voyez tome III, p. 340.
2. Montaigne reçut de Charles IX l'ordre de Saint-Michel, en

duquel le mestier estoit meilleur de continuer sa plume à escrire[1] ses *Essays* que de la changer avec un' espée qui ne luy siéoid si bien. Le marquis de Tran l'impétra du roy aysément un Ordre à un de ses voysins ; pensez qu'en se mocquant (car il estoit un grand mocqueur)[2], il fit aussi son maistre d'hostel, dict Paumier, de mesme chevallier ; si qu'une fois estant venu à la court pour les affaires de son maistre, on le monstroit au doigt, et se moquoit-on fort de luy. « Voylà, disoient tous, voylà le maistre d'hostel du « marquis de Tran avec son Ordre : » dont le pauvre homme en avoit honte.

Il y en a d'autres moindres que luy ainsi faictz chevalliers d'aucunes mains, qui ne valoient pas plus, que je nommerois bien ; et nous les appellions des avortons et des monstres à la court ; lesquelz, ma foy, avoient honte de parestre devant le monde, car je l'ay veu.

Un' autre pitié plus grande, ay-je veu n'a pas

1571. Il ne paraît pas du reste s'être fait illusion sur l'honneur qui lui était accordé, car voici comment il en parle : « Je deman-« dois à la fortune, autant qu'aultre chose, l'ordre de Saint-« Michel, estant jeune ; car c'estoit lors l'extrême marque d'hon-« neur de la noblesse françoise et très rare. Elle me l'a plai-« samment accordé ; au lieu de me monter et haulser de ma « place pour y aveindre, elle m'a bien plus gracieusement traicté ; « elle l'a ravallé et rabaissé jusques à mes espaules et au-« dessoubs. » *Essais*, liv. II, chap. XII. Voyez encore dans le même livre le chap. VII : *Des Récompenses d'honneur*.

1. Le ms. 6694 portait d'abord : *à bien escrire que de.*

2. Les deux manuscrits portaient : « Et luy donna, pensez qu'en se mocquant, car il estoit un grand mocqueur, car c'estoit son voysin. » Brantôme a corrigé de sa main la phrase sur le manuscrit 3263.

longtemps. Un conseiller du siège présidial de Périgueux, nommé Saulière, huguenot, qui se fit obtenir l'Ordre de Saint-Michel, dès longtemps suranné et endormy, que le roy luy accorda par le moyen d'un sien amy, qui luy fit avoir moyennant cinq cens escuz, et ce pour estre exempt des tailles; et si fut si insolent et impudent, qu'il le portoit ordinairement pendu au col, comme nous avons veu nos grandz le temps passé ne l'en désemparer jamais, sur peine imposée du chapitre de l'Ordre, ainsi que j'ay veu en faire la réprimande anciennement à aucuns, quand ilz l'eussent laissé seulement et désemparé un' heure. Cedict conseiller chevallier ne porta guières cet Ordre qu'un an, qu'il mourut au bout; mais s'il eust survescu, je sçay deux gentilzhommes anciens et d'honneur, qui, despitz d'une telle irrévérance qu'on portoit à cet Ordre de le faire ainsi traisner à cet homme de peu, qu'ilz avoient faict partie de le luy oster du col tout à faict en bonne compaignie, s'il s'y fust comparu, et le menacer que s'il le portoit jamais qu'on luy donroit cent coups de bastons. A telles gens il leur faudroit reprocher ce qui fut reproché en un pasquin à un gentilhomme de bonne maison que je sçay, mais de très-mauvaise petite apparance de mine et d'effect; ce que le pasquin fit ainsi parler :

> Si je suis de si pauvre taille [1],
> Pour pendre au col ce beau collier,
> Prenez que d'un homme de paille
> L'on en façonne un chevallier.

1. Le ms. 3263 porte *si petite taille*, ce qui donne un pied de trop au vers.

Ce pasquin luy fut donné à Fontainebleau du temps du roy Charles, et à plusieurs autres, pour cet Ordre; qui seroit trop long à les descrire.

Voylà comme ce bel Ordre, tant bien institué et porté pour les gens d'honneur, fut vilipendé, abbattu et traisné villainement.

Ah! bon roy Louys XIe, quand tu en fis l'institution[1] tu ne songeois pas à cela; et qui te l'eust dict, fust-il esté le plus grand magicien et devin du monde, bien que tu creusses fort en telles gens, tu ne l'eusses jamais creu; et si tu en vois l'abus, du lieu auquel[2] que tu sois, je m'assure que tu en crèves de despit, si les âmes généreuses, voire autres, ont du sentiment en l'autre monde. Tu fis ceste institution, si ay-je ouy dire et leu, sur l'abus de la grand' quantité que tu vis des chevalliers de l'ordre de l'Estoille[3], qui en formilloient[4] par toute la France, que le brave roy Jehan institua en sa brave maison de Sainct-Ouan-lez-Paris, 1351, qui estoient tenuz d'en porter l'estoille au chappeau, et au plus aparant lieu du manteau, en la commémoration de la belle estoille qui guida les roys d'Orient jusques au lieu de la naissance de Nostre Sauveur, avec ces beaux motz : *Monstrant regibus astra viam.* La misère et pauvretté des guerres fut amprès si grande despuis en France, que n'en pouvant récompenser ses bons serviteurs autrement, on les honnora de cest Ordre; et y en eut si grand' quantité, qu'on ne voyoit qu'estoilles

---

1. A Amboise, le 1er mars 1469.
2. *Var.* En quel que tu sois (ms. 6694, f° 362 v°).
3. Il avait été institué par le roi Jean en 1351.
4. *Var.* Fremilloient.

devant les yeux, aussi bien le jour que la nuict. Et pour ce, ô bon roy, tu en abolis l'Ordre, et en donnas les estoilles au chevallier du Guet et ses archers ; et au lieu fis¹ ce beau Sainct-Michel, fust ou par humeur ou dévoction que tu portasse à ce brave sainct et ange, ou en commémoration du roy Charles VII° ton père ; mais tu ne l'aymois pas tant vivant qu'après sa mort tu n'en eusses grande souvenance, qui en portoit l'image en son enseigne, mesmes en son entrée à Rouan, à raison de l'apparition de M. sainct Michel, ce dict-on, sur le pont d'Orléans, deffandant la ville contre les Anglois en un grand assaut qu'ilz y donnarent.

Le collier de cet Ordre, qui ne l'a veu jamais sçaura qu'il estoit faict de coquilles entrelassées l'une à l'autre d'un double lacz, assises sur chaisnettes ou mailles toutes d'or, au milieu duquel, sur un roc, y avoit un' image d'or de sainct Michel combattant le diable et le tenant soubz soy. La devise en signiffioit la vraye enseigne de la noblesse des chevalliers, leur vertu, leur concorde, fidélité et amitié. Par la richesse et pureté de l'or est remarquée leur hautesse et grandeur ; par les coquilles leurs esgualitez ou esgalle fraternité de l'Ordre, à l'imitation des Romains de jadis, qui portoient aussi, selon que dict Marc-Aurelle, des coquilles aux bras, pour devises et enseignes ; par la double lassure² d'icelles ensemble, leur invincible et indissoluble union, et par l'image de sainct Michel, victoire du plus grand

---

1. Les deux manuscrits portent par erreur *fistes*.
2. *Lessure*, enlacement.

ennemy. Et ces motz portoient : *Immensi tremor Oceeani*. Aucuns on dict que ceste devise estoit de l'ordre de Bourgoigne¹, comme mieux apropriée, ainsi que les Argonautes firent jadis trembler la mer. Toutesfois, pour l'amour des coquilles de sainct Michel, on l'a apropriée à l'Ordre de France. Autres disent que celle de *pretium non vile laborum* estoient toutes deux pour la Bourgoigne; autres pour celuy de la France. Je m'en rapporte aux bons discoureurs.

Il y avoit le grand Ordre, qui est celuy que je viens de deviser, qui ne se portoit qu'au jour de Sainct-Michel, la grand' sollempnité de l'Ordre, aux grandz festes et magnifficences, et aux enterremens de leurs compagnons, que le roy leur donnoit. Il pouvoit valoir mill' escuz au commancement; mais ilz ravallarent puis après, comme j'ay veu et des anciens et des modernes, qui n'esgalloient rien aux anciens en belle façon, ny en grandeur, ny en poix. C'estoit un sacrilège que de le vendre ou l'engager; ce que despuis je n'ay veu observer : et quand un chevallier mouroit, falloit que ses héritiers le rendissent au roy², qui le faisoit garder pour un autre nouveau. Si un estranger le rendoit pour prendre un autre party que le sien, falloit qu'il le renvoyast aussi; ainsi que de mon temps je vis faire au seigneur Paule Jourdain Ursin³, lequel, quand il prit

1. La toison d'or.
2. Il y a plusieurs pièces à ce sujet dans les *Statuts de l'ordre de Saint-Michel*, 1725, in-4°.
3. Paul Jourdain des Ursins, duc de Bracciano, mort en 1585, épousa la fille de Côme Iᵉʳ, Marie (ou Isabelle) de Médicis, qu'il tua en 1578.

en mariage la fille du duc de Florance, falut par conséquent qu'il quictast aussi l'alliance du roy. Il voulut rendre à l'embassadeur du roy, pour lors à Rome, son Ordre que le roy Henry luy avoit donné; il[1] le reffusa très-bien et beau, disant que ce n'estoit point sa charge, et qu'il ne luy avoit pas donné. Puis il l'envoya à M. de Dax, embassadeur à Venise, ou il trouva encores moins son homme et son sot; car il estoit un des habiles embassadeurs qu'on ayt veu. Il le reffusa encores mieux, le payant de grosses raisons, et parlant bien à luy. Enfin ledict Paule fut contraint l'envoyer au roy par un gentilhomme très-sollempnellement, qui l'acepta très-bien, non luy proprement[2], mais le fit acepter par le chancelier de l'Ordre, en luy faisant dire que c'estoit le moindre de ses soucys qu'il le quictast, et son amitié et tout; qu'il luy avoit despartie de très-bon cœur, et qu'il s'en passeroit désormais très-bien. En quoy ledict seigneur Paule eut tort, car il pouvoit espouser sa dame, et pourtant ne renoncer à l'amitié du roy (comme fit le duc de Ferrare[3], qui, espousant par amprez sa fille, ne le quita comme je le vis), si ce n'est qu'on tenoit le duc de Fleurance ne luy vouloir donner autrement sa dame. Qui veut voir toutes les loix, cérémonies et ordonnances de cet Ordre, qu'il en lise le livre faict, qui est très-beau[4].

Le petit Ordre se portoit tousjours, comme j'ay

---

1. *Il*, l'ambassadeur. — 2. *Proprement*, en propre personne.

3. Alphonse II, duc de Ferrare, marié (1560) à Lucrèce de Médicis.

4. Le *Livre des statuts et ordonnances des chevaliers de l'ordre de Saint-Michel*, 1476, in-4°, souvent réimprimé.

dict, et n'y avoit que l'image de sainct Michel tout en or pur ou esmaillé, pendu avecqu' un ruban noir; et le falloit porter ordinairement, comme j'ay dit, et ne le désemparer jamais, fust-ce parmy les plus grandz combatz, battailles et dangers, fust pour en sauver mieux sa vie, sa rançon, ou autrement poinct; dont j'ay ouy dire du roy François, quil fit une grande réprimande et tancement une fois à un chevallier de son jeune temps, qui, ayant esté pris en un combat, avoit osté et arraché son Ordre tout bellement, et jetté et caché, afin que, le recognoissant pour tel, il [ne] fust mis à plus grand' rançon; disant le roy que, pour tous les biens du monde, il ne falloit cacher une telle marque d'honneur, mais la faire parestre partout. J'en ay ouy parler d'un qui en fit de mesme à la bataille de Coutras, et le cacha dans un arbre. C'estoit un petit gentilhomme de Xaintonge, nommé M. des Bivons[1], que M. le marquis de Vilars avoit faict et créé tel.

Ceste marque estoit telle, si précieuse et chère, que l'on a veu plusieurs seigneurs et gentilzhommes estre plustost pourveuz d'une compagnie de gens-d'armes que du collier de l'Ordre, voyre l'attendre un très-long temps après; car ce n'estoit pas tout de combattre et faire quelques petites prouesses, il en falloit faire à quantité pour le bien mériter, ou bien en faire une très-signallée, comme celle de M. de Tavannes, que viens de dire; de M. de Bayard, quand il sortit de Mézières tant bien deffendu de luy; de ce brave M. de Lude, pour la défence de

1. Le ms 6694 porte *des Buons*, de la main de Brantôme.

Fontarabie, comme j'ay dict; et du bonhomme M. de Sanssac, quand il sortit de l'Admirande[1]; M. de Montluc, quand il sortit de Sienne, et le duc de Castre, quand il sortit de Parme; bref force d'autres sans les spéciffier[2], surtout ceux qui avoient soustenu bravement et vaillamment des sièges, à mode des anciens Romains, qui récompensoient et ornoient leurs capitaines qui s'en estoient très-dignement et vaillamment acquictez, d'une couronne obsidionnalle, qu'on appelloit graminée, parce que *gramen* en latin est pris en cest endroict génerallement pour toutes herbes qui se trouvoient à l'instant, et au sortir, et lesquelles ilz pouvoient arracher sur le lieu incontinant au lever du siège; et nonobstant (ce dict Pline[3],) estoit la plus honnorable, et (que comme je croy et est à présumer) que toutes; et la civique, faicte de feuilles et rameaux de chaisne[4], pour avoir sauvé un citoyen romain; et murale, qui estoit faicte d'or en forme de créneaux de ville, donnée à celuy qui le premier avoit gaigné la muraille d'une ville; et castrense, ou vallaire, faicte aussi d'or en manière de paux et pallis[5], estoit donnée au premier qui entroit dans le camp des ennemis. Celle de laurier estoit réservée et donnée au grand capitaine, chef, ou empereur, qui retournoit victorieux d'un grand exploict de guerre, d'une grande

1. La Mirandole.
2. Le ms. 6694 (f° 364) portait d'abord : Bref, une infinité d'autres que je n'aurois jamais dict.
3. Livre XXII, chap. iv.
4. *Var.* Chesne.
5. *Paux*, le pluriel de *pal*, pieu. — *Pallis*, palissade.

conqueste ou d'une grande battaille, de laquelle falloit faire parestre, de conte faict, le meurtre de cinq mill' hommes pour le moins, mortz et estenduz sur le champ : et alors, quand il triumphoit, on luy donnoit la couronne de laurier simple, bien accommodée. Mais, venant à décliner l'empire, et les boubances et sumptuositez en vogue, elle commença à se mesler et varier de belles perles et riches pierreries, et puis entièrement changées de laurier naturel en laurier buriné et enlevé[1], en cercle d'or.

Nostre Ordre Sainct-Michel alla au contraire en diminuant[2] et amoindrissant et déclinant. Le roy Louys, quand il l'institua, il n'en avoit ordonné que trente-six pour nombre accomply, et sur l'heure n'en fit que quinze. Mais il s'en est faict tant et tant despuis nos roys derniers, qu'un chascun se commença à le desdaigner, tant jadis estimé et honnoré, si qu'on n'en vouloit plus, fors un grand prince[3] qui vit encor aujourd'huy, qui le voulut prendre sur le plus grand déclin; et ainsi qu'un jour M. d'Estrozze et moy luy en faisions la guerre, il nous dist : « Il me « faschoit de voir mes armoyries sur ma vaisselle « d'argent, et les couvertes de mes mulletz toutes « pleines et sans estre entournées, qui n'avoient

1. *Enlevé*, fait au marteau.
2. Le ms. 3263 porte : diminissant.
3. Ce prince « qui vit encore » ne peut être, comme le prétend le Laboureur (*Additions aux Mémoires de Castelnau*, tome Ier, p. 370), le duc Henri de Guise, puisque celui-ci avait été tué à Blois en 1588, et que Brantôme écrivait la présente notice dans les premières années du règne de Henri IV. Il se pourrait que Brantôme eût voulu parler de Louis de Gonzague duc de Nevers. (Voyez tome IV, p. 379).

« nulle grâce; au lieu qu'ast' heure il les faira plus
« beau voir avec ce bel Ordre et sa bordure. »

Nostre roy Henry III s'en fascha, et de voir force
petitz gallans ses compagnons et confrères. Il institua
donc celuy du Sainct-Esprit[1], quasi en mesme forme
pour les cérémonies que celuy de Sainct-Michel. Ce
fut une croix d'or faicte comme celle des chevalliers
de Malte, avecqu' un Sainct-Esprit en forme de collombe dessus, portée avecqu' un ruban bleu, et sur
le manteau et cappe une croix de forme pareille, en
broderie cousue et attachée.

Force gens trouvarent au commancement cet Ordre
beau; mais après aucuns le descriarent, quand ilz
virent le grand Ordre enrichy de chiffres seulement
d'aucuns gentilzhommes ses favorys et dames, que
ne diray point[2]; et surtout s'escandallisarent que ledict Ordre, ayant esté faict en l'honneur du Sainct-
Esprit, et se devoit sollempniser et célébrer le premier
jour de l'an et le jour de la Pantecoste, qui ce jour
pourtant ne fut jamais sollempnisé, accompaigné de
choses prophanes et peu décentes, disoit-on; ce qui
donna pourtant à parler à aucuns, et dire qu'il ne
se devoit introduire pour abolir l'autre beau et
sainct de Sainct-Michel.

Aucuns disoient qu'il l'avoit exprez introduit pour
cognoistre l'extraction et la noblesse de plusieurs qu'il
faisoit chevalliers, que pour autre raison; dont un
que je sçay s'en doubta, qui estoit grand et bon

---

1. Le 31 décembre 1578.
2. Voyez le Laboureur, *Additions* aux Mémoires de Castelnau,
tome II, p. 895.

compaignon, qui ne se sentoit pas tant extraict de la coste de sainct Louys, ni du sang d'Acre¹, qu'on diroit bien. « Ah! mort Dieu, dist-il, vous diriez que « le roy a institué cest Ordre exprez pour l'amour « de moy, car il doubte un peu de ma noblesse; « mais, par Dieu! je le tromperay bien. Je luy fairay « tant de titres faux, et les luy supposeray, et les « fairay escrire si bien et si dextrement par de bons « escrivains antiques, et en parchemins si vieux et « effacez, en lettres aussi si menues et mal lisables « qu'on les prendra plustost pour des piedz de « mouche que pour escriture, que luy et ses inqui- « siteurs y perdront leur latin, leur science et leur « lecture. » Ce qu'il fit; et y fit coucher et escrire dedans une si haute extraction, qu'ilz ne sceurent dire autre chose, ny le roy et tout, sinon qu'il estoit digne d'estre chevallier, s'il ne tenoit qu'à la noblesse, et qu'il fust passé.

Un autre chevallier esleu, point François, mais estranger, fort innoble², que je nommerois pour un double³, car il ne me sçaroit battre, fit bien pis pour prouver sa noblesse. Il envoya querir en sa ville de Fleurance et son païs, plus de six charges de mulletz de titres et pancartes, qu'il emprumpta des principaux et nobles de sadicte ville et païs, et les fit venir, et les présenta à messieurs les inquisiteurs de noblesse à ce destinez; et quand il fut devant eux, il leur dit et remonstra que, mais qu'ilz eussent bien

1. *Var.* Ni du grand sang d'Acre (ms. 6694, f° 365). Cette expression veut probablement dire : du sang des croisés.

2. *Var.* Fort ignoble (*Ibid.*).

3. Le florentin Albert de Gondi, maréchal de Retz.

leu et revisité tout cela, qu'ilz ne sçaroient nier, ny que dire, sinon qu'il ne fust très-noble. Messieurs les inquisiteurs furent si confondus d'une si grande milliase de parchemins, qu'ilz ne sceurent jamais par quel bout s'y prendre; et furent contrainctz de dire et représenter au roy que, pour tout l'or du monde, ilz n'y sçaroient vacquer, et qu'ilz s'y romproient la teste et leur entendement, et qu'il y en auroit pour six ans assez pour messieurs de la chambre de ses comptes à y adviser et feuilletter; par quoy, qu'il valloit mieux qu'on le passast comm' ont faict les maistres ez-artz en la rue au Ferre[1] un qui ne sçait guières, et que les docteurs passent aisément pour un friand disner et bon vin doctoral : « Par quoy, dirent-« ilz de ce bon chevallier : que l'on crie fort par trois « fois *vivat et bibat!* »

M. le mareschal de Biron, le bonhomme, fit bien mieux, car il n'aporta que cinq ou six titres fort antiques, et les présentant au roy et à messieurs les commissaires et inquisiteurs : « Sire, voylà ma noblesse icy comprise; » et puis, mettant la main sur son espée, il dist : « Mais, sire, la voycy encores mieux. »

Un autre gentilhomme, que je sçay, ne fut en grand'peine de prouver tant sa noblesse, bien certes qu'il fust noble, le doute ne s'en peut faire. Il avoit demeuré douze ans sans venir à la court, bien qu'il ne fust loing de Paris que sept ou huict lieus. Il y arriva au bout de ces années, sur le poinct que le roy projectoit son Ordre et qu'il s'estoit mis en ver-

---

1. La rue aux Fers.

rue[1] d'aymer de beaux petitz chiens de lions[2] et turquetz et autres. L'on dist au roy, et luy en fit-on grand cas, que ce gentilhomme avoit deux turquetz, les plus beaux qu'on sçaroit voir au monde. Le roy les voulut voir, et les trouva encor plus beaux qu'on ne les luy avoit faictz, et pour ce les luy demanda, qui en récompense le fit chevallier de ce bel Ordre. Voylà un Ordre bien donné et posé, pour deux petitz chiens! Tant d'autres pareilz fatz contes apporterois-je, pour monstrer les abuz de ces chevalliers en leurs eslections, que je n'aurois jamais faict.

Or le roy, comme le roy Louis XIe, avoit résolu et arresté de n'en faire que quelque certain petit nombre, comme de vray pour le commancement je croy qu'il n'en fit que vingt ou vingt-deux[3]. Je les nommerois bien si je voulois, encor que je n'y fusse pas, car j'estois avec la reyne en Gascoigne; et dirois voulontiers ce qu'elle m'en dist à moy indigne, et comme réprouvant ceste nouvelletté, pour avoir quicté l'anciennetté qu'il ne falloit perdre pour estre si noble. Ledict roy ne tint pas son arrest et résolution, car assez peu de temps aprez il rompit le pas et passa plus outre; si qu'ayant appellé à cet Ordre son premier maistre d'hostel et son premier escuyer, il s'en fit un pasquin à la court, qui dict que cet Or-

---

1. *Var.* En verve (ms. 6694, *Ibid.*). Ce mot s'est déjà présenté dans un autre passage, et là encore les deux manuscrits l'ont écrit différemment. *Verve*, qui est probablement la bonne leçon, signifiait lubie, caprice, fantaisie.

2. *Var.* De lion.

3. Vingt-six, suivant la liste donnée dans le Journal de l'Estoile, sans compter huit prélats.

dre ne valoit rien plus, puisqu'il estoit sauté et venu jusqu'à l'estrille de l'escuyerie, et à la broche de la cuysine ; entendant Liancourt, son premier escuyer, et Combaut, son premier maistre d'hostel. Tant d'autres en a-on veu chargez de ceste croix, que plusieurs que nous estions à la court des plus folz, qui nous en mocquions à pleine gorge, nous leur en faisions la guerre, et leur disions : aux uns qu'ils avoient estez en très-mauvais estat quand ilz receurent cest ordre ; et à d'autres on leur disoit : « Quand vous l'avez pris, n'avez-vous pas profféré « en vostr'âme mesmes parolles comme quand vous recevez à Pasques vostre Créateur, *Domine, non sum dignus*[1] ? » Aux autres on disoit : « Ne sentez-vous « pas vostre conscience chargée de prendre et avoir ce « qui ne vous appartient pas ? » Aux autres encor pis : « Et si vous ne l'avez gaigné ast'heure vous le gai- « gnerez quelque jour ; cependant il se faut accom- « moder au collier comm' un cheval de charrette, « avant que de le mettre à tirer. » Aux autres on disoit : « Vous portez vostre croix selon vos malzfaictz. » Aux autres : « Vous la portez avant le temps. » Aux autres : « Vous n'estes pas assez fort pour porter ce « collier ; baillez-le à un autre qui le portera mieux « que vous, ou bien à moy. » Aux autres : « Ne sen- « tez-vous point qu'il vous poise trop, comm'à un « asne son bas ? » Aux autres : « Quelle sotte humeur « a pris au roy de le vous donner ? » Aux autres : « Le « Sainct-Esprit descend sur ceux qu'il luy plaist,

---

1. Voyez l'*Historiette* de Henri IV dans Tallemant des Réaux, édition. P. Paris, tome I, p. 13.

« aussi bien sur les bons que sur les mauvais, aussi
« bien sur les poltrons que sur les vaillans, aussi
« bien sur les asnes que sur les chevaux, aussi bien
« sur les pauvres que sur les riches, et aussi bien sur
« les sotz que sur les habilles; il y parest en vous. »
Aux autres on disoit : « Vous ne pouviez voller au-
« paravant, il faut bien ast' heure que ce Sainct-Es-
« prit vous porte partout et que nous monstrez le
« chemin à la guerre; mais ceste collombe que vous
« portez est poltronne de sa nature, elle ne vous y
« portera jamais. » A aucuns on disoit : « Qui eust ja-
« mais pensé que ceste croix eust passé si aysément
« par le cul pour venir se pendre au col? » Celuy-là
est salle[1]. Aux autres : « Il est croisé comme un oyson
« de mars, aussi est-il un vray oyson. » Tant d'autres
broccartz et sobriquetz pareilz à ceux-cy disoit-on,
et encor meilleurs, si j'y voulois songer que je n'aurois jamais faict; lesquelz n'osoient rien dire ny que-
reller, estans leurs querelles injustes.

Voylà donc l'abus de tel Ordre en ce grand nombre de chevalliers, tant de ceux qui l'avoient mérité,
que d'autres poinct. Aujourd'huy nostre roy s'est mis
à faire et suivre le cours de nostre feu roy; dont aucuns sont esleuz selon sa voulonté; autres par prières, faveurs et importunitez; autres par services, faictz
et méritez; autres délaissez, desquelz l'honneur est
aussi grand, ou plus : si que l'on peut dire d'eux
comme l'on dict de Scipion : « Pourquoy n'a-on
« érigé des statues à Scipion comm' à beaucoup d'au-

---

1. Cette dernière phrase, rajoutée en marge de la main de
Brantôme sur le ms. 6694, a été biffée sur le ms. 3263.

« tres ? » Il vaut mieux, dirent aucuns, que l'on demande cela, que si l'on demandoit : « Pourquoy luy « a-on érigé ? » Ainsi peut-on dire aujourd'huy de plusieurs : « Pourquoy n'a un tel cet Ordre, qui l'a « mieux mérité que telz et telz ? » La gloire leur est plus grande par telle demande.

Ce conte icy, et plus. J'ay ouy dire que dernièrement à Rouan, que le roy y estoit, un jour estant à la chasse, vint passer un chevallier du Sainct-Esprit parmy les pages qui sont au relais, lesquelz de tout temps ont poccession de faire la guerre aux passans parmy eux, mais non si cruelle ny si scandaleuse comm' ilz firent à ce pauvre hère de chevallier spirituel[1] ; car ilz le dépouillarent et foitarent à belles verges, qui ne s'en osa après vanter ny plaindre. On le dist au roy qui en fut fort fasché et colléré ; mais pourtant il en fut ryt de voir ainsi cest ordre mal mené. Pour fin, si l'on continue à multiplier tant cet Ordre, je croy qu'on sera contrainct d'en faire banqueroute comme des autres, et en invanter un nouveau.

Ce grand roy d'Espaigne ne faict lictière ainsi du sien de la toizon, car il le despart par compas à ses grandz capitaines qui l'ont bien servy. Ainsi le mot de la devise porte : *Pretium non vile laborum.* Aussi ceux à qui il le despart le portent la teste haute eslevée, et le monstrent à plain, pour l'avoir très-bien mérité : et le nombre n'en fourmille[2] point tant par tous ses pays comm' il faict au moindre coing de la France. « Mais, ce dira quelqu'un, aussi n'a-il point

---

1. C'est-à-dire du Saint-Esprit. — 2. *Var.* Frémille.

« tant de bons capitaines comm' en France, et que
« ses guerres de Flandres et d'ailleurs en, ont purgé
« ses pays, comme l'hyver purge l'air des mouches
« d'esté. » Certes il en a perdu et en perd tous les
jours, et de très-bons; mais aussi on en treuve en
France force, dit-on, mais comme dict l'Espaignol,
superiores en numbre y inferiores en valor. Je m'en
rapporte à ce qui en est.

Cest Ordre de la Toizon fut institué par le bon
duc Philippe de Bourgoigne[1], qui est certes très-
beau; et le faict moult beau voir, tant le grand que
le petit. Le grand collier fut composé de sa devise
du fuzil; avec la toizon d'or revenant sur le devant,
en imitation de celle que Jason avec ses vaillans Ar-
gonnautes en Colchos alla conquester, représentant
la vertu tant aymée de ce prince, qu'il en emporta le
nom de bonté; et aussi le fit-il pour l'honneur de
l'Eglise, faisant ses chevalliers des plus braves et vaillans et sans reproche, des siens, pour la maintenir;
et pour un grand cas, il donna cet Ordre à son filz,
conte de Charoloys, dans le berseau, qui le fist bien
valoyr despuys, à mon advys. Ainsi l'escritteau de son
tumbeau en est :

Pour maintenir l'Église, estant de Dieu maison[2],
J'ai mis sus le noble Ordre que l'on dict la Toizon.

La devise du fuzil est très-belle, et qui porte ces
motz de grande valeur et vertu, qui sont : *Ante ferit
quam flamma micet* : motz très-beaux et de bon en-

1. A Bruges, le 10 janvier 1430.
2. *Var.* Qui est de Dieu maison (ms. 6694, f° 367).

seignement à nos braves princes, seigneurs, gentilzhommes et autres, qui bravent, menassent, se vantent, et rien puis après. Il vaut mieux frapper avant et monstrer sa valeur par l'effect que par parolles, ainsi que faict le fuzil, qui frappe avant que faire flambe.

Or, tout ainsy que ceste Toison fut invantée pour un beau et sainct œuvre vertueux, vous diriez que puis après elle fut fort malheureuse et fatale à ceste maison de Bourgoigne, pour quant à l'endroict de ce brave Charles, duc de Bourgoigne, son filz, pour avoir mal espousé la querelle du còmte Reaumont[1] contre les Suysses, ausquelz appartenoient certaines charrettées de toizons et peaux de moutons desquelles il s'estoit saisy; dont s'en ensuivit sa totale infortune à Murat[2] et Granson, et puis devant Nancy. Ainsi d'un costé la Toizon ennoblit et illustra grandement ceste maison, et de l'autre la toizon et peau de mouton la ruyna; non pas du tout ny pour un long temps ; car Maximillian, empereur, ayant espousé l'héritière, la remit, et puis après ses vaillans successeurs Philipes, Charles, empereur, et le grand Philipes d'aujourd'huy; lesquelz successeurs ont eu beaucoup de peine à maintenir leur succession, possessions et terres contre nous; mais aussi ilz nous en ont bien autant donné, voire plus : et nos roys, par amprès la mort du duc Charles, voulurent aussi, comme les terres et souverainettez, débattre l'Ordre de la Toison, et leur en oster le droict et la puissance d'en conférèr l'Ordre, puisque le tout avoit

---

1. *Var.* Raymond. — 2. Morat.

failly en la fille Marye de Bourgoigne, et qu'ilz estoient les chefz de tout. Mais amprès ilz advisarent qu'il n'estoit pas bien séant de se rendre chefz de l'Ordre du vassal, ny le maintènir ny conférer; parquoy ilz laissarent là le tout, comme chose non jamais advenue, contendue[1] ny songée seulement, et gardarent le leur de Sainct-Michel, et s'y arrestarent comm' en une très-belle institution, que possible nos roys, tant qu'ilz viendront par amprès, n'en excogiteront ny invanteront de plus beau, soit par constitutions, formes, reigles et cérémonies, que pour l'ordre et habitz, si superbes que j'ay ouy dire à plusieurs anciens, et principallement à feu M. de Lansac, qui estoit un vieil registre des antiquitez de la court et de la France, que celuy du Sainct-Esprit, tant en l'Ordre qu'au manteau, n'estoit que quincaillerie et bifferie[2] au pris de celuy de Sainct-Michel.

Pour[3] une très-belle preuve et marque de la grande noblesse, vertu et valeur de l'ordre de Sainct-Michel, faut considérer seulement combien de braves empereurs, roys, grandz princes, seigneurs et vaillans capitaines en sont estez décorez, et se sont estimez très-honnorez de le porter, despuis la première institution du roy Louys XI jusqu'au nouvel

---

1. *Contendue*, contestée.
2. *Bifferie*, ce que aujourd'hui nous appellerions du faux.
3. Tout ce paragraphe manque dans les deux manuscrits. Il a été imprimé dans l'édition de Monmerqué et dans celle de Buchon. Aucun de ces éditeurs n'indique d'où il est tiré. Peut-être était-il transcrit dans l'un des deux manuscrits sur une feuille séparée qui ne s'y trouve plus aujourd'hui.

Ordre du Sainct-Esprit, et comment ilz l'ont porté
en très-grand honneur et révérence, au lieu que celuy du Sainct-Esprit n'a esté traisné et charié que
par personnes la plus grand' part plus basses que
hautes; si que, sans m'amuser à raconter les plus
grandz personnages et les espéciffier, qui ont prisé
tant celuy de Sainct-Michel, vous avez eu : Maximilian empereur, ce grand Charles, Ferdinand son
frère, et Maximilian son nepveu, et puis le grand
Philippe, roy des Espaignes, qui valloit bien un empereur; les roys d'Angleterre Henry, Édouard; la
reyne Élisabeth; le roy d'Escosse Jacques, et quelques autres; de plus aussi tant de grandz princes et
seigneurs de Savoye, de Ferrare, de Mantoue, d'Italie
et d'Allemaigne; bref, un nombre de telz et si re-
marquables chevalliers, et tant aussi de vaillans et
braves grandz capitaines, que si je les voulois nombrer les uns après les autres, comme je pourrois
bien faire, le papier me faudroit plus que leurs illustres noms, autant de ceux de nostre nation que
des estrangers, au rang desquelz on ne m'en sçauroit
tant mettre de ceux du Sainct-Esprit et leur cordon
bleu, qui paroissent peu ou rien au prix des autres.
Non que je veuille dire ny affirmer que de braves et
grandz seigneurs et vaillans capitaines ne l'ont porté
et s'en sont chargez; mais ilz ne sont estez que de
nostre seule nation, et non les estrangers, comme
de crainte qu'ilz n'en eussent faict de cas, pour ne
le trouver beau ny bien convenant, et qu'ilz en
avoient descouvert l'institution peu honnorable au
prix des autres anciens : encor plusieurs braves et
grandz de nostre nation l'ont quicté et méprisé,

comme messieurs de Guyze, mais, je croy, plus pour la hayne qu'ilz ont porté à l'instituteur, que pour autre subject.

Il[1] louoit fort emprès celuy de la Toizon, et puis celuy de la Jarrettière, comme certes ilz sont très-beaux et riches; et en faict bon voir les chevalliers vestuz et en leur haut appareil, comme je les ay veuz tous en ma vie; et en y songeant encore j'en entretiens ma pensée et mon contentement.

Celuy de l'Annonciade de Savoye est fort beau aussi; et va après tous, encor qu'il soit le plus ancien de tous[2], car il fut institué par le conte Amé cinquiesme du nom. La devise duquel ordre est d'un collier d'or à quatre lettres entrelassées de lacz d'amours, avec l'image de la salutation à la Vierge Marie. Lesdictes quatre lettres sont *F. E. R. T.*, qui valent autant à dire : *Fortitudo ejus Rhodum tenuit*[3]. L'occasion en fut que ledict Amé, estant devant la ville d'Acre, il y conserva si bien une fois en un combat les chevalliers de Rhodes, y faisant comme l'office de grand maistre, que despuis fut par le grand maistre octroyé et prié de porter les armoyries de la religion, qui est la croix, comme de faict la maison de Savoye les porte encor; car avant elle portoit celles de Saxe, dont ell' est yssue[4]. Autres disent que ce fut devant Rhodes mesmes, qui est le

1. *Il*, feu M. de Lansac. — 2. Voyez plus haut p. 33, note 4.
3. Guichenon prétend que ces quatre lettres signifient : *Frappez, entrez, rompez tout*. Je m'en rapporte à ce qui en est, comme dit Brantôme.
4. On prétend que le premier comte de Savoie, Berthold, descendait de Witikind.

plus vraysemblable, puisque la devise le porte, là où il combattit si vaillamment contre les infidelles, que sans luy ilz prenoient la ville et mettoient les chevaliers à néant ; dont le grand maistre le récompensa par ce don et octroy d'armoyries, que luy et sa maison porteroient à perpétuité ; ce que despuis ilz ont faict, comme de vray le subject en est très-beau et très-remarquable. Et tournant de là, il institua cet Ordre dont il en fut le chef; et fit quatorze chevalliers très-nobles, et luy faisoit le quinziesme ; ausquelz il donna à chascun son collier de telle devise, lequel est très-beau, comme je l'ay veu porter à M. de Savoye et à M. de Nemours le dernier.

Le brave et bon roy René de Scicille institua aussi en son temps l'Ordre des chevalliers du Croyssant[1], auquel estoient escritz ces motz : *Los en croyssant;* inférant par là que non-seulement en vaillance et bravetté, mais en toutes vertuz et renommée, il falloit tousjours aller en croissant[2]. Les noms des premiers instituez, ce sont ceux du temps de nos pères, avec leurs armoyries en l'église de Sainct-Maurice d'Angers, en une chappelle qu'on appelle la chappelle des chevalliers. J'ay ouy fort estimer à aucuns vieux cet Ordre et la devise.

Il faut finir ce discours, que je n'ay faict si long comme j'eusse fort voulu ; mais possible l'alongeray-je en la vie du roy Henry, grand instituteur et fondateur de celuy du Sainct-Esprit : cependant il m'est

---

1. En 1448, à Angers.
2. Le manuscrit ajoute : « Et son hermit s'appelloit Croyssant », mots qui ont été raturés sur le ms. 6694.

aisé à pardonner si j'en ay faict ceste digression, qui
m'est venue en fantasie, pour monstrer en passant
l'abus de nos Ordres d'aujourd'huy et sa grand'
gloire et vertu du temps passé, à propos de M. de
Tavannes; lequel je reprens encor pour dire que
quand il eut l'Ordre de la façon comme j'ay dict, la
renommée en fut grande par la France, et luy en
fut très-honnoré, et continua tousjours à très que
bien faire et à gouverner très-bien et très-sagement
son gouvernement de Bourgoigne soubz M. de Guyze,
durant les guerres estrangères et civilles. Et les secondes venues, il fut despesché avec M. d'Aumalle
et M. de Guyze, qui estoit lors fort jouvenet, pour
empescher M. le Prince de joindre ses reistres à
Mouzzon, et de rebrousser amprès vers la France;
mais ilz ne peurent. Et, pour ce, retournarent trouver Monsieur à Troyes en Champaigne, comme je les
vis, estonnez. Peu d'exploictz se firent beaux, sinon
le siège de Chartres, où la paix se fit, qui ne dura
guières, comme j'ay dict; sur laquelle on voulut
prendre subject de prendre M. le Prince en sa maison des Noyers : et disoit-on lors que c'estoit M. de
Tavannes qui en avoit esté l'inventeur; mais pourtant, pour un habille capitaine, il ne fut là secret,
car lettres furent interceptées, qu'il escrivoit et mandoit : « Je tiens la beste dans les toilles, hastez-vous
« et envoyez les gens[1] » qui sont estez arrestez, qui
estoient le régiment de Gouast et autres : ce qui fut

1. Voici ce qu'on lit à ce sujet, à l'année 1568, dans les *Mémoires
de Tavannes* rédigés par son fils : « La reine envoie Gonthery
(ou Gouthery), secrétaire de M. de Birague, au sieur de Tavan-

cause que messieurs le Prince et admiral deslogearent sans trompette et vindrent en Guienne; là où Monsieur fut despesché, et ledict sieur de Tavannes donné à luy par la reyne mère pour le chef de son conseil, laquelle l'aymoit et le tenoit pour le plus grand capitaine de France, et fort ennemy du prince; lequel, après sa partance de Noyers, M. de Tavannes y vint, prit la maison et de très-beaux et riches meubles de léans, tant de luy que de la princesse sa

nes, avec commandement d'investir le prince de Condé dans Noyers où ils s'estoient retirez, n'ayant osé approcher de la cour. Le sieur de Tavannes respond à Gonthery que ceste créance estoit trop grande pour luy (Gonthery), et que sa Majesté luy envoyast un capitaine : à quoi obtempérant, la Royne luy mande le sieur du Pasquier, avec mesme proposition. Il respond que la Royne estoit conseillée plus de passion que de raison, et que l'entreprise estoit dangereuse, proposée par gens passionnez et inexpers, que luy n'estoit propre pour telles surprises; que s'il plaisoit à sa Majesté de déclarer la guerre ouverte, qu'il feroit cognoistre comme il sçavoit servir; que quand il voudroit exécuter ce commandement, que MM. de Condé et admiral ayans de bons chevaux se pourroient sauver, et luy demeurer en croupe, avec le blasme d'avoir rompu la paix, luy restans ces princes et ce party pour mortels ennemis.

« Cognoissant qu'il en seroit pressé davantage et qu'il y avoit des forces sur pied à cest effect, que les régiments qui n'estoient entrez à la Rochelle rebroussoient du long de Loire, conclud donner alarme au prince de Condé pour le sortir de son gouvernement, où il ne vouloit qu'un autre que luy fut employé, et ne jugeoit devoir faire ceste entreprise. Il fait passer des messagers proche Noyers avec lettres qui contenoient : *Le cerf est aux toiles, la chasse est préparée.* Les porteurs des lettres sont arrestez, comme il desiroit, par le prince de Condé qui, fortifié d'autres advis qu'il avoit, part soudain en alarmes avec toute sa famille, et passe Loire près Sancerre. » — Il est permis de ne point ajouter une foi entière à ce récit.

femme, entr'autres de très-belles et riches robes, dont, entre icelles, en furent deux recogneues aux nopces du roy Charles sur une dame que je ne nommeray point : c'estoit sa femme[1], pour dire le vray ; qu'on trouva chose peu belle et de guières bonne grâce de se charger ainsi de telle despouille en telle assemblée, et s'en mocqua-on fort.

M. de Tavanes donc, comme chef du conseil, gouvernoit toute l'armée ; et rien ne se faisoit sans son advis et qu'on ne luy en conférast tousjours, fust-ce de la moindre chose qui fust, bien qu'il fust fort sourd ; mais certainement il avoit une très-bonne cervelle. Le feu conte de Brissac[2], qui estoit bizarre, et haut à la main, et opiniastre en ses conceptions et opinions, ne s'accordoit jamais guières bien avec luy, ny luy non plus avec ledict conte, auquel il répugnoit de tout en tout : si bien qu'un jour j'ouys ledict conte dire à quelques-uns de ses amis que nous luy estions, et profférer en desdain, ainsi que de nature il estoit fort desdaigneux quand il vouloit, ces parolles : « Hé ! ventre-Dieu ! faut-il que cet homme,
« pour n'avoir jamais demeuré que la pluspart du
« temps en son gouvernement despuis qu'il l'eut,
« que pour une seule petite légère charge qu'il fit
« à Ranty, et y avoir receu l'Ordre, il soit pour cela
« estimé si grand capitaine, qu'il faille qu'il soit creu

---

1. Francoise de la Baume-Montrevel. Elle était très-avare, dit de Thou (livre XXXI), qui raconte qu'au pillage de Mâcon (1562), par la garnison de cette ville, elle eut la meilleure part du butin. — Les mots *c'estoit sa femme, pour dire le vray*, ont été rajoutés de la main de Brantôme sur le ms. 6694.

2. Timoléon de Cossé, comte de Brissac.

« icy tout seul en un conseil par-dessus tant qu'ilz
« sont et qui ont tant de fois combatu les ennemys
« plus que luy ? » Et si le conte tenoit ces propos,
ne faut doubter que M. de Tavanes n'en dist autant
de luy, et ne dist à Monsieur qu'il ne le falloit croyre
du tout ce qu'il disoit et opinoit, car c'estoit un petit présumptueux qui pensoit estre plus grand capitaine que feu son père ; que c'estoit un petit mutin,
un petit bizarre, un petit ambitieux ; que s'il pouvoit renverser la France, le roy, et luy et tout, pour
s'agrandir, il le fairoit. Bref, ilz s'en disoient prou
l'un de l'autre ; mais pourtant on ne sçaroit nyer
que M. de Tavannes ne conduisist très-bien les actions de Monsieur, son disciple, en tout son voyage,
et ne luy fist gaigner ces deux battailles de Jarnac
et Montcontour, sans force autres exploictz, et qu'il
ne luy fist là acquérir grand gloire et honneur, que
par toute la chrestienté, voire ailleurs, on n'oyoit
parler que de luy ; et qu'il n'ayt esté crainct, honnoré, aymé, respecté, recherché et bien fort admiré.
Ceux qui ont veu toutes ces guerres le sçavent dire
aussi bien comme moy, et de mesmes louer fort
M. de Tavannes. Et le tenions lors, comme je sçay,
de bon lieu, qu'après la bataille de Montcontour,
bien qu'elle fust fort sanglante du costé des huguenotz, il vist et recognut, par leur beau combat et
leur belle retraicte, qu'il estoit très-mal aisé de les
deffaire par les armes, et qu'il y falloit venir par la
voye de renard ; et pour ce conseilla aussitost à Monsieur de faire la paix, en manda de mesmes au roy
et à la reyne ; au demeurant, que Monsieur avoit acquis si grand' gloire jusques alors, qu'il ne faloit plus

tenter la fortune doubteuse de la guerre, et qu'il ne falloit qu'un' heure malheureuse qu'elle ne tournast sa robbe et ne luy fist un mauvais tour, ainsi qu'il en avoit veu de belles expériences advenues à de grandz capitaines; et par ce, qu'il se contentast d'une si belle réputation, et qu'il ne l'hasardast plus, et qu'il donnast un peu de relasche à la fortune, et loysir de se remettre et de reprendre halayne, estant de naturel variable, qu'elle ne peut avoir ny tenir si grand' halaine en un mesme estre.

Voylà pourquoy la paix se fit, et au bout de quelque temps la feste de Sainct-Barthélemy s'invanta, de laquelle M. de Thavannes, avec le conte de Raiz, fut le principal auteur.

J'ay ouy dire que, pour le bien faire chaumer, la falut communiquer avec le prévost des marchans et principaux de Paris, qu'il falut envoyer querir le soir avant, lesquelz firent de grandes difficultez et y apportarent de la conscience; mais M. de Tavannes, devant le roy, les rabroua si fort, les injuria, et menaça que s'ilz ne s'y employoient le roy les fairoit tous pendre, et le dist au roy de les en menasser. Les pauvres diables ne pouvant faire autre chose respondirent alors : « Hé! le prenez-vous là, sire, et « vous, monsieur? Nous vous jurons que vous en « oyrez nouvelles, car nous y mènerons si bien les « mains à tort et à travers, qu'il en sera mémoire à « jamais de la feste de la Sainct-Barthélemy très-bien « chaumée. » A quoy ilz ne fallirent, je vous assure; mais ilz ne vouloient du commancement. Voylà comment une résolution prise par force a plus de viollance qu'un' autre, et comm' il ne faict pas bon d'acharner un peuple, car il est aspre après plus qu'on ne veut.

M. de Tavannes, comm' on dict, ce jour il se monstra fort cruel; et se pourmenant tout le jour par la ville, et voyant tant de sang respandu, il disoit et s'escrioit au peuple : « Seignez, seignez; les « médecins disent que la seignée est aussi bonne en « tout ce mois d'oust comm' en may. » Et de tous ces pauvres gens il n'en sauva jamais un, que le seigneur de la Neufville[1], honneste et vaillant gentilhomme, qui j'avois veu d'autres fois suivre M. d'Andellot, du despuis au service de Monsieur, qui le servoit bien et de la plume et de l'espée, car il avoit le tout bon. Ce gentilhomme donc estant entre les mains de ce peuple enragé, et ayant receu six ou sept coups d'espée dans le corps et dans la teste, ainsi qu'on le vouloit achever, vint à passer M. de Tavannes, auquel il accourut aussitost, et se prit à ses jambes, disant : « Ah! monsieur, ayez pitié de « moy, et comme grand capitaine que vous estes en « tout, soyez-moy aussi miséricordieux. » M. de Tavannes, fust ou qu'il eust compassion, ou que ce ne fust esté son honneur de luy tuer ainsi ce pauvre gentilhomme entre ses jambes, le sauva et le fit penser.

Amprès ceste feste passée, qui dura plus que de l'octave, le roy estant un jour à table, M. de Tavannes l'y vint trouver; et luy dist[2] : « Monsieur le ma-

---

1. « Je sauvay, fait-on dire à Tavannes, dans ses *Mémoires*, la Neufville, Béthune, Baignac, et ayday fort à Laverdin. »
2. Et le roi lui dit.

« reschal, nous ne sommes pas encor au bout de
« tous les huguenotz, bien que nous en ayons fort
« esclarcy la race ; il faut aller à la Rochelle et en
« Guienne. — Sire, dist-il, ne vous en mettez point
« en peine, je les vous acheveray bientost avec l'ar-
« mée que vous avez proposé de me donner ; j'en
« cognois il y a longtemps la gent et le pays, pour
« l'avoir rodé l'espace de six ans, quand j'estois en
« garnison parmi toutes ces villes, guidon de M. le
« grand escuyer Galliot, outre que de fraiz je l'ay
« encor recognu en tous ces voyages que Monsieur,
« vostre frère, y a faict. Pour quand à la Rochelle,
« il y a long-temps que je ne l'ay veue ; mais je l'ay
« prise, selon que j'en puis comprendre, en un mois.
« De là, en passant le pays, je le nettieray de tant
« d'huguenotz que j'y trouveray, jusqu'à Montauban,
« qu'on m'a dict qu'il est bon et fort, lequel n'estoit
« pas tel de mon temps : touteffois j'en cognois l'as-
« siette et pense l'emporter comme la Rochelle. Et
« de là je tireray vers Nismes, où j'en fairay autant,
« et à Sommièvre, et leur fairay à tous songer à leurs
« consciences, et de s'y rendre par bonne guerre et
« mercy, ou de mourir tous. Pour fin, laissez-moy
« faire, je vous respons de toutes ces places. »

Il y eut quelqu'un là présent qui l'en ouyt parler
ainsi, et dist à un autre : « Voylà le discours du roy
« Picrocole, de Rabellais, ou de la femme du pot au
« lait, qui le portoit vendre au marché et en faisoit
« de beaux petitz songes et projectz ; mais sur ce il
« se cassa. » Ainsi qu'il luy arriva ; car estant party
d'avec le roy, et marchant en bonne résolution et
affection de le bien servir avec son armée, il n'alla

guières avant, car il tumba mallade à Chastres¹ soubz Montléry, et là il mourut².

Il y a un très-grand prince de par le monde aujourd'huy³, qui me dist au siège de la Rochelle, et le tenir du feu roy Henry III°, qu'il mourut comm' enragé et désespéré; ce que je ne croy, car ce prince estoit de la religion, et ne vouloit trop grand bien à M. de Tavannes. Il peut estre aussi⁴; car Dieu envoye telles afflictions aux sanguinaires. Tant y a que lorsqu'il mourut, il mourut un très-grand capitaine; et s'il eust faict le siège de la Rochelle, possible seroit-elle en la disposition du roy, et très-bien prise : possible que non; mais l'on s'y fust comporté d'autre façon qu'on ne fit, parce qu'il s'entendoit bien en cela et commandoit fort impérieusement⁵.

M. l'admiral et luy avoient estez contemporains et un peu compaignons de court; mais M. de Tavannes estoit plus vieux que luy, et avoient esté fort folz enjouez de leur temps à la court, et rudes; mais M. de Tavannes le surpassoit, jusques à monter sur les maisons et à sauter d'une rue en l'autre sur les tuiles. On disoit, sur leur fin, que c'estoient deux grandz capitaines de ce temps qui portoient le nom de Gaspard chascun, sçavoir l'un Gaspard de Colligny, qui estoit M. l'admiral, et l'autre Gaspard de

---

1. Aujourd'hui Arpajon.
2. Voyez sur sa mort ses *Mémoires*, année 1573.
3. Ce « très-grand prince de par le monde », qui alors *étoit* de la religion, me semble ne pouvoir être qu'Henri IV.
4. On a rajouté sur le ms. 3263 les mots *qu'ouy*.
5. Voyez ses *Mémoires*, année 1573.

Saux, qui estoit M. de Tavannes : mais M. l'admiral le surpassoit fort, comm' il a paru par les grandes et grosses pierres qu'il a remuées en son temps, ce que n'eust sceu faire si aysément l'autre. Voylà ce qu'on en disoit lors.

Parlons maintenant de M. le mareschal de Biron, lequel nous pouvons dire tous estre aujourd'huy le plus vieux et le plus grand capitaine de la France. Nous le pouvons bien dire tel, puisque M. de la Noue l'a ainsy baptizé en son livre; car il s'entend très-bien en ceste graine; et ses effectz, ses prouesses et ses vertuz nous le dépaignent tel.

M. le mareschal de Biron[1].

Il fut nourry page de la grand' reyne de Navarre, Marguerite de Valois, et retint si bien de sa noble nourriture, qu'avec ce qu'il estoit esveillé, d'un fort gentil et vif esprit, la nourriture le luy accreust d'avantage; car une belle naissance et bonne nourriture ne sçaroient estre ensemble qu'elles ne façonnent bien les jeunes gens.

Sortant hors de page, il s'en alla aux guerres de Piedmont pour lors, ausquelles il s'adonna si bravement et vaillamment, qu'il y acquist une très-belle réputation, et une grande harquebuzade aussi en la

1. Armand de Gontaut, baron de Biron, chevalier des ordres du roi, maréchal de France (1577), lieutenant général en Guyenne, grand maître de l'artillerie (1569), tué devant Épernay, le 26 juillet 1592, à soixante-cinq ou soixante-huit ans.
Avec cette vie, dont une partie a été écrite avant la mort du maréchal, commence le manuscrit 3264, qui porte pour titre *Le quatriesme livre des hommes illustres et grands capitaines françois*. Dans le ms. 6694 il n'y a aucune division, et la vie du maréchal de Bellegarde et celle de la Valette y sont placées avant celle du maréchal de Biron.

jambe, dont toute sa vie il a esté estropié et boiteux, comme l'on l'a veu. M. le mareschal de Brissac luy bailla son guidon de cent hommes d'armes : et tel drappeau ne se donnoit le temps passé, et mesmes d'un si grand mareschal que celuy-là, à jeunes gens, qu'ilz n'eussent faict de fort signalées monstres de leur valeur. Aussi, pour tout cela, le roy le fit gentilhomme de sa chambre ; un estat beau, grand, honnorable pour lors, qui ne se donnoit à petites gens, comme l'on l'a veu despuis le donner.

Le voyage de M. Guyze se fit en Italie, où il eut une compagnie de cent chevaux-légers ; et les garda jusques à la paix faicte entre les deux roys, et tousjours en très-belle réputation de tousjours bien faire.

La guerre civile première s'esmeut : y pensant au commancement estre advancé en quelque charge et honneur, il vist au bois de Vincennes faire six ou sept chevalliers de l'Ordre, et luy ne le fut point, croyant bien l'estre et le bien mériter aussi bien qu'aucuns, disoit-il ; et mesmes y nomma le seigneur de Montpezat[1], lequel pourtant lors avoit eu plus grandes charges que ledict M. de Biron, car au voyage de M. de Guyze il estoit grand maistre de l'artillerye, et puis fut lieutenant de M. de Guyze de sa compagnie de gens-d'armes, qui estoit un très-grand honneur de l'estre d'un si grand capitaine et le plus grand de la France. Voylà ce qu'on disoit pourquoy

---

1. Melchior des Prez, seigneur de Montpezat, gouverneur et sénéchal de Poitou, chevalier de l'ordre du roi, lieutenant de roi en Guyenne.

ledict M. de Biron ne devoit estre despit et envieux de l'honneur de M. de Montpezat en cela. Et luy respondoit que les grandes charges quelques fois ne portoient pas tant de fruictz de mérites comme les faveurs. Tant y a que le voylà bien despit, mutiné et rongeant sa collère le mieux qu'il peut.

Et nottez que la principalle occasion pourquoy il n'eut point cet honneur et ne faisoit-on pas grand cas de luy, c'est qu'il estoit tenu pour fort huguenot, et mesmes qu'il avoit faict baptiser deux de ses enfans (ce disoit-on à la court) à l'huguenotte; ce que les grandz capitaines d'alors, comme le roy de Navarre, messieurs de Guyze, le connestable et mareschal de Sainct-André, abhorroient comme la peste, et les religieux et tout. Voylà pourquoy mondict sieur de Biron estoit arregardé de fort mauvais œil; si qu'il résolut de partir de la court et se retirer en sa maison : et pour ce, ayant pris congé du roy et des grandz, il vint trouver le sieur du Peron, aujourd'hui mareschal de Raiz, qui commançoit lors à entrer en grand' faveur du roy et de la reyne, pour luy dire adieu; ce qu'il fit, en luy contant son mescontentement et sa résolution de vouloir se retirer chez soy. M. du Peron, songeant en soy de s'obliger cet honneste et brave gentilhomme, le pria de ne bouger encor, ainsi qu'il estoit botté et prest à partir, et d'attendre un peu qu'il eust parlé à la reyne, à laquelle il remonstra le mescontentement de ce gentilhomme, et qu'il estoit pour bien servir le roy, et qu'elle le devoit arrester et contenter par belles parolles et promesses; lesquelles ne manquoient jamais à la reyne (aussi M. Ronssard luy desdia lors l'himne *de la promesse*[1]). Elle ne faillit donc à l'envoyer querir et parler à luy et l'arrester. J'estois à la court alors, et vis tout cela, et en sçay fort bien le mystère. Ledict sieur de Biron se mit à suivre l'armée pour quelque temps, sans charge aucune; et puis après fut donné pour assister à MM. d'Aussun, de Losses et Chantemesle[2], qui estoient lors grandz mareschaux de camp, et luy estoit soubz eux pour quelque temps; mais il en sçavoit bien autant qu'eux. M. de Guyze le commança à gouster, bien qu'il fist tousjours quelque signe et dist quelque petit mot huguenot; et ne s'en pouvoit garder, mais secrètement, et monstrant une secrète affection à ce party.

Il se rendit enfin si capable en sa charge, qu'il faloit qu'on se servist de luy; et pour ce, de toute ceste guerre, ne bougea jamais de l'armée, et s'y opiniastra si bien, qu'il ne faillit en toutes ces belles factions qui s'y firent, jusques à ce que la paix se fit; et eut la charge de mener en Languedoc et Provance les régimens de Sarlabous le jeune et de Remolle, avec quelque cavallerie légère de Scipion Vymercat et de Centurion, Genevois[3], et autres, pour y establir la paix, qu'on ne vouloit bien rece-

---

1. C'est sans doute la pièce intitulée *Promesse*, et qui commence ainsi :

C'estoit au poinct du jour que les songes certains.

Dans l'édition de Ronsard de 1623, elle est rangée dans le second livre des *Poëmes* (tome II, p. 1274). Elle y est sans dédicace.

2. Jean de Beaulieu, seigneur de Losses, mort en janvier 1576. — Odart d'Illiers, seigneur de Chantemesle, chevalier de l'ordre du roi, gouverneur du Perche.

3. Génois.

voir, et principallement en Provance, qui estoit du tout mutinée et envenimée contre les huguenotz. Mais M. de Biron y mit le régiment de Remolle aux garnisons qu'il y falloit, et y establit un si bon ordre, pollice et bonne paix, que le roy et la reyne, puis amprès y arrivant, y trouvarent le tout si tranquile et quiette, qu'ilz commançarent alors à concevoir une grand' opinion dudict sieur de Biron, et le louarent fort et se contentarent extrêmement de luy. Voylà son premier commancement de grand advancement et de charge.

Durant la paix, il se poussoit tousjours et s'entremesloit des affaires le plus qu'il pouvoit, et en recherchoit les occasions, et pour ce la reyne s'en servoit en aucunes.

La seconde guerre civile vint après, et le siège de Paris, la battaille de Sainct-Denys et le voyage de Lorraine[1]. M. de Biron se trouva à la court si à propos qu'il fut faict mareschal de camp avecques M. le visconte d'Auchy[2] et M. de Montreuil[3], gouverneur d'Orléans. Ces deux derniers estoient grandz personnages certes, et qui avoient bien veu, et surtout M. le visconte d'Auchy, qui estoit, à mon gré,

1. L'expédition que firent en Lorraine les huguenots pour se réunir à leurs auxiliaires allemands.
2. Eustache de Conflans, vicomte d'Oulchy (Ouchy ou Auchy), mort en septembre 1574.
3. Innocent Tripier de Monterud (et non pas Montreuil), capitaine des vieilles bandes de Picardie, lieutenant au gouvernement des duchés d'Orléans et de Berry, maréchal de camp (1568). Gouverneur d'Orléans quand cette ville tomba au pouvoir des protestants (1562), il y rentra à la paix en la même qualité. (Voy. Pinard, *Chronologie historique militaire*, t. VI, p. 16).

un des hommes de bien du monde. M. de Biron, qui estoit prompt et soudain, vouloit estre creu le plus souvant, et luy et le visconte estoient le fœu et l'eau; et quelques fois se trouvoit-on bien des opinions de l'un, et quelquesfois bien de l'autre; mais pourtant tout alla bien pour nous en ceste seconde guerre.

La troisiesme arriva, et M. de Biron se trouva encor à propos à la court pour bien servir le roy : et c'estoit ce qu'on disoit de luy pour lors : que l'on eust dict qu'il eust gagé[1] la fortune pour l'advertir à heure preffise quand il faudroit venir à la court, et y feroit bon, pour bien faire ses affaires et celles de son roy; car quand il eust demeuré deux ans à sa maison et qu'il venoit à la court, il y arrivoit tousjours à la bonn' heure pour luy.

A ceste troisiesme guerre, il y fut malheureux par deux fois, l'une aux logis de Jazeneuil, et l'autre du Petit Limoges; là où il fut fort blasmé et tancé de Monsieur, nostre général; et tenions-nous en l'armée qu'il l'avoit menassé de luy donner des coups de dague. Mais ce fut à M. de Biron de dire ses excuses le plus bellement qu'il peut, car s'il eust parlé le moins du monde haut, Monsieur luy en eust donné, tant il estoit en collère contre luy, et luy reprochant qu'il estoit huguenot et en favorisoit le party, et avoit faict ces fautes exprez pour luy faire recevoir une honte et luy faire coupper la gorge et à toute son armée. M. de Tavanes, qui estoit haut à la main et fort impérieux, parla bien aussi à luy, jusques à

---

1. *Gager*, donner des gages, payer.

luy dire qu'il apprist sa leçon, et qu'il vouloit se mesler de tout et d'un mestier qu'il ne sçavoit pas encor, et qu'il le luy fairoit bien apprendre, et qu'il estoit huguenot, et qu'il n'oyoit jamais la messe, et quand il y alloit c'estoit par forme d'acquist.

Tout cela luy fut reproché au conseil : et ce fut à M. de Biron à caler et à se taire, car il voyoit bien les gens avec lesquelz il avoit affaire, et qu'il n'estoit aussi si grand en grade ny en science de capitaine comm' il a esté despuis, et que pour estre tel il faut faire avant de grandz rebus et des fautes et grandz pas de clerc; car les sciences ny les arts ne naissent pas avec nous; la pratique et l'estude nous les donnent, et avant que les avoir nous faisons bien des incongruitez.

Ceux pourtant qui vouloient excuser M. de Biron disoient qu'il n'avoit si grand' faute, comme on l'en blasmoit. Il y a encor force gens qui vivent aujourd'huy, qui en sçavent prou sans que j'en parle, et aussi que les histoires en traictent.

Tant y a, que M. de Biron fit très-bien tousjours en ceste expédition tant qu'elle dura, et mesmes à la bataille de Montcontour, n'osant pourtant passer plus outre des commandemens de M. de Tavannes, qui vouloit tout régenter et que tout passast par son advis et son œil, comme bien luy appartenoit : et croy que M. de Biron, ce qu'il a veu et a pratiqué soubz luy ne luy a point nuist à s'y faire tel qu'il a esté. Ceste bataille finie, il conduist fort bravement et heureusement le siège et la prise de Sainct-Jehan, après laquelle il fut employé à faire la paix. Et fut despesché avec M. de Théligny vers messieurs les princes et admiral en Languedoc pour la traicter ; et la mena si bien et beau qu'elle se fit, pensant tout le monde qu'elle ne seroit guières bonne, ferme ny stable, parce qu'ell' estoit malassise et faicte par un boiteux (le pasquin en fut faict ainsi[1]) : le boiteux estoit M. de Biron, qui avoit esté un peu auparadvant faict grand maistre de l'artillerie amprès la mort de M. de la Bourdesière. M. de Royssy qu'on appelloit Malassise[2], un très-grand, habile et subtil personnage d'estat, d'affaires, de science et de toute gentillesse, s'en mesla aussi. Voylà le subject du pasquin. Comme de vray, de ceste paix en sortit deux ans après la feste de Sainct-Barthélemy ; pour laquelle festoyer fut envoyé mondict sieur grand maistre de Biron querir la reyne de Navarre[3] pour la court, laquelle n'y voulut jamais venir que sa ville de Lestoure ne fust rendue et à elle. Luy amprès l'y conduisist pour traicter le maryage de M. le prince de Navarre son filz et de Madame sœur du roy ; pour lequel accomplir mondict sieur grand maistre de Biron fut envoyé de Bloys et despesché pour aller querir M. le prince (je sçay ce qu'il me dist advant que partir). Enfin il le mena bien et beau, accompaigné de toute la fleur des huguenotz, qui, pensans tout gouverner et braver tout le monde, prindrent là une fin misérable.

1. Il y avait d'abord sur le ms. 6694 (f° 378 v°) : ainsin qu'elle estoyt très-mal assize et faicte par ung boitteux, et pour ce boyteuse.

2. Henri de Mesmes, seigneur de Roissy et de Malassise, mort en 1596.

3. Jeanne d'Albret.

Ceux qui en eschapparent en blasmarent mondict sieur de Biron et luy en donnarent toute la coulpe, disans qu'il les estoit tous allé amadouer et appaster pour les mener tous au marché de la boucherie, et pour ce commançarent à desbagouler contre luy. Les uns l'appelloient tonneleur, parce que, comme fait un tonneleur avec sa tonnelle aux perdrix, il les avoit tous avec sa parolle tonnelez et amassez pour les faire tous mourir; les autres l'appelloient le faux perdrieur[1] (les austruchiers[2], fauconniers et chasseurs cognoissent ce mot); les autres[3] en parloient en plusieurs sortes, comme la passion les transportoit. Mais tant y a, ç'à esté un très-grand, valeureux et très-habile personnage. Et si ne laissa-il pour toutes ces callumnies, soupçons et causeries, qu'il ne fust en grand' paine en ceste feste. Et bien luy prit d'estre brave, vaillant et assuré, car il se retira aussitost dans son arsenac[4], bracqua force artillerie à la porte et autres advenues, fit si belle et assurée contenance de guerre, qu'aucunes trouppes des Parisiens, qui n'avoient eu jamais affaire avec un tel homme de guerre, s'approchans à sa porte, il parla à eux si bravement, les menassa de leur tirer force canon-

1. *Faux perdrieur*, celui qui prend les perdrix au moyen d'un appeau.

2. *Austruchier*, celui qui élève des autours pour la chasse.

3. Le passage suivant est effacé sur le ms. 6694 (f° 378 v°) : « Les autres par derrision s'en allarent tourner son nom et y trouvarent par anagramme Robin, n'ayant en l'un plus qu'en l'autre une seule lettre d'avantage, comme cela se voit. Pourtant il n'en tenoit rien, car c'estoit le plus habille homme de son temps et tout. »

4. A l'Arsenal.

nades s'ilz ne se retiroient; ce qu'ilz firent aussitost, et n'osarent plus s'y approcher ny rien faire à luy de ce qu'ilz vouloient et qu'il leur avoit esté commandé : car pour le seur il estoit proscrit comme les autres que je sçay, ainsi qu'il me dist luy-mesme à son retour en Brouage; car il m'estoit fort parent et amy, et me discourut fort ce massacre.

On disoit que M. de Tavanes, qui ne l'aymoit trop, et le conte de Raiz non plus, luy prestarent ceste charité de proscrition.

Amprès la furie totale de ce massacre passée, le roy l'envoya querir sur sa parolle et à fiat[1], comme l'on dict, et le despescha à Xaintonge, d'où il estoit gouverneur, et par conséquent du pays d'Onyx, pour faire sommer La Rochelle à vouloir reprendre sa première obéissance au roy, et la gaigner par toutes les voyes de douceur.

Il nous vint trouver en Brouage, sur la roupture de nostre embarquement, et nous porta alors commandement du roy de luy assister si les Rochellois ne se vouloient remettre, amprès avoir essayé et tenté toutes douces voyes, et y ayant envoyé vers eux force honnestes gens pour parlamenter, et mesmes M. le baron de Thonnay-Boutonne[2] et M. du Vigean[3] qui n'y gaignarent rien, sinon quelques bons coups d'espée que le sieur de Vigean eut et emporta pour sa part; et fut laissé pour mort dans la ruelle de son lict à La Jarrie, de despit qu'ilz eurent contre

---

1. *A fiat*, assurance.
2. De la maison de la Motte-Fouqué, à ce que je crois.
3. François du Fou, seigneur du Vigean. (Voyez de Thou, liv. LIII.)

luy de quoy luy, huguenot et de la religion, venoit parler contre elle et son party.

Ces douceurs toutes faillies et desesperées, falut venir à la force; et pour ce le roy luy manda de bloquer la ville, en attendant la grand' armée, pour assiéger à bon escient et point à faux. De descrire tout ce siège, il me semble que je l'escrirois aussi bien qu'homme qui fust, car dès le commancement jusques à la fin je n'en bougeay, moytié heureux, moytié malheureux; mais je le remettray à la vie de nostre feu roy Henry.

Pour le coup, je diray que M. de Biron fut malheureux en ce siège; car il s'y travailla et peyna, fit tous les debvoirs d'un grand capitaine et bon grand maistre d'artillerye, et, qui pis est, y receut une grand' arquebuzade. Toutesfois la pluspart des assiégeans avoient opinion qu'il s'entendoit avec ceux de dedans, et que luy et les siens leur donnoient advis de tout ce qui se faisoit au dehors; ce qui est le plus grand abus[1] du monde, car, s'il eust pris ceste ville, il en estoit gouverneur et possesseur de la plus forte et importante place de la France; et luy, qui estoit un capitaine ambitieux, je vous laisse à penser s'il eust voulu eschapper ce bon morceau, s'il l'eust peu prendre; et si on l'eust voulu croyre, et M. d'Estrozze, la ville fût esté prise en la gaignant pied à pied, comme nous avions faict sur la fin; mais on y alla si fort à la haste et en précipitation des assautz et batteries, qu'on n'y faisoit jamais que la besoigne à demy: et si vous diray bien plus que, pour l'en-

1. C'est-à-dire : ce qui est la plus grande erreur du monde.

vie qu'avoit ledict M. de Biron de l'avoir, il en fut en grand' peyne et danger, ainsi qu'on le pourra sçavoir par ce discours.

Sur le déclin de ce siège, les Poulonnois pressarent si très tant leur nouveau roy esleu de s'en aller en Pouloigne, et luy proposarent tant d'affaires urgens, qu'il n'estoit possible d'y pouvoir mettre ordre sans sa présence. Ce n'estoit pas seulement les Poulonnois, mais les François qu'y avoient estez envoyez, comme M. de Valence[1] et le jeune Lanssac. Et ne l'en sollicitoient pas seulement[2], mais le roy et la reyne principallement; laquelle reyne, esperdue de joye de son filz roy, luy sembloit qu'il n'y seroit jamais; et pour ce luy manda de faire une capitulation à la Rochelle, quoy qu'il fust. Ceux de dedans ne voulurent pas faire pour eux seulement, mais pour autres villes, comme Montauban, Nymes et autres, fors le pauvre Sancerre, qu'on vouloit bien comprendre, mais on trencha la broche tout à trac pour eux, car on les faisoit pris de jour à autre la corde au col : et toutesfois ces braves et déterminez tindrent encor plus de cinq semaines amprès la paix qui s'en ensuivit[3] : laquelle faicte, le roy de Pouloigne leva le siège de là avec son honneur, ce qu'il desiroit plus que tout, et avecqu' une capitulation telle qu'elle, mais tenant plus pourtant de l'ombre honnorable qu'autrement.

Or, durant tous ces parlemens, qui durarent plus

1. Jean de Montluc, évêque de Valence.
2. Et n'étaient pas seuls à l'en solliciter.
3. La paix fut signée à la Rochelle, le 6 juillet 1573. Sancerre ne se rendit que le 19 août.

de quinze jours, les trefves faictes, M. de Biron fit tout ce qu'il peut pour divertir le roy et la reyne à n'entendre à aucune composition, et que, sur sa vie, qu'on luy laissast faire, qu'il auroit la ville, la corde au col, dans un mois ou pour le plus tard cinq semaines, sans rien perdre ny hasarder, sinon à faire de bons bloqus.

Cet advis et lettres ne portarent nul coup pour ceste fois, d'envie que la reyne avoit de voir son filz et l'envoyer prendre possession de son royaume, qu'on luy faisoit si beau, si grand, si riche, si superbe, si opulant et si puissant. D'en parler au roy de Pouloigne il n'eust osé, car il avoit encor plus d'envye d'aller voir son royaume, ainsi que j'ay eu cet honneur luy en voir discourir avecqu' un ravissement d'aise si grand, qu'il se perdoit quand il en parloit. Mais quand il y fut, il changea bien d'opinion, car il n'y trouva pas la febve du gasteau qu'il pensoit; et, dans son âme, eust mieux aymé la ville de la Rochelle que le royaume de Pouloigne. Voylà comment, pensant bien rencontrer en une chose, on perd l'autre certaine.

M. de Biron, quand il voit qu'il ne peut venir au dessus du roy, de la reyne et roy de Pouloigne, sur ce faict, s'advise de brouiller d'ailleurs et escrire à M. le cardinal de Lorraine et aucuns principaux du conseil qu'ilz empeschassent ce lèvement de siège et ceste paix, et qu'on luy laissast faire seulement; qu'un temporisement de six sepmaines rendroit au roy sa ville de la Rochelle plus subjecte à luy qu'elle ne fut jamais; comme certes il estoit vray.

M. le cardinal, qui estoit un beau brouillon d'affaires, se met à faire menées là-dessus, et à gaigner ceux du conseil, pour divertir le roy et la reyne de ceste capitulation et paix, qui importunarent tant Leurs Magestez, et principallement la reyne, qu'elle ne sceut trouver remède pour s'en despestrer, sinon d'escrire et mander par l'abbé de Gadaigne, en qui elle se fyoit du tout, au roy de Pouloigne son bon filz, les belles menées et menigances que traictoit M. de Biron contre luy, et qu'il parlast bien à luy comm' il falloit, et des grosses dentz comm' on dict, et de mesmes en escrivit audict cardinal, et autres messieurs les beaux conseillers de ce faict, des lettres bien hautaines et menassantes; ce qu'il sceut très-bien faire, car de sa propre main il en fit les lettres, comme je sçay, et si braves et rigoureuses, si qu'ilz furent tous estonnez; et demeurarent courtz et hères et bracz[1], si qu'ilz n'osarent plus en sonner un seul petit mot.

Quant à M. de Biron, estant, sans y penser, un matin allé trouver le roy[2], et dans sa garde-robbe, où le conseil se tenoit (ceste fois estoit fort estroit et garny de peu de gens), le roy le vous entreprend d'une façon qu'il ne tumba pas du pied en terre, comme l'on dict; car d'abbordable il luy donna ce mot : « Venez ça, petit gallant; j'ay sceu de vos « nouvelles. Vous vous meslez de faire des menées « contre moy, et d'escrire à la court; je ne sçay qui « me tient que je ne vous donne de l'espée dans le « corps et vous estende mort par terre, ou, pour « mieux faire, que je ne vous face donner des com-

---

1. *Brac*, camus, de l'espagnol *braco*. — 2. Le roi de Pologne.

« missaires pour examiner et informer de vostre vie
« et des traictz qu'avez faictz contre le roy et son
« estat, et puis vous faire trencher la teste. Et vous
« appartient-il aller contre mes voulontez et dessains,
« vous qui je sçay bien qui vous estes? Sans le roy
« et moy, que seriez-vous? Et vous vous oubliez!
« vous voulez faire du gallant; vous voulez prendre
« La Rochelle, ce dictes-vous, dans un mois ou six
« sepmaines, et voulez en avoir l'honneur et m'en
« priver! Vous m'avez trop intéressé le mien, petit
« gallant que vous estes ; car vous sçavez que la vou-
« lonté du roy, de la reyne et la mienne n'estoient
« de venir à la prise de ceste place, que m'aviez
« tant asseurée de la prendre en un rien, fust-ce par
« amour ou par force, sinon sur le poinct de la prise,
« de peur d'aucun affront à moy. Je vins à Chastel-
« leraud, où j'y fis quelques séjours. Vous me man-
« dastes que j'estois trop loing, et que je m'advan-
« çasse à Poictiers, et que tant plus près je m'appro-
« cherois, tant plus j'intimiderois les Rochellois à se
« rendre, qui desjà y bransloient. J'y fis là aussi
« quelque séjour. Tout à coup amprès, vous me
« mandastes en dilligence que je marchasse à Nyort,
« ce que je fis, et que le tout estoit en bon estat de
« se rendre, et que jamais il n'y fit meilleur. J'y
« vins, je m'y arrestay encor, et n'y voyant non plus
« d'aparance qu'auparavant; pour fin, il m'y falut
« venir sur vostre foy, et que je serois maistre du
« tout, ce disiez-vous; où y estant, je n'y treuvay
« encor rien prest, non plus que quand j'estois au
« commancement de mon voyage; et, qui pis est,
« je n'y vis et n'y trouvay aucuns préparatifz d'au-

« cun siège. Vous m'avez faict demeurer cy devant
« cinq mois; ast' heure que j'en puis sortir à mon
« honneur; vous me le voulez traverser, et proposez
« d'y demeurer et l'emporter, et triumpher de cet
« honneur par-dessus moy! Je vous apprendray à
« vouloir faire du grand capitaine à mes despans, et
« ne l'estes pas aux vostres. »

Tant d'autres parolles fascheuses luy jetta-il, que
jamais il n'osa répartir pour les parer, sinon que
tout doucement faire ses excuses au mieux qu'il
peut, autrement le roy de Pouloigne luy eust faict
un mauvais tour, tant il estoit en collère contre luy.
Et ainsi se despartit; et le roy monte à cheval et s'en
va à Aynande[1].

Ce matin, j'estois à la porte de mon logis, qui donnois à disner à MM. d'Estrozze et de La Noue; je vis
passer M. de Biron et seul à cheval, et n'avoit que
son escuyer Baptiste avec luy. Je luy crie s'il vouloit
venir disner avecques nous; et aussitost il vint à
moy, et mit pied à terre, et nous dist qu'il ne vouloit pas disner, car il estoit tout fasché; et nous prenans tous trois à part, il nous dist : « Je vous veux
« faire mes plainctes à tous trois, comme à mes
« plus grandz amis que j'aye icy. Le roy de Pouloi-
« gne se vient[2] fascher à moy, dist-il, et parler à moy
« comm' au moindre de ce camp; dont le cœur
« m'en crève. » Et puis nous conta une partie de ce
qui s'estoit passé, car il ne nous redist pas toutes les
grosses parolles que le roy luy avoit dictes; mais ce

---

1. Esnandes, à onze kilomètres de la Rochelle.
2. *Var.* Se vient fort fascher (ms. 6694, f° 381).

fut un très-grand prince, qui nous les dist le soir, à M. d'Estrozze et à moy, qu'y estoit présent, et que ce pauvre homme (usant de ces motz), luy avoit faict pitié.

Du despuis le roy de Pouloigne luy fit tousjours fort froide mine; et mesme à son retour de Pouloigne, la reyne ayant mandé à tous les princes, seigneurs et grandz capitaines du royaume, de la venir trouver à Lyon, pour recevoir leur roy et luy faire honneur à son entrée de son nouveau règne, je vis quand il luy fit la révérance; mais il ne luy fit meilleure chère qu'à aucuns de nous autres; dont je sçay bien ce qu'il m'en dist, car il m'aymoit fort; et bien souvant me disoit des choses qu'il n'eust pas dict à un autre.

Ce voyage seul ne luy fut à propos ny à souhait comme les autres[1]; car le roy, partant de Lyon pour aller en Avignon, ne l'employa en rien ny luy commanda de le suivre. Sur quoy il prit subject de luy demander congé de s'en aller en sa maison, qu'il luy donna fort facilement et aussitost; et y demeura tout le long de l'hyver et l'esté jusqu'à la fin d'oust[2], que les nouvelles vindrent que M. de Thoré avoit fait sa levée de reystres et s'en venoit en France. La reyne l'envoya querir, par la prière de M. de Guyze, qui ne vouloit avec luy autres capitaines que M. de Biron et M. d'Estrozze, pour bien estriller M. de Thoré et tous ses reystres, disoit-il, s'ilz se mesloient d'entrer

1. Comme les autres voyages à la cour. Voyez plus haut, p. 128.
2. *Var.* D'août.

en France par son gouvernement ou par ailleurs. Je le vis arriver à la court et faire la révérance au roy, qui luy fist assez bonne chère.

M. de Guyze faict donc son voyage en Champaigne, n'y emmaine que ces deux capitaines qu'il vouloit, et vous estrilla bien messieurs les reystres, comme cela s'est veu; et l'honneur seul en fut à M. de Guyze, de Biron et d'Estrozze, bien que le mareschal de Rayz y fust; mais il y estoit allé en homme privé, et non en mareschal, n'y ayant aucune charge, non plus que le moindre gentilhomme de l'armée; de quoy un jour je l'en repris, car sa femme estoit ma cousine germaine[1], et luy remonstray que cela n'estoit pas beau à luy, qui estoit mareschal de France, et se trouver en un tel affaire en homme privé, et n'exercer point sa charge; que jamais cela ne s'estoit veu. Il me respondit qu'il ne s'en soucyoit point, mais qu'en quelque estat qu'il fust, il peust servir son roy et luy monstrer que l'ambition ne le menoit point, mais l'affection qu'il portoit à son service. Et nottez que le roy ne l'aymoit pas, ny luy, ny tous ceux qui l'avoient précipité à ce voyage de Pouloigne, et qu'y avoient aydé et à trouver moyens de le faire; car ce mareschal alloit tousjours trois journées advant dans l'Allemaigne, pour luy préparer les logis, les chemins et gaigner les cœurs des princes; et pour ce, ledict mareschal faisoit tout ce qu'il pouvoit pour se remettre.

1. Il avait épousé le 4 septembre 1565 Claude-Catherine de Clermont, baronne de Raiz et dame de Dampierre, veuve de Jean d'Annebaut, baron de Raiz.

en grâce, aux despans de sa vie, de sa charge et son honneur. Il alla là donc ainsi privé; sur quoy fut dict que, quand il arriva au camp ainsi privé, M. de Biron dist en quelque part assez haut : « Ah! mort « Dieu! nous ne voulons point icy de commissaires « ny clers des vivres, nous y avons mis ordre. » Il le disoit parce que le commancement dudict mareschal, nommé le Peron, fust qu'il eust quelque charge de commissaire et clerc des vivres du règne du roy Henry IIe, et exerça cet estat quelque temps, et puis chargea l'espée et fut cornette du petit M. de Fayguyères, gentil capitaine de chevaux-légers dans Roye. Il y eut quelqu'un qu'oyant dire ce mot à M. de Biron, dist à un autre très-grand, que je sçay bien : « Voylà mal rendu la pareille au mareschal « de Rayz du bon traict qu'il luy fit au bois de Vin- « cennes au commancement de la guerre civile[1]. » Mais, ce n'est pas tout que de faire un bon office, il ne faut puis après le deffaire ny l'ensallir par un autre mauvais, ainsi que ledict sieur de Biron croyoit que luy et M. de Tavanes l'avoient mis au papier rouge des proscritz.

Ceste deffaicte de M. de Thoré ensuivie, au commancement que Monsieur se mutina contre le roy son frère, la reyne, qui ne désiroit rien tant que d'apaiser le tout et de rendre les deux frères bons amis, envoya querir M. de Biron et venir vers elle pour luy assister à ce bon office et devoir, dont s'en ensuivit la bonne réconcilliation et paix et entrevue d'eux deux, très-agréable à tout le royaume. Ceste

---

1. Voyez plus haut, p. 125 et 132.

paix se convertit en guerre contre les huguenotz, à cause des premiers estatz de Bloys.

M. de Biron fut envoyé vers le roy de Navarre pour le convertir, mais rien moins. La guerre se faict; Brouage s'assiège par M. du Mayne, lieutenant du roy en l'armée de Guyenne; il se prend. Cependant M. de Montpensier et M. de Biron traictent la paix, qui fut faicte à Bregerac[1], après laquelle il fut faict mareschal de France, et que peu de temps auprès lieutenant de roy en Guyenne, là où il fit la guerre au roy de Navarre au bon escient[2], et luy donna de la peine, bien qu'il[3] commançast lors d'estre grand capitaine et avoit avec luy M. de La Noue; et luy fit tout plain d'affrons et gallanteryes[4]: si bien qu'à l'entreveue de Coutras, de Monsieur, frère du roy, et roy et reyne de Navarre, pour traicter la paix qui s'ensuivit après, le roy[5] un jour devisant avec M. de Bourdeille mon frère, à qui il faisoit cet honneur de l'aymer et luy concéder toute privauté de parler à luy et causer famillièrement avec luy[6], tumbans sur le propos de M. de Biron, de qui ledict roy estoit très-mal content et en disoit pis que pendre, mon frère se mit à en dire beaucoup de bien. « Mais, dist le « roy, qu'a-il tant jamais faict que vous le louez

1. Le 17 septembre 1577, à Bergerac.
2. *Var.* A bon escient. — 3. *Il*, le roi de Navarre.
4. Il fit, entre autres, tirer le canon contre Nérac où se trouvait la reine Marguerite.
5. Le roi de Navarre.
6. Le ms. 6694 ajoutait les mots *et goguenarder*, qui ont été raturés.

« tant ? — Ce qu'il a faict? dit mon frère; Sire, par
« Dieu! quand il n'auroit jamais faict autre chose
« sinon que de faire conniller[1] un roy de Navarre, il a
« beaucoup faict. Et sçavez-vous qui en est cause?
« c'est vous-mesmes : que si vous estiez bien uny
« avec vostre roy et frère, vous nous fairiez à tous,
« la loy, et nous braveriez, et nous supéditeriez[2]
« tous; au lieu que nous autres petitz compaignons
« targuez et appuyez de l'auctorité de nostre roy et
« des charges qu'il nous donne, nous vous bravons
« et vous donnons la loy. » De faict, en ceste guerre
M. le mareschal de Biron, estant lors lieutenant de
roy, fit plus de mal audict roy que le roy ne luy fit,
et le fit fort tenir en cervelle et conniller, et faire
plus du cheval-léger que du roy; non pourtant qu'il
luy emportast grand chose du sien, disoit-on. Que si
ledict sieur mareschal y eust voulu aller à la rigueur,
il luy eust faict du dommage : si luy fit-il[3] tousjours
bravement teste sans s'estonner, non pas seulement
se destourner quelquesfois de ses plaisirs de la chasse,
qu'il ayme extrêmement; et y alloit le plus souvent,
quand l'envye luy en prenoit.

Sur ce, Monsieur, frère du roy, moyenna la paix
à Coutras et au Fleyx[4], maison du marquis de Trans;
mais ledict roy ne laissa de hayr à mal mortel ledict
sieur mareschal; car, de capricieux à capricieux et
de brave à brave, malaisément la concorde y règne :
si que nostre roy advisa de retirer mondict sieur ma-

1. Se tenir caché comme un lapin.
2. *Supéditer*, mettre sous les pieds, terrasser.
3. *Fit-il*, le roi de Navarre. — 4. Le 26 novembre 1580.

reschal de la Guienne, par des plainctes que le roy de Navarre luy fit, et remonstrances qu'ilz ne sçaroient jamais bien compâtir ensemble, et n'esmeussent la guerre s'il demeuroit d'advantage près de luy. Et pour ce l'envoya querir pour venir à la court, où il luy donneroit meilleure récompanse. Je l'y vis arriver un peu après les nopces de M. de Joyeuze[1] et le roy luy fit très-bonne chère; et y demeura quelque temps, jusques à ce qu'il fut envoyé en Flandres vers Monsieur, avec les forces qu'il y mena, tant de François que Souysses; et les conduisit bravement et heureusement; et monstra bien au pas et passage de Gravelines, fort périlleux et scabreux (ayant en teste le capitaine La Motte, gouverneur, un très-bon et brave capitaine françois, rénégat), qu'il estoit un grand capitaine, sans perdre un seul homme, non-seulement là, mais après la feste de Sainct-Anthoine à Anvers[2], qu'il se fallut désengager et sortir d'un grand danger où ilz estoient engagez et eschouez.

J'en parleray en la vie de Monsieur, et par conséquant dudict M. le mareschal et de l'honneur qu'il y acquist en aucuns combatz, qu'il rendit et soubstint bravement. On l'accusa qu'il avoit esté l'autheur principal de ceste entreprise dudict Anvers, par la suscitation[3] de la reyne mère, qui ne se contentoit de voir son filz à demy seigneur de ceste ville et autres, et n'y commander que par l'organe du prince d'Orange et autres seigneurs des Estatz. D'autres di-

1. Elles eurent lieu le 24 septembre 1581.
2. La tentative de Monsieur sur Anvers, dite *Folie d'Anvers*, le 17 janvier 1583.
3. *Var.* Succitation (ms. 6694, f° 383).

soient que mondict sieur le mareschal, après qu'il la sceut estant hors la ville, et non plus tost, la réprouva et détesta fort, et en remonstra à Monsieur les inconvéniens. Tant y a, qu'il y perdit son second filz, le baron de Sainct-Blancquart[1], dont ce fut grand dommage. Voylà comme les François se sont tousjours comportez en toutes leurs conquestes de longtemps; car ilz y ont voulu impérier trop superbement, et avoir tout, jusques aux femmes, tant ilz sont insatiables.

Estans nos François tous tournez en France, et Monsieur ne voulant encor quicter sa part de ses Pays-Bas, ainsi qu'il préméditoit son voyage (tant il estoit courageux et ambitieux), il vint à mourir : domage certes incomparable arrivé à la France despuis cent ans, car c'estoit le plus généreux prince et brave qui nasquist il y a longtemps; duquel la fortune n'eust peu limiter son courage ny son ambition de la moytié de l'Europe, ainsy que j'espère le faire toucher au doigt en sa vie, que je prétendz faire à part, avec autres sept que j'ay proposé, qui sont : le roy Henry IIIe, M. d'Alançon, M. de Guyze, Henry de Lorraine, le prince de Parme, le duc de Biron, et le prince Maurice et le roy de Navarre, nostre roy d'aujourd'huy[2].

Monsieur mort, la ligue se commance à se produire peu à peu, de laquelle on dict que M. le mareschal de Biron fut convié, voire qu'il y entendit et presta l'oreille, moyennant trente mill' escus qu'on

---

1. Armand, seigneur de Saint-Blancart.
2. On n'a aucune de ces vies.

luy présenta. Et se trouva de vray à Bourg-sur-mer, chez M. de Lansac, où s'assamblarent [1] mesdictz sieurs le mareschal Sainct-Luc, d'Aubeterre, de Lussan et de Lansac, qui mettoit la nape et faisoit le festin. Là il se desmesla et traicta-on de plusieurs affaires, dont j'espère en parler en la vie de M. de Guyze, comme j'en ay sceu par la bouche d'un de ces messieurs les conviez. On dict que ce qui en fit prendre le goust audict M. de Biron, ce fut qu'on luy avoit promis lesdictz trente mill' escus; et quand ce fut à les produire et livrer, qu'on ne produisit que des bagues, joyaux et pierreries, dont il dist qu'il n'en avoit affaire, et que telles pièces ne pouvoient pas donner à manger ni à vivre. D'autres, la plus saine part, disent que certainement il se trouva à ce festin, entendit leurs parolles et dessains qu'il desprouva, et mesmes de quoy ilz les fondoient sur la religion, et d'exterminer l'hérésie, dont il s'en mocqua.

Tant y a, que le roy après ne trouva point en ceste guerre meilleur ny plus loyal serviteur, ny nullement partial sinon pour sa Magesté, ainsi qu'il fit parestre en la charge de l'armée qu'il luy donna pour venir en Guienne, où il s'acquitta très-dignement, jusques à se précipiter aux hasardz et dangers, comme quand il estoit jeune, et se présenter de mesmes aux escarmouches, comme il fit au siège de Maram [2], où il eut une grande harquebuzade dans la main. Jamais bon cœur ne peut mentir.

1. Le ms. 3264 porte par erreur : où semblablement.
2. Marans, en juillet 1586.

M. de Guyze mort, il alla trouver son roy bien à propos, et duquel il avoit grand besoing[1], qu'il receut aussi avecqu' une très-grande joye, secourut son maistre en sa grande nécessité, car quasi toute la France estoit bandée contre luy, à cause de ce massacre de M. de Guyze.

Son roy mort, luy ayant pris de longue main créance parmy les gens de guerre, tant françois qu'estrangers, que tous l'aymoient et adoroient, il les assura et gaigna si bien, que voycy (un grand coup cestuy-cy, voire le plus beau qu'il ayt faict de son temps pour matière d'Estat), que voycy le roy de Navarre, sans aucune contradiction, de la voix et consentement de tous, mis en la place du feu roy; quasi pareil traict que fit le premier bascha après la mort du sultan Soliman pour son successeur[2]; si bien que le monde tient, et est aisé à présumer, que M. le mareschal le fit roy, comme il luy sceut, (à ce que j'ay ouy dire) despuis une fois bien dire et reprocher; car les catholiques le voyant huguenot l'eussent abandonné, et les huguenotz n'estoient assez fortz pour le mettre en ce siège; mais par l'industrie dudict sieur mareschal, ilz furent réduictz et convertis d'obéyr à ce nouveau roy, tout huguenot qu'il estoit, sinon par bon vouloir, au moins pour vanger la mort du pauvre trespassé, injustement massacré, qu'il donnoit ainsi à entendre.

Ce ne fut pas tout, car il le falut maintenir et conquérir les places, ou n'estre roy qu'à demy. A

---

1. *Var.* Très grand besoing (ms. 6694, f° 383 v°).
2. En 1566. Voy. de Thou, liv. XXXIX.

quoy ledict sieur mareschal assista si bien à son roy, qu'avant mourir il luy ayda à en recouvrir de belles et bonnes, gaigner la bataille d'Yvry, et sortir d'Arques et de Dieppe, comme j'espère dire en la vie de nostre roy. Et puis, en recognoissant la ville d'Espernay, il vint à avoir la teste emportée d'une canonnade : mort très-heureuse certes, si l'on veut croire Cæzar, que la moins opinée est la meilleure; j'y metz aussi celle qui faict moins languir. Mais, disent aucuns chrestiens, on n'a loysir de se recommander à Dieu ny de le prier pour son âme. Si tout chrestien faict comme Dieu nous commande, de nous tenir à toutes heures préparez (car nous ne sçavons à quelle heure le larron viendra pour nous surprendre), et à tous momens songer en Dieu et le prier, aussi est bonne et salutaire ceste mort soudaine, comme la plus languissante; si ay-je ouy dire à un grand personnage théologien.

Voylà en les plus briefz motz[1] ce que je peux dire de mondict sieur le mareschal pour ast'heure, jusqu'à d'autres endroitz que les occasions s'en présenteront. Et puis dire avec vérité que, lorsqu'il est mort, il est mort un très-universel, fust pour la guerre, fust pour les affaires d'Estat, lesquelz il a traicté autant et les a sceuz aussi bien que seigneur de France : aussi la reyne mère, quand elle avoit quelque grand' affaire sur les bras, l'envoyoit querir tousjours, fust en sa maison ou ailleurs, et avoit son grand recours en luy. Luy-mesme, en goguenardant, il disoit qu'il estoit un maistre Aliboron, qu'on employoit à tout

---

1. Le ms. 3264 porte : En voylà les plus briefz.

faire¹, comm' il estoit vrai; et s'entendoit avec cela très-bien en tout, fust pour affaires de paix, fust de guerre, ausquelles il estoit très-universel, et pour commander et pour exécuter.

Il avoit fort aymé la lecture, et la continuoit quand il avoit loysir; et retenoit fort bien. Dès son jeune aage, il avoit esté curieux de s'enquérir et sçavoir tout, si bien qu'ordinairement il portoit dans sa poche des tablettes; et tout ce qu'il voyoit et oyoit de bon, aussitost il le mettoit et escrivoit dans lesdictes tablettes; si que cela couroit à la court en forme de proverbe, quand quelqu'un disoit quelque chose, on luy disoit : « Tu as trouvé cela ou appris dans les « tablettes de Biron. » Mesmes le greffier fol du roy Henry, il juroit quelquefois par les divines tablettes de Biron. Tant y a, que toutes ses belles et curieuses observations, avec son gentil esprit et braves expériances et valeurs, l'ont rendu un des grandz capitaines de la chrestienté, je ne dis pas seulement de la France. Et ce que j'ay veu plusieurs s'estonner de luy, que luy, qui n'avoit jamais traicté grandes affaires aux pays estranges, ny moins esté ambassadeur pour les mieux entendre, comme un M. de Lansac, de Rambouillet² et le mareschal de Raiz, et autres chevaucheurs de cuyssinetz³, il en sçavoit plus que tous eux, et leur en eust faict leçon, tant de celles du dehors que du dedans du royaume.

Il estoit très-vaillant, comme l'on a veu en bons

1. Le ms. 6694 portait d'abord : Qui se mesloyt de tout fayre (f° 384).
2. Nicolas d'Angennes, seigneur de Rambouillet.
3. *Var.* De coissinetz (coussinets).

endroictz périlleux en faire preuves maniffestes. Je luy vis faire un traict à la Rochelle très-digne de sa vaillance. Le jour que nous commançasmes le fort de Coureille, le soir venant, et qu'on vouloit commancer à se retirer, voycy que nous vismes sortir sur nous de la porte de Sainct-Nicolas cinq à six cens harquebuziers, conduitz et soubstenuz de quelque vingt chevaux seulement, d'entre lesquelz s'en débandarent deux à part sur le haut des vignes, convians à tirer un coup de pistollet; et c'estoit Campet, qui despuis on appella M. de Saugeon[1], un très-brave et vaillant gentilhomme, comm' il l'a bien monstré despuis, et déterminé avec cela.

M. de Biron dit aussitost à M. d'Estrozze de faire marcher quelques trois cens harquebuziers, que M. du Guast, trouvant très-à-propos, menoit de son régiment bravement; et fut attaquer l'escarmouche, qui ne dura guières, pour l'amour de la nuict qui survint. Cependant M. de Biron ayant faict advancer à soy la compagnie de M. de Savoye, que certes il faisoit très-beau voir, et commandé de faire alte, il s'en va luy seul avec son escuyer Baptiste attaquer Saugeon et son compaignon. Tirarent chascun leur pistollet à propos, qui portarent si bien l'un et l'autre, que le cheval de Saugeon (qui estoit un très-beau cheval d'Espaigne, qu'il avoit eu de feu Flaugeat, un gentil soldat mort un peu advant), eut un coup dans le corps, dont il tumba soudain; et, le maistre engagé, M. de Biron courut aussitost à luy, l'espée au poing, luy cryant : « Rendz-toy. » L'autre

---

1. Pierre de Campet, baron de Saujon.

le recognut aussitost : « Ah! monsieur, sauvez-moi
« la vie. » M. de Biron luy dist : « Me cognoissez-
« vous? Qui suis-je? — Ah! monsieur, vous estes
« M. de Biron, et moy je suis Campet. » Aussitost
il fut sauvé, et M. de Biron nous emmena gentiment
son prisonnier, à nous autres qui estions à l'infanterie : qui fut un grand honneur à ce général, d'a-
voir pris le principal et le plus mauvais et vaillant
homme de la trouppe. Et je luy dis le premier :
« Par Dieu! monsieur, vous avez faict une chose
« aussi remarquable et mémorable, et d'aussi heu-
« reuse et vaillante rencontre qu'il arriva il y a long-
« temps à général d'armée; il faut qu'il en soit parlé
« à jamais. »

Il traicta fort humainement son prisonnier, car il
n'estoit point massacreur de sang froid, comme tout
gentil chevallier[1] ne doit estre. Mais Monsieur, nostre
général amprès, sçachant la prise dudict Saugeon,
manda qu'on l'envoyast au chasteau de Nyort pour
prison, dont bien luy servit de se sauver et d'en sortir par son bon esprit, car on l'eust faict mourir,
d'autant qu'on le tenoit pour un fort résolu et déterminé soldat pour faire un coup, et qu'il s'estoit vanté
qu'il ne mourroit jamais qu'il n'eust eu sa part de la
vengeance du massacre de Paris.

Telz coups de vaillance comme celuy-là de M. de
Biron, portent sur soy quelque extraordinaire beau
signal qu'un' infinité d'autres qui se font en foule.
Avec ceste vaillance, qui estoit née et acquise en luy,
il avoit beaucoup de belles vertus : il estoit très-ma-

---

1. *Var.* Cavallier (ms. 6694, f° 385).

gniffique, splandide, libéral et grand despensier, fust en paix, fust en guerre ; si qu'un jour un sien maistre d'hostel luy remonstra le grand desbordement de despense qui se faisoit en sa maison, et la grand superfluité de serviteurs et valletz, bouches inutiles qu'il y avoit, dont il s'en passeroit bien, et pour ce y falloit faire un règlement et casserie. M. de Biron luy dist : « Sçachez donc premièrement d'eux « s'ilz se peuvent passer de moy ; car s'ilz le peuvent « ou le veulent, je le veux bien, monsieur le mais- « tre : mais je m'assure, qu'après que vous aurez « parlé à eux, qu'il faudra qu'ilz demeurent. » Voylà tout le règlement qu'il y fit. C'estoit le meilleur compagnon du monde et avec qui il faisoit le meilleur, et faisoit d'aussi bons contes quand il estoit en ses bonnes.

Il nous donna un jour, à M. du Gua, qui aymoit bien les bons motz et qui en disoit d'aussi bons, et à moy, à disner ; il nous en fit qui levoient la paille, entr'autres un du curé de Sainct-Eustache, qui en son sermon, blasmant un jour les jusneurs et jusneresses de la court et de Paris, il dist : « Leurs « collations sont si superflues en friandises, potages, « fruictz de four, confitures et autres metz délicatz « et mangers sumptueux, jusques à crever ; et, qui « pis est, se lavent les mains, disent grâces et béné- « dicité. » Voylà de terribles conséquances ! Inférant par là, que c'estoit totalement des soupers et non des collations, comme si on ne doibt pas prier et rendre grâces à Dieu aussi bien à la collation comm' au souper. Ce mot, *qui pis est,* est fort à noter et est ridicule.

Un autre curé, détestant les sorciers qui se donnoient au diable pour avoir des poisons et morceaux vénéfiques¹, pour faire mourir les personnes, il dist que, sans se donner aux diables, il ne falloit qu'aller chez les appoticaires, et en achepter de bonnes poisons, qu'il nommoit par nom, et puis en donner à boire et manger; en un rien on faisoit mourir qui on vouloit, sans se donner au diable. Il luy sembloit par là que ce n'estoit point se perdre ny se donner au diable, sinon par parolle passée entr'eux deux.

Le pape Jules dernier², qui estoit bon compaignon, fit une fois venir à soy la bande de *gli matti e passarelli*³ qui sont à Rome, car il y en a aussi bien qu'en France, à Sainct-Mathurin⁴ et autres lieux, et en voulut aucuns voir de leur urine, et sçavoir spéciallement ceux qui luy sembloient de plus gaye et mathurinesque humeur, et de quel bois ilz se chauffoient. Et faisant interroger un particulièrement devant luy d'où il estoit et qu'il estoit, il luy respondit : qu'il estoit ce mesme ange Gabriel qui fit l'anonciation à la Vierge. L'autre sien compaignon qui estoit là auprès s'escria soudainement et dist : « Il en a menty, faictes le foueter; car alors « j'estois Dieu le père, et j'en donnay la commission « à un autre. »

Tant d'autres contes ramentevrois-je que je tiens de mondict sieur le mareschal, qui sont encor plus

---

1. *Vénéfiques*, vénéneux. — 2. Jules III.
3. Les fous et insensés.
4. S. Mathurin était invoqué pour guérir la folie.

sublins, car il n'en estoit jamais desgarny, et nullement communs, que vous n'eussiez dict là où il les peschoit, et desquelz il n'en estoit point chiche quand il estoit en ses gayes humeurs et en compagnie des personnes qui les escoutoient, et quand il estoit hors de ses collères, ausquelles il estoit fort subject et à offancer quelques fois, mais plus de parolles que d'effect, s'il n'en eust eu un grand subject.

Lorsque Sainct-Jehan[1] fut pris par honneste composition, ainsi que M. de Pilles[2] et ses gens se retiroient, M. de Biron estoit à la teste qui les conduisoit. On luy vint dire qu'aucuns de nos gens en desvalisoient quelques uns sur la queue. Il tourna teste aussitost et mit l'espée au poing; et cuyda tout tuer des trouppes qui estoient en haye deçà, delà, pour faire passer les autres, et en estropia un' infinité[3]. « Hà! coquins! leur disoit-il, il n'y a pas deux jours « que vous ne les osiez pas arregarder au visage ny « les attaquer; ast'heure qu'ilz se sont rendus, et « sans force et résistance, vous leur voulez courir à « sus! Je vous tueray tous, et apprendray à faire « déshonneur à vostre roy, que l'on dit qu'il a rompu sa foy. »

Je le vis une fois en la plus plaisante collère du monde. Un jour, venant au logis de Monsieur, nostre

---

1. Saint-Jean-d'Angély se rendit par composition le 2 décembre 1569.

2. Armand de Clermont, baron de Piles en Périgord. Il fut tué à la Saint-Barthélemy.

3. Malgré ses efforts et ceux du duc d'Aumale et de Cosseins, la garnison fut indignement pillée. Voyez de Thou, liv. XLVI

général, ainsi qu'il s'approchoit, et qu'il y avoit force chevaux des seigneurs et gentilzhommes attendans leurs maistres qui estoient dans le logis du général, comme cela se faict aux courts et aux armées, il y eut un fort beau courtaut d'un gentilhomme, qui valloit bien deux cens escus, qu'ainsi qu'il s'approchoit fit semblant de luy ruer. Il mit aussitost la main à l'espée et couppa tout à trac d'un revers le nazeau au cheval, qu'il n'y paressoit que les dentz ; dont il se monstra si laid, qu'il en fit rire tout le monde. Le gentilhomme s'en vint soudain à luy se plaindre amprès que sa collère fut passée, cognoissant son humeur, car autrement il eust bien trouvé à qui parler, et que son cheval estoit gasté et perdu pour jamais, et qu'il en avoit reffusé deux cens escus. « Quand vous en eussiez reffusé mille, luy dist-il, je « luy en eusse faict de mesmes, car je n'ay qu'une « bonne jambe, je ne la veux pas perdre : mais « venez vous-en en mon escurie, je vous en donne- « ray un qui le vaudra. » Ainsi disposoit-on de ce brave seigneur quand sa collère estoit passée ; et certes on pouvoit endurer de luy, puisqu'il estoit si accomply seigneur et capitaine.

Entre toutes ses belles perfections de guerre, c'estoit l'homme du monde qui recognoissoit mieux un' assiette et logement de camp et place de battaille. Il s'entendoit très-bien à cartiger[1], et en faire luy-mesme des cartes, et les deviser à d'autres. Je l'ay veu cognoistre mieux des pays et contrées que plusieurs autres gentilzhommes mesmes de la con-

---

1. *Cartiger*, lever des plans.

trée, jusqu'à nommer des petis ruysseaux qu'ilz ne sçavoient ny ne cognoissoient pas.

Ce n'est pas tout, cela, car il a faict et façonné M. le mareschal de Biron son filz[1], de telle sorte qu'il n'en doit rien au père; et la pluspart du temps fait ses logemens sans voir les pays et contrées, ny sans les recognoistre, ains à veue de pays; si bien que l'on peut dire aujourd'huy que c'est le plus digne mareschal de camp qui soit en l'Europe. Ce n'est pas tout encor, car amprès nostre roy c'est le plus grand capitaine de toute la chrestienté, le plus brave, le plus vaillant et le plus hazardeux que l'on voye. Tant de combatz où il s'est trouvé despuis ces guerres en font foy, et en la pluspart desquelz il a esté tousjours blessé, moitié peu, moitié beaucoup. Il est tel, qu'on le peut dire fée, et que toutes les guerres, combatz, qu'autresfois les paladins de France et chevalliers errans ont faict, n'approchent rien de ses vaillances. Je remetz à les raconter aucunes particulières[2] dans sa vie[3] que j'ay faicte, et celle de nostre roy d'aujourd'huy; lesquelz tous deux joinctz ensemble, et qu'ilz eussent les moyens et les gens qu'ilz diroient bien, ilz pourroient (ce croy-je) conquérir toute l'Europe. Ce sont esté eux qui ont estez les vrayz fléaux de ceux de la ligue, et commancent à

1. Charles de Gontaut, duc de Biron, maréchal de France (1594), gouverneur de Bourgogne et de Bresse, mort sur l'échafaud, dans la cour de la Bastille, le 31 juillet 1602, dans sa quarantième année.

2. On a rajouté *par* sur le ms. 3264 (par aucunes particulières).

3. Le ms. 6694, f° 386 v°, portait d'abord seulement : Dans la vie de nostre roy. Voyez p. 145, note 2.

l'estre des Espagnolz. Aussi, quand le roy et tous parlent dudict mareschal à la court et à l'armée, des mareschaux de France, ilz ne donnent point de queue à cestuy-cy, sinon que M. le mareschal simplement, et les autres, bien qu'ilz soient plus vieux que luy, la traisnent longue après eux comm' une pertuizane.

Ce n'est pas sa vieillesse qui l'a rendu ainsi si grand capitaine, car il ne sçaroit avoir que trente-deux ans; mais ce sont ses assiduelles pratiques de guerre et combatz qui l'ont mis là. Encor' avons-nous ceste grand' obligation à ce brave père de nous avoir laissé ce brave filz, lequel il dressa en ses premiers rudimens, et luy donna de si bonnes leçons, qu'après sa mort il a pris sa place, son nom et renom du plus grand capitaine de nostre France; qu'il ayme et chérist si très-tant, qu'il luy faut donner ceste gloire de ne luy avoir point faict de faux bon, comme quelques-uns, mais l'avoir tousjours bien deffendue par sa brave espée, et luy avoir esté très-loyal, sinon sur la fin de ses jours, dont il en pâtit, ainsi que j'en parle en sa vie : grand' perte et grand dommage pour toute la France, voire pour toute la chrestienté! car il l'eust bien servie, qui toute d'une mesme voix l'a plainct, et dict qu'il ne devoit point ainsi mourir par le faux rapport qu'on fit de luy, disoit-on. Sa mort est assez descrite ailleurs; si en parleray-je encor assez en sa vie à part[1]. Ce seigneur, M. le duc de Biron, n'avoit garde d'estre autre que

---

1. Ce qui précède depuis *sinon sur la fin de ses jours*, a été rajouté en marge sur le ms. 6694 (f° 387).

très-brave et vaillant, estant d'un père tel et d'une mère très-généreuse[1], de laquelle la pluspart de ses exercices et plaisirs sont plus à la chasse et à tirer de l'harquebus, qu'à autres exercices de femmes, et avec cela une très-sage, vertueuse et chaste dame, comme sa patronne Dianne chasseresse[2]. L'exercice principal de mondict feu sieur mareschal estoit la guerre, et n'aymoit rien tant que cela. Le filz en estoit de mesmes, et y estoit du tout adonné.

J'ay ouy faire un conte, que, quand le prince de Parme estoit à Codebec, M. le mareschal d'anuict[3] dist et représenta au roy devant son père que, s'il luy vouloit donner quatre mill' harquebusiers bons et choisis, et deux mille chevaux, qu'il luy empescheroit le passage. M. le mareschal le père rabroua sur cela fort son filz devant le roy, et luy dist que c'estoit un habil' homme pour le faire; et s'y monstra si difficultueux qu'il en rompit le coup. Le soir amprès, il le prit à part, luy dist et luy remonstra qu'il sçavoit bien qu'il eust faict ce coup, ou il fust mort, mais qu'il ne falloit jamais tout à coup voir la ruyne d'un tel ennemy des François, car si telz sont une fois du tout vaincuz et ruynez, les roys ne font jamais plus cas de leurs capitaines et gens de guerre, et ne s'en soucyent plus quand ilz en ont faict, et qu'il faut tousjours labourer et cultiver la guerre comme l'on faict un beau champ de terre; autrement, ceux qui l'ont labourée et puis la laissent

1. Jeanne, dame d'Ornesan et de Saint-Blancart.
2. *Var.* Diane, vierge chasseresse (ms. 6694, f° 387).
3. Biron le fils.

en friche, ilz meurent de faim. Voylà que c'est que
d'un cœur généreux qui a une fois bien succé du
lait de la dame Bellonne; jamais il ne s'en saoulle.
Or, d'autant que j'espère encores bien au long parler
de ces braves mareschaux, père et filz, dans les vies
de nos deux roys Henrys derniers, et du filz à part[1],
j'en faictz la fin pour ast' heure, pour dire qu'après
que mondict sieur mareschal de Biron fut party de
Guyenne[2], fut en sa place subrogé le mareschal de
Matignon, un très-fin et trinquat normand, et qui
battoit froid d'autant que l'autre battoit chaud; et
c'est ce qu'on disoit à la court : que le roy et la
reyne disoient qu'il falloit un tel homme au roy de
Navarre et au pays de Guienne, car cervelles chau-
des les unes avecques les autres ne font jamais bonne
souppe.

M. le mareschal de Matignon[3].

Je me souviens, lorsqu'il prit congé du roy à
Sainct-Mor pour y aller, nous nous pourmenasmes
après midy soubz les noyers plus d'une grand'heure,
qu'il faisoit chaud comme un beau diable; et me
demanda (comme bons cousins que nous estions du
costé de madame la mareschalle sa femme[4], à cause
du Ludes) plusieurs advis des mœurs, complexions et
bizarreries de ce pays. Je sçay bien ce que je luy en
dis, et surtout qu'il ne falloit là se rendre tant es-

1. Ces cinq derniers mots sont rajoutés de la main de Brantôme sur le ms. 6694.
2. En 1585.
3. Jacques, sire de Matignon et de Lesparre, prince de Mor-
tagne, comte de Thorigny, maréchal de France (1579), mort
le 27 juillet 1597, à soixante-douze ans.
4. Françoise de Daillon du Lude.

chauffé. Il avoit meilleur conseil de sa teste et d'autres que de moy; mais tant y a qu'il s'y comporta à son commancement et au mitan et sur la fin, et tousjours de mieux en mieux, avec sa lentitude et son mot usité, *acorde*[1], et son serement, *Col Dieu*; si bien que, quand il est mort, il a esté fort regretté; et l'a-on trouvé tellement à dire, qu'on a dict, et dict-on encores, qu'il n'en viendra jamais un en Guienne plus propre, bien que M. le mareschal d'Orlano[2] vaillant et très-sage capitaine, s'y gouverne aujourd'huy tout de mesme, duquel je parleray au long dans la vie de nos deux roys, et qu'on tient plus vaillant que son prédécesseur.

Quand la guerre s'esleva contre les huguenotz, ce mareschal de Matignon la fit selon les occurrances qu'il voyoit et les commandemens de son roy, ny trop douce ny trop rigoureuse. Luy et M. du Mayne quelquesfois s'entendoient bien, quelquesfois mal. Lorsque la bataille de Coutras se donna, si M. de Joyeuse l'eust attendu, qui venoit avec de bonnes trouppes, possible seroit-il en vie et la bataille point perdue, ny la réputation ny la vie de plusieurs braves gentilzhommes françois qu'y estoient. Mais un seul voulut triumpher pour tous, tant estoit grande l'ambition de ce jeune seigneur; duquel fut très-grand dommage, car il estoit un très-brave et vaillant seigneur : sa mort le couronna tel.

Après la mort de M. de Guyze, que la ligue s'accommança le plus à s'eschauffer, et que toute la

---

1. Le ms. 6694 (f° 387 v°) portait d'abord : *Attendez*.
2. Le maréchal d'Ornano.

France se bandoit, comme à l'envy et de garde faicte¹, contre son roy, aucuns de Bourdeaux en voulurent faire de mesmes que les autres, et accommançarent quelques barricades. Bien servit audict mareschal de Matignon d'estre brave et assuré, ce qu'aucuns ne l'eussent jamais creu, car Bourdeaux estoit perdu; mais il y alla avec ses gardes tout en pourpoinct et l'espée au poing et la teste baissée, et si résolument, qu'il les fit abandonner, et envoller tout ce beau et nouveau dessaing en fumée; et ainsi préserva la ville au roy, qui pourtant penchoit un petit, et ne vouloit encor recevoir les commandemens du nouveau roy, ny exercer en son nom la justice, ny recevoir ses seaux²; mais enfin temporisa tant et les sceut si bien amadouer et attirer, sans y apporter aucune violance ny force, qu'ilz vindrent à la recognoissance du roy. C'estoit le capitaine le mieux né et acquis à la patience que j'aye jamais veu, et très-habile.

Enfin il attrappa finement le baron de Vaillac³, au commancement de la guerre de la Ligue, en laquelle il estoit fort embrenné, disoit-on; et sans quelque faute que diray ailleurs, la ville estoit prise par le Chasteau-Trompette dont il estoit capitaine; mais un jour il l'envoya querir pour venir au conseil, auquel il dist d'intrade⁴ et profféra à bon es-

1. *De garde faicte*, de dessein prémédité.
2. Le parlement continuait à se servir des sceaux à l'effigie de Henri III.
3. Louis de Genouillac, baron de Vaillac. Ceci se passa en 1585. Voyez de Thou, liv. LXXXI.
4. Dès l'abord, dès l'entrée.

cient ces motz : que si soudain il ne mandoit à sa femme de luy ouvrir et rendre le chasteau, qu'il le fairoit pendre haut et court à la veue du chasteau mesme; ce que ledict baron appréhenda aussitost, et manda à sa femme d'avoir pitié de sa vie; et, plaine de compassion, fit ouvrir la porte à M. le mareschal, lequel entré en chassa toute la vieille garnizon, et y en mit une nouvelle à sa poste[1]; et luy donna congé de s'aller loger ailleurs, voire luy donna cinq cens escus, à ce qu'il m'a dict, pour aller trouver le roy et se purger à luy. Il entreprit le voyage; mais il ne le fit qu'à demy, et s'en retourna, sentant qu'il n'y faisoit pas bon pour luy; ainsi que fit le renard, qui ne voulut aller voir le lion qui contrefaisoit du mallade. Si ce mareschal n'eust attrappé lors cette place et par finesse et addresse, Bourdeaux eust eu de l'affaire.

Pour fin, c'estoit un rusé et habile Normand; mais pourtant, durant sa charge de Normandie[2], il ne l'estoit pas comm' il le fust despuis; aussi avoit-il affaire avecq un autre Normand[3] aussi fin que luy et plus vaillant, disoit-on. A la prise des armes du mardy gras[4], il[5] luy prit les villes de Sainct-Lo, Quarentan et Domfron, et luy commançoit fort à le fatiguer, sans que le roy, n'ayant pour lors grand' affaire contre les huguenotz, qui estoient très-foibles en France despuis la Sainct-Barthellemy, luy ayda

1. A sa dévotion.
2. Il avait été nommé en 1559 lieutenant général en Normandie.
3. Le comte de Montgommery. — 4. Le 23 février 1574.
5. *Il*, Montgommery.

de très-bonnes et belles forces, tant de cheval que de pied. Entr'autres maistres de camp luy donna ces braves Bussy, Lussé et Lavardin, dont en un rien les places occupées furent reprises bravement, le comte de Montgoumery pris et deffaict; de sorte que la renommée courut grande de sa suffisance en guerre et de son heur; si bien qu'un jour la reyne en son disner, amprès ceste glorieuse victoire, je luy ouys fort louer Matignon et sa bonne fortune, et qu'il le falloit envoyer en Guienne pour avoir raison des huguenotz de là comme de ceux de Normandie. Je ne me peuz[1] garder de luy dire : « Madame, il « trouvera d'autres gens à qui parler là bas; et faut « qu'il ne s'y frotte sans mitaine, bien qu'un Nor- « mand, qui fut le conte de Montgommery, y a bien « régenté autresfois, quand il deffit M. de Terride, « et estrilla les Gascons; mais aussi il avoit avec luy « des Gascons et Normandz tout ensemble. » La reyne respondit : « Matignon en faira tout de mes- « mes. Si un Normand a eu cet heur, l'autre Nor- « mand Matignon l'aura de mesmes. » Pour ce coup, il n'y fut envoyé; M. de Montpensier eut ceste charge. La reyne, estant[2] régente, dès lors prit en grand' opinion et amitié ledict Matignon, qu'aucuns appelloient la Roche-Matignon, et le tint en grand' estime, et le gratiffia en plusieurs biensfaictz; qui fut cause que M. de Carrouges[3], un fort brave et hon-

1. Il y avait d'abord sur le ms. 6694 (f° 388 v°) : ung que je sçay ne se peut....
2. *Var.* Estoit.
3. Tanneguy le Veneur, seigneur de Carrouges, comte de Tillières, lieutenant général en Normandie, mort en 1592.

neste seigneur, se plaignant un jour à la reyne de quelque chose qui luy avoit esté refusée, et qu'il méritoit bien y estre autant gratiffié que la Roche-Matignon, elle luy respondit que Matignon avoit fort bien servy le roy en ceste guerre et deffaicte de Montgoumery. M. de Carrouges luy réplicqua : « Madame, je pense que M. de la Mayleraye[1] et moy
« l'avons mieux servy; car nous luy avons très-bien
« conservé ses places, que nul n'y a osé attenter ny
« prendre; et Matignon a laissé perdre et prendre
« vilainement les siennes; et puis, pour les repren-
« dre, il a ruyné tout le pays, et faict despendre au
« roy pour son armée je ne sçay combien de cent
« mill' escus, qui lui fairoient bien besoing ailleurs;
« et ast' heure, pensez donc, madame, à qui le roy
« a plus d'obligation, ou à luy ou à nous. » La reyne luy réplicqua encores : « Aussi le roy vous en sçait
« un très-bon gré, et vous en est fort obligé, et moy
« et tout, et vous tenons tous trois au mesme ratel-
« lier. » Car tous trois estoient gouverneurs de la Normandie en trois partz; et le disoit en riant, car elle disoit bien le mot. « Ouy, madame, respondit
« Carrouges, mais à l'un vous luy donnez du bon
« foing et bonn' avoyne, et aux autres deux vous
« ne leur donnez que de la paille, et les traictez à
« coups de fourche. Mais, madame, je veux croire
« et prendre le cas que, tout ainsi que nous autres
« acheptons un cheval au marché aux chevaux, qui

---

1. Jean de Moy (ou Mouy), seigneur de la Meilleraye, vice-amiral de France, lieutenant général au gouvernement de Normandie, chevalier du Saint-Esprit (1583).

« est maigre, harassé, pour le faire remettre et en-
« graisser, et nous en servir après, aussi vous, ma-
« dame, vous voulez faire de mesmes de la Roche-
« Matignon, et le mettre au monde, car il a bien
« besoing de vostre support contre le baron de
« Flays¹, qui luy fait gaigner les quatre coings de
« son gouvernement, tant il le crainct. »

Ce baron de Flays estoit un brave et déterminé, vaillant et honneste gentilhomme, comme je l'ay cognu tel, nepveu² de M. le cardinal de Peslevé, qui avoit querelle contre luy³, et l'a tellement bravé et luy a présenté si souvant la raison⁴ que, nonobstant sa charge et authorité, il ne luy a jamais rien peu faire, mais bien souvant luy l'a bravé. J'estois lors à la court quand toutes ces parolles de M. de Carrouges se dirent, qui m'en fit le conte; car nous estions parens et bons amis. L'on trouva qu'il avoit bien parlé ce coup là. Aussi disoit-il des mieux et estoit un fort honneste seigneur, créé du grand feu M. de Guyze.

Pour retourner à M. de Matignon, la reyne le prit si bien en grâce et amitié, que bien souvant il luy servoit de chevallier d'honneur en l'absence de M. de Lanssac : ce que plusieurs trouvoient estrange; car son halaine puoit plus qu'un aneau de retraict⁵, disoit madame de Dampierre sa parente, et le pu-

---

1. Henri de Pellevé, sieur de Flers.
2. Cousin et non pas neveu de Nicolas de Pellevé, cardinal, archevêque de Sens, mort le 26 mars 1594.
3. *Contre lui*, contre Matignon.
4. *Présenter la raison*, offrir le combat.
5. *Retraict*, privé.

blioit, ainsi qu'il luy vouloit mal mortel, et a demeuré deux ans en haine et contestation telle avec luy, que là où il sçavoit qu'elle estoit il s'en ostoit et fuyoit de loing, comm' un diable fuit l'eau béniste. Aussi elle le menoit beau, comm' elle sçavoit très-bien faire quand elle vouloit mal à quelqu'un, et mieux que femme qui fut jamais, et ne l'appelloit jamais que Goyon, parce que c'estoit son surnom, et que jamais Goyon[1], fust ou poisson ou homme, ne valut rien. Outre plus, disoit que son père[2], qui avoit esté premier vallet de chambre de M. de Bourbon, son plus favory, et sçavoit tous ses secretz, l'avoit trahy et tout révélé au roy, ce qui estoit bien faict; autrement il estoit attaint de lèze-majesté, et pour ce, n'y alloit rien de son honneur; et pour dire qu'il estoit vallet de chambre, non importoit et ne touchoit rien à son honneur; car, de ces temps, les roys et les grandz princes du sang se servoient de gentilzhommes pour valletz de la chambre, et que je l'ay ouy dire à force anciens. Enfin, la reyne les mit d'accord, car elle l'aymoit fort.

Lorsque Monsieur, frère du roy, prit les armes, elle le donna à M. de Nevers pour mareschal de camp, qui le trouva peu capable pourtant; et je sçay bien que j'en vis dire à M. de Nevers; aussi n'y demeura-il pas que douze jours, et puis se retira en son gouvernement, craignant que Monsieur prist ceste routte. Amprès, il fut faict mareschal de France,

---

1. *Goyon*, goujon.
2. Jacques de Matignon, pannetier du roi. Il eut pour prix de son avertissement la baronnie de la Roche-Tesson.

dont, pour son premier coup d'essay, il alla assiéger La Fère¹, où, s'accommodant à sa lentitude accoustumée, il y employa plus de temps qu'il ny falloit; et disoit-on qu'il luy faudroit beaucoup de siècles pour faire la conqueste d'un seul petit pays à son roy, au prix de ceste petite pièce conquise; et disoient plus tous, que si M. de Guyze n'y fust survenu, que de deux mois ne fust esté pris, qui trouvant les approches et les batteries² très-loing, les fist aussitost approcher de la contrescarpe; ce qui fut cause de la capitulation et reddition de la place. Tout l'honneur, parmy les gallans et gentilzhommes et capitaines, en demeura à M. de Guyze qui fut tué à Blois, lequel ne porta jamais ballance avec persone de son temps³ pour ses actions. La reyne, pourtant, soustenoit tousjours ledict mareschal comme sa créature; car, sans elle, il ne fust esté ce qu'il a esté; et sans elle, Monsieur, frère du roy, luy eust faict un mauvais party à Mante (je l'ay dict ailleurs, si me semble), et n'estoit pas aymé ny se faisoit aymer.

J'ay ouy conter que, lorsque M. d'Espernon alla en Gascoigne, tenant lors un rang comme si ce fust esté Monsieur, qui ne venoit que de mourir, arrivant à Bourdeaux, M. le mareschal y alla au-devant à la Bastide, et le trouva jouant aux dez. Il le salua simplement, comm' un simple gentilhomme, et ne

---

1. Ce siége, qui dura du 7 juillet au 12 septembre 1580, se fit si commodément pour les assiégeants qu'on l'appela le *siége de velours*.

2. *Var.* Battemens (ms. 6694, f° 389 v°).

3. *Var.* M. de Guyse qui ne porta jamais ballance pour ses actions (*Ibid.*).

laissa le jeu pour luy, et le planta là; ce que l'autre beut doux comme laict; car, comme j'ay dict, il estoit fort propre pour la patience, ainsi qu'il y a des gens, mais qu'ilz en ayent, ilz souffrent tout. Que c'est que de la fortune changeante! Il n'y avoit pas deux ans qu'il luy avoit commandé devant La Fère, ayant son régiment, où fut son commancement de très-bien faire, aussi estoit-il fort jeune. Du despuis, il luy prit Bourg-sur-mer, et ne luy voulut jamais rendre jusques au bout de cinq ans, que le roy luy commanda à Rouen et les mit d'accord.

Ce Bourg avoit esté surpris[1] par les menées de M. de Lanssac, bien qu'il fust lors en Espaigne, et mena si accortement ceste entreprise, laquelle s'exécuta fort heureusement, s'aydant d'un gentil soldat nommé L'Antifavre, fors qu'une petite tour qu'un capitaine Jauvissaire[2] gentil et déterminé soldat qui tint bon. Cependant M. d'Espernon estant à Xaintes, sur le poinct de partir vers la France, s'y achemina en telle dilligence, que les entrepreneurs, s'estans plus amusez à piller qu'à parachever la victoire, prindrent l'espouvante dudict M. d'Espernon, et se sauvarent par la mer, avec si peu de butin qu'ilz peurent emporter. M. de Lanssac m'a dict despuis, que s'ilz eussent tenus seulement quatre jours, qu'il venoit au secours, menant une fort belle armée espaignolle de mer, avec laquelle il eust bien faict du mal à Bourdeaux et au pays.

M. d'Espernon s'accommoda dudict Bourg fort

---

1. Le 29 octobre 1590. (Voyez de Thou, liv. XCIX.)
2. *Var.* Jauvissière.

bien et le mit en sa main, y establit, bonne et forte
garnison soubz Campagnol, qui le garda très-bien
jusques à la restitution commandée par le roy entre
les mains de M. de Rocquelaure, qui y mit le seigneur
de Thilladet. M. le mareschal demanda sa place, qui
estoit de son gouvernement, à M. d'Espernon, lequel,
autant ambitieux que courageux, ne la voulut point
rendre, disant qu'il l'avoit secourue, gaignée et conquise à la sueur de son corps, et que de droict
ell' estoit sienne. M. le mareschal respondoit qu'il
n'avoit eu affaire de son assistance, ny qu'il la fust
venue secourir; car il estoit assez bien porté sur le
lieu pour la reprendre, fust ou tost ou tard, quand
et qu'il luy eust pleu, et qu'il n'avoit rien à regarder
sur son gouvernement, ny qu'il s'en meslast.

Sur ce, j'en vis faire une dispute à aucuns, et mal
à propos pourtant : à sçavoir si un gouverneur se-
court et reprend une place d'un autre gouverneur
surprise et perdue, s'il s'en doit impatroniser, emparer et la rendre sienne. Selon les antiques lois et
coustumes de nos grandz roys passez, cela ne se doit
mettre en dispute; il faut la rendre à son vray et
propre gouverneur, en espérance qu'il luy en rendroit possible la pareille, quand il aura affaire de luy
en pareil endroit; mais aujourd'huy, temps tout autre, tout est de chasse. Mais bien plus estoit : qu'un
gouverneur ne devoit, ny n'eust osé anciennement
partir de son gouvernement pour aller secourir un
autre gouvernement et gouverneur, sans l'exprez
commandement du roy, ainsi que madame la régente
en cuyda mettre en peyne feu M. de Guyze, Claude
de Lorraine, lorsqu'il alla en la pleine de Saverne

déffaire les païsans révoltez d'Allemaigne, comme j'ay dict ailleurs[1]. Aucuns tiennent qu'en ces nostres guerres les gouverneurs, mesmes les plus voysins, se sont dispensez, et sont estez tenus de se secourir les uns les autres, sans autre forme de commandement de roy, mesmes quand il y va d'un' affaire pressée et de conséquance.

Tant y a, sans autre forme et décision, M. d'Espernon ne rendit point sa place conquise, sur quoy il alléguoit ses raisons comm' il pouvoit; mais la meilleure estoit sa bienséance; et, qui est un grand cas, jamais le mareschal ne s'efforça le moins du monde de la reprendre; et disoit tousjours que le roy luy en feroit la raison, à qui cela touchoit plus qu'à luy; ce que le roy luy sceut bien objicer et retorquer; car, lorsque M. d'Espernon vouloit aller en Provance, M. le Mareschal manda au roy, pour un grand conseil et fort autentique, qu'il rompist ce coup et empeschast ce voyage, et luy fist commandement exprez de ne bouger de ses gouvernemens de Xaintonge et Angoumois, là où il le tiendroit mieux en bride et subjection qu'en Provance, s'il y estoit une fois, où il auroit de toutes partz des portés de derrière, par le moyen desquelles il luy pourroit beaucoup nuyre. Le roy luy manda qu'il le remercioit de ce beau conseil, et qu'il ne luy disoit rien qu'il ne sceust et préveust aussi bien que luy; mais que, pour le bien exerciter et tenir M. d'Espernon en tel destroict qu'il disoit en Angoumois et Xaintonge, il luy faudroit un autr' homme que luy,

---

1. Voyez t. III, p. 229.

qui n'avoit pas eu le courage, ny l'hardiesse, ny l'esprit de luy oster Bourg tant seulement, et qu'à grand peine donc pourroit-il le renger à telle subjection qu'il disoit. La responce du roy fut belle, et fondée sur une bonne raison.

Aucuns pourtant ont tenu ledict mareschal plus vaillant qu'il ne faisoit monstre, et le plus asseuré aux harquebuzades qu'on eust sceu voir, ce qu'en sa jeunesse on n'avoit pas creu ny veu, ny moins encores aucuns croyent à ast' heure que cela vint de son courage naturel, mais d'un esprit famillier, que j'ai veu aucuns tenir et affermer qu'il en avoit un, et se fondoit sur son gouvernement qu'il a heureusement conservé et régy, plus par engins, industries et subtilitez, que par force et bravetté, et pour les bons succez aussi de ses affaires propres et domestiques, ainsi que j'en ai oui parler de plusieurs autres; car de dix mille livres de rente qu'il avoit quand il alla en Guienne, il est mort en ayant acquis cent mille en douze ans qu'il en a esté gouverneur. C'est gratté cela; aussi a-on dict de luy après sa mort : « Bienheureux est le filz de qui l'âme du père « est damnée, » qui est une vieille maxime que l'on ne se peut jamais tant tout à coup enrichir, que l'on ne se donne au diable. Autres disent qu'ayant manié les deniers du roi, il les a mesnagez si bien et faictz passer si bien par *invisibilion*, avec la faveur de son petit esprit Farfadet ou Astarot, que très-subtilement, en disant *farouzat, carouzat*, comme dist maistre Gonnin en son passe-passe, il les a faictz sauter dans ses coffres, au lieu que dans ceux du roy.

Soit que ce soit, il est mort le plus riche gentilhomme de France. Dont il me souvient que, lorsqu'il fut nostre mareschal de camp en ceste petite armée de M. de Nevers contre Monsieur, il n'avoit que dix chevaux de son traint. Il avoit un courtaut bay pour le meilleur des siens, sur lequel il alloit ordinairement; et par Dieu! moy qui n'estois qu'un petit compagnon, j'en avois bien autant.

J'ay ouy dire que lorsqu'il mourut, ainsi qu'on portoit sa viande pour soupper, il y avoit force poulletz, gelinottes, pigeons, perdriaux et autres metz, il dist : « Ça, ça, souppons. Nous parlerons bien à « eux, mais d'autres aussi parleront bien à nous « tantost. » Notez ce mot; par quoy s'estant assis et mangeant d'une gelinotte, il se renversa tout à coup sur sa chaise tout roide mort sans rien remuer. Aucuns prindrent subject sur ce mot : « d'autres parleront bien à nous, » d'inférer qu'il prévoyoit les diables en chemin qui le venoient querir; mais par la plus saine voix, il mourut d'une létargie[1] à laquelle il estoit subject, et de laquelle se doubtant de mourir il portoit ordinairement, par l'advis de son médecin, dans sa gibessière une petite burette d'eau de vie, affin, quand ce mal le saisiroit, qu'il eust aussitost recours à en boire; mais il en fust si soudain surpris, qu'il n'eut le loisir de mettre la main à l'escarcelle. Que c'est que de la mort! L'on a beau estre subtil et agille de la main, comme un bastelleur ou un matois à coupper une bource, quand elle nous vient saisir, nul remède ne s'y peut ap-

---

1. *Var*. Litargie.

porter, quelque prévoyance ou dilligence que l'on y face.

Voylà donc la mort de ce mareschal, qu'aucuns ont opiné estre ainsi advenue par punition[1] et vangeance de l'injure qu'il fist à ceste bonne et vertueuse princesse, nostre reyne Marguerite, qu'il entreprit et chassa si ignominieusement de sa ville d'Agen, laquelle il pouvoit bien espargner pour l'amour de la reyne sa mère, quand il n'en eust eu autre subject, bien que d'ailleurs en eust à foison; de laquelle il avoit receu tant de bien et d'honneur, encores que le roy luy eust commandé; mais ce fut luy-mesme qui en rechercha les occasions, et en advertit le roy, qui en fut bien aise, ny de la perdre non plus; et devoit songer avant que faire un tel coup et faire accroyre au roy un *qui pro quo* d'apoticaire; car ce n'est pas peu de chose ny petit crime que d'offancer une telle reyne, de laquelle et autres ses semblables Dieu en prend la protection. On disoit que ce mareschal s'estoit si fort heurté[2] aux commandemens du roy, qu'il n'avoit rien tant en affection que de les exécuter en quelque façon que ce fust. Si ay-je ouy dire à de grandz personnages plus suffisans que moy, qu'il n'est pas bon de complaire tousjours aux roys, car ilz sont hommes comme nous, et peuvent faillir à dire et commander quelques fois plus par passion que par raison; et pour ce, le plus souvent faut ballancer leurs dires et leurs délibérations; j'en ay parlé ailleurs. Ceste

1. *Var.* Par punition divine.
2. *Var.* Ahurté (ms. 6694, f° 391 v°).

bonne reyne ne méritoit pas ceste venue. Aussi Dieu, qui est miséricordieux pour les uns et justicier pour les autres, a donné possible ceste sentence à ce mareschal sur ce subject, de mourir ainsy soudainement, qui est une grande punition de Dieu, puisque tous les jours nous le prions qu'il nous préserve et garde de mort subite.

Ce n'est pas tout que de ceste mort, car quelque temps avant il perdit son filz aisné, dict le comte de Thorigny[1], qui mourut de sa mort naturelle, qu'il regretta si fort qu'il en cuyda mourir de regret; et fort malaisément s'en peut-il remettre, jusques-là qu'il en garda la chambre huict jours sans vouloir aucune lumière voir, disant que celuy qui le rendoit du tout digne de voir la clarté du soleil luy estoit mort. Ces parolles furent fort estranges à beaucoup de gens; car c'estoit luy qui avoit donné au filz la lumière, quand il le mit au monde, et non le filz à luy; et bien que le filz s'estoit faict assez honneste homme, fort habile et plus fin normand que luy, jusques à lever la paille, et estoit bien parvenu, ce ne sont pas parolles de père qu'il devoit dire; c'est[2] tout ce que pouvoit dire le père du roy sainct Louys, s'il l'eust survescu ou veu en son grand lustre, puisqu'après sa mort le plus beau titre qu'il porta au cercueil, fut qu'il estoit le père du roy sainct Louys.

On a bien veu force pères regretter de mesmes leurs enfants, et qui valoient bien autant ou plus

1. Odet, comte de Thorigny, né en 1559, mort le 7 août 1595. Il était lieutenant général de Normandie, gouverneur de Cherbourg, bailli d'Évreux, etc.
2. *Var*. C'estoit.

que celuy-là, et dire : « J'ay perdu toute ma joye, « ma consolation, mon bien, mon plaisir et mon « baston de vieillesse. » Mais aller dire qu'il avoit perdu celuy qui le faisoit reluyre au monde, il se faisoit tort à luy et à sa réputation, et donnoit une mauvaise opinion de luy, que l'on a tenu pour un bon et sage capitaine, et qui avoit une bonne cervelle et de sages advis; mais il estoit par trop lent et musard, autant en ses délibérations qu'en ses effectz. Aussi luy firent-ilz faire rien qui valust au siège de Blaye, qu'un autre moindre capitaine eust emportée.

Il avoit un compagnon qui ne le ressembloit pas, qui estoit M. le mareschal d'Aumont, qui alloit plus viste en besoigne, et n'avoit point tant ce mot dudict mareschal de Matignon en la bouche : *attendez*; mais sans marchander, il vouloit mener les mains ainsi qu'il a faict tousjours parestre en tous les bons lieux où il s'est trouvé, tant en son jeune aage qu'en sa vieillesse. Sa mort honorable en a faict foy, pour ne s'espargner aux assautz et prises de villes, comme moindre capitaine de ceux ausquelz il commandoit; car y ayant receu une grand' harquebuzade dans le bras, au bout de quelques jours il mourut lieutenant de roy en Bretaigne, où lorsqu'il alla n'avoit que Rennes, Vitray et Brestz pour les villes principalles recognoissantes bien le roy; mais il luy en conquit

1. Jean, sixième du nom, sire d'Aumont, comte de Châteauroux, lieutenant général en Bourgogne et en Bretagne, maréchal de France (1579). Il eut les deux os du bras cassés par une balle au siége du château de Comper, à quatre lieues de Rennes, et mourut de sa blessure le 19 août 1595, à soixante-treize ans.

bien plusieurs, autant par force et braves assautz que par capitulations. J'en parleray en la vie de nostre roy.

Il fut faict mareschal, et eust la place du mareschal de Bellegarde. Le feu roy l'avoit fort aymé et estimé, et le prit en très grand' amitié dès le siége de Brouage, où n'ayant pourtant aucune charge que de sa compagnie de gens d'armes, il servit très-bien le roy en tout plein de belles occasions qui s'y présentarent, car il estoit très-vaillant et fort homme de bien. Il regretta fort son roy et son bienfacteur, et se rendit, disoit-on, animé contre la Ligue, autant pour vanger la mort de son roy que pour autre subject.

Avant qu'il fust mareschal, ayant querelle contre le capitaine Villeneufve, jeune gentilhomme et très-déterminé, il fut fort blessé de luy dans un bras, dont il cuyda mourir. Et en vis le roy en si grand' collère, que, s'il eust tenu ledict Villeneufve, il luy eust faict trencher la teste quand il eust eu cent mille vies : dont ce fust esté grand dommage; car c'estoit un brave et vaillant gentilhomme. Je le vis despuis suivant M. de Turaine aux guerres huguenottes en quelque entrevue que nous fismes.

Ce Villeneufve, un jour que ledict sieur mareschal se pourmenoit en coche avec madame de la Bourdezière[1], qu'il espousa despuis, et madame de Raiz et un autre gentilhomme, dont pour ast'heure je ne m'en souviens pas bien et n'en ay cogneu d'autre

---

1. Le maréchal d'Aumont, veuf d'Antoinette Chabot, épousa Françoise Robertet, veuve de Jean Babou de la Bourdaisière.

(il me semble que c'estoit Bouchemont, qui estoit à M. le duc d'Alançon. On disoit pour lors à la court que ces deux gentilzhommes avoient[1] de la semence[2] de chien. Quand aux dames, elles eurent si grand peur et apréhention, qu'elles se firent aussitost seigner pour ne devenir ladres de ceste vezarde, comm'elles le conffessarent fort bien), ce Villeneufve, avecqu' un autre déterminé soldat, vint au coche, le faict arrester, et tire son coup de pistollet, dont il blessa au bras M. d'Aumont : l'autre tire à l'autre gentilhomme et le tue tout roide mort, qui tumba sur madame la mareschalle de Raiz. Ayant faict ainsi leurs coups, se retirarent vers la porte de Bussy fort bien, et sauvarent au lieu de leur retraicte. On trouva ceste résolution et exécution fort estrange ainsi dans Paris, en plein jour[3].

M. d'Aumont, qui n'estoit encor mareschal, mais bientost après, fut fort plainct et regretté, et fort visité de la pluspart de la court et de Paris, car on le tenoit tous les jours pour mort; et endura beaucoup de douleurs; enfin il en reschappa. Le roy le visitoit souvant au logis du conte Chasteauvillain[4], y estant retiré; et telles visites de ces grandz guarissent bien souvant de grandz maux et malladies, comme j'ay veu.

1. *Var.* Avoient heu.
2. Le correcteur du ms. 6694 a remplacé par ce mot un mot grossier qui se trouve dans les deux manuscrits.
3. *Var.* Ces pauvres dames demeurarent estonnées et à demy-mortes (ms. 6694, f° 392 v°).
4. Louis Dighiacetti, comte de Château-Vilain. Son hôtel, dont Brantôme parle dans les *Dames*, fut plus tard l'hôtel d'O.

On disoit que M. de Beaupré[1], très-brave et vaillant gentilhomme, estoit fort meslé en cela, car il y avoit pareille querelle contre mondict sieur le mareschal. Je ne sçay si du despuis le roy les a accordez : ce qui a esté bien de besoing, car et les uns et les autres ont laissé de très-braves et vaillans enfans, messieurs le conte de Chasteauroux et de Chappes, de mondict sieur le mareschal[2], et M. de Beaupré d'aujourd'huy. Il en pourroit arriver dangers et de grandz inconvéniens. J'ay ouy dire, je ne sçay s'il est vray, que le mesme bras de mondict sieur le mareschal, qui fut blessé en ceste querelle, fut de mesmes en cet assaut, dont il mourut. Ce sont des coups de guerre qui se raportent aussi en mesmes lieux des personnes, comme le bon homme M. le mareschal de Biron : en sa mauvaise jambe il eut l'harquebuzade de La Rochelle, et l'autre il se la rompit et cassa, estant lieutenant du roy en Gascoigne, d'un cheval qui luy tumba. Cela arrive souvant que là où on a mal, ou que l'on y a eu, on y est subject de s'y blesser tousjours. Les médecins et chirurgiens le disent, que le mal recherche tousjours le lieu où la nature est la plus foible.

M. le Chavigny[3]

Dudict M. le mareschal d'Aumont furent contemporains quasi et compagnons MM. de Chavigny et

---

1. Chrétien de Choiseul, seigneur et baron de Beaupré, mort le 3 mai 1593. Il eut pour fils aîné Louis-François de Choiseul, baron de Beaupré.

2. Antoine d'Aumont, marquis de Nolai, mort en 1635, et Jacques d'Aumont, baron de Chappes, mort le 14 juillet 1614.

3. François le Roy, seigneur de Chavigny, comte de Clinchamp, lieutenant général au gouvernement d'Anjou, de Touraine

de La Vauguyon ; mais M. de Chavigny, plus vieux aussi que tous eux, fut premier advancé en grades. Il ne faut douter que sans qu'il a perdu la veue, qu'il fust esté, il y a longtemps, mareschal de France ; car il en méritoit l'estat pour avoir faict de bons services à la couronne, en Piedmont et en France, et est un fort sage seigneur. C'est grand dommage de cet accident malheureux, car encor eust-il bien servy le roy. Je l'ay veu l'un des capitaines des archiers de la garde, faire aussi bien sa charge et aussi modestement, et sans mescontenter ni offancer personne : luy et M. de Brezay son compagnon eurent mesme charge, qui estoit un fort sage et honneste seigneur. Il est mort s'estant retiré en sa maison avant mourir longtemps, pour une malladie qu'il avoit.

M. de La Vauguyon a tousjours servy le roy tant qu'il a peu, et ne s'est jamais retiré, bien qu'il fust fort vieux et cassé, mais il rouloit tousjours, tant il avoit le cœur et le zèle bon ; mesme se trouva au siège de Chartres dernier², où il se soucyoit autant des harquebuzades que de rien, et se présentoit aussi résolûment hors des trenchées comme tout autre. L'on disoit qu'il faisoit cela exprez pour se faire tuer, voyant ses jours approcher, les estimant mieux et plus honnorablement là achevez que dans son lict. Ses longs services méritoient bien qu'il fust

---

et du Maine, mort aveugle le 18 février 1606, à quatre-vingt-sept ans.

1. Jean des Cars, prince de Carenci, comte de la Vauguyon, mareschal du Bourbonnais, mort le 21 septembre 1595.

2. En 1591.

mareschal de France, mais il a esté si malheureux, qu'on luy en a faict passer un' infinité de places vacquantes soubz son nez. Au diable s'il en a jamais peu attrapper une : si bien qu'on le disoit en cela très-malheureux, car telz l'estoient qui ne le méritoient pas mieux que luy. La fortune l'a voulu ainsi. On disoit qu'il ressembloit ces oyseaux de proye qui chasseront tout un jour et ne prennent rien, et d'autres qui en un' heure fairont plus de chasse qu'ilz ne voudront.

Je parle du susdict M. de Chavigny fort ailleurs, par quoy icy je me tays.

J'ay ouy tenir à feu M. de Guyze dernier M. de La Chastre pour un très-bon et brave capitaine; aussi le choysit-il tel et le prit pour son fidelle confident en ces dernières guerres, et mesmes en ces deffaictes du baron Dosne.

M. le mareschal de la Chastre[1].

Ce n'est pas d'ast' heure que les grandz capitaines se sont associez en leurs guerres de bons secondz et confidans, mais c'est de tout temps, ainsi que fit jadis Scipion du brave Lælius en la conqueste d'Affrique, Espaigne et Cartage, et Jules Cæsar du vaillant Titus Labiennus en ses guerres de la Gaule, ausquelles il l'assista tousjours très-bien ; aussi, Cæsar n'en fut point ingrat, car il le loue fort en ses *Commantaires;* et ne faut point doubter que s'il eust voulu suivre son party quand la guerre civile vint, comm' il fit l'autre[2], qu'il ne l'eust faict à moytié

1. Claude de la Châtre, maréchal de France (1534), mort le 18 décembre 1614, à soixante-dix-huit ans.
2. Comme il fit dans l'autre guerre.

de sa fortune. Quel humeur donc luy prit-il d'abandonner et quicter Cæsar sur le poinct d'entrer en party¹ avec luy de la grand'fortune qu'il eut après? Il trouva que sa cause n'estoit si juste que l'autre. Il faloit bien que cet homme fust exate en ses conceptions et actions, ou qu'il fust bien quinteux et scabreux.

M. de La Chastre n'en fit pas ainsi à l'endroict de M. de Guyse, car il ne l'abandonna luy vivant, et luy mort ayda, comm' un des principaux ministres de la Ligue, à vanger sa mort, dont il luy en demeura à jamais gloire immortelle; et puis après, s'il luy sembloit en avoir assez faict, fut un des premiers qui monstra aux autres chemin de retourner à l'obéissance du roy, l'ayant aussi veu retourner à celle de la vraye églize de Dieu. Aucuns l'en louarent bien fort, autres l'en mésestimarent et s'en mescontentarent; mais il n'est pas besoing ny raison que l'on s'opiniastre trop, comm' un hérétique, en une mauvaise opinion.

Or, il ne faut pas esbahir si mondict sieur de La Chastre s'est rendu si bon capitaine, car je l'ay veu tousjours l'un des gallans de la court, et autant adroict en touttes choses, et aussi bien parlant et d'aussi bonne grâce, et qu'on tenoit pour fort bonne espée. J'en parle ailleurs.

Dès son jeune aage, il a tousjours fort bien suivy les armes, et en Piedmont et en France, soubz M. d'Anville et M. le mareschal Sainct-André, qui l'aymoit fort; et lorsqu'il mourut à la battaille de

---

1. *En parti*, en partage.

Dreux il porta son guidon, où il acquist beaucoup d'honneur; et puis M. de Montsallez venant à avoir la compaignie de gens d'armes de M. d'Annebaud qu'y fut tué, il en donna sa lieutenance à M. de La Chastre; dont aucuns s'estonnarent comment il la prit, veu qu'ilz avoient esté quasi compaignons, suivans M. le mareschal de Sainct-André.

Le roy Charles le prit en amitié, et fut bien de ses grandz favorys; l'advança et luy donna compagnie de gens d'armes en chef, le fit gouverneur d'Orléans et de Berry, où pour commancement il eut une très-mauvaise curée, que le siège de Sancerre; mais il s'y oppiniastra si bien et le fatigua tellement de toutes sortes de fatigues, de maux et de dissettes, qu'il l'emporta à la fin; et despuis s'est tousjours en sage très-bien porté en son gouvernement, autant qu'en vaillant capitaine. J'en parleray aux vies de nos roys.

M. de Montsallez[1].

A propos de M. de Montsallez, duquel je viens de parler, il faut croire que s'il eust vescu qu'il fust esté grandement advancé, car c'estoit un très-brave gentilhomme et très-vaillant, et qui sçavoit très-bien mener les mains en tous les combatz où il s'est trouvé.

Il se rendit fort grand ennemy et persécuteur des hugenotz; aussi ne fut-il guières regretté d'eux.

Il mourut à la battaille de Jarnac, là où la fortune le favorisa tellement, qu'il y mourut vaillamment et glorieusement. Et disoient les médecins et chirurgiens qui l'ouvrirent et l'embeaumarent pour porter son corps plus loing, qu'il n'avoit pas de vie dans le

1. Jacques de Balaguier, seigneur de Montsallès.

corps pour un mois ; car il avoit les poulmons et le foye tous bruslez, gastez et asseichez. Quel heur grand pour luy, puisqu'il estoit si près de la mort, et avoit esté surpris si à propos dans un champ de battaille plustost que dans un lict ! Ah ! qu'heureux sont ceux qui en peuvent faire de mesmes !

Le roy et la reyne l'aymoient fort et l'employoient souvant pour la guerre ; car il estoit soudain, prompt et dilligent, et vigillant, hardy et entrepreneur : et ce qu'il pouvoit faire anuict ne le remettoit au lendemain.

Aux secondz troubles, que les forces de Gascoigne furent envoyées de M. de Montluc, qui estoient certes très-belles, de six mill' hommes de pied et douze cens chevaux, M. de Terride, un très-sage, vieux et bon capitaine, en estoit le chef ; et M. de Montsallez menoit l'avant-garde, emportant cet honneur par dessus messieurs de Gondrin [1] et de La Valete plus vieux capitaynes que luy.

Le roy leur manda, avant venir à luy, deffaire M. de Ponsenac, un très-bon capitaine huguenot, qui avoit plus de six mill' hommes de pied et huit cens chevaux. M. de Montsallez nous mena avecqu' une telle dilligence par ces montaignes d'Auvergne, qu'en deux jours nous l'allasmes lancer et deffaire en un lieu d'Auvergne appellé Champoulin, petite bourgade ou plustost village ; ce qu'un autre n'eust faict en quatre bonnes journées : et m'estonne comment les autres ne nous battirent, car, pour le grand chemin que nous avions affaire, nous allions

---

[1]. Hector de Pardaillan, seigneur de Gondrin.

à la haste, à la file les uns après les autres, et n'estions pas six cens quand la première charge se fit ; et puis nous les coignasmes dans cedict village, et se rendirent par composition.

M. de Thilladet [1] le jeune, qu'on nommoit M. de Sainct-Torains, qui estoit couronnel des légionnaires de Gascoigne, un très-brave et vaillant capitaine, acquist là beaucoup d'honneur. Cela faict, nous allasmes trouver Monsieur, nostre nouveau général, à Nemours, qui suivoit M. le Prince vers la Lorraine.

Ceste deffaicte valut fort à M. de Montsallez, car leurs Magestez le prindrent en amitié et créance plus que jamais ; dont il en fut envyé de plusieurs que je sçay, d'autant qu'il passoit devant eux ; mais ilz ne luy osoient rien dire, car je l'ay veu, parce qu'il estoit haut et prompt à la main, et fort querelleux.

Enfin c'estoit un très-brave et hazardeux Quarcinas, et s'il eust vescu il fust esté grand et mareschal de France. J'en parleray ailleurs, comme pour ast'heure je ne parleray de nos nouveaux mareschaux de France qui sont aujourd'huy, dont je pense qu'il y en a près de huict[2] : ce sera en la vie de nos deux roys derniers, où ilz ont faict parestre leurs valeurs et suffisances, desquelles le roy s'est très-bien servy pour se rendre ainsi absolu roy comme nous voyons, grâces à Dieu.

Par ce grand nombre de mareschaux, tant frayz que rances, nous pouvons bien cognoistre combien grande en est la dignité, puisqu'on ne peut récom-

---

1. François de Cassagnet, seigneur de Saint-Orens.
2. Il y avait d'abord *neuf ou dix* sur le ms. 6694 (f° 395).

panser les grandz guerriers par plus grandz étatz, si ce n'est de connestable; mais un nombre singulier ne peut fournir à plusieurs comm' un plurier. Aussi, quand ilz sont montez à ce haut sommet de mareschal, il faut dire bon soir et bonne nuict à la fortune, à la roue de laquelle il faut qu'ilz s'y attachent, et demeurent là comme au haut nyd de la pye, ou bien qu'ilz en tumbent en bas.

Le temps passé il n'y en avoit pas tant, comme j'ay ouy dire à plusieurs anciens. Dès le commancement de l'institution il n'y en avoit que deux et le connestable, qui, avec son grand estat, se disoit aussi mareschal de France; puis il vint à trois, et M. le connestable faisoit le quatriesme; et puis à quatre, et M. le connestable faisoit le cinquiesme; et ce fut le roy François qui les aumenta à cela; et oncques puis ne les accreust, ny le roy Henry, ny le roy François IIᵉ; mais le roy Charles et Henry IIIᵉ et Henry IVᵉ en ont faict la grande aumentation, en vertu de quelque pierre philosophale.

Tous nos grandz capitaines huguenotz ne se sont jamais guières soucyez de tous ces hautz estatz, à cause de quelques sermens ausquelz sont tenuz et les roys et les mareschaux faire, si ce n'est M. de Bouillon [1], que le roy mesme en personne fit passer en la court de parlement, et prester le serment, comme en estant certes très-digne, autant pour la grand' extraction de sa maison que pour ses mérites, vertuz et valeurs.

1. Henri de la Tour, vicomte de Turenne, duc de Bouillon, créé maréchal en 1592.

Nous avons deux très-grandz capitaines huguenotz aussi qui ne s'en soucyent point, lesquelz mériteroient les avoir autant que d'autres ; car, osté deux ou trois grandz capitaines qu'avons en France, ceux-là vont devant tous, comme je ne le tiens de mon sens, mais de la voix de très-grandz personnages et mieux entenduz que moy, qui sont M. de La Noue, duquel j'en ay faict un discours à part [2], et M. des Diguières, duquel je parleray au long dans les vies de nos deux roys Henrys ; mais pourtant en passant je diray cecy de luy que c'est un très-grand, très-sage et très-bon capitaine. Ses beaux effectz en parlent assez par la conqueste de tout le Dauphiné, qu'il s'est attribué à luy : aussi la reyne mère l'appelloit *le petit Dauphin*, quelquesfois *le roy Dauphin*, comme j'ay veu ; car il l'avoit quasi tout en sa dévoction. Et comment prit-il bravement Grenoble et Ambrum [3] ? Et force autres places et chasteaux ne demeuroit devant luy.

La France luy est autant tenue qu'à aucun capitaine des siens, car il a vangé bravement sur M. de Savoye le tort qu'il nous avoit faict de nous avoir usurpé le marquisat de Salluces. Pour revanche, il a ruyné la Savoye, il a maistrisé et a donné jusqu'en Piedmont, et y a pris aucunes de ses villes, bien que M. de Savoye les a reprises despuis, mais elles luy

[marginal: M. de la Noue et M. des Diguières [1].]

---

1. François de Bonne, duc des Diguières (et par corruption Lesdiguières), maréchal de France (1608), créé connétable de France (1622), le lendemain de son abjuration, mort à quatre-vingt-quatre ans le 28 septembre 1626.

2. Sous le titre : *à qui on est le plus tenu ou à sa patrie ou à son roi ou à son bienfacteur*.

3. En 1590.

ont cousté bon ; et a faict sur luy et ses gens de très-grandes deffaictes, et luy a rompu tous ses dessaings, qu'il jettoit sur le Dauphiné, Provance et ailleurs; bref, il l'a fort traversé, et de telle sorte, que sans luy ne faut point douter que M. de Savoye et M. de Nemours, deux très-bons et vaillans capitaines, n'eussent nuist grandement au roy et à ses affaires, qu'il a tousjours restaurées contre ces deux vaillans princes, qui ne luy ont jamais rien peu faire.

Il s'est opposé aussi à M. d'Espernon bravement en Provance, qui est aussi un autre très-bon et advisé capitaine : et c'est ce qui doit faire priser M. des Diguieres pour ne s'estre pas addressé à ces petitz capitaineaux ny guerriers du plat pays à la douzaine, mais à de bons. Aussi estime-on fort un beau et bon levrier d'attache [1], ou courageux dogue, qui ne s'attaque point à des simples animaux, mais aux plus furieuses et courageuses bestes. De mesmes en devons-nous dire et faire de ce bon capitaine dauphinat.

J'ay ouy dire qu'à son commancement il s'addonna aux lettres, et puis les quicta, et prit les armes, comme fist ce grand empereur Severus [2], duquel on dit que s'il eust continué les lettres, dont il avoyt si beau, il y fust esté aussi grand homme comm' il fut sur la fin homme de guerre. M. des Diguieres en eust esté de mesmes ; mais il prist la meilleure et plus illustre voye, généreux gentilhomme qu'il estoit ; car il n'y a rien qui face plus luyre la noblesse que les

---

1. On appelait *chien d'attache* le chien qu'on tenait ordinairement attaché.
2. Alexandre Sévère.

armes, et les lettres et sciences aprez. Et se fit de la compagnie de M. de Nemours soubz M. de Mandellot [1], son lieutenant ; et puis pratiqua si assiduellement les guerres parmy les huguenotz, et mesmes soubz M. de Montbrun, un très-bon capitaine aussi, qu'il s'est rendu tel qu'il est aujourd'huy ; et c'est ce que j'ay dict cy-devant : que les lettres et les armes, maryées ensemble, font un beau lict de nopces. Et, comme j'ay dict encor icy debvant : que ces grandz capitaines s'associent bien souvant de quelques bons confidans, M. des Diguieres aussi s'associa de M. de Gouvernet [2], un très-brave et très-vaillant capitaine, son lieutenant, qui l'a bien assisté et servy en tous ses combatz et conquestes, car il est très-bon homme de main, ainsi que je l'ay fort cognu. Je parleray d'eux en la vie de nos roys, comme j'ay dict. Cependant à jamais j'honnoreray et aymeray M. des Diguieres, autant pour ses valeurs et mérites que pour la mémoire de M. du Gua, mon grand amy, de qui il avoit épousé la sœur, aujourd'huy madame des Diguieres [3].

Lorsque le roy tourna de Pouloigne, il dist à M. du Gua qu'il luy gaignast son beau-frère, car il estoit fort et puissant, et avoit fort aydé au siège de

1. François de Mandelot. Il était, à l'époque de la Saint-Barthélemy, gouverneur de Lyon, où se commirent d'affreux massacres.
2. *Var*. M. de Goudevernet. — René de la Tour du Pin, seigneur de Gouvernet, baron d'Aix, marquis de la Charce, né à Gouvernet (Drôme), en 1543, mort en décembre 1619.
3. Claudine Bérenger de Gua ou du Guast, morte en 1608. Elle était sœur de Louis Bérenger du Guast que Marguerite de Valois fit assassiner par le baron de Viteaux, le 1ᵉʳ novembre 1575.

Livron, et le persuadast de quicter son party et prendre le sien. M. du Gua me dist despuis qu'il fit la responce au roy : « Sire, je luy diray bien ou « escriray, puisque vous me le commandez ; mais « s'il m'en demande conseil, je luy diray qu'il advise « à son honneur plus qu'à toutes choses du monde. « Et si son honneur est trahyr son party, qu'il le « face. Mais il est homme advisé, homme de bien, « d'honneur et de valeur, il sçait bien ce qu'il doit « cognoistre. Je suis son beau-frère, je serois fort « marry qu'il eust aucun reproche. »

Ces parolles de M. du Gua furent aussi généreuses qu'il estoit généreux. Je croy que si M. des Diguières eust pris le party du roy, il ne fust esté tant estimé comm' il est, et n'eust acquis tant de gloire et moyens. Voylà pourquoy quelquefois on ne se repend point de sortir hors de l'ornière, comme l'on dict, pour prendre autre chemin.

Je parleray encor fort de luy en la vie de nos roys, car un tel grand capitaine que luy ne se contente pas de deux feuilles de papier pour ses faictz et louanges ; il en faut un grand volume.

Or, bien que je remette encor à parler de plusieurs autres de nos bons capitaines dans les vies de nos roys et autres grandz princes que j'ay réservé à part, si toucheray-je icy un mot de M. de Mercure,

M. de Mercure

1. Philippe-Emmanuel de Lorraine, duc de Mercœur, gouverneur de Bretagne, né le 9 septembre 1558, mort à Nuremberg, le 19 février 1602. Il ne fit sa soumission au roi qu'en 1598. Sa sœur, Louise de Vaudemont, avait épousé Henri III. Il y a de lui et de sa femme d'assez nombreuses pièces dans plusieurs portefeuilles de la collection Godefroy, à la Bibliothèque de l'Institut.

lequel s'est rendu en ces guerres de la Ligue (car auparavant il n'en avoit guières tasté d'un' autre) tel et si bon capitaine, qu'il a le seul tenu bon, et à luy seul de tous les autres liguez on n'a encor faict aucun mal que peu; mais il en a bien faict autant à d'autres comme on luy a faict.

J'escrivois cecy durant sa belle fortune; laquelle despuis luy fit mauvais bon, comm' on l'a veu, et comme j'espère en escrire en la vie de nostre grand roy d'aujourd'huy.

Il n'a rien desmordu du sien, que fort peu de ce qu'il tenoit; il s'est toujours bien tenu sur ses gardes; il a bien conservé sa conqueste. « Que sert-il « de plus pour le bien louer et le faire estimer bon « capitaine, dira quelqu'un, qu'enfin il n'en perd « que l'attente? Cependant, il a eu et a cela; quand « la feste viendra, il faudra qu'il la chaume comme « les autres, et, qui pis est, possible nous faira bien « achepter ce qu'il nous vendra et aurons de luy, « ce qu'il n'a faict, ou bien il en faudra rabattre de « sa valeur. »

D'autres disent, comme je leur ay ouy dire : « Il « estoit bien aise de faire ce qu'il a faict, car enfin « il estoit gouverneur de Bretaigne, que le roy luy « avoit donné à la bonne foy; il pouvoit facilement « usurper et tenir en la main ce qu'il y avoit desjà. « Tous les autres gouverneurs, qui en avoient ainsi « faict de plusieurs places de leur gouvernement, ne « les ont-ilz pas ainsi prises, et après reperdues? »

De plus, dict-on encor : « M. de Mercure a-il ja« mais peu prendre Brest, Rennes? Et Vitray qu'il « assiégea et y demeura si long-temps devant, il

« ne la peut prendre, et la laissa secourir, avec
« toutes ses communes de Bretaigne eslevées[1] qui
« ne luy servirent de rien, si non à faire tous les
« maux du monde, cruautez et massacres ; » ainsy
que telles personnes desbordées y sont adonnées,
qui mériteroient, quand elles s'eslèvent ainsy, de les
assommer jusques aux petits enfans, comme j'ay ouy
dire à des grandz, et n'en avoir ny compassion ny
miséricorde, non plus qu'elles ont de nous autres,
sans aucun respect ny acception de gens. Il faudroit
mesmes assommer ceux qui les font eslever comme
faisans vilainement contre toutes loix, droictz, raison
et ordre de nature, de permettre et donner les armes à ceux qui ne leur appartiennent, et leur sont
deffendues, et pour ne s'en sçavoir ayder qu'en
mode brutalle; et, qui pis est, les debauscher de
leur labeur et travail, duquel ilz vivent et font vivre
les autres, dont il seroit bien employé à telz eslévateurs de peuple et vilenaille, qu'ilz allassent faire les
vignes, labourer la terre, et les paysans se mettre
en leurs places, et tenir leur chaire et leur haut
bout.

Je vis feu M. de Guyze le Grand détester ces eslévations pis que le diable, aux premières guerres, que
quelques communes d'Anjou, du Mans, mesmes de
sa terre de La Freste-Besnard[2], faisoient autant de
maux aux catholiques, comm' aux huguenotz, et
commanda aussitost qu'ilz se ressarrassent.

Or M. de Mercure ayant à sa dévoction son gouvernement à ce commancement de guerre, il se vou-

1. *Eslevées*, soulevées, — 2. *Var.* La Frette-Bernard.

lut esmanciper et s'eslargir plus advant que de sa conqueste; et fit un gros de ses trouppes, et s'en vint en Poictou pour prendre Fontenay¹, et se planta et plaça aux fauxbourgs des Loge, qu'on appelle ainsi, qui sont beaux et bien logeables. M. le prince de Condé alla au devant, luy présenta par deux ou trois fois la bataille en belle campaigne²; mais il la reffusa pour beaucoup de raisons : ilz s'en ensuivirent là dessus quelques légères escarmouches; et puis après, d'une belle nuict, desmordant les fauxbourgs, se retira de grande traicte à Nantes; dont les huguenotz en firent grandement leur proffit, et à le brocarder et l'appeller M. *de Reculle*, allusion sur *Mercure*³.

Sur quoy je fairay ce petit conte plaisant : que sur ces entreffaictes, vint à estre pris des huguenotz un honneste gentilhomme qui avoit la fiebvre quarte, qu'ilz luy firent si bonne guerre, qu'ilz le guerirent de la fiebvre d'un' estrange façon; car il y eut un bon compagnon parmy eux, et bon mocqueur, qui luy donna un petit billet pendu au col, attaché avecqu' un petit de filet, comme vous voyez ces sorciers et sorcières qui en font de mesmes, et luy dist qu'il ne l'ostast du col ny ne l'ouvrist en façon du monde, qu'il ne fust guery; et que, pour le seur, en l'ayde de Dieu, il auroit telle vertu qu'il le gueriroit. Estant retourné vers M. de Mercure, il luy demanda quel bon traictement il avoit receu des

1. En 1585.
2. Le ms. 3264 porte par erreur *en belle compagnie*.
3. C'est une anagramme par à peu près, comme on dirait aujourd'hui.

huguenotz. Il respondit, très bon, et avoient mieux faict, car ilz l'avoient guéry de la fiebvre quarte, par un petit billet qu'ilz luy avoient donné, où il ne sçavoit qu'il y avoit dedans, mais tant y avoit grande vertu. M. de Mercure fut tout aussitost curieux, et d'autres avec luy dans sa chambre, voir ce qu'estoit escrit, et l'ayant desvelloppé, ilz y trouvarent ces quatre petitz versetz jollys :

> Sus, fiebvre quart', ici je te conjure,
> Par la grand' barbe à monsieur de Mercure,
> Que de ce corps aussitost tu desloge
> Comme il a faict de nos fauxbourgs des Loge.

Si ce conte est vray ou invanté, je ne m'en metz trop en peine; mais il peut faire rire. Si est-ce que despuis les huguenotz n'ont eu grand subject de se mocquer de luy, ny l'appeller plus M. *de Reculle,* car il leur a bien faict la guerre et leur a esté un mauvais ennemy, bien que despuis qu'on l'accuse qu'il retire à soy toutes sortes de gens, aussi bien l'huguenot comme le catholique, aussi bien le moyne que le prebstre renyé et desbauché comme le bien vivant, aussi bien le blasphémateur et renieur de Dieu comme l'adorateur, bref, aussi bien les gens de sac et de corde comme de besasse et de gens honnestes et modestes soldatz; et sont mis à grosses rançons, aussi bien les bons catholiques comme les huguenotz, et les pauvres marchandz comme les gens de guerre. Voylà de quoy on le blasme, et est à craindre que Dieu s'irrite contre luy.

Tant y a, jusques icy il a monstré qu'il est trèsbon et sage capitaine; et si son bon sens et esprit luy ayde à cela, madame de Mercure[1] sa femme ne luy nuist point; car ell' est vraye fille de père (feu M. de Martigues), toute vertueuse, courageuse et généreuse comme luy, habille et prompte et vigilante; si que si ce fust esté un garçon, ce fust esté le vray père : ses effectz et occupations où elle s'est amusée en ces guerres le monstrent assez.

Je remetz à parler de ce prince plus particulièrement à une autre fois, comme j'ay dict.

Pour la fin de M. de Mercure, après que nostre grand roy eut gaigné tout son royaume, restant la Bretaigne[2], il l'alla attaquer; et fut à M. de Mercure à venir à composition, qui fut certes et belle et honneste; et ayant acquis durant ses guerres force escus, il les alla employer pour la guerre d'Hongrie, où il alla en personne avec de belles trouppes, où il fit si bien, qu'il en fut envyé des Allemans, car il les surpassoit tous en l'art de guerre; dont il en fut empoisonné : qui fut grand dommage pour toute la chrestienté, luy servant de vray rempart contre les Mamellus et Mahommétans. Les deux cousins, l'un du père, M. de Nemours, et l'autre, M. de Mercure, filz de la sœur, finirent tous deux par poison.

M. le mareschal de Bellegarde[3].

Parlons un peu du mareschal de Bellegarde, qu'on

1. Marie de Luxembourg, duchesse de Penthièvre, mariée au duc de Mercœur, le 12 juillet 1575, morte le 6 septembre 1623. Elle était fille unique et héritière de Sébastien de Luxembourg, duc de Penthièvre, vicomte de Martigues.

2. Le ms. 3264 porte, par faute du copiste, *restabli Bretaigne*.

3. Roger de Saint-Lari, seigneur de Bellegarde, maréchal de France (1574), mort en 1579. Son grand-oncle maternel, le maréchal de Termes, étant mort (1562), Bellegarde obtint une dispense pour épouser sa veuve Marguerite de Saluces.

dit que, s'il fust esté en la place de M. de Bourdillon, dont j'ay parlé cy-devant, il ne fust pas esté si facile à rendre le Piedmont, veu ce qu'il fit des villes de Carmaignolle, Ravel, Santal, Salluces, et de tout le marquisat de Salluces; car il s'en empara et accommoda très-bien, comme si ce fust esté le vray propre de son oncle; et vous en vays faire le discours.

M. de Bellegarde fut en ses jeunes ans desdié par son père à l'Église, et longtemps fut appellé le prévost d'Ours[1], qui est une dignité ecclésiastique, je ne sçay où, si ce n'est en son pays.

Lorsqu'il estudioit en Avignon, il luy advint, comm' est la coustume des escolliers ribleurs et desbauchez, de ribler et battre le pavé; tellement qu'il fit un meurtre d'un autre escollier; et pour ce luy convint vuyder la ville et s'en aller en Corsègue trouver M. de Termes son oncle, qui estoit lors lieutenant de roy; et laissant sa robe, il prit les armes, par lesquelles se fit fort parestre en un rien, car il estoit très-brave et très-vaillant, et de fort belle façon et haute taille, et avoit force sçavoir. Se faschant là, et n'y ayant guières rien plus que faire, et que son oncle se retira, il tira en Piedmont, où il commanda à une compagnie de chevaux-légiers. M. de Miossans, qui vit encor, et qui commande à la compagnie du roy de Navarre, estoit lors sa cornette : il se porta très-vaillamment et dignement en

---

1. Prévôt d'Oulx, suivant le P. Anselme. Oulx est un bourg de Piémont, à trois lieues de Suze. A cette époque le Piémont appartenait encore à la France.

ceste charge, et parloit-on fort du capitaine Bellegarde. Il fut puis amprès enseigne et lieutenant de M. le mareschal de Termes son oncle.

Après la paix faicte entre les deux roys, son oncle mort aux premières guerres, sa compaignie fut départie, la moytié à M. de Martigues, et l'autre à M. des Cars; et M. de Bellegarde, qui estoit lieutenant, n'en eut rien : en quoy on luy fit un très-grand tort, parce qu'il en estoit lieutenant, et de droict de guerre devoit avoir quelque chose, comme le méritant très-bien, et l'eust très-bien conduicte et faict très-bien combattre. Il ne laissa, pour ce, à suivre la guerre d'alors et la court, mais tout pausément. La paix venue, le sieur du Peron, despuis conte de Raiz, qui estoit lors le seul favory du roy Charles, le prit en amitié au voyage de Provance et d'Avignon, le fit lieutenant de sa compagnie de gens-d'armes; dont aucuns s'estonnarent comm' il avoit pris ceste charge, l'ayant esté d'un grand mareschal de France, et s'abbaisser de l'estre de ce nouveau capitaine venu, qui n'avoit jamais rien veu ny faict, et avoit eu ceste compaignie comm' une vraye commanderie de grâce. Mais ledict Bellegarde s'accommoda lors à la faveur et fit très-bien ses affaires; et pour l'amour de luy il en eut de beaux dons du roy, entr'autres une commanderie de l'ordre de Calatrava d'Espaigne, qui est en Gascoigne et près de sa maison, et n'y en a aucune en France que celle-là, et vaut quinze cens ducatz de rente ou plus. Il l'obtint fort bien par faveur, car le roy en escrist fort d'affection au roy et à la reyne d'Espaigne, sa sœur, pour l'en favoriser. Il y eut un peu de peine, à cause des estatutz de l'Ordre, desquelz le roy est fort estroit et grand observateur. J'estois lors en Espaigne, et la reyne m'en parla, et qu'il y avoit eu de la difficulté, mais qu'ell' avoit tant prié le roy qu'il l'avoit accordée : et me demanda si je le cognoissois, et qu'elle ne l'avoit jamais veu à la court du temps du roy son père. Je luy dis qu'il avoit tousjours demeuré en Piedmont, et que c'estoit un fort brave et vaillant gentilhomme.

Il garda quelque temps la lieutenance dudict du Perron et conte de Raiz, mais il la quicta par amprès, qu'il estoit plus plein qu'il n'avoit esté autresfois. Toutesfois il estoit souvant avec luy et le recherchoit tousjours, et ledict Perron l'employoit fort pour ses affaires particulières, et mesmes pour traicter et négocier son maryage (lors il estoit encor lieutenant) avec la dame qu'il a aujourd'huy pour femme, qui estoit vefve de M. d'Annebaud, et l'envoya vers elle à sa mère madame de Dampierre ma tente, et partismes tous deux ensemble d'Arles.

Moy estant venu d'Espaigne, j'allay faire un tour en ma maison, où je n'avois esté il y avoit deux ans : je pris le grand chemin de la poste de Languedoc et Gascoigne, et Bourdeaux; luy prit celuy du Dauphiné, Lion, Paris, et Guienne; c'estoit à qui arriveroit plus tost. J'arrivay huict jours advant luy, parce qu'il s'amusa à Paris, me dist-il : et courrions

1. Le ms. 6694 (f° 371) porte en marge ces mots écrits de la main de Brantôme et qui ont été biffés : « Me disant ici qu'elle ne l'avoyt jamays veu, me dist-elle. Mays je luy dis qu'il avoyt esté tousjours aux guerres du Piedmont, faisant de bons services au roy son père. »

chascun à cinq chevaux de poste autant l'un que l'autre, et nous séparasmes en Avignon.

Nous fismes le voyage de Malte, où il se trouva. Et fut fort honnoré et respecté de M. le grand maistre, de M. le marquis de Pescayre[1] et des autres grandz, tant de la religion que de l'armée, Espaignolz et Italiens; car il estoit homme de très-belle apparance, de très-beaux discours, et le plus ancien de tous nous autres, non qu'autrement nous luy defférissions, sinon en tant qu'il nous plaisoit.

Il estoit un très-bon duelliste et entendoit très-bien à démesler une querelle, ainsi qu'il fut appellé à quelques-unes, nous estans là, de par le grand maistre et M. le marquis; ce qui luy fut un grand honneur. Il tiroit aussi très-bien des armes et les luy faisoit très-beau voir en main, et n'en laissa ny discontinua jamais l'exercice jusques à sa mort. Et quelques années après, Monsieur, frère du roy, le prit en amitié, autant pour sa suffisance, et qu'il attiroit en ce qu'il pouvoit les honnestes gens à luy, que par le moyen de M. du Gua, qui gouvernoit paisiblement Monsieur, son maistre, et pour ce luy faisoit tout plein de faveurs; mesmes qu'il luy octroya l'estat de couronnel de son infanterie, sans penser à sa parolle qu'il avoit premièrement donnée au seigneur du Gua, qu'il devoit mener en Poulloigne, dont j'en parleray ailleurs, et du différent sur le subject d'entre luy et M. du Gua, et comme pour l'amour de cela en partie ceste infanterie ne s'y con-

---

1. Jean de la Valette Parisot dont on trouvera la vie plus loin. — François-Ferdinand d'Avalos, marquis de Pescaire, mort en 1571.

duisit. Nonobstant ilz ne furent jamais bons amis despuis; et furent en Pouloigne avec le roy, où l'un et l'autre n'y demeurarent guières qu'ilz s'en despartirent. L'un s'en vint à la court et M. de Bellegarde alla en Piedmont, où il n'y fut pas plus tost que la mort du roy Charles entrevint, et la partance du roy nouveau de Pouloigne, qui fut à l'improviste et à la desrobade, et très-mal accompaigné; dont bien luy servit, ainsi que j'en discouray très-bien en sa vie pour[1] son dire propre, qu'il me fit cet honneur un jour m'addresser les propos à Lion, ainsi que le deschaussois, à son coucher.

M. de Bellegarde, qui estoit très-habile, prend l'occasion au poing, discour à M. de Savoye de la venue du roy, et le recueil qu'il luy doit faire pour son devoir, et l'assistance qu'il luy doit porter : en parle de mesmes aux potentatz d'Italie et à MM. de Venise; enfin il les treuve trèstous si bien préparez, qu'ilz n'attendent rien tant que sa venue, pour luy faire parestre leur devoir, obéissance et amitié. Après il part en poste et va au-devant du roy, qu'il treuve en la Carinthie luy discour sa négociation qu'il avoit entreprise de luy-mesme, pensant qu'il eust failly s'il eust faict autrement. Là-dessus ne faut doubter s'il luy en sceut un très-bon gré; l'embrasse, l'ayme plus que jamais, le caresse, si bien qu'il possède le roy, le gouverne paisiblement, tout passe par ses mains, et son conseil et ses affaires, car il estoit seul de charge; se fait admirer, honnorer et aimer de tous les grandz d'Italie. Ce ne fut pas tout:

1. *Var.* Par.

le faict mareschal de France, au lieu des deux prisonniers à la Bastille [1] ; lui faict don de trente mille livres de rente en bien d'église ou autrement ; bref, on le voit tout à coup si regorgé de faveurs, grades et biens, que nous ne l'appellions à la court que *le torrent de la faueur ;* si que tout le monde s'en estonnoit, et ne faisoit-on que parler de ce torrent ; mesmes la reyne n'en sçavoit que dire, vers laquelle le roy envoya un jour advant qu'il vinst, pour luy anoncer son heureuse venue et luy conférer tous ses plus privez affaires, qu'il ne vouloit commettre à autre qu'à luy.

Je le vis venir dans le carrosse du roy, qu'il luy avoit presté, qui tenoit fort bien sa morgue à l'endroit de la reyne, de Monsieur, du roy de Navarre qu'il rencontra en chemin où j'estois. Je ne l'eusse jamais pris pour celuy que j'avois veu ; et disoit-on qu'il en faisoit trop pour un commancement. M. du Gua, mon grand amy, me disoit bien tousjours, qui n'avoit encor veu le roy : « Laisse-moi « parler au roy un' heure ; tu verras, je fairay bien- « tost escouler ce torrent en une heure, et rentrer, « et se cacher bientost en son lict et premier chétif « berceau qu'on l'a veu. » Comm' il dict vray, car en un rien on vit le roy, fort reffroidy en son endroit, luy faire la mine froide et desdaigneuse, comm' il la sçavoit très-bien faire quand il vouloit, ne luy parler plus d'affaires, la porte du cabinet luy estre reffusée le plus souvent.

1. Les maréchaux de Montmorency et de Cossé arrêtés le 4 mai 1574.

Enfin le voylà tout changé en un tourne-main de ce qu'on ne le venoit que voir *adesse*[1], comme dict l'Italien, et de fraiz fort ravallé; si bien qu'à la court on ne sçavoit que l'on devoit plus admirer, ou la fortune de cet homme, qu'on avoit veue hier très-grande et très-haute, ou son petit ravallement d'aujourd'huy : dont aucuns en ryoient bien, car advant il faisoit trop du grand, veu ce qu'il avoit esté. Et c'est ce qu'il nous dist un jour à M. d'Estrozze et à moy, qui estions de ses bons amis (et le luy monstrasmes mieux en son adversité qu'il ne nous avoit monstré en sa prospérité, en laquelle il se perdoit trop), qu'il eust mieux aymé cent fois que le roy ne l'eust point eslevé si haut et en si peu de temps, que tout à coup l'avoir précipité comme d'un haut rocher en bas, pour le perdre et le déshonnorer, et qu'une telle et si haute cheutte luy estoit plus griefve. Il nous disoit cela quasi la larme à l'œil, et nous faisoit pitié.

Ce ne fut pas tout : pour l'oster de la court, le roy luy donna la charge d'aller assiéger Livron en Dauphiné[2], car, puisqu'il estoit faict M. le mareschal, il falloit bien l'envoyer pour luy[3] faciliter son passage d'Avignon; charge certes qui fut fort fascheuse et ruineuse, dont il s'en fust bien passé, venant d'une fontaine claire de fortune, s'aller baigner dans un' eau bourbeuse et toute gassouillée de disgrâce et deffaveur.

Sept ou huict mois après, pour se deffaire de cest

---

1. *Adesse* pour *adesso*, à cette heure, tout à l'heure.
2. En 1574. Voyez de Thou, liv. LIX. — 3. *Luy*, au roi.

homme qui pesoit fort sur les bras, comm' un chascun voyoit, on luy donna la commission de s'en aller en Pouloigne¹ pour rabiller les affaires du roy, qui estoient fort descousues; commission seulement inventée pour s'en descharger, ainsi qu'il me le dist quand il partit, que si on ne luy donnoit l'argent qu'il demandoit, qu'on luy avoit promis, qu'il ne passeroit pas Piedmont, ce qu'il fit et y demeura, autant pour ce subject que pour tenir bonne compaignie à madame la mareschalle de Termes sa tente, de laquelle il en avoit esté longtemps fort amoureux, que puis après il espousa avec dispense : mais sur la fin, on disoit à la court qu'il ne la traictoit pas trop bien, pour pratiquer le proverbe, *amours et mariages qui se font par amourettes finissent par noisettes.*

Enfin, amprès plusieurs mescontentemens du roy, ce mareschal despité se banda contre luy, s'entend, soubz main, avec M. de Savoye, de qui il estoit fort serviteur et grand amy de tout temps, comme je l'ay veu; confère et practique avec le marquis d'Ayamont², gouverneur de l'estat de Milan, en prend de bons doublons (ce disoit-on à la court); car autrement ne se pouvoit-il bander contre le roy ny luy faire teste; et lui faict perdre en un rien tout le marquisat de Salluces³. J'estois lors à la court, que les nouvelles en vindrent au roy; qui en fut fort esmeu, et que la citadelle de Carmaignolles tenoit encores.

1. Voyez de Thou, liv. LXI.
2. C'est, je crois, Antoine de Guzman et de Zuniga, quatrième marquis d'Ayamonte.
3. En 1588.

Le roy y depescha aussitost le sieur de Lussan[1], maistre de camp des bandes de Piedmont pour la secourir; mais nous donnasmes la garde que nous le vismes retourner, que tout estoit perdu, ainsi que nous estions de quelque jeunesse de la court aucuns pretz d'y aller; de quoy j'en vis le roy fort triste. Il y envoya M. de La Vallette le jeune, aujourd'huy M. d'Espernon, qui commançoit entrer lors en grand' faveur, et restoit nepveu dudict mareschal[2]; et y alla en poste; et le vis partir avec grand' espérance d'y faire quelque chose de bon et réduire son oncle; mais il n'y gaigna rien, et s'en retourna ainsi.

La reyne mère vint amprès, tournant de son voyage de Gascoigne, Provance et Languedoc, qui fit un plus beau coup; car elle fit tant, que M. de Savoye et elle s'aboucharent à Montlouel, près de Lion, où il avoit emmené avecques luy ledict mareschal, qu'il soubstenoit et le favorisoit fort et le faisoit coucher ordinairement en sa chambre. Elle luy fit tout plein de remonstrances. Luy, ores planant, ores conniyant et ores connillant[3] et amusant la reyne de belles parolles, se trouva attaint de malladie par belle poison, de laquelle il mourut.

Ledict marquisac ne laissa pour cela à estre brouillé et en pracquerie[4]; car son filz, le jeune Bel-

1 J.-Paul d'Esparbez de Lussan, mort en novembre 1616.

2. Jeanne de Saint-Lari, sœur du maréchal de Bellegarde, avait épousé en 1551 Jean de Nogaret, seigneur de la Valette, qui fut le père du duc d'Épernon.

3. *Planer*, tenir en suspens. — *Conniver*, dissimuler. — *Conniller*, esquiver, chercher des faux-fuyants.

4. *Pracquerie*, praguerie, trouble.

legarde[1], du despuis fut persuadé de tenir bon pour M. de Savoye, et d'aucuns braves et vaillans capitaines de son père, comm' estoit le brave et déterminé Espiart, provançal, qui despuis se tua en faisant jouer un pétard en une porte d'Arles, qu'il vouloit prendre pour M. de Savoye d'aujourd'huy ; et d'Anselme[2], aussi du Languedoc ou Provence, je ne sçay pas bien des deux, bien que je l'aye fort cognu et mon amy, gentil et habile, et qui rendit la ville de Santal[3] imprenable, qui auparadvant n'estoit rien.

Le mareschal de Raiz fut envoyé de par le roy pour apaiser tout, gaigner M. de Savoye, le jeune Bellegarde, les capitaines, et réduire ledict marquizac à son premier maistre et roy : ce qu'il fit avec force argent dont il contenta les capitaines, car il avoit bon crédit avec les banquiers.

Mais nonobstant, si Monsieur, frère du roy, n'y eust envoyé le sieur de La Fin, dict La Nocle[4], un très-habile gentilhomme, vers M. de Savoye et les capitaines qui l'aymoient et le vouloient servir ailleurs que là, qui les gaigna tous par belles parolles et promesses, on disoit que ledict mareschal de Raiz s'en fust tourné sans rien faire, et son argent se fust

---

1. César de Saint-Lari, seigneur de Bellegarde, gouverneur du marquisat de Saluces, après son père, tué à vingt-cinq ans à la bataille de Coutras, en 1587.

2. C'était un gentilhomme provençal, « hardi et scélérat », dit de Thou (liv. LXXIV). Il fut tué à Aix, dans une querelle, en 1581.

3. Centale, à deux lieues N. O. de Coni.

4. Jean la Fin, sieur de la Nocle. Suivant de Thou (liv. LXXIV), ce fut au contraire le maréchal de Raiz qui fit aboutir la négociation où la Fin avait échoué.

trouvé de mauvais alloy. Le gouvernement en fut donné à l'aisné La Valette[1], et puis après perdu, comme chascun sçait, et que j'en parle ailleurs. Voilà comment se perdit le marquizac et tout, par un despit.

Nous trouvons qu'aucuns de nos roys, et mesmes de nos modernes, ont estés fort subjectz à changer ainsi la fortune d'aucuns leurs favorys, et les faire rouer[2] autour de sa roue, ainsi qu'il leur a pleu et l'humeur leur en prenoit, ou selon les subjectz qu'ilz leur en ont donnez. Le roy Louys XI s'en fit appeller le maistre; peu ou nullement le roy Charles son filz; de mesmes le roy Louys XIIe. Le roy François en fut bon changeur, plus qu'un changeur ne faict en sa banque, ainsi qu'il le fit parestre tout à coup à M. le connestable, l'admiral de Brion et chancellier Poyet. Le roy Henry ne le fut nullement, ny mesmes les roys François et Charles, ses enfans. Mais Henry IIIe et M. d'Alançon, ilz en ont esté bons maistres ceux-là, ainsi que j'espère l'escrire amplement en leurs vies.

Ces changemens quelquesfois nuisent, quelquesfois proffitent; mais mescontanter un cœur généreux luy faict concepvoir un grand despit et songer chose qu'il n'y songea jamais. Je ne veux faire aucune comparaison, car je ne suis qu'un ver de terre; mais lorsque le feu roy Henry IIIe me donna un mescon-

---

1. Bernard de Nogaret, seigneur de la Valette, gouverneur du marquisat de Saluces, du Dauphiné, de Lyon et de Provence, amiral de France, né en 1553, tué devant Roquebrune, le 11 février 1592. Il était le frère aîné du duc d'Épernon.

2. *Rouer*, tourner.

tantement une fois, je juray, reniay et protestay que je ne luy fairois jamais service, ny à roy de France, tant que je vivrois. Le subject en fut tel :

Lorsque M. de Bourdeille, mon frère, mourut[1], je luy[2] avois demandé un peu auparavant l'estat de séneschal et gouverneur de Perigord, que tenoit mondict frère, pour son filz aisné. Il me demanda quel aage il avoit; je luy dis qu'il pouvoit avoir neuf ans, et qu'il en avoit esté le parrain, comme il le sçavoit bien. Il me respondit lors qu'il estoit trop jeune pour en exercer l'estat, mais qu'il vouloit que je l'eusse, et me le donnoit de très-bon cœur; et que quelque jour, si je venois à estre vieux et que j'ay masse mon repos, je le pourrois redonner à mon nepveu s'il estoit capable et s'il ensuivoit ses prédécesseurs, qui avoient estez tous gens de bien et de bon service à la couronne de France. Il ne me le dist ny confirma pas une fois, deux fois, mais plusieurs fois; et mesmes une fois du jour des nopces de la princesse de Conty[3], qu'il la menoit dancer le grand bal, à la première pause il m'appella, et me demanda de la disposition de mondict frère, que je luy dis très-mauvaise; et sur ce me confirma encor sa première parolle. Je le priay, en ryant et gaussant avec luy, car il prenoit plaisir de m'entretenir ainsi, qu'il s'en souvint bien donc : car on m'avoit dict qu'il y avoit gens qui le brigoient; et fut M. d'Espernon qui

1. André de Bourdeille mourut à la fin de janvier 1582.
2. *Luy*, à Henri III.
3. Jeanne de Coesme, dame de Bonnestable, mariée le 17 décembre 1581 à François de Bourbon, prince de Conti, morte le 26 décembre 1601.

me le dist le premier dans le petit jeu de paume du Louvre, et que j'y prinse garde, et qu'il m'y serviroit d'amy. Le roy me respondit que je m'assurasse de sa parolle, et que jamais il ne l'avoit rompue à qui il l'avoit donnée, et ne commanceroit pas à moy. Et je jure Dieu et le proteste que je me souciois autant de cet estat que de tridet[1], car j'ay tousjours aymé ma liberté.

Au bout de huict jours, voycy venir une résignation que mon frère avoit faicte au sieur d'Aubeterre, parce qu'il le pria de la luy faire, et qu'il la prendroit enpour la moytié du maryage qu'il luy avoit promis de sa seconde fille qu'il luy avoit donnée[2]. Le mareschal de Raiz et madame de Dampierre ma tante (fort desnaturée à ce coup à moy) prièrent le roy d'admettre ladicte résignation; ce qu'il fit, et l'accorda. Je le sceuz aussitost, et un de mes amis, des privez du roy, m'en advertit.

Ce fut doncques pour un matin, second jour du premier de l'an[3], qu'ainsi qu'il venoit de sa cérimonie du Sainct-Esprit, et qu'il disnoit, je lui en fis ma plaincte, plustost en collère qu'en pitié, ainsi qu'il le cogneut. Il m'en fit des excuses, bien qu'il fust mon roy[4]. Entr'autres ses raisons, me dist que bonnement il ne pouvoit reffuser une résignation qu'on luy présentoit; autrement qu'il seroit injuste. Je ne luy respondis autre chose, sinon : « Et bien, sire, vous

---

1. *Tridet*, je n'ai pu nulle part trouver la signification de ce mot.

2. Voyez t. IV, p. 259. — 3. Le 2 janvier 1582.

4. Les mots suivants ont été biffés sur le ms. 6694 (f° 374) : et qu'il pouvoit fayre ce qu'il luy plaisoyt.

« ne m'avez donné ce coup grand subject de vous
« faire jamais service comme j'ay faict. » Je partis,
et m'en vays fort despit. J'en rencontray aucuns de
mes compaignons ausquelz je conte tout; et dis et
jure, renie et proteste que, quand j'aurais cent mille
vies, je n'en employerois jamais une pour roys de
France, et que jamais, au grand jamais, je ne leur
fairois service. Sur ce, je maugrée le ciel, je mauditz
ma fortune, je déteste la grâce du roy, je mesprise,
en haussant le bec, aucuns maraux qui estoient
pleins de fortune et biensfaictz du roy, qui ne les
méritoient nullement comme moy.

J'avois par cas à la saincture pendue la clef dorée
de la chambre du roy; je l'en destache, je la prendz
et la jette du gué des Augustins où j'estois, dans la
rivière en bas. Je n'entre plus dans la chambre du
roy, je l'abhorre, et jure encor de n'y entrer jamais;
mais je pratique pourtant tousjours la court, allant à
la chambre de la reyne, qui me faisoit cest honneur
de m'aymer, de ses filles, des dames, des princesses
et des princes et seigneurs mes bons amis.

Je parle tout haut de mon mescontentement pourtant, et ne le celle point : si bien que le roy, l'ayant
sceu, m'en fit dire quelques motz par M. du Halde[1],
de patienter, qui estoit son premier vallet de chambre, et le plus digne qui eust ny qui aura jamais
ceste charge, et qui aimoit autant les honnestes gens
et faisoit pour eux, et estoit fort mon grand amy. Je
dis tousjours que j'estois fort serviteur du roy; et
rien que cela ne disois.

1. Pierre du Halde.

Monsieur, frère du roy, me fit parler pour estre à luy, car il m'aymoit naturellement; et ne faut point doubter que, sans sa mort, je l'eusse suivy. Que maudicte soit-elle qui me le ravit, et à d'autres honnestes gens qui avoient mis sus luy leur confiance comme moy!

La Ligue se remue. M. de Guyze, qui aussi m'aymoit fort, m'en parle assez sobrement, sans déclairer contre qui il en vouloit; je fus aussi sobre en responce, mais pourtant en voulonté de courir sa fortune, n'estoit que de longtemps je cognoissois le naturel d'aucuns de ceste maison, qui sont promptz à rechercher les personnes, et aussi soudains à les quicter quand ilz en ont faict; aussi qu'il n'y a que servir les grandes royautez. Sur ce, je me résoulz de vendre tout si peu de bien que j'ay en France, et m'en aller[1] servir ce grand roy d'Hespaigne, très-illustre et noble rémunérateur des services qu'on luy faict, sans aucunes importunitez ni sollicitations, mais par son sage advis et juste considération et son seul mouvement. Et sur ce, je songe et discours en moy. Je le propose de le bien servir, car il n'y avoit coste ny ville de mer que je ne sceusse, despuis la Picardie jusques à Bayonne, et du Languedoc jusqu'à Grace en Provance, fors la Bretaigne, que je n'ay jamais guières veu. Et pour mieux m'esclaircir en mon faict, j'avois de fraiz faict encor quelque nouvelle reveue par aucunes villes, faignant que j'y

---

1. Presque tout ce qui suit jusqu'à la fin de l'alinéa est raturé de manière à être rendu illisible sur le ms. 3264. Nous reproduisons le passage d'après le ms. 6694.

allois passer mon temps, ou que je voulois armer un navire pour envoyer en cours ou y aller moy-mesme. Bref, j'avois si bien joué mon jeu que j'avois descouvert une demy douzaine des villes de ces costes, fort prenables par des endroicts très-facilles que je sçavois et que je sçay bien encores, et pensois servir en ces occasions si bien le roy d'Espaigne, que je ne croyois pas moins tirer de mes services que de très-grandes récompenses de luy, et en biens et en dignitez. Avant que de me bannir de France, je voulois vendre mon bien et en faire tenir l'argent par banque, ou en Italie, ou en Espaigne, que j'avois assez practiquez pour y avoir quelque cognoissance, et de longtemps, par les voyages qu'y avois faict. Je m'estois proposé aussi (comme quand j'en discourus au conte de La Rochefoucaut) seulement de demander congié au roy, pour n'estre dict transfuge, par un de mes amis, pour me retirer ailleurs où je me trouverois mieux qu'en son royaume et me desmettre du sermant de subject. Je croy qu'il ne m'eust sceu desnier de ma requeste; car un chascun est libre de changer de terre et s'en aller eslire ailleurs d'autre. Mais tant y a, s'il me l'eust refusée, je m'en fusse allé; ni plus ni moins qu'un vallet qui se fasche avec un maistre et le veut quitter, luy demande congié; s'il ne luy veut donner, il n'est point répréhensible s'il le prend de luy-mesme et s'en va prendre autre maistre. O beaux discours humains que je faisois! Et sur le point de les accomplir, la guerre de la Ligue s'esmeut et s'eschauffe de telle façon que nul ne veut faire d'acquetz de terres, estans fort en hasard alors pour les garder; nul ne se veut desgarnir de son argent; ceux qui m'avoient promis d'avoir mon bien, s'excusent. D'aller en estrange terre sans moyens, ce sont abus et grandes misères, pour les avoir pratiquées. Mais, en y ayant, aussi vous y faictes voz besongnes comme vous voulez.

Ce ne fut pas tout; car, en ma plus belle vigueur et gaillardise pour mener encor les mains, un meschant cheval malheureux, un jour en s'acabrant villainement, se renversa sur moy, me brisa et fracassa tous les raings, si que j'ay demeuré quatr' ans dans le lict, estropié et perclus de mes membres, sans me remuer qu'avec toutes les douleurs et tourmens du monde, ou à me remettre un peu de ma santé, qui n'est telle encor ny sera jamais comme ell' a esté, pour servir jamais roy ny prince, ny accomplir le moindre de mes dessains que j'avois auparadvant projecté. Ainsi l'homme propose et Dieu dispose. Possible que, si je fusse venu au bout de mes attentes et propositions, j'eusse faict plus de mal à ma patrie que jamais n'a faict rénégat d'Alger à la sienne. Dont j'en fusse esté maudit à perpétuité, possible, de Dieu et des hommes[1]. Dieu faict tout pour le mieux, par quoy en soit loué. Voylà que font les despitz et mescontentemens.

Feu M. le connestable a eu ceste opinion durant ses grandes faveurs, que tousjours il appaiseroit un gentilhomme mal content par un' embrassade ou petite caresse de son roy. Cela est bien changé despuis; et le roy François disoit, au contraire que le plus dangereux animal de son royaume estoit le

---

1. Ces cinq dernières lignes ont été biffées sur le ms. 3264.

gentilhomme mal content. Il le disoit à propos de M. de Bourbon, qui luy fit bien sentir.

Pour faire fin, si ces despitz et mescontentemens ont poussé M. le mareschal de Bellegarde à faire ce qu'il fit, ne s'en faut esbahir; et croy qu'il en eust faict pis, possible, s'il eust encor vescu, car il avoit la valeur très-grande et l'esprit très-bon, et un grand sçavoir; et ces gens sçavans, qui ont leu, tirent des lettres et histoires des exemples à ce qu'ilz s'estudient imiter, selon leurs passions, affections et voluntez.

M. de la Vallette[1].

Feu M. de La Vallette fut son beau-frère, lequel a esté un très-bon, vaillant et sage capitaine, et surtout l'a-on tenu pour un des dignes hommes pour commander à la cavallerie légère; aussi la première belle preuve qu'il commança à faire, ce fut ceste-cy en Piedmont, comme j'ay ouy dire; qu'il estoit jeune cheval-léger de M. d'Aussun, s'il me semble. Son capitaine l'envoyant un jour à la guerre vers Ast, avec seulement huict chevaux des mieux choysis, il fut si heureux, que rencontrant vingt chevaux de l'ennemy, il les chargea, qu'il les deffit, la moytié mortz sur la place et l'autre prisonnière; et ainsi tourna à MM. de Brissac et d'Aussun glorieusement, qui le louarent et l'estimarent tout plain.

Du despuis, quictant le Piedmont, il vint en France, où il fut cornette de M. de Givry, au camp de

1. Jean de Nogaret, seigneur de la Valette, mari de Jeanne de Saint-Lari, sœur du maréchal de Bellegarde, lieutenant général en Guyenne, mort le 18 décembre 1575. (Voy. plus haut, p. 203, note 2.)

Vallanciannes, le capitaine Ferrière [1], dict Sauve-
bœuf, lieutenant, qui fut tué là devant en un' escarmouche qui fut belle, où ledict M. de La Vallette fit
très-bien, et devant son roy, qui dès lors le prit en
telle estime, qu'amprès quelque temps il eut une
compagnie de chevaux-légers, qu'il fit fort valoir et
signaler, et mesme au camp d'Amians.

Aux guerres civiles, M. de Guyze, qui l'aymoit, le
fit maistre de camp de la cavallerie légère, digne de
ceste charge, disoit-on, plus qu'homme de France,
et tousjours luy a esté continuée pour l'amour de
cela.

Au retour du voyage de Lorraine, il fit une fort
belle ét remarquée deffaicte des ennemis en la Beauce. Aux troisiesmes troubles, à l'escarmouche de Jazeneuil, il fit une charge très-belle et très-à-propos
sur les ennemis ; si qu'eux et les nostres dirent qu'elle
venoit d'un très-bon et grand capitaine.

Il avoit lors une compagnie de gensd'armes, et à
la battaille de Jarnac ; mais quelle compagnie estoit-
ce ? composée d'aussi honnestes gentilzhommes, jeunes et vieux et tout, et riches, de la Gascoigne,
qu'on eust sceu voir, tant à l'envy estoient-ilz desireux de ce pays là d'estre soubz ce bon capitaine,
qui leur donnoit tous les jours de très-bonnes leçons
et pratiques ; au reste, tous la pluspart montez sur
de beaux et nobles chevaux d'Espaigne ou de Gascoigne ; si qu'ilz faisoient factions de gens-d'armes et
chevaux-légers quand bon leur sembloit.

A la battaille de Jarnac, il entra si advant à la

---

1. C'est-à-dire le capitaine Ferrières étant lieutenant.

charge avec ceste belle compaignie, que la pluspart de ces honnestes gens furent ou mortz ou blessez, comme je la vis ainsi deffaicte, descousue et bien changée de ce qu'ell' avoit esté : et falut que le roy luy baillast congé pour s'en aller en son pays et sa maison pour la reffaire, que despuis il retourna si bien reffaicte et recousue, qu'on n'y trouva guières à redire à la première, tant la noblesse de Gascoigne l'aymoit et avoit créance en luy, et desiroit faire armes soubz luy.

Il fut lieutenant de roy en une mezze partye[1] de la Guienne, qu'il gouverna bien sagement et avec l'amour de tout le monde, et avecqu' un grand regret quand il mourut, qui fut de sa mort naturelle, et encor en un aage assez verd et ferme, et point encor feny pour bien servir son roy et sa province. Et ne faut point doubter que s'il eust vescu plus vieilles années, qu'il fust esté mareschal de France ; car ses mérites lui promettoient cela, et que force autres qui vindrent après luy ne luy eussent osé passer ceste paille par le bec.

Aussi M. d'Espernon[2], son jeune filz, gouvernant si bien le roy son maistre, qu'on le tenoit pour un Monsieur et le second de France, l'eust poussé encor à plus haut degré que celuy de mareschal ; car, quand la valeur et la faveur sont ensemble, elles font de grandz effectz ; et aussi qu'il faut donner ceste gloire naturelle à M. d'Espernon, que c'estoit le filz

---

1. *Mezze partye*, moitié, de l'italien *mezza parte*.
2. Jean-Louis de Nogaret de la Valette, premier duc d'Épernon.

M. PARISOT, GRAND MAISTRE DE MALTE. 215

qui honnoroit le plus son père, et honnore encor fort sa mère[1], tant grand qu'il est, tout ainsi que quand il estoit soubz le fouet; et pour ce croist-on que Dieu l'a préservé de grandz inconvéniens et hasardz qu'il a passé despuis six ans, et le faict vivre plus longuement que ses coupz et blessures ne luy debvoient permettre. Je parle de luy ailleurs.

J'avois toutes les envyes du monde de mettre fin à ce livre dès ast' heure, car il en est temps ou jamais non, sans qu'à moy se présente un aussi grand capitaine qui ayt esté de nostre temps, et qui se peut parangonner aux plus grandz que j'ay nommé et mis en ce livre, qu'est M. Parisot, dict frère Jean Vallette, grand maistre de Malte, François en tout de nation et Gascon; et bien qu'il n'ayt faict trencher son espée pour son roy de France, son supérieur et seigneur, nous autres François ne le devons désadvouer, mais nous tenir très-heureux et très-honnorez d'avoir eu en nostre nation un si grand capitaine, qui a tant respandu de sang des infidelles et ennemis de Dieu et de nostre loy, et a beaucoup vangé celuy chrestien villainement escoullé par eux, il y a tant d'années.

Ce ne sont pas nous seulement qui le louons, mais toutes les nations chrestiennes, et les Turcz autant que nous, et non sans raison. Le seul siège de Malte[3] en donne ample subject, où il fit parestre sa

M. Paris. grand maistr. de Malte

---

1. Elle mourut le 9 avril 1611.
2. Jean de la Valette-Parisot, quarante-huitième grand-maître de l'ordre de Saint-Jean de Jérusalem (1557), mort le 21 août 1568.
3. Le siège de Malte dura depuis le milieu de mai 1565 jusqu'au 13 septembre.

valeur et sa suffisance, la place n'estant des plus fortes, ains estimée plus foible que forte, assaillie de tant d'hommes, battue de tant de pièces d'artillerie et de telle furie, qu'amprès le siège levé ell' avoit ressemblance plus d'une ruyne que d'une ville. Les assautz grandz, longs et assidus, donnez, raffraischis et soubstenus, nous le doibvent encor d'autant plus faire admirer.

Entr'autres des plus grandz que j'ay ouy raconter, fut un qui fut livré un jour à la poste de Castille, si soudain et si furieux, qu'on vint l'appeller (ainsi qu'il s'estoit un peu retiré pour se deslasser de la fatigue qu'il avoit enduré toute la nuict), et anoncer que l'ennemy forçoit la bresche. Luy, sans s'estonner ny s'esmouvoir (car de son naturel il estoit froid) : « Il y faut aller donc, dist-il, pour les re-
« pousser ; mais passons à l'église pour faire un mot
« de prière à Dieu ; et, pour si peu que nous le prie-
« rons, le temps n'en sera point perdu ny nostre
« aller retardé. Cependant Dieu, s'il luy plaist, bat-
« taillera pour nous. » Ayant faict sa courte prière, arrive à la bresche, trouve ses gens très-vaillamment combattans, prend sa picque, qu'il fait très-beau voir en la main de ce grand homme, de très-belle et haute taille, qui paroissoit par dessus tous, combat bravement, et anime un chascun à faire comme luy : si que tous unanimement, combattans à l'envy par un long espace de temps plus qu'hommes, repoussarent les ennemis dans le fossé avecqu' une très-grande tuerie.

J'ay ouy raconter à aucuns gentilzhommes et marchandz, italiens et françois, qu'ilz ouyrent dire dans

Constantinoble à aucuns Turcz jurer et affermer qu'ilz avoient veuz des diables et espritz d'enfer combattre à la bresche pour ces chiens, appellant les chrestiens telz, comme nous les appellons, et mesmes ce jour de cet assaut que viens de dire, et que ce n'estoient point hommes, mais vrayz diables, que ces chiens avoient invocquez et appellez à leur secours. Tel tesmoignage est bien autant glorieux pour ces braves chevalliers et leur général qu'il est faux.

Je me souviens qu'après le siège levé, mondict sieur le grand maistre envoya et despescha des ambassadeurs vers tous les princes chrestiens, pour leur annoncer leur heureuse victoire et délivrance du siège ; ambassade certes bien plus agréable que celle qu'envoya le pauvre grand maistre de l'Isle-Adam, après la prise de Rhodes, pour raconter sa misère et pitié.

Pour nostre roy fut le chevallier de La Roche, que despuis avons appellé le commandeur de La Roche, d'une fort bonne maison du Dauphiné[1], brave et vaillant, et fort accomply gentilhomme, qui parloit très-bien et françois, italien et espaignol et grec, et qui lors estoit premier escuyer de M. le grand maistre.

Il trouva le roy à Tours, au Plessys. Le roy et la reyne le receurent avecqu' une très-grande allégresse, et l'ouyrent fort attentivement et d'affection en son discours de ce siège, qu'ilz luy priarent de conter tout au long ; et encores plus l'interrogeoient sur

---

1. De la maison de Flotte.

plusieurs particularitez qui leur venoient en fantaisie : à quoy ledict La Roche respondoit si pertinemment, que Leurs Magestez y prindrent un très-grand plaisir, et en furent fort sattisfaictes, et surtout demeurarent ravies d'admiration de la valeur et sage conduicte de M. le grand maistre. Sur quoy M. le chancellier Hospital, ce grand et le nompareil sénateur, qu'y estoit présent, après que tout fut dict, prit la parolle, et l'addressant à la reyne, luy dist :
« Madame, c'est un poinct fort remarquable en cecy,
« qu'en trois gros et signallez sièges qu'ont souffertz
« ces braves chevalliers de Sainct-Jehan, des infidel-
« les et des Turcz, les grandz maistres qui ont de-
« dans leurs places commandé sont estez tous Fran-
« çois; si que l'on diroit que Dieu les avoit esleuz,
« suscitez et appellez pour en planter la vive gloire,
« plus grande que des autres nations, et que, comme
« vrayz et anciens chrestiens, ilz estoient destinez
« par-dessus les autres à deffendre le nom chrestien.
« L'un fut le grand maistre d'Aubusson, qui deffen-
« dit si vaillamment Rhodes contre le grand soudan
« d'Ægypte, qu'il contraignit d'en lever le siège et se
« retirer avec sa grand' honte et perte de ses gens.
« L'autre fut M. le grand maistre de l'Isle-Adam, à
« ce dernier siège de Rhodes, qu'il soubstint six
« mois durant, sans nul secours de prince chrestien,
« et puis, réduict à toute extrémité, la quicta par
« une très-belle et très-honnorable capitulation. En-
« cor, en quelqu' estat et contraincte qu'il fust, sans
« un trahistre chevallier portugais, qui mescham-
« ment trahit son Dieu, sa religion, son grand mais-
« tre et ses compaignons, et sans aussi un médecin

« juif renié, il ne fust esté jamais pris, et eust faict
« retirer aussi bien sultan Soliman comme l'autre fit
« son ayeul. Le troisiesme fut M. Parisot, que vous
« voyez de frays et de nouveau ce qu'il a faict en
« cestuy-cy, et en est demeuré victorieux. »

La reyne, qui estoit curieuse de sçavoir toutes
belles choses, respondit : « Vrayement, monsieur le
« chancellier, voilà une observation très-belle et
« digne d'estre remarquée et recuillie. » Et se tournant vers le roy, qui estoit encor jeune, la luy fit
noter, et le grand honneur que ce luy estoit et à son
royaume et règne : et sur ce, se mirent à discourir
quel siège des trois avoit esté plus grand, plus dangereux et fascheux.

M. le connestable, qui estoit présent, respondit
qu'il falloit laisser à part le premier[1], car il estoit hors
de nos cognoissances, bien que les histoires le nous
représentent très-grand, et bien assailly et bien deffendu ; aussi que ce temps les places ne s'assailloient
ny s'assiégeoient si furieusement comme despuis de
nos temps, ny comme fut le second siège, soubstenu
par son oncle M. de l'Isle Adam, faict par un jeune
prince ambitieux que[2] sultan Solyman, qui n'y espargna ny verd ny sec, et n'y mena que deux cens
mill' hommes, s'il vous plaist, tant de guerre que de
travail, dont il y avoit soixante mille pionniers de
ses confins et frontières de l'Hongrie, de Blasquia et
Bassina[3], qu'on tenoit pour lors très-expers à faire
mines, que le grand seigneur avoit faictz venir exprèz

---

1. Soutenu en 1480 par d'Aubusson. — 2. *Que,* comme.
3. *Blasquia,* Vlakia (l'ancienne Étolie). — *Bassina,* Bosnie.

pour prendre la place et s'en ayder plus que de l'artillerie et autres forces, bien qu'il y eust cent pièces de fonte en batterie, dont il y en avoit qui tiroient des balles de bronze et de marbre de onze palmes de tour. Les bons arithméticiens en peuvent bien comprendre et représenter, par la circonférence, la figure. Toutes ces pièces tirarent ainsi souvant, et jour et nuict, et contre les murailles et dans la ville. On peut bien penser quel mal et quelles bresches elles pouvoient faire : et puis après les furieux et continuelz assautz (si que tel fut donné que par cinq fois il fut raffreschy) qu'ilz donnarent, peuvent bien rendre compte quel siège ce fut ; enfin, les ennemis maistres de la bresche et du haut du rempart, et les uns et les autres près d'une picque, les retranchemens entre deux, n'en pouvant plus, fallut parlamenter et se rendre.

Grand' honte certes pour les princes chrestiens d'alors, qui, s'amusans à s'entre-tuer, se ruyner et se déposséder les uns les autres de leurs terres et estatz, laissarent ainsi misérablement perdre ces gens de bien de chevalliers ! car le moindre secours qu'il leur fust venu de la chrestienté, ilz estoient sauvés. Le pape[1], certes, pour lors y estoit des plus eschauffez à la guerre chrestienne, non pas certes chrestienne, mais barbare et cruelle ; en quoy, certes, d'icy à cent mill' ans, ce grand roy d'Espaigne Philippes est digne de renommée et de louanges, et digne aussi que toute la chrestienté prie autant d'années pour le salut de son âme, si desjà Dieu ne luy a donné sa

1. Adrien VI qui avait succédé le 9 janvier 1522 à Léon X.

place en son paradis, pour avoir si bien secouru tant de gens de bien dans Malte, qui s'en alloit au traint de Rhodes, laquelle l'empereur Charles son père et le pape Léon, abandonnarent estrangement pour employer tous leurs sens, leurs soucys, leurs forces et moyens à chasser le roy François hors de son estat de Milan ; auquel bon roy il ne tint que Rhodes ne fust secouru, et luy en poisa fort sur l'âme, car enfin il falloit qu'il se deffendist. Si ne laissa-il pourtant de commander à tous ses portz de Marseille et de Provance d'armer le plus qu'ilz pourroient donner secours, aussitost que ce grand maistre luy eut despesché ambassade, et aux princes chrestiens, de luy ayder.

Ainsi se perdit ceste belle isle, sa belle ville de Rhodes, jadis tant renommée parmy les Grecz et Romains, que ces braves chevaliers de Sainct-Jehan avoient bravement conquise et gardée deux cent quatorze ans[1]; ceste belle isle et ville de Rhodes, dis-je, qui servoit de rampart à toute la chrestienté et terreur à toute la Turquie ; si que, quand Solliman en fit l'entreprise, tous ses baschas et ses capitaines de guerre l'en détournarent tout ce qu'ilz peurent, et luy en remonstrarent de grandz inconvéniens, les fondans sur le siège passé qu'y mit Mahommet[2] son bisayeul, où il n'y receut que de la honte et de la perte ; mesmes ses jannissaires commançarent en murmurer quand ilz virent qu'il les menoit là, tant ilz eurent d'appréhension de mal, sur l'exemple passé. Il n'y

---

1. Cette phrase est omise dans le manuscrit 3264.
2. Mahomet II.

eut que Mustapha bascha, capitaine général, qui le redressa; s'y laissant aller l'y poussa et opiniastra; dont pourtant il s'en cuyda trouver très-mal quelques mois après que Solliman se voyant désespéré de prendre la place, et l'accusant qu'il estoit le seul autheur de l'y faire venir, luy faisant entendre qu'il l'auroit prise en un mois, et desjà il y avoit trois mois qu'il estoit là devant, et n'avoit rien faict : dont sur ce il se délibéra de luy faire trencher la teste sur le champt, mais les autres baschas luy remonstrarent qu'il n'en devoit faire justice en terre d'ennemy (quelle superstition!), ou possible que c'estoit pour donner autant de courage et d'allégresse aux assiégez : ce qu'il creut; et l'envoya au Cayre tenir la place du capitaine de là, qui estoit mort, dont il en avoit eu nouvelles. Si continua-il tousjours le siège, pour l'amour que son père[1] luy avoit recommandé à sa mort la prise de cette place et de Belgrade, sur lesquelles il avoit dessaing, et y alloit à toutes sans sa mort. Si bien que ce jeune prince, tout courageux et ambitieux, et ne voulant nullement dégénérer à ses prédécesseurs qui avoient estez si grandz conquereurs, sultan Mahommet, sultan Bajazet et sultan Selin, il conquist ces deux belles places, Belgrade par son général, et Rhodes luy en personne. Et ne faut doubter que, s'il n'y eust esté, jamais on ne l'eust emportée. Voylà que sert la présence d'un grand en une conqueste! Enfin, il mena ceste place à tel destroit, que de six partz de la ville les cinq estoient ruynées; toutesfois, ces braves che-

---

1. Selim Ier.

valliers, et par-dessus tous un Gabriel Martinengo, les deffendoient, et y faisoient toujours des contre-mines tant qu'ilz pouvoient, et si bien que les Turcz n'y firent tout à coup ce qu'ilz vouloient ; mais la continuation et la longueur les emporta par une très-honneste composition, amprez qu'ilz eurent faict mourir là devant cent quatre mille Turcz, dont il y en avoit de coupz de main soixante quatre mille, et le reste de peine, de misère et de malladie. C'est tué cela, et faict mourir !

Il faut doncques penser, si sur ce coup fust arrivée une armée fresche, tant fust-elle esté petite, et composée seulement de quinze mill' hommes, si la place ne fust pas estée conservée, et si l'autre n'eust aussitost levé le siége ; ou, s'il eust voulu combattre, si les nouveaux et fraiz venus n'eussent bien battu les arassez, fatiguez et malmenez en toutes sortes : aussi sceut-il bien prendre le temps d'y aller ; et la principalle raison qui l'y mena fut la division et guerre qu'il vist entre les plus principaux princes chrestiens, dont luy en sceut donner très-bons advis le traistre chevallier portugais, frère André de Merail[1].

C'est ce qui empescha jadis le bon et brave duc Philippes de Bourgoigne[2] d'aller à Constantinoble faire la guerre aux Turcz et le reprendre, dont il en avoit toutes les envies du monde, sans les jalouzies et appréhentions qu'il eut que le roy Louys XIe, luy estant en un si beau et si bon et sainct œuvre oc-

1. André d'Amaral, grand prieur de Castille et chancelier de l'ordre. Sa trahison ayant été découverte, il fut condamné à mort et exécuté le 30 octobre 1565.
2. Philippe le Bon.

cupé, në luy vint prendre ses terres et despouiller de ses biens, tant il avoit l'âme traversée : et sans luy, ne faut doubter qu'il eust faict quelque chose de bon, car il estoit zellé et dévoctieux chrestien. Il avoit donné auparadvant dix mill' escus pour faire réédiffier et reffaire l'église et la chapelle de Hiérusalem, et en avoit autant donné pour avoir faict bastir en la ville de Rhodes la tour de Bourgoigne. Belle ambition certes, pour voir en ce bel œuvre son grand nom gravé ! Laquelle tour donna despuis bien de l'affaire aux Turcz, et la maudirent bien.

Ceste belle ville fut rendue par composition le propre jour de Noël, et le lendemain Aymet bascha dist à M. le grand maistre : que le grand seigneur avoit envie de le voir, et qu'il fairoit bien de l'aller trouver dans son pavillon; ce qu'il fit le lendemain, pour estre aussi plus assuré de sa promesse et sa foy. Quand il fut devant luy, il luy fit un très-bon et honnorable recueil, et luy fit dire par son truchement : que la fortune à luy advenue et de perdre villes et seigneuries, c'estoit chose commune et usitée, et qu'il ne s'en donnast trop de mélencolie, puisqu'il vivoit en grand'honneur, et qu'il ne se donnast peine de sa promesse, et qu'il s'en iroit seurement avec toute sa compagnie. Dont monseigneur le grand maistre l'en remercia très-humblement, et puis s'en retourna. Le lendemain il vint à cheval dans la ville, et y entra par la bresche d'Espaigne tout à cheval. Aussi il vist la ville et la tour de Sainct-Nicolas, qui avoit esté celle de toutes qui avoit mieux faict teste; et s'en retournant, il passa par dedans le palais de M. le grand maistre, et estant dans la salle où les grandz maistres avoient accoustumé de manger, il demanda où estoit le grand maistre, et dist qu'on le fist venir; et n'avoit avec luy que deux personnes seulement, Acmet bascha et un jeun' homme qu'il aymoit, et ne voulut qu'autres y entrassent. Et quand M. le grand maistre fut venu, il luy fit dire en grec par ledict bascha qu'il n'eust pensement de rien, et qu'il fist ses affaires à loisir, et que s'il n'avoit assez de terme de celuy qu'il luy avoit donné pour les faire, qu'il luy en donneroit d'avantage et tant qu'il voudroit. Ledict grand maistre l'en remercia et ne luy demanda seulement qu'il tint sa promesse. L'autre luy respondit qu'il le fairoit et qu'il n'en entrast en doubte ny d'aucun desplaisir; ce qu'il fit. Amprès, il alla voir l'église de Sainct-Jehan et la grand'place, bien aise d'avoir conquis si belle, bonne et riche place, qu'il faut bien dire telle; et puis, que M. le grand maistre offrit de payer toute la despance qu'y avoit faict le grand seigneur et qu'il s'en allast; ce qu'il reffusa et renvoya bien loing.

Il falloit bien dire qu'il eust de grandz moyens, et toute la Religion, et que ceste place leur apportast de grandz revenus, moyens et butins; aussi estoit-elle située très-bien et commodément pour faire de grandes prises sur la Turquie et Sirie, et sur les marchans qui trafficquoient de l'un à l'autre. De plus, c'estoit un vray et bon port, et seuretté d'abordage à tous les marchans chrestiens qui trafficquoient en Levant d'un' infinité de richesses. Qui voudra sçavoir plus amplement des merveilleuses particularitez qui se sont passées en ce siège lise un vieux livre roman que j'ai veu, faict et composé de ce siège par frère Jacques, bastard de Bourbon¹, qu'il desdia à frère Philippes de Villiers l'Isle-Adam, son grand maistre, dont j'ay appris une partie de ce que je viens d'escrire, et un' autre de plusieurs vieux commandeurs que j'ay veuz à Malte, et mesme un vieux grand prieur de Champaigne, qu'y estoient, et surtout aussi de M. le grand maistre Parisot, qui s'y trouva dedans en ses plus jeunes années, lesquelz tous faisoit très-beau² voir et ouyr en discourir.

Pour parler ast'heure du siège de Malte, comme je tiens dudict M. le grand maistre et d'autres vieux commandeurs, il a esté aussi grand et rude, voire plus que celuy de Rhodes, si l'on veut considérer la force de la place, qui n'estoit nullement esgalle à celle de Rhodes, qui de tout temps avoit estée tousjours bonne et forte, et encores mieux rabillée et fortiffiée de messieurs les chevalliers despuis qu'ilz la prindrent et la gardarent deux cens quatorze ans, ainsi que j'ay dict. Car enfin, comme disent les bons architectes et ingénieux, il n'y a que fortification de muraille vieille, non pas trop aussi, et vieux rampart et terre-plein; au lieu que Malte ne pouvoit avoir esté faicte ni fortiffiée que despuis quelques quarante ans, que l'empereur leur donna³; et pour ce, neufve fortiffication n'est si bonne que l'autre.

Pour quant à la batterie, elle fut plus grande que celle de Rodes, envers laquelle on s'ayda plus de la mine que de la force du canon; et fut tiré à Malte

1. Voyez plus haut, p. 58, note 1.
2. *Var.* Mout (moult) beau voir. (ms. 6694, f° 401).
3. Charles-Quint donna Malte aux chevaliers de Saint-Jean en 1530.

soixante-dix mille tant de coups de canon. De plus, Malte fut assaillie de meilleurs hommes que Rhodes, car en ces temps les Turcz ny les jannissaires n'estoient si bien aguerrys ny armez, ilz s'estans fort peu encor appris et accoutumez aux harquebus, comm' ilz ont faict despuis, à nos despans, aux guerres qu'ilz nous ont faictes en Hongrie par terre et sur nos mers, en tant de combatz qu'ilz ont baillez du temps de l'empereur Charles et roy d'Espaigne; et se sont si bien adextrez et apropriez à ces harquebuz, que guières plus ilz font d'estat des arcz et flesches : je dis les vieux et aguerris soldatz des gardes de leurs portz et places, et surtout les rénégatz d'Alger, que Dragut emmena à Malte, qu'on disoit parestre pardessus tous les autres en valeur et en bonnes armes.

Outre encor, M. le grand maistre de Rhodes ne fut circonvenu ny surpris comme celuy de Malte, car il le sceut plus de trois mois advant, et mesmes le grand seigneur luy envoya une patente pour le sommer de lui rendre la place amiablement et courtoisement, avec protestation grande et serment faict qu'ilz n'auroient de luy nul dommage ny desplaisir, et ceux qui s'en voudroient aller ailleurs avec leur avoir et famille, faire le pourroient librement et en toute seuretté, jusques à aucuns qui voudroient prendre solde soubz luy, qu'il les traicteroit et appoincteroit très-bien; et, en cas de reffus, les menaçoit de fœu, de sang, de renverser leur ville et chasteau de fondz en comble, sens dessus dessoubz, et les personnes rendre esclaves misérables ou les faire mourir, comm' ilz en avoient faict et faisoient à d'autres tous les jours. Les Rhodiens furent ainsi advertiz et menacez de bonn' heure, mais les Maltois ne le furent point, tant s'en faut, comme j'ay ouy dire à M. le grand maistre que la coustume de sultan Solliman avoit tousjours esté de ne faire arborer jamais son estendard général de mer, ny faire sortir ses armées que le jour propre de Sainct-George[1], par une certaine dévoction qu'il portoit au sainct et superstition qu'il avoit de ce jour, et qu'à ceste fois il avoit anticipé et avoit faict partir ceste armée huit jours advant : aussi dirent-ilz puis après que cela leur porta malheur, et que l'entreprise en réussit mal.

D'hommes devant Malte il n'y en avoit pas tant que devant Rhodes ; il s'en falloit plus des trois partz, car il n'y avoit que cinquante à soixante mill' hommes de guerre, mais tous bien choisis, comme ilz le firent bien parestre en leurs assautz et combatz.

D'artillerie devant il y en avoit bien autant, puisqu'il y avoit tant de gallères, mahommes, navires, galliottes et fustes, mais non si grand' quantité de grosses bombardes, qu'ilz appelloient ainsi : toutesfois il y en avoit six gros doubles canons de fonte, les mieux faictz et pollis que je vis jamais, ainsi qu'en fit la monstre un qu'ilz laissarent et ne peurent emporter, d'haste qu'ilz eurent en leur embarquement, que nous vismes sur le port estendu puis après en signe de trophée. La place de Malte fort petite, et Rhodes fort grand' et très peuplée.

Tant d'autres raisons y a-il pour faire trouver le siège de Malte plus furieux que l'autre, que je n'al-

1. Voyez tome I, p. 22, note 4.

légueray point, sinon que M. le connestable, en oyant discourir le chevallier de La Roche au roy, dist celuy de Malte emporter l'autre, bien qu'il n'eust rien voulu oster à son oncle le grand maistre : aussi fut-il bien besoing à tous ces braves chevalliers maltois, capitaines, soldatz, qui estoient léans, de se bien deffendre et se servir bien de la sage conduicte de leur grand maistre et général.

On disoit lors que Dragut, quand il arriva là-devant, n'aprouva jamais à Rostan bascha, le général, ceste entreprise, et porta cet honneur testimonial à M. le grand maistre, qu'il avoit cogneu et veu prisonnier, comme j'ay dict ailleurs[1] : que le grand seigneur devoit avoir ou plus tost ou plus tard attendu ceste entreprise qu'un tel grand maistre ne fust point esté le commandant; car il le tenoit pour le plus grand capitaine avec qui jamais les Turcz avoient eu affaire; et certes il disoit vray.

Que s'il eust vescu il leur eust donné de l'affaire, car il avoit résolu de venir trouver le pape, l'empereur, le roy de France et le roy d'Espaigne, et autres princes chrestiens, en passant pays, et les prier tous et les induire à se croiser et armer contre les Turcz, et de leur proposer la guerre si aisée et si facile qu'à l'ouyr discourir, comme je l'ouys un jour l'espace d'une grand' heure, il n'estoit qu'à tenir que le Turc n'eust eu de terribles venues; et se faisoit fort de faire armer et révolter aisément toute la Grèce, en luy fournissant armes et peu d'argent. C'estoit chose résolue en luy, de s'acheminer ainsi

---

1. Voyez tome II, p. 49.

vers ces grandz princes. Mais sur cela la guerre civile vint en France, qui l'empescha de partir; car il vouloit surtout voir le roy Charles, son roy naturel, de la jeunesse duquel il avoit ouy dire beaucoup de bien, et en espéroit beaucoup de son ayde et de ses braves subjectz françois, sans lesquelz, disoit-il, ne pourroit bien conduire sa besoigne.

Je pense qu'il eust faict beau voir ce grand prince (d'autre qualité, représentation et suffisance que Pierre l'Hermite de jadis) faire un tel voyage, et près de nos grandz princes. Je le puis bien appeller prince, car j'ay veu des roys et princes n'estre pas si honnorez de leurs subjectz comme ce grand maistre l'estoit de ses chevalliers de toutes nations chrestiennes, autant pour son grade que pour sa valeur et vertu. Le pape Pie V[e], amprès sa victoire, le voulut honnorer du chappeau de cardinal, comme son prédécesseur le grand maistre d'Aubusson, et de fraiz a esté le grand maistre Verdalle[1]; mais le reffusa tout à trac, disant que la croix blanche ne siésoit pas bien sur le rouge comme sur le noir. Aussi n'estoit-ce pas un habit bien convenant à un grand capitaine fraischement victorieux, qui estoit coustumier de braver, s'enorgueillir et triumpher de son grand honneur acquis; et là-dessus prendre un habit eclésiastique pour s'humilier, comme certes il le faut, envers Dieu de la grâce qu'il lui a faict; mais envers le monde il faut maniffester superbement sa gloire, comme faisoient ces braves empereurs ro-

---

1. Hugues de Loubens de Verdalle, élu grand maître le 12 janvier 1582, mort à Rome le 4 mai 1595.

mains, qui, tournans de leurs belles victoires, n'entroient en triumphe en habitz de pontiffes, mais en glorieux empereurs qui venoient de tuer, tirer sang et conquérir. Ainsi donc reffusa M. le grand maistre la robe cardinalle, et se contenta de la sienne et de ses belles armes qu'il avoit porté sur son corps, et avoit encor espérance de les porter.

Sur quoy je fairay ce petit conte, que : quand nous estions à Malte, la Feste-Dieu vint à eschoir et à se célébrer, à la procession de laquelle tout le monde ne faillit s'y trouver, tant M. le grand maistre, messieurs de la grand-croix, commandeurs, chevalliers, que nous autres François et autres gens de guerre : et pour quant à moy, je dis que c'estoit la plus belle que je vis jamais, car ell' estoit accompaignée de dévoction et de guerre tout ensemble, et d'une très-belle et grande noblesse : et passant devant le port se fit une très-belle et longue salve d'artillerie et escoupeterie de gallères, du gallion et autres vaisseaux qui estoient là en assez bonne quantité; et dura fort longuement et longtemps, et la poudre n'y fut nullement espargnée. L'on en voulut faire ce jour une par-dessus toutes, tant parce que l'an passé on ne l'avoit peu célébrer que fort peu à cause du siège, que pour en rendre de plus encor grâces à Dieu de leur victoire. Cet honneur ne luy estoit point mal employé, comme bien deub à nostre maistre.

L'église estoit parée et tapissée d'une fort belle tante de tapisserie, où estoient très-bien portraictz tous les grandz maistres qui avoient esté despuis leur institution, et mesmes despuis Rhodes pris, tous vestuz avec leurs grands robes noires et leurs grandz

croix dessus, fors six ou sept qui estoient armez de
toutes pièces et sallade en teste. Je fus curieux de
demander à un commandeur de la grand'-croix pourquoy ceux-là estoient armez plustost que les autres.
Il me respondit, parce qu'ilz avoient faict pour leur
Religion des prouesses plus hautes, plus grandes et
plus signallées, et mieux combatu et battaillé que
les autres, ainsi qu'avoit faict celuy qui prit Rhodes,
et les autres qui tindrent les sièges. Je ne me souviens pas bien ce qu'avoient faict les autres. Voylà
une très-belle marque d'honneur, ainsi paressante
par dessus les autres.

J'ay ouy dire à plusieurs chevalliers que si mondict sieur le grand maistre ne fust mort sitost, pour
le seur il vouloit faire quelque grand exploict de
guerre et de conquestes, ou secouru ou non de quelque grande ligue des princes chrestiens; mais il s'assuroit fort du roy d'Espaigne, qui estoit le meilleur
et plus fort appuy de ses dessains, et de quelques
seigneurs et gentilhommes particuliers françois, et
surtout d'aucuns de nous autres qui estions là [1], qui
luy avions promis la pluspart que je sçay bien, car
nous ne demandions pas mieux. Je m'assure bien
que le conte de Brissac n'y eust pas failly, quand il
eust deub avoir tout son bien de France confisqué
et son corps banny. Je sçay bien ce qu'il m'en dist,
et M. d'Estrozze aussi; car ilz aymoient et honnoroient fort ce grand maistre, et desiroient fort, et

1. Au nombre des Français qui se rendirent à Malte, de Thou
(liv. XXXVIII) cite, outre Brantôme, Philippe Strozzi, Timoléon
de Cossé, Roger de Saint-Lari de Bellegarde, Hardouin de Villier
de la Rivière et René de Voyer, vicomte de Paulmy.

plusieurs de nous, mener les mains soubz luy : aussi cet honnorable homme nous faisoit beaucoup d'honneur et très-bonne chère. Tant que nous fusmes-là, il nous logea et deffraya tous, et si estions force bouches ; et bien malheureux estoit celuy qui en départissoit mal content, car il nous faisoit à tous meilleur traictement et honneur qu'il ne nous appartenoit : aussi la despence estoit trop exesifve, pour en venir sortir d'un' autre qu'il avoit faict pour le siège; mais il se sentit tant honnoré et glorieux de quoy nous autres François estions venus à luy François si librement offrir nos vies et nos biens, qu'il en faisoit une grande ostantation[1] et gloire, qu'il ne pouvoit garder de la maniffester aux autres nations. Aussi ce bon seigneur voulut-il faire enregistrer tous nos noms dans le grand et principal papier de leur thrésor, et le garder là dans les arches[2] à perpétuité.

Il estoit généreux, splandide, magniffique et libéral, et pour entretenir sa magniffcence, libérallité et splandeur, il s'advisa d'armer deux gallères à soy, outre celles de la religion, et en fit capitaine M. de Romegas de l'une, et M. de Sainct-Aubin[3] de l'autre; mais M. de Romegas commandoit à toutes deux, et M. de Sainct-Aubin luy obéyssoit : tous deux François et Gascons, et tous deux fort braves et vaillans, et très-renommez et très-heureux, et surtout M. de Romegas, qui a esté tel, qu'avec ces deux gallères il a battu et rebattu les Turcz plus ordinairement que n'a jamais faict capitaine chrestien despuis nos temps

1. Le ms. 3264 porte par erreur *obstention*.
2. *Arches*, archives. — 3. Jean Ysoré de Saint-Aubin.

(je metz à part les généraux des grandes armées); et a esté plus parlé de Romegas en Turquie et en Grèce que de nul autre : si que j'ay veu des esclaves turcz en chanter des chansons sur leurs grandes guyternes, qui avoient estées faictes et composées en Turquie et Constantinoble, et en leur langue, là où ilz racontoient de ses vaillances et de ses prises qu'il a faictes sur eux, qui sont estées fort grandes. Aussi sans elles M. le grand maistre n'eust sceu tant despendre.

Ledict M. de Romegas, avec ses deux gallères, ne faisoit jamais difficulté d'attaquer cinq ou six galliotes turquesques d'Alger, et tousjours les battoit, ou les mettoit à fondz, ou en amenoit. Avec ce qu'il estoit fort vaillant, il estoit fort sage et rusé capitaine; il sçavoit très-bien prendre son party, et aller faire ses prises où il falloit, et bien à poinct. Je fus une fois avec luy en cours, et trouvasmes une nauf vénitienne que le calme avoit pris; elle pouvoit monter à cinq cens tonneaux. Il alla droict à elle, et n'avoit que sa seule gallère. Nous la trouvasmes fort leste, et en deffences de pavesades et d'extrapontins[1] à l'entour de la nauf, et la gondole tirée à eux et remplie d'eau contre le feu. M. de Romegas, ayant recognu la bandière de Sainct-Marc, ne voulut passer outre ny laisser jouer le canon de courcie, bien qu'aucuns luy conseillassent; mais il estoit sage : il ne fit seullement que commander d'amener, faire sortir la gondolle en mer, et sçavoir s'il y avoit robe[2]

---

1. *Extrapontin, strapontin,* hamac; de l'italien *strapontino.*
2. *Robe,* marchandise, de l'italien *roba.*

de contrebande, et prendre langue d'où ilz venoient; et puis les recommanda à Dieu et à leur chemin. Il se faisoit bien fort de l'emporter s'il ne fust esté vaisseau chrestien.

Quand il alloit en Grèce, et que ses gens prenoient terre pour aucuns raffraischissemens et bois et eau, vous eussiez veu les bonnes gens et femmes de village luy porter des poulletz, des fromages, des laictages, des œufz, des fruitz, bref, de ce qu'ilz avoient de leurs petites mesnageries et commoditez, seulement pour le voir; et, l'ayant veu, s'en retournoient en grand' admiration, joye et contentement. Bref, c'estoit un très-grand capitaine et grand ennemy des Turcz, et qui n'estoit jamais à son ayse qu'il ne leur fist la guerre; ce qui fut cause de son malheur et de sa mort, d'autant que, voyant le grand maistre[1] succédé à M. Parisot fort lent et négligent en son estat, et ne faire point les actions de son prédécesseur pour la guerre, il machina contre luy pour l'oster de son estat, comme indigne, et fit de grandes brigues parmy ses compaignons, dont plusieurs grandz princes en conceurent contre luy hayne et grand mescontentement. Je sçay bien ce que j'en ouys dire un jour au roy; car les grandz sont ennemis mortelz des petitz qui se révoltent contre leurs supérieurs; et luy donna un très-grand blasme, et qu'il seroit contre luy, et mesme envoya à Malte pour s'offrir au grand maistre. Le pape y envoya aussi pour appaiser ceste

---

1. Jean Lévêque de la Cassière, grand maître en 1572. Il fut déposé par ses chevaliers en 1581 et mourut le 21 décembre de la même année, à Rome, après avoir été rétabli par le pape.

rumeur, et manda venir M. de Romegas à Rome, où estant, fut fort admiré et bien veu de Sa Saincteté; mais pourtant on dict qu'il se trouva empoisonné, dont il mourut. Toustesfois, son enterrement fut fort honnorable et pompeux, et tel que le grand maistre n'en eust sceu avoir de pareil. Ce fut grand dommage de ce grand capitaine, car, après M. le grand maistre Parisot, ça esté le premier de tous les siens; que s'il fust esté grand maistre, il eust faict de grandes choses.

On dict qu'un homme, après qu'il a esvité un grand malheur extraordinaire et extrême, l'heur l'accompaigne par après bien grand, ainsi qu'il fit un jour dans le port de Malte, qu'il vint une bourrasque de mer qui luy renvoya et remit en un instant sa gallère sans dessus dessoubz; et luy, qui estoit endormy seul dans la chambre de poupe, demeura léans engagé de telle façon, qu'il luy falut ouvrir la gallère par le ventre, près la carène qu'elle monstroit par le haut, et y faire un trou par où il sortit, qui fut un grand miracle. Du despuis il fut grandement heureux.

Son compaignon, M. de Sainct-Aubin, faict de sa main et de M. le grand maistre, a esté aussi un trèsbon capitaine, et l'a monstré en beaucoup de beaux combatz, butins et belles prises faictes au proffit de la religion et du sien aussi; car il a faict bource et argent en bancque, ainsi que M. de Romegas en avoit force. Aussi, bien fol est celuy qui s'oublie, et qui a la main à la paste, n'en prend, comme l'on dict. Quand nous estions à Malte, M. le grand maistre envoya Sainct-Aubin en cours et pour prendre langue de l'armée, de laquelle il estoit incertain si elle venoit à Malte ; et s'en tournant il trouva deux grandes galliotes d'Alger qui estoient au neveu de Dragut ; il les chargea, les combattit, en mit une à fondz, et l'autre l'emmena à Malte très-glorieusement et heureusement, qui fust le très-bien venu et fort estimé.

Ces deux bons capitaines avoient deux braves lieutenans fort vaillans : l'un le chevallier de Lussan, aujourd'huy grand prieur de Sainct-Gilles[1], de M. de Romegas ; et l'autre le chevallier de La Douze[2], de Sainct-Aubin : tous deux despuis commandeurs, qui ont bien assisté leurs capitaines.

C'est grand dommage que ces braves et vaillans chevalliers maltois ne sont mieux assistez des princes chrestiens, et n'ont de plus grandz moyens en leur Religion. Tant s'en faut, qu'en nostre France on les a mis à la taxe de l'alliénation du temporel de l'église comme les autres ecclésiastiques ; qui est une grande conscience, oster à ces gens de bien, d'honneur et de valeur, leur bien, qu'ilz exposent tous les jours avec leurs corps contre les infidelles et ennemis de la foy, et, n'estant qu'une petite poignée d'honnestes gens, font peur à toute la Turquie ; qui fut cause du siège de Rhodes et de Malte, les Turcz voulans fort oster ceste espine de leur pied. A la prise de la ville d'Affrique et au grand assaut qu'y fut donné, furent tuez trente chevalliers, et autant de blessez.

---

1. Pierre d'Esparbez de Lussan, grand prieur de Saint-Gilles, ambassadeur de son ordre vers Henri IV.
2. François (ou Gabriel) d'Abzac de la Douze.

Estoit-ce s'espargner, pour si petit nombre qu'ilz paressent en leur Religion?

A ceste première vente ecclésiastique[1] messieurs lesdictz chevalliers y estoient compris; mais M. l'admiral, se trouvant au conseil lorsque cela fut proposé, s'y oposa, et dist tout haut que c'estoit leur faire tort, et n'y devoient estre compris, et y publia fort leurs valeurs et vertuz; enfin, il débatit et opiniastra si bien entre les plus grands prélatz, mesmes M. le cardinal de Lorraine, que je sçay qu' y estoient, qu'il le gaigna et l'emporta par-dessus eux. Je le sçay bien, j'estois lors à la court; et sçay encor ce que j'en ouys dire une fois à M. le grand maistre, et l'obligation qu'ilz en avoient tous à M. l'admiral. Du despuis ilz l'ont trouvé à dire, et y sont estez despuis aussi[1] bien compris que les autres. Ces pauvres gens ne devoient point avoir telles rongneures en leur bien, car ilz n'en ont pas trop; et si peu qu'ilz en ont, il ne leur vient qu'après l'avoir bien gaigné par longs services, peines, travaux, malaises, malladies et blessures; et lorsqu'ilz sont vieux et cassez, qu'ilz n'en peuvent plus, et n'ont temps, commodité ny plaisir d'en jouir, ilz en ont tellement quellement[2].

1. *Var*. Et y sont asture aussi (ms. 403 v°).
2. *Var*. Ainsi que dict ung jour Théode Bedene, albannoys et cappitaine de chevaux légiers albannoys, au feu roy Henry deuxiesme qui l'asseuroit toujours, et de jour à autre le remettoyt, qu'il luy feroyt du bien. Il luy respondit : *Mi sarete bene quando non havro cazzo ne denti*, comme mettant toute sa félicité des biens en la jouissance de ces deux membres. — Ces lignes sont effacées sur le ms. 6694, f° 403 v° et 404).

Pour finir, je dis avec tout un monde : que M. le grand maistre Parisot a esté très-grand capitaine; il en avoit toutes les quallitez. Outre sa vaillance et capacité, il estoit un très-bel homme, grand, de haute taille, de très-belle apparance et belle façon, point esmeue¹, parlant très-bien en plusieurs langues, comme bon françois, italien, espaignol, grec, arabe et turc, qu'il avoit apprises tant esclave parmy les Turcs qu'ailleurs. Je l'ay veu parler toutes ces langues sans aucuns truchementz. Je vous laisse à penser si, avec toutes ces belles quallitez, quand il fust esté en présence et en discours avec tous les grandz princes qu'il vouloit araisonner, ce qu'il leur sceut dire très-bien pour les esmouvoir à sa ligue très-saincte. Et mourut après avoir dessaigné, basty et construict la nouvelle ville de Malte, qu'on peut dire aujourd'huy la plus forte ville de la chrestienté, et avoir si bien logé messieurs les chevalliers, qu'à jamais ilz sont invincibles. Dieu le veuille ! C'est assez parlé de luy : encor, pour un si grand subject, pensé-je n'y avoir pas bien attainct ny sattisfaict; mais on excusera mon imbécillité.

Il faut donc finir ce livre; et tout ainsi que le commancemant a esté pris d'un très-grand empereur, Charles V⁰, la fin se fera par un très-grand roy de France, Charles IX⁰ : non qu'il aye faict les choses grandes comme l'empereur; mais il estoit bien aussi

Le roy Charles IX

---

1. *Esmeue*, embarrassée.
2. Charles IX, second fils de Henri II et de Catherine de Médicis, né à Saint-Germain en Laye, le 27 juin 1550, succéda à son frère François II, le 5 décembre 1560, et mourut à Vincennes, le 30 mai 1574.

courageux et généreux pour en entreprendre et en faire possible d'aussi grandes et hautes, et en venir à bout comme luy, s'il n'eust eu les traverses de la guerre civile, qui arrivent souvant à jeunes roys, et s'il eust vescu. Et mourut en le bel aage jeune que l'empereur commança à prendre les armes et sortir d'Espaigne.

Lorsque ce gentil jeune roy Charles vint à la couronne, il y eut plusieurs philosophes astrologues, et sur tous Nostradamus, qui, curieux de sonder son ascendant et horoscope, trouvarent qu'il seroit un jour un très-grand, vaillant et très-fortuné prince, jusques à parvenir à la grandeur du grand empereur Charlemaigne, et ne luy céder en rien à ses grandeurs, valeurs, fortune et belles quallitez; mesmes nos poëtes françois, flateurs de leur nature, qui par leurs entusiasmes veulent contreffaire les astrophiles, en firent plusieurs poëmes qui en furent imprimez et publiez. Cela faisoit grand bien aux foyes de la reyne sa mère, qui, quasi le croyant, s'en esjouissoit beaucoup; les quites vois populaires en raisonnoient, dont en fut faict un traicté des *Neuf Charles.* Je pense qu'il se trouveroit encore par escrit et imprimé[1].

Et certes, possible, il faut croyre que, veu la noble naissance de ce roy, sa belle nourriture soubz la reyne sa mère et M. de Sipierre, qui ne luy preschoit jamais que la valeur, la grandeur et l'ambition

1. L'*Histoire des neuf roys Charles de France*, contenant la fortune, vertus et heur fatal des roys qui, sous ce nom de Charles, ont mis à fin des choses merveilleuses, par F. de Belleforest, 1568, 1572, in-f°.

comme je l'ay veu, il eust peu parvenir à la moytié ou troisiesme partie de la grandeur, félicité et beaux actes de ce nostre grand roy et empereur Charlemaigne, n'eussent esté les guerres civiles, qui empescharent le tour de la fortune qui se préparoit à luy. Et si les grandz capitaines que le roy son père luy avoit laissez par un très-riche et noble héritage, qui s'amusarent en ces misérables guerres, eussent tourné leurs valeurs, belles conduictes et factions qu'ilz y employarent, possible que messieurs les astrologues se fussent trouvez vrayz, et leurs prophéties et tout; et eussent faict trembler soubz leurs armes les provinces estrangères, comm' ilz firent la France.

Si ne veux-je pourtant celler les grandes louanges, valeurs et vertuz de ce grand Charles, que je n'en die quelques motz très-beaux que j'ay emprumptez de ce grand historien Paule-Æmile, de ce qu'il raconte de la seconde fois qu'il fut à Rome, et de la renommée de ses vaillances et beaux exploictz d'armes, de luy et des siens. Ce grand et docte historiographe Paule-Æmile[1], dans la vie de Charlesmaigne, raconte donc que : la seconde fois qu'il fut à Rome, la renommée de ses vaillances et beaux exploictz d'armes, de luy et des siens, s'estoit si fort espendue parmy tout l'univers, que tout le monde d'alors, le desirant voir dans la plus grande et principalle ville de la terre, n'espérant au-delà rien voir de plus beau ny de plus grand, y estoit accouru si fort, que les chemins en estoient tous couvertz et rompus de peu-

---

1. Voyez *Pauli Æmilii de Rebus gestis Francorum*, Paris, 1555, in-8°, f°s 88, 89.

ple, que rien plus, dont la plus grand' part différoit de langue, de région et de nation, et presque tous estoient diversement habillez. Le pape Léon pour lors le receut en tout honneur devant la porte de l'église, qui avoit commandé que chaque nation se divisast pour aller par bandes au devant de ce grand roy, qui n'estoit encor esleu ny couronné empereur. Tout ce qui estoit de beau et de magniffique dans Rome fut lors apparu; un chascun en sa langue chantoit ses louanges : par quoy ses princes, barons, paladins et braves capitaines, voyans leurs faictz estre extollez, dans ceste grande Rome, des hommes de toutes les partz du monde, s'aperceurent qu'ilz estoient vrayment bien cogneuz en tous lieux et endroictz; ce qui leur revenoit à une grand' gloire, joye et contentement, et, qui plus est, à un désir plus eschauffé de faire à l'advenir encor mieux que jamais, esperant jouyr de ceste gloire durant leur vie et d'une mémoire immortelle après leur mort.

Toute ceste grand' multitude doncques vist par grand' admiration ce grand roy, tant pour l'ornement de ses valeurs et victoires que pour la belle apparence et façon de sa personne ; car il estoit haut, de belle taille, robuste, sain, assez gros, bien proportionné de membres, le visage beau, commançant un peu à grisonner, par où il monstroit une plus grande et grave magesté, dict l'histoire. Il fut couronné et proclamé publicquement empereur le jour de Noël (à bon jour bon œuvre), et appellé de toutes voix, grand empereur, auguste, vaillant en guerre, doux et paciffique en paix; disans tous aussi que ce nom et titre luy appartenoit très-bien, voire de monarque, et que celuy de roy estoit trop petit pour luy. Dict encor ce susdict historiographe que jamais on ne vist dans Rome tant d'estrangers, non pas en ce temps mesmes qu'elle commandoit à toute la monarchie; ce qui est un grand cas : et certes il est aisé à le croyre, car, ne desplaise à Octave Cæsar, qui le premier acquist ce grand nom d'Auguste pour luy et les siens, duquel l'empire et la monarchie fut en sa plus grand' vogue, il n'esgalla jamais à Charles de vaillance, car il n'estoit pas des plus vaillans, et fort malladif pour faire de grandes choses, ainsi qu'il en cuyda quicter l'empire pour ceste raison. Il ne donna de si grandes battailles ny gaigna tant de victoires belles que Charlesmaigne, ny mérita d'estre tant veu, regardé et admiré que luy. Certainement il donna et gaigna ceste grande et sanglante bataille de Philippes, comme de nation pareille contre nation pareille; mais on en a parlé un peu mal là de son honneur. Il gaigna celle d'Actiacque, qui fut la plus signallée des siennes, car il en avoit donné force autres; mais comment la combatit-il? Et en emporta la victoire plus par la lascheté de Marc-Anthoine, bien qu'il fust vaillant, mais non pas ce coup là, et la desmesurée amour de la gente Cléopatre.

Or, si Octave devint ainsi monarque, son brave oncle et le nompareil Jules-Cæsar, luy en avoit battu plus de la moytié du chemin, et, qui plus est, il estoit ainsy prédestiné par la prophétie que Nostre Seigneur et Sauveur Jésus-Christ devoit naistre soubz un monarque; ce qui luy ayda le plus à sa fortune et à sa gloire : mais le destin ne porte jamais tel coup de mérite comme la valeur et la vertu. Charlesmaigne, toutes les guerres qu'il fit et les battailles qu'il gaigna furent pour la gloire de Nostre-Seigneur et de sa saincte religion, luy le plus souvant en personne dans ses armées et le plus advant dans les meslées. Dieu aussi l'en couronna au ciel, d'une belle couronne, et le sanctiffia pour estre révéré en terre, comme nous faisons mesmes les jours de sa feste. Octave mena ses guerres par grand' impétuosité et innimitié, pour vanger la mort de son oncle, et ne cessa jamais qu'il n'en vist la totale vangeance parachevée jusqu'à l'extrémité, voire par de là, s'il se peut rien adjouter à un' extrémité.

Ah! brave nepveu et juste vangeur de l'oncle! Si Charles mérita tant de gloires parmy les chrestiens guerriers ou autres, pour avoir si bien servy Dieu et son église, tu en mérite bien autant parmy les cavalliers et ceux qui font proffession de l'honneur mondain, d'avoir si bien poursuivie et accomplie ceste honnorable vangeance : aussi avois-tu encor de reste force vieux et braves soldatz de ton oncle, leur vaillant et bien aymé général, qui, passionnez de sa mort et de leur perte, ne s'y espargnarent pas, jusques à s'en saouler de sang. Ah! que peu de nepveuz se sont-ilz trouvez pareilz en pareilles vangeances de leurs oncles meurtris ou autrement offancez, non pas des enfans mesmes, qui ont laissé la mort de leurs pères assassinez sans la moindre vangeance du monde; et, sans respect d'aucune injure, font aliance, confédérations, amitiez et familliaritez avec les meurtriers; ce qui est abhorrable et leur revient à une honte fort infâme. Ilz devoient mourir ou vanger', et n'en laisser leurs âmes souillées par faute d'une belle résolution et d'un bon coup.

J'en dis de mesmes de plusieurs créatures qui ont receu un' infinité de biensfaictz de leurs roys bienfacteurs; au diable la vangeance qu'ilz en ont faicte pour leurs meurtres et assassinatz! Les plus refformez chrestiens et ressarrez[1] religieux les en louent, et disent qu'il faut oublier les offances, selon Dieu et sa parolle. Cela est bon pour des ermites et des récollez[2], mais non pour ceux qui font proffession de vraye noblesse et de porter une espée au costé, et leur honneur sur sa poincte. Ou bien qu'ilz la pendent au crochet, près de leur lict, ou qu'ilz se rendent absolument relligieux, comm' ont faict aucuns; et par ainsi seront excusez soubz ce bon habit de dévoction. S'ilz disent qu'ilz font toutes ces mines d'amitiés faintes et alliances pour reculer à mieux sauter et attrapper leurs hommes, cela n'est nullement beau ny recevable parmy les gens d'honneur, car cela ressent mieux sa lasche trahison qu'une généreuse vangeance. Et bien, s'ilz disent encor qu'ilz veulent ensuivre la parolle de Dieu et luy laisser la vangeance comm' il l'a retenue, passe celuy-là; mais au moins qu'ilz ne se confédèrent ny familliarisent avecqu' eux, non pas seulement qu'ilz les saluent ny advisent.

Ilz n'ont garde de faire ce que fut faict il y a quelques années en Italie, dont j'en vays faire le conte. Au siége vacquant du pape Caraffe[3], vint à Rome de

1. *Ressarrez*, stricts, sévères. — 2. *Récollez*, récollets.
3. Paul IV mourut le 18 août 1559. Son successeur Pie IV fut élu le 26 décembre suivant.

la court de France, avec M. le cardinal de Guyze, le comte Téofe, Ferrarois, gentilhomme de la chambre du roy Henry II°, qui l'aymoit fort. Un soir, ayant joué jusques à minuict avec M. le grand prieur de France, de la maison de Lorraine, ainsi qu'il sortoit de Monte-Jourdan vers son logis, fut rencontré d'un sien ennemy en la rue, qui luy donna un coup de pistollet à travers le corps et le tua tout roide mort. L'alarme en vint à M. le grand prieur qu'y accourut, et tous nous autres avec luy : nous n'y trouvasmes que le corps et deux de ses vallets qui le gardoient, et en accusarent le meurtrier. Sa femme vint de Ferrare quinze jours après, avec deux de ses enfans de l'aage de dix à douze ans l'un et l'autre, pour demander justice. Je la vis assez belle femme et ses enfans bien jollys. Il n'en fut autre chose, sinon qu'au bout de six à sept ans, s'estans faictz grandz d'aage et de courage, firent entreprise sur le meurtrier de leur père, si bien et si beau qu'estans un jour entrez en sa maison par surprise, ilz le tuarent, luy, sa femme, ses enfans, ses filles, tous ses serviteurs, bref jusques aux chiens, aux chats et tout ce qui estoit de vie léans. C'estoit vanger cela, et sans aucune espargne d'une seule goutte de sang! J'estois lors à la court quand ces nouvelles y vinrent, que l'ambassadeur de Ferrare les conta à madame de Nemours et madamoyselle de La Mirande, que j'y estois présent.

Nous avons eu, n'a pas long-tempz, le vaillant M. de Mouy, filz de ce brave et vaillant M. de Mouy, et grand capitaine, duquel je parle ailleurs et de sa valeur, assasiné par Montravel traistreusement, comme j'en parle ailleurs; aussi un jour, sans aucune appréhention de danger de mort ny de justice, vint le charger, bien qu'il fust accompaigné ordinairement de six à sept assassins comme luy, tous pestrinalliers[1], à qui le roy en avoit donné ce privilège, odieux pourtant à un chascun de la court, et mesmes aux gens de bien; le tue bravement par une belle résolution en plein jour et belle rue de Paris. Il est vray qu'il y fut tellement blessé d'un pétrinal à travers le corps, qu'il en mourut, non tout à coup sur-le-champ; et sans madame de Nemours, qui a esté toujours bonne, pie et miséricordieuse, le roy le vouloit faire exécuter: grande rigueur pourtant, disoit-on à la court, mais ce brave gentilhomme ne se soucia jamais de sa mort, en quelque sorte que ce fust, disoit-il, et mouroit content puisqu'il avoit vangé la mort de son brave père, et luy avoit immollé ce traistre et massacreur à ses mânes généreuses[2].

J'allegue icy M. de Guyze dernier, ce valeureux prince qui vangea la mort de son père, ce grand François de Lorraine, à qui je vis dire, après sa mort, tout jouvencet qu'il estoit de l'aage de treize ans, qu'il ne mourroit jamais qu'il n'en eust vangé la mort; ce qu'il fit, après en avoir longuement pour-

---

1. Le *pétrinal* ou *poitrinal*, dit le *Trésor* de Nicod, est une espèce d'arquebuse plus courte que le mousquet, mais de plus gros calibre, qui, pour sa pesanteur, est portée à un large baudrier pendant en écharpe de l'épaule et couchée sur la poitrine de celui qui la porte quand il la veut tirer; pour ce a-t-il tel nom. » *Pétrinalier* était le soldat qui en était armé.

2. Voyez sur ce meurtre le *Journal* de l'Estoile, à la date du jeudi 14 avril 1583. Suivant lui, Mouy (Claude-Louis Vaudray, seigneur de Mouy) fut tué sur le coup, et son ennemi, François Louviers dit Montravel ou Maurevert, mourut la nuit suivante.

tant temporisé et persisté en ceste opinion, bien que celuy qu'on soubçonnoit, qui estoit M. l'admiral, n'en estoit tant coulpable que l'on croyoit, ainsi que j'en parle assez en sa vie. D'autres en estoient bien plus coulpables qui n'en pâtirent jamais, lesquelz j'ay nommés ailleurs[1]; mais il falut que ce grand capitaine payast l'escot pour les autres, et aussi, comme je luy[2] ai ouy dire quelquesfois, qu'il ne sentoit les autres dignes de sa hayne et de sa collère et vangeance, n'en voulant qu'au grand capitaine comme luy.

Or c'est assez parlé de ces vangeances, bien que j'en eusse allégué un' infinité de très-beaux exemples; j'en parleray aussi ailleurs; mais il faut finir, pour retourner encor à ce grand Charlemaigne et Octave, lequel fut tant redoubté en son empire et monarchie, que les Parthes, s'estans donnez le nom de invincibles, envoyarent rechercher ledict Octave d'amitié et confédération. Il la leur accorda soubz condition de luy rendre les enseignes que Crassus et Marc-Anthoine avoient perdu aux guerres passées à l'encontre d'eux. Il ne se parle point qu'ilz les rendirent, mais dict bien Suetonne[3], que Tybère les redemanda; et demeurent là courtz lez historiens. Charlesmaigne fut requis de Aaron, roy de Perse, de semblable amytié et de paix, et pour ce luy envoya de fort beaux présens, jusques à un grand éléphant, que les François, qui n'en avoient veu jamais, se pleurent fort à le voir par grand' merveille.

1. Voyez tome IV, p. 251. — 2. *Luy*, le duc Henri de Guise.
3. Recepit et signa quæ M. Crasso ademerant Parthi. (*Vie de Tibère*, ch. ix.)

Ce présent certes fut admirable et rare pour lors ; mais chose plus rare fut qu'on treuve en la vie de l'empereur Severus[1] qui, ayant deffaict les Parthes, il donna à ses gens et despartit esgalement, le plus que faire se peust, tout le butin qu'on avoit gaigné en ceste province; et ne garda rien pour luy, fors un anneau de licorne, un papegaut blanc et un cheval tout verd, qu'il estima plus pour la rarité et couleur naifve et belle que pour la valeur, comme certes il avoit raison ; car nul butin, tant précieux fust-il, ne l'eust peu esgaller, et surtout ce cheval verd de nature. C'estoit bien honnorer ce grand prince, car ces gens là sont estez de tous temps très-belliqueux, rogues et arrogans ; voire se disans invincibles, comme j'ay dict. Leurs faictz passez en font foy, et encores aujourd'huy, pour les guerres et les deffences qu'ilz ont faict contre ce grand sultan Solliman, invincible comme' eux, et de fraiz, contre ce brave Amurat, duquel la mort est fort regretable, car il n'estoit pas trop ennemy des chrestiens. Pour fin, qui voudra bien considérer toutes circonstances et toutes choses, on trouvera, qu'en la comparaison de ces deux susdictz grandz empereurs, que rien ou peu y manque, mesmes tous deux fort malheureux en lignée de chasque sexe; car aucuns de leurs enfans, petitz-enfans et neveux, sont estez aussi vicieux, que les filles, petites-filles, bonnes vesses et putains : voyez les histoires. Ainsi le monde va, qui se hausse et se décline selon la fortune, mais, pour mieux parler, selon la voulonté de Dieu, qui conduict les temps

---

1. Septime Sévère.

et les saisons comm' il luy plaist avec les personnes ; aussi que le naturel du temps est de *gastar y mudar todas las cosas*, comme dit l'Hespaignol[1] !

Pour me rendre à parler encor de ce roy Charles IXe, je diray qu'il estoit si courageux, bouillant et hardy, que si la royne sa mère qu'il craignoit et honnoroit fort, ne l'eust arresté en ses plus jeunes ans, que la guerre civile se suscita contre luy, il vouloit luy-mesme estre en personne en ses armées et luy seul en estre le général. Je me souviens que, lors de ce commancement, les huguenotz crioient partout que ce n'estoit point contre le roy à qui ilz faisoient la guerre, ny qu'il la leur faisoit, mais le roy de Navarre et le Triumvirat. Sur ce, il fut arresté au conseil que le roy meshuy marcheroit, tout jeune qu'il estoit; mais jamais je ne vis personne si aise que luy quand il entendit ceste sentence, et qu'il fallut aler au siège de Bourges, et de Rouan, et Havre et autres, où y estant il désespéroit de quoy la reyne ne luy permettoit de s'approcher plus près de la ville ny des trenchées qu'il ne faisoit. Quand le siège estoit devant Paris[2], il en vouloit faire de mesmes ; mais la reyne le tenoit tousjours de court.

Après la mort de M. le connestable, il y eut quelqu'un que je sçay qui luy demanda l'estat de connestable. Il luy respondit : qu'il estoit assez fort et puissant pour porter son espée, et n'avoit en cela besoing de l'ayde d'autruy, d'autant que l'estat de connestable est de porter l'espée devant le roy quand

---

1. D'altérer et changer tout. — 2. En 1567.

il marche en sollempnité. Mais il fut bien trompé, car, pensant luy-mesme faire cet estat et aller en ses armées, la reyne voulut que Monsieur, son bon filz, fust son lieutenant général ; dont il fust encor plus despité, disant qu'il estoit aussi ou plus capable que luy, et plus vieux pour conduire son armée, et qu'il n'avoit point de besoing de lieutenant en ses armées, puisqu'il le pouvoit estre luy-mesme.

Quand la reyne le mena vers Metz pour rompre le dessaing de l'entrée du duc des Deux-Pontz en France, il voulut aller commander à l'armée que menoient messieurs de Nemours et d'Aumalle; elle ne le voulut non plus : et lorsqu'ilz entrarent, il dist que s'il y fust esté ilz n'y fussent jamais entrez, ou qu'il eust crevé, et que sa vie n'estoit point plus chère à la France que celle de son frère; que quand il l'auroit perdue son frère prendroit sa place, et par ainsi le royaume ne seroit jamais sans roy; et sa vie n'estoit point de si grand' conséquance qu'elle deust estre si précieusement gardée dans un coffre comme les bagues de sa couronne.

Après les batailles de Jarnac et Montcontour, il y eut M. Daurat qui luy présenta quelques vers qu'il avoit faictz à sa louange : « Ha ! dist-il, n'escrivez
« point rien désormais pour moy, car ce ne sont
« que toutes flateries et menteries de moy, qui n'en
« ay donné encor nul subject d'en bien dire; mais
« réservez tous ces beaux escritz, et tous vous autres
« messieurs les poëtes, à mon frère, qui ne vous
« faict que tous les jours tailler de bonne besongne. »
Monstrant par là une compassion, qu'il avoit de luy-mesme, et une sourde émulation de Monsieur, son

frère, duquel il disoit souvant : que la reyne, pour l'aymer plus que luy, luy ostoit l'honneur qu'il devoit avoyr; dont il ne cessa jamais de l'importuner, presser et luy faire parler par les uns et les autres, et mesmes par M. le cardinal de Lorraine, d'aller au siège de Sainct-Jehan-d'Angely, où il se pleust si fort, qu'on ne le pouvoit retenir qu'il n'allast souvant dans les trenchées, et ne s'y parust à descouvert comme le moindre soldat de son armée, pour le plaisir qu'il y prit. Il dist qu'il voudroit de bon cœur que Monsieur, son frère, et luy deussent tenir le royaume alternativement, ou qu'il deust tenir sa place la moytié de l'année.

Ce n'estoit pas ce qu'il dist lorsqu'il fut sacré à Raings, n'ayant que douz' ans, et que la reyne sa mère luy demanda si son aage luy pourroit permettre de porter la peine ce jour là et faire toutes les longues cérémonies nécessaires et requises à ceste feste. Il respondit : « Je ne reffuseray jamais, mada-
« me, une telle peine, et me sera très-douce toutes
« et quantes fois qu'un tel royaume se présentera à
« moy. »

Si est-ce qu'une fois, oyant parler à feu M. de Sipierre des guerres du Piedmont et des vieilles bandes des soldatz qui les faisoient, et comm' il les faisoit beau voir en leur bel ordre, pollice et discipline militaire, il dist qu'il eust voulu avoir esté de ce temps et par mesme moyen porter l'harquebuz, et qu'il se fust bien faict valoir.

Après ceste prise de Sainct-Jehan, il vouloit bien passer plus outre, et suivre messieurs les princes et admiral jusques en Gascogne et Languedoc; mais la reyne rompit ce coup, et Monsieur, luy donnant à entendre que son armée n'en pouvoit plus et s'en alloit toute perdue si elle ne se reposoit. Nous tenions que Monsieur le disoit et le tenoit à dessaing, afin qu'il ne prist si grand goust à ceste conduicte d'armée, que son authorité n'en fut roignée, ainsi que M. de Tavannes avoit conseillé à la reyne de faire la paix, laquelle l'entreprit, comme j'ay dict ailleurs; et pour ce il se retira à Angers, où l'on la commança à traicter, si bien qu'elle fust faicte, non qu'il la desirast autrement, sinon d'autant pour se préparer mieux à la feste de Sainct-Barthélemy et attirer à soy, par ce moyen, M. l'admiral à Bloys et à Paris, comme il fit.

Les uns disent qu'elle n'avoit point esté arrestée, sinon au pont Sainct-Clou, un mois advant, comme j'ay dict ailleurs ; autres disent sinon après la blessure de M. l'admiral et les menaces de ses confidans; autres dès ceste paix faicte, encor longtemps avant, comme l'on présume par les parolles que le roy dist après la feste passée. « N'ay-je pas bien joué mon « jeu? dist-il; n'ay-je pas bien sceu dissimuler? n'ay-« je pas bien appris la leçon et le latin de mon ayeul « le roy Louys XIe? » On disoit qu'il avoit appris d'estre ainsy dissimulateur de son grand favory Albert Gondy, mareschal de Raiz, qui estoit un florentin, fin, caut et trinquat, corrompu, grand menteur et dissimullateur. Pour parler de luy en deux motz, son grand-père fut musnier à deux lieus près de Florance, d'un moulin où il se retira durant la Ligue, n'osant demeurer en France; mais il y laissa sa femme pour y faire valoir son tallant. Puis son père fut banqueroutier¹ à Lyon, et sa mère, madame du Peron², grande revanderesse de putains; et pour ce le roy Henry la prit en amitié et la fit gouvernante de ses enfans, et surtout du roy Charles IXᵉ, à qui elle donna son filz le Peron, qui fut long-temps commissaire des vivres aux armées. Le roy emprès le prit en amytié, et ne l'appelloit jamais que son serviteur : et puis estant roy, l'advança ainsi qu'il a esté³. Et apprit au roy à jurer, à faindre et à dissimuller, car de son naturel il ne l'estoit nullement en sa jeunesse, estant fort ouvert, prompt et actif, vigillant, esveillé et peu songeart, comme doit estre tout dissimullateur⁴.

De plus, feu M. de Sypière, son gouverneur, qui estoit le plus généreux et le plus brave seigneur qui fust jamais gouverneur de roy, ne l'estoit nullement, mais tout légal⁵, franc, ouvert et du cœur et de la bouche, point menteur ny dissimullateur, qui l'avoit nourry très-bien et instruict, et ne l'avoit jamais faict estudier dans les chapitres de dissimulation : aussi disoit-on, qu'après sa mort ledict mareschal de Raiz, dict lors le Peron, le pervertit du tout et luy

---

1. *Var*. Banquier ou banqueroutier à Lyon (ms. 6694, fᵒ 405).
2. Suivant Moréri, Antoine Gondi, né en 1443, fut élu en 1481 l'un des *bons hommes* de la république de Florence, et de sa femme, Madeleine Corbinelli, eut, entre autres, Antoine de Gondi. Celui-ci vint en France, y acquit la terre du Perron, dont il prit le nom, fut maître d'hôtel de Henri II et épousa Marie-Catherine de Pierre-Vive. L'aîné de ses fils, Albert de Gondi, fut maréchal de France et le premier duc de Raiz.
3. Les treize dernières lignes qui précèdent ont été raturées sur le ms. 3264 (fᵒ 74).
4. *Var*. Comme est tout dissimulateur. — 5. *Légal*, loyal.

fit oublier et laisser toute la belle nourriture de ce brave gouverneur; si bien qu'on disoit qu'il l'avoit appris à jurer ainsi desbordement comm' il faisoit, bien que M. de Sypiere jurast quelquesfois ; mais c'estoit en cavallier, non le Perron, qui juroit et renioit en sergent qui prend un pauvre homme par le collet qui ne se deffend, comme l'on le disoit à la court; car on tenoit, et tient-on encor le Perron le plus grand renieur de Dieu de sang-froid qu'on peust voir. Ainsi avec les loups apprend-on à hurler : si bien que le roy apprit de luy ce vice, qui s'y accoustuma si fort, qu'il tenoit que jurer et blasphémer estoit une forme de parolle et devis, plus de bravetté, de gentillesse, que de péché; à cause de quoy il ne faisoit point de difficulté de faucer sa foy toutesfois et quantes qu'il vouloit et luy venoit en fantaisie : de sorte qu'on donnoit lors à la court ce los à Monsieur, son frère, qu'il la tenoit mieux et plus ferme que le roy, si bien que quand il avoit assuré une chose et donné sa parolle et sa foy, ell' estoit inviolable ; mais il ne la tint guières bien despuis à l'endroit du pauvre M. de Guyze. Voylà comm' il se changea, comme l'autre à l'endroict de M. l'admiral, à ceste bonne feste où l'on dit que le roy pour le coup n'y voulut point tant entendre.

Il s'en est dict de tant diverses façons, qu'on ne sçait qu'en croyre ; mais il fut tant poussé de la reyne, et persuadé du mareschal de Raiz, qu'il s'y laissa aller et couler aysément, et y fut plus ardent que tous ; si que lorsque le jeu se jouoit, et qu'il fut jour, et qu'il mit la teste à la fenestre de sa chambre, et qu'il voyoit aucuns dans les fauxbourgs de Sainct-

Germain qui se remuoient et se sauvoient, il prit un grand harquebuz de chasse qu'il avoit, et en tira tout plein de coups à eux, mais en vain, car l'harquebuz ne tiroit si loing. Incessamment crioit : *Tuez, tuez !* Il n'en voulut sauver aucuns, sinon maistre Ambroise Paré, son premier chirurgien et le premier de la chrestienté ; et l'envoya querir et venir le soir en sa chambre et garderobe, luy commandant de n'en bouger : et disoit qu'il n'estoit raisonnable qu'un qui pouvoit servir à tout un petit monde fust ainsi massacré ; et si ne le pressa point de changer de religion, non plus que sa nourrice, laquelle il aymoit si fort qu'il ne luy reffusa jamais rien, la priant pourtant tousjours de reprendre sa religion catholique, sans la presser ny contraindre autrement ; ce qu'elle fit après la Sainct-Barthellemy, dont il en eut une joye extrême, et le disoit à tout le monde. Mais ce qu'elle en fit, ce fut plus pour luy complaire que pour zelle, car amprès sa mort elle en sentoit encor, et sçay bien ce qu'elle m'en dist un jour à part. C'estoit une très-sage et fort honneste femme.

On donna grand blasme au roy dequoy il ne sauva le conte de la Rochefoucauld[1], qu'il avoit pris en amitié pour sa belle, douce et plaisante conversation, qu'il ne s'en pouvoit passer ; et le soir, quand il fut couché, il le voulut fort arrester et le faire coucher en sa chambre. Ledict conte dist qu'il n'en fairoit rien, et qu'il le retenoit là pour le fouetter la nuict et ne faire que du fol, comme quand ilz es-

---

1. François, comte de la Rochefoucauld.

toient ensemble, et M. le conte de Maulevrier[1] et autres, ilz en faisoient de bonnes. Enfin ledict conte de la Roche s'en alla, où quand le matin on vint pour rompre et fausser la porte de sa chambre pour le tuer (on dit que ce fut Chicot le bouffon et son frère le capitaine Raymond, qui fut tué à une escarmouche à la Rochelle, y faisant très-mal et du poltron; Dieu le punit en cela, et n'estoit si vaillant que son frère Chicot), pensant que ce fust le roy qui le vint fouetter, il se leva et s'habilla aussitost en criant : « Ce sont des jeux du feu roy vostre père; « vous ne m'y attraperez pas, car je suis tout chaussé « et vestu. » Et ayant commandé qu'on ouvrist, il fut ainsi tué en pensant à autre jeu. Le roy le regretta pourtant, au moins en fit semblant, et pour excuses il dist qu'il luy avoit bien dict deux ou trois fois de ne bouger; mais l'on le devoit retenir par force, car le plaisir n'estoit qu'à demy. Toutesfois aucuns luy dirent, et mesmes ledict mareschal[2], son grand favory et conseil, qu'aussi bien s'il fust eschappé il luy eust faict autant de mal que jamais; car il ne se fust réduict non plus qu'un hérétique, et qu'il avoit grand crédit parmy les huguenotz, et qu'il remueroit encor; enfin que la deffaicte en estoit aussi bonne que des autres.

Quelques jours amprès que M. l'admiral fut tué et porté à Monfaucon pendu par les piedz, ainsi qu'il commançoit à rendre quelque senteur le roy l'alla

1. Charles-Robert de la Mark, comte de Maulevrier, mort en 1622 à quatrevingt-quatre ans.
2. Le maréchal de Raiz.

voir. Aucuns qui estoient avec luy bouchoient le nez à cause de la senteur, dont il les en reprit et leur dist : « Je ne le bousche comme vous autres, car « l'odeur de son ennemy est très-bonne; » odeur certes point bonne, et la parolle aussi mauvaise.

Il voulut voir mourir le bonhomme M. de Briquemaud et Cabagnes, chancellier de la cause[1]; et d'autant qu'il estoit nuict à l'heure de l'exécution, il fit allumer des flambeaux et les tenir près de la potance, pour les voir mieux mourir et contempler mieux leur visage et contenance. Ce que plusieurs ne trouvarent beau, disans que c'estoit aux roys d'estre cruelz seulement toutes et quantes fois que le cas le requiert, mais les spectateurs, le doivent estre encor moins[2], de peur qu'ilz ne s'accoustument à choses plus cruelles et inhumaines.

Aussi il avoit ceste rebellion si fort à contrecœur, qu'il disoit et tenoit que contre les rebelles c'estoit cruauté d'estre humain et humanité d'estre cruel. Certes, en ce cas, il le fut en toutes sortes, et par actes et par spectacles; car il prit fort grand plaisir de voir passer soubz ses fenestres, par la rivière, plus de quatre mille corps, ou se noyans ou tuez; dont du despuis il se rendit tout changé, et disoit-on qu'on ne luy voyoit plus au visage ceste douceur qu'on avoit accoustumé de luy voir.

1. François de Beauvais, seigneur de Briquemault, et Arnaud de Cavagnes, chancelier de Navarre, furent condamnés par le Parlement, le 27 octobre 1572, et pendus. Briquemault avait soixante-dix ans. Leur mémoire fut réhabilitée en 1576 par le cinquième édit de pacification.
2. C'est-à-dire les rois doivent encore moins être spectateurs.

Pour quant à moy, au retour du siége de la Rochelle, que je le vis, et ne l'avois veu despuis ceste feste, je le trouvay ainsi changé. Sur lequel changement M. de Longueville en donna advis à M. de la Noue qui me le dist aussitost après, quand le roy le manda querir au sortir du siége de Montz parler à luy pour l'envoyer à la Rochelle, ainsi que je dis ailleurs. « M. de la Noue », luy dist M. de Longueville, « advisez bien, quand vous serez devant le roy,
« d'estre sage et parler sagement, car vous ne parle-
« rez plus à ce roy douz, benin et gracieux, que
« vous avez veu cy-devant ; il est tout changé. Il a
« plus de sévérité ast'heure au visage qu'il n'a ja-
« mais eu de douceur. » De cet advis ledict sieur de la Noue s'en sceut bien ayder.

Or, puisque je suis sur le passage de ce vilain massacre, il faut que j'en face ceste petite disgression. Force gens, autant estrangers que François, trouverent fort vilain et mauvais ce massacre de la Sainct-Barthellemy, tant pour avoir rompu à M. l'admiral sa foy sollempnellement donnée et jurée, que pour le roy ne s'estre servy de luy en de belles occasions qu'il luy présentoit, et, s'il vous plaist, non pour petites choses, mais pour la conqueste de la Flandres et de tous les Pays-Bas : ce qu'il eust faict, car je le sçay bien autant qu'un autre, parce qu'il y avoit de grandes intelligences, bien que le grand duc d'Albe eust faict son pouvoir de l'en empescher, et luy eust donné de la peyne. J'en ay parlé ailleurs : et par ainsi il eust réparé les fautes qu'il avoit faictes par ses guerres passées, et ne s'en fust jamais peu parler du passé.

Il ne se peut alléguer sur ce subject un plus bel exemple que celuy que nos histoires racontent, et mesmes celle de ce grand Paule-Æmile[1], de Eudon, grand duc d'Aquitaine, qui fit venir les Sarrasins en ses pays, contre lesquelz alla si bravement et de furie ce grand Charles Martel, vray prince des François ; mais advant que les assaillir, il envoya premier vers Eudon pour le prier d'alliance et d'amitié, et de se convertir encontre ces meschans barbares ; ce qu'il fit très-voulontairement, attaint d'un bon ange ; et le jour de la bataille comparut si bravement et donna si vaillamment par surprise dans le camp des Sarrasins, presque plutost qu'ilz ne l'apperceurent, qu'il y tua tout, sans pardonner à pas un ny pas une ; si que Charles Martel donnant de l'autre costé, tous deux furent la principalle cause du gain de la bataille : ce que ledict Charles sceut par emprez très-bien remonstrer aux siens, que si Eudon avoit faict la faute premier d'avoir faict venir ces Sarrasins, il la répara bien après par ce beau exploict, et que si paradvant il avoit offencé la France, il méritoit, par ce nouveau secours et beau faict d'armes, qu'on luy pardonnast.

Nostre roy Charles de mesmes devoit pardonner à M. l'admiral. Que s'il avoit faict la faute d'esmouvoir guerre en son royaume et faict venir les Allemans à son secours, ou du tout ne luy devoit point pardonner, ou du tout, l'ayant pardonné, luy tenir sa foy, et mesmes le voyant en traint de réparation et luy tailler des morceaux qu'il n'eust eu que la

---

1. Voyez Paul-Émile, liv. II.

peine de les mâcher et avaller. S'il eust sceu et leu ce conte de cet Eudon, possible s'en fust-il advisé, et en eust combattu ces beaux conseillers de merde, qu'il n'ayma guières par amprès, et les en maudit en soy-mesme et tout, mais il n'estoit plus temps. Si Charles Martel eust voulu faire mourir paravant de poison et d'assassinat cet Eudon, la France s'en fust mal trouvée, et infailliblement elle estoit du tout renversée. Et quand tout est dict, comme je tiens de plus grandz personnages que moy, on ne doibt estre si prompt à faire mourir les personnes pour leurs fautes si légèrement, sans premier les bien considérer; car les repentances et pénitences des uns et des autres s'en ensuivent bientost après.

En voulez-vous un plus bel exemple que de monsieur sainct Pierre, qui, par la grand' faute qu'il fit de renier Jésus son maistre, il fut néanmoins pardonné de luy, le recognoissant repenty et pénitant par ses larmes qu'il luy vist respendre; et fit plus, il le fit chef de son Eglise. J'ay ouy dire à un grand docteur que, si Judas ne se fust désespéré de la miséricorde de Dieu et ne se fust allé pendre, et eust voulu se recognoistre par repentance et pénitance, possible fust-il esté pardonné, bien qu'il eust faict une faute énorme que de trahir son maistre. Et ce grand personnage Monsieur sainct Paul, y eut-il de son temps un plus grand persécuteur du nom de Dieu, ny plus zellé que lui après sa conversion? Que sait-on si M. l'admiral, après avoir bien persécuté l'Eglise catholique romaine, et la France et tout, que Dieu ne luy eust faict pareil miracle qu'envers sainct Paul, et n'y eust autant faict de bien que de mal? Je vois bien que je ne suis pas si proffond ni bon théologien pour m'enfoncer trop en ces discours, par quoy j'en retire le pied pour venir à nos profanes histoires.

Ce grand Jules Cæsar, à combien de braves capitaines et bons soldatz romains, pris en la bataille de Pharsale, pardonna-il, voire à aucuns de ses conspirateurs contre luy! Il s'en servit et s'en trouva bien par amprès, comme d'autres aussi très-mal, tesmoingtz Brutus, Cassius et autres; mais ceux-là furent desnaturez, ingratz et hors des gondz de toute humanité. Ce grand Scipion l'Affriquain se trouva-il mal d'avoir sauvé la vie à ce brave Espagnol, et l'honneur à sa femme, en la guerre d'Espaigne? Le roy sainct Louys pardonna aussi au conte d'Armagnac, eslevé contre luy[1] (voyez Paul Æmile), qui par amprès le servit bien, luy et les siens, fort loyaument. Le roy Louys XIe fit au contraire de ses petitz nepveuz[2]; mais celuy-là aymoit le sang, ce dict l'histoire sanglante[3]. Le duc d'Alençon, condempné à la mort par le roi Charles VIIe, fut pardonné de la vie, mais non de la prison, et sorty par ledict roy Louys XIe par amprès la mort de son père. Sans aller plus advant, nostre grand roy auguste d'aujourd'hui, furieux en guerre et doux et miséricordieux hors de là, combien a-il aujourd'huy de bons et braves capi-

---

1. Il s'agit de Géraud V, comte d'Armagnac, qui obtint sa grâce non de saint Louis, mais de Philippe III; car le fait se passa en 1271.

2. C'est-à-dire à l'égard des petits-neveux du comte d'Armagnac.

3. Voyez sur cette histoire tome II, p. 332, note 5.

taines et vaillans soldatz, qui, durant les guerres de
la Ligue, l'eussent tué cent fois le rencontrant en
champt de bataille ! Il les a pris à mercy et s'en sert
tous les jours, et les ayme comme s'ilz fussent esté
ses partisans : j'espère les nommer et spécifier en sa
vie, sans oublier le vaillant M. de Saint-Luc, l'un de
mes grandz amis, qui, des plus eschauffez et animez
contre luy pour la Ligue, mourut en son service, s'y
portant fort fidellement au siège d'Amiens. Ces massacres donc envers les délinquantz sont fort odieux,
et les grâces sont très-agréables à Dieu et aux hommes. Le grand François, s'il eust voulu estre rigou-
reux envers Pomperant et ne luy pardonner le meurtre de Scichay[1], car il luy donna par amprès sa grâce,
comme je tiens de bon lieu, par la prière de M. de
Bourbon advant sa révolte, s'en trouva très-bien en
la bataille de Pavie, comme j'ai dict ailleurs, et possible fust esté mort. J'ay ouy dire qu'il fascha fort à
nostre grand roy d'aujourd'huy de l'exécution de
M. de Biron; mais les grandz sénateurs et juges des
courtz de parlemens le jugearent parce qu'il avoit
entrepris sur ce qui touchoit par trop l'Estat, et
l'exemple en estoit par trop nécessaire : sur quoy
alléguoit ce grand capitaine : que certainement il avoit
bien pourpensé et cogité par un despit et mescontentement, mais pourtant il ne l'avoit pas faict. « C'est
tout un, disoient-ilz; en matière d'Estat et d'attentat, la pensée juge autant que l'effect. » En quoy j'ay
ouy dire à un grand docteur, qu'il n'appartient qu'à
Dieu, qui seul voit et recognoist les cœurs des per-

---

1. Voyez tome I, p. 255, 256. — *Scichay*, Chissay.

sonnes, de punir nos cogitations, ainsi que nous luy demandons ordinairement, par nos conffessions générales et particulières, qu'il nous pardonne nos offences commises tant du faict que de la pensée; mesmes que les marys ne peuvent punir leurs femmes, pour avoir desiré l'accointance d'un honnest' homme et de vouloyr commettre avec luy adultère; que si l'effect ne s'en est ensuivy, elle n'est point coulpable. D'avantage, combien de meschancettez nous viennent-elles en nos fantaisies et nos pensées que nous n'exécutons point! Car le malin esprit qui ne songe qu'à mal, nous les suscite et nous y pousse; mais le bon esprit de nostre bon ange nous en destourne. Je n'en veux un plus noble exemple que celuy que nous lisons dans l'Arioste, de la belle Bradamante[1], qui, pour avoir entendu de mauvaises nouvelles de ses amours, désespérée d'un despit jaloux (car il n'y en a point de tel), après en avoir faict ses grandes doléances et lamentations, tira son espée pour se tuer; mais un meilleur esprit s'accosta soudain d'elle, et la fit résoudre de s'en aller au camp, où elle peust mourir d'une mort plus honnorable, et par ainsi elle se destourna d'un penser fort malheureux. J'en alléguerois force exemples, mais la prollixité m'empescheroit de bientost finir, comme je m'y en vais. Je dirai seulement avoir ouy dire à aucuns grandz personnages, que M. de la Force[2] les devoit alléguer, au moins aucuns,

---

1. Voyez Arioste, chant xxxii.
2. Jacques Nompar de Caumont, duc de la Force, avait épousé en premières noces Charlotte de Gontaut, sœur du duc de Biron.

en son harangue qu'il dressa au roy, pour en fortiffier mieux la cause dudict M. de Biron son beaufrère ; mais, au lieu de cette force, il l'alla rendre plus foible et déclarer plus criminel ; car il le nomma, baptiza et déguiza par ce mot, certes odieux, *ce misérable,* comme si ce fust esté un pauvre criminel, vil, abject et misérable plus que pas un qui fust dans un des cachotz de la conciergerie du Palais ; au lieu qu'il le devoit nommer par un plus beau nom, comme « d'un brave et vaillant capitaine qui vous a faict « tant de services, sire, et tant bien combatu près « de vostre personne ; » bref, l'exalter par dessus les plus beaux noms et surnoms dont il s'eust peu adviser ; car j'ay ouy dire à un grand capitaine qu'un autre à qui aura escheu quelque grande disgrâce et adversité, ne doit jamais se rendre ny changer de nom, ains se servir de ce qu'il a esté et non de ce qu'il est maltraicté de la fortune. Ce grand M. l'admiral, quand Besme vint à luy pour le tuer, il n'usa point de ce mot *misérable* ou *malheureux,* mais luy dict bravement : « Ah ! jeun' homme, ayez pitié de « ce vieux et grand capitaine, » ainsi que j'ay dict en sa vie[1]. Pompée, lorsqu'il fut massacré en Ægypte, ayant préveu sa fortune et misère par ces deux motz qu'il prononça, qu'on voit dans sa vie, il dist, d'un courage généreux et point encor ravallé, à ce gendarme qui le tua et le vist sur le poinct, le sentant là pour faire un meschant coup : « Il me semble, « gendarme, que je t'ay veu d'austres fois à la guerre « soubz moi ; » qui lui ayant respondu assez mal et

---

1. Voyez tome IV, p. 303.

en menteur, il ne le requist d'aucune grâce, ny luy parla plus[1]; comme certes, tout homme courageux, quand il voit sa fin, ne se doit amuser aux prières et commisérations; ainsi que fit ce grand mareschal de Biron, lequel, tant qu'il eut quelque espérance de grâce et de miséricorde, y employa les parolles les plus preignantes et persuasives qu'il peut, voyre quasi plus par bravade que par pitié; mais, voyant les choses désespérées, se résolut bravement à la mort; et mourut plus poussé de son vaillant courage, qu'il avoit monstré autresfois en ses guerres et combatz, que par une timidité; si que, tout mort qu'il estoit, on voyoit en sa face encor quelque rage et furie : ainsi qu'on dict de ce brave Catilina, qui tout mort qu'il fust en sa battaille qu'il donna, monstroit encor quelque horrible menace à ses ennemis en visitant les mortz, qui faisoient parestre de le craindre comme vivant[2].

Pour reprendre le susdict massacre de Sainct-Barthélemy, et nostre roy Charles l'autheur, aucuns disoient, les plus passionnez et animez dans le sang, que si le roy avoit esté cruel par trop contre les huguenotz, ce n'avoit esté sans de très-grandz subjectz qu'ilz luy avoient donné, et continuoient tous les jours.

Sur tous la journée de Meaux l'irrita fort; car les autres se pouvoient pallier de quelque honneste et

---

1. Voyez Plutarque, *Vie de Pompée*, chap. cx.
2. Catilina longe a suis inter hostium cadavera repertus est, paululum etiam spirans, ferociamque animi quam habuerat vivus, in vultu retinens. Salluste, *Catilina*, ch. lxi.

faincte couverture de religion ou conservation de leurs vies ; mais ceste journée se pouvoit appeller proprement un attentat sur la personne du roy et de son frère et de la reyne, qu'ilz eussent volonttiers exécuté s'ilz eussent peu : ainsi le disoit-on à la court. Aussi le roy le disoit souvant, qu'il ne leur pardonneroit jamais celle-là : et bien luy servit, disoit-il, qu'il fist bonne mine de deffence parmy ses Souysses, avec lesquelz marchant en bataille, entr'autres beaux et animez propos qu'il leur dist, fut celuy qu'il aymoit mieux mourir roy que vivre serf et captif.

La prise des armes au mardy-gras[1] luy toucha fort au cœur aussi ; et s'anima encor plus contre les huguenotz pour avoir desbauché et corrompu Monsieur, son frère, et le roy de Navarre, et les avoir induictz et poussez à se mesler parmy eux à luy faire la guerre, et en un estat très-misérable de sa maladie, qui le tourmentoit et le languissoit peu à peu. « Au moings, disoit-il, s'ilz eussent attendu ma mort ! « C'est trop m'en vouloir. » Si ne laissa-il pourtant se laisser tant aller au mal, qu'il ne se saisist des personnes de Monsieur, du roy de Navarre, et de MM. de Montmorancy et Cossé, et ordonner de faire la guerre à ceux qui luy avoient pris ses places et estoient en armes ; et jura et protesta qu'aussitost qu'il seroit guéry, il dresseroit une grosse armée contre tous ses rebelles, et nul n'y commanderoit que luy seul ; et jamais ne poseroit les armes qu'il ne fust roy absolu ; et donroit tant de battailles et fairoit tant d'effortz

---

[1]. Le 23 février 1574, trois mois avant la mort de Charles IX.

de guerre, luy tousjours en personne, qu'il en verroit la fin ou qu'il y mourroit ; et surtout, s'il en venoit à bout, promettoit d'enrichir tous ses bons serviteurs : et puis il dist que de toutes façons de regretz, il regrettoit son frère[1], fors en un[2] : qu'il ne l'empescheroit plus à commander en ses armées.

Sur ces beaux dessaings il mourut le propre jour de la Pentecoste, l'an 1574, trois heures après midy, sur le poinct que les médecins et chirurgiens et tous ceux de la court le pensoient le mieux porter ; car le jour advant il se portoit très-bien : nous croyons tous qu'il s'en alloit guéry ; mais nous donnasmes de garde que sur le matin il commança à sentir la mort, laquelle il fit très-belle et digne d'un grand roy ; et, advant d'en estre plus fort assailly, il fit appeller M. le chancellier de Birague et M. de Sauve[3], secrettaire d'Estat, en la présence de Monsieur, son frère, et le roy de Navarre son beau-frère, le cardinal de Bourbon et plusieurs autres seigneurs et autres gentilzhommes de la court. Il allégua la puissance et authorité de la loy salique, à propos d'une seule fille qu'il laissoit de son maryage après soy[4] ; déclara son frère, le roy de Pouloigne, son vray héritier et successeur à la couronne, et la reyne sa mère, régente en France jusqu'à son retour. Le testament fut incontinant porté à la court de parlement

---

1. Son frère Henri, alors en Pologne.
2. Fors en un point.
3. Simon de Fises, baron de Sauves, secrétaire d'État (1567), mort le 27 novembre 1579.
4. Marie-Élisabeth de France, née le 27 octobre 1572, morte le 2 avril 1578.

de Paris, qui en après en avoir ouy la lecture, l'approuva et mologua[1], contre l'opinion d'aucuns, qui ont dict et disoient alors (mais c'estoit par affection à quelque party) : « Je sçay que les roys ne peuvent « tester, et leur testament est nul. »

Il pria de plus Monsieur, son frère, de ne pervertir l'ordre et ne conspirer aucunement contre l'Estat, dont il se doubtoit par les conjectures passées; disant que les royaumes s'acquièrent par la vertu ou par succession, et ceux qui y aspiroient autrement faisoient une très-mauvaise fin.

Il voulut que tous devant luy prestassent le serment d'obéissance à sa mère qui estoit là-devant, et de fidellité au roy de Pouloigne; sur tous, il commanda au visconte d'Auchy[2], qu'il aymoit bien fort, d'adviser bien à sa charge, qui estoit lors en quartier de capitaine des gardes; mais il n'y eut grand esgard, car ce bon seigneur mourut de regret, et suivit son maistre bientost après, aussi M. de la Tour[3], maistre de sa garderobe, dignes gens d'estre louez

1. *Mologua*, homologua.
2. Eustache de Conflans, vicomte d'Ouchy, mort le 18 juillet 1574, suivant L'Estoile.
3. Charles de Gondi, seigneur de la Tour, frère du maréchal de Raiz. Il mourut le 15 juin 1574 « de despit et mélancolie, dit L'Estoile, comme en fut le bruit tout commun, de ce qu'estant maistre de la garde-robbe du roy naguères deffunct, il avoit esté privé des meubles et accoustremens dudict défunct roi, et autres droits à lui appartenans audit tiltre, par son dit frère aisné le comte de Rais, qui avoit voulu avoir la despouille et droits dessusdicts, comme ayant baillé ou faict bailler audict La Tour, son frère, ledict estat de maistre de la garde-robbe, et estant cause de tout son bien et avancement. »

par tout le monde, et à toute éternité, d'avoir ainsi aymé leur maistre et vif et mort.

Il recommanda aussi son debvoir à Toquenot[1], lieutenant de ses gardes Suysses, qu'il aymoit bien fort ; et le pria de faire ses recommandations à tous messieurs les Cantons ses bons compères, et de garder tousjours ceste bonne amitié et fidellité que de si longtemps ilz avoient porté à la France. Et, après plusieurs autres belles parolles et beaux actes chrestiens, il mourut, aagé seulement de vingt-quatre ans moins vingt-huict jours, estant venu à la couronne en l'aage de unze ans.

Ce jour ensuivant, son corps fut ouvert en présence du magistrat ; et, n'y ayant esté trouvé au dedans aucune meurtrissure ny tache, cela osta publicquement l'opinion que l'on avoit de la poison[2].

M. d'Estrosse et moy en demandasmes advis à maistre Ambrois Paré, son premier chirurgien. Il nous dist en passant, et sans longs propos : qu'il estoit mort pour avoir trop sonné de la trompe à la chasse du cerf, qui luy avoit tout gasté son pauvre corps, et ne nous en dist pas plus. Sur quoy aucuns prirent subject de faire pour son tumbeau ces deux vers :

> Pour aymer trop Diane, et Cythérée aussi,
> L'une et l'autre m'ont mis en ce tumbeau icy.

---

1. Guillaume Tuggener, lieutenant des Cent-Suisses de la garde. Voy. Zurlauben, *Histoire militaire des Suisses*, tome IV, p. 440 et suiv.

2. Brantôme avait ajouté en marge du ms. 6694 (f° 405 v°) ces mots qui ont été biffés : « Pour une corne de lièvre marin, qui est fort lent à mener son homme au tombeau. »

Si est-ce qu'on ne sçaroit oster aucuns d'opinion qu'il ne fust empoisonné dès que son frère partit pour Pouloigne; et disoit-on que c'estoit de la poudre de corne d'un lièvre marin, qui faict languir longtemps la personne, et puis après peu à peu s'en va et s'estainct comm' une chandelle. Ceux qu'on a soupçonné autheurs n'ont pas faict meilleure fin. Ainsi Dieu punist les forfaictz de loing, secrettement, sans qu'on s'en donne garde.

Tant y a que les médecins y perdirent leur latin, d'autant qu'ilz ne peurent jamais bien cognoistre sa malladie; car il luy survint une fiebvre carratique[1], qui tantost estoit quarte, tantost continue; et pensoit M. Mazille, son premier médecin, qu'il se porteroit de bien en mieux ainsi que la fiebvre diminueroit. Mais sa malladie commença à s'augmenter quand il sceut que Monsieur, son frère, et le roy de Navarre son beau-frère, avoient faict tout plein de menées de conspirations contre luy et son estat, dont on en soubçonna quelque poizon, enchantement et ensorcellement, qui fut cause qu'on mit en prison deux devins italiens; et fit-on trencher la teste à la Molle et à Cochonas, ayans estez trouvez et convaincus coulpables de la dicte conspiration, comme j'ay veu d'autres fois leur procez et l'emprisonnement des deux mareschaux, soit ou qu'ilz avoient conseillé et poussé ces deux princes, ou afin que par amprès ilz ne luy peussent nuyre ny faire plus de mal.

Quelques jours advant sa mort, il se mit à discou-

---

1. Brantôme a voulu parler probablement de la fièvre *carotique* (fièvre avec assoupissement).

rir des pères et des enfans, disant que bienheureux estoient ceux-là qui laissoient leurs enfans grandz, et qu'il aymoit mieux mourir que de laisser son royaume entre les mains d'un enfant, pour endurer beaucoup, car la France, qui estoit toute ruynée par guerres civiles, avoit besoing d'un homme.

Trois jours advant sa mort, la reyne luy dict comme le conte de Montgommery estoit pris. Il n'en fit nul semblant. « Quoy! dist-elle, mon filz, ne vous « resjoyssez-vous point de la prise de celuy qui a « tué vostre père? » Il respondit qu'il ne se soucyoit de cela ny d'autre chose. Ceste response fut à la reyne un présage de la mort prochaine de son filz, comme elle le dist après.

Le principal présage de sa mort fut une estoille ou comette qui apparut et commança, durant le siège de la Rochelle, au plus proffond de la planette de Mercure[1]; ce qui n'est jamais guières advenu, ainsi que disent les resveurs astrophiles; et estoit universelle, et a esclairé un an.

Mais bien plus fut estrange une vision qu'il eut un peu advant ses nopces : ainsi qu'il estoit à la chasse dans la forest de Lyons près de Roan, très-belle et plaisante, un fœu s'apparut à luy de la hauteur d'une picque; les veneurs et picqueurs s'enfuyrent; mais le roy, n'ayant aucune frayeur, sans s'estonner et fort assuré, mit la main à l'espée, pour-

---

1. « Au mois de novembre (1572), dit L'Estoile, une nouvelle estoille se voyoit sur Paris et partout, avec grande admiration de tout le monde. Exorta hæc est stella in concavo Mercurii, mense nov. 1572; luminosa valde erat. Annum et dimidium fulsit, contra morem stellarum et cometarum quæ tanto tempore videri non solent. »

suit ce fœu luy tout seul jusqu'à ce qu'il s'esvanouist. Il dist après à plusieurs, comme je luy ay ouy aussi dire, qu'il n'avoit eu peur aucunement, sinon quand il eut perdu ledict fœu de veue; et, que lors, se ressouvenant d'un' oraison que son précepteur luy avoit apprise en son jeune aage, il accommença à dire : *Deus, adjutor meus, sis mihi in Deum adjutorium meum.* En ceste forest, il avoit faict jetter les premiers fondemens de la plus superbe maison qui fut jamais en France, voire en la chrestienté; et la nomma Charleval[1], à cause de la situation qui est en vallée, et de son nom.

Ce brave roy monstra bien en cet acte de vision qu'il estoit très-hardy et très assuré; et, puisqu'il se monstra là tel, il l'eust bien faict ailleurs, car il n'y a rien de si effroyable que telles visions.

L'un de ses ancestres, qui fut le roy Charles VIe, en perdit son sens par la vision qui s'apparut à luy en allant faire guerre en Bretaigne, qui ne devoit pourtant donner tant d'effroy que celle de nostre roy; car les fœuz qui viennent du ciel esmeuvent et effrayent estrangement. Sainct Pol, estant encor gendarme et grand persécuteur des chrestiens, en sentit vivement les effectz, lorsque le fœu du ciel s'apparut à luy en sa conversion. Les fantosmes, les espritz, les démons, les hommes, les armées, les assautz et combatz, ne sont rien au pris de ces fœuz du ciel. Qui peut donc doubter de la hardiesse, du courage et de la résolution de ce brave roy.

Or, pour reprendre encor un peu son genre de

---

1. Charleval-sur-Andelle dans le département de l'Eure.

mort, que son épitaphe a descrit cy-devant, je ne puis pas bien croyre que Vénus soit tant la cause que Diane a esté; car je me souviens qu'en son plus verd aage de dix-sept à dix-huict ans, estant un jour fort persécuté du mal de dens, et ses médecins n'y pouvant applicquer aucun remède pour luy en oster la douleur, il y eut une grand' dame de la court, et qui luy appartenoit, qui luy en fit une recepte dont ell' en avoit usé pour elle-mesmes, et s'en estoit très-bien trouvée; mais elle ne servit de rien à luy, et le lendemain, ainsi qu'elle luy eut demandé comm' il s'en estoit trouvé, et qu'il luy eust respondu que nullement bien, elle luy replicqua : « Je ne m'en es-
« tonne pas, sire, car vous ne portez point d'affec-
« tion, ny adjoustez foy à nous autres femmes, et
« faictes plus de cas de la chasse et de vos chiens
« que de nous autres. — Dont, luy dist-il, avez
« ceste opinion de moy, que j'ayme plus l'exercice
« de la chasse que le vostre? Et par Dieu, si je me
« despite une fois, je vous joindray de si près toutes
« vous autres de ma court, que je vous porteray par
« terre les unes après les autres. » Ce qu'il ne fit pas pourtant de toutes, mais en entreprit aucunes, plus par réputation que lascivetté, et très-sobrement encor; et se mit à choisir une fille de fort bonne maison, que je nommeray point, pour sa maistresse, qui estoit une fort belle, sage et honneste damoyselle, qu'il servit à tous les honneurs et respectz qu'il estoit possible, et plus, disoit-il, pour façonner et entretenir sa grâce que pour autre chose, n'estant rien, disoit-il, qui façonnast mieux un jeun' homme que l'amour logée en un beau et noble subject. Et a tous-

jours aymé ceste honneste damoyselle jusqu'à la mort, bien qu'il eust sa femme, la reyne Elisabet, fort agréable et aymable princesse. Il ayma fort aussi Marye Tocossie, dicte autrement Touchet, fille d'un appotiquaire d'Orléans[1], très-exellente en beauté, de laquelle il eut M. le grand prieur, dict aujourd'huy M. le conte d'Auvergne, un très-beau et agréable prince, et la vraye ressemblance du père en toute valeur, générosité et vertu.

Ceste belle dame, lorsqu'on traictoit le maryage du roy et de la reyne, un jour ayant veu le portraict de la reyne et bien contemplé, ne dist autre chose, sinon que : « L'Allemaigne ne me faict point de « peur; » inférant par là qu'elle présumoit tant de soy et de sa beauté que le roy ne s'en sçauroit passer. Estant à la mort, il commanda à M. de La Tour, maistre de sa garderobe, de luy faire ses recommandations, et n'en osa jamais parler à la reyne sa mère. Aucuns ont voulu dire que, durant sa malladie, il s'eschappa après la reyne sa femme, et s'y eschauffa tant, qu'il en abrégea ses jours; ce qui a donné subject de dire que Vénus l'avoit faict mou-

---

1. Suivant le Laboureur (*Additions aux Mémoires de Castelnau*, tome II, p. 656) Brantôme se trompe sur la naissance de Marie Touchet. « Son père Jean Touchet, dit-il, prenait qualité de sieur de Beauvais et du Guillart, conseiller du roi et lieutenant particulier au bailliage et siége présidial d'Orléans. » Outre un fils mort en bas âge, Charles IX eut de Marie Touchet Charles de Valois, grand prieur de France, comte d'Auvergne, duc d'Angoulême, mort le 24 septembre 1650.

Marie Touchet épousa François de Balsac, seigneur d'Entragues, dont elle eut la célèbre marquise de Verneuil. Elle mourut le 28 mars 1638, à quatre-vingt neuf ans.

rir avec Diane; ce que je n'ay sceu croyre, car il ne s'en parloit à la court parmy les bouches les plus dignes de foy, car j'y estois.

Pour quant à l'exercice de Diane, je le croy fort bien, car il y estoit trop viollantement adonné, fust à courir et à picquer après le cerf, fust à beau pied à le destourner avec le limier; et y estoit si affectionné qu'il en perdoit le dormir, estant à cheval advant jour pour y aller; et se peinoit aussi fort à appeller les chiens, fust de la voix, fust de la trompe. Il aymoit fort aussi l'exercice des chevaux et à les picquer; et ceux qui alloient plus haut estoient ses favorys, comme j'ay veu le moreau superbe, qui alloit à deux pas et un saut, et d'un très-haut et bel air. Aussi estoit-il fort adroict à cheval, et l'y faisoit très-beau voir, comme il se fit bien paroistre à Bayonne devant ces Espaignolz qui l'admiroient, et surtout le duc d'Albe, et mesmes en aage si tendret de quinze ans qu'il estoit. S'il estoit adroict à cheval, il l'estoit aussi à pied; car il tiroit fort bien des armes, et de bonne grâce et fort rudement.

Je me souviens qu'après la première guerre, huict ou neuf mois après, la reyne voulut qu'il se fist à Fontainebleau un fort beau mardi gras de festins, mascarades, combatz et tournois. Elle accommança la première le dimmanche, Monsieur le lundy, et le roy le mardy, là où il fut couru en lice, contre le serment pourtant de la reyne, qui avoit juré de n'en permettre jamais, despuis qu'ell' en vist mourir le roy son mary. Les deux tenans estoient M. de Nemours et M. le prince de Condé. Le camp estoit devant le Cheny, très-beau certes, tout entouré de beaux fossez et barrières. Les deux tenans se tenoient dans le Cheny, qui représentoit le palais d'Apolidon; à l'entrée du camp il y avoit un hermitage où se tenoit un hermite qui respondoit à tous les venans combattans lorsqu'ilz sonnoient une petite clochette de l'hermitage; et, amprès avoir parlé à eux et sceu leurs noms, il venoit rapporter aux tenans pour sçavoir s'il les lairoit entrer; ce qu'ilz permettoient aussitost, pour n'en reffuser jamais homme (tout cela estoit de l'invantion de la reyne et du brave M. de Sypierre); et puis rompoient leurs lances, et, hors la lice, donnoient coups d'espée. Nostre roy, qui estoit encor fort jeune, mais pourtant fort despité qu'il ne s'en mesloit, bien qu'il fust bon homme de cheval, en vouloit fort estre; mais la reyne ne le voulut point qu'il s'en meslast, ny Monsieur aussi, qui estoit bien plus foiblet ny si addroict que le roy. Fut advisé par la reyne et M. de Sypierre que tous deux combattroient à pied en camp clos, dans lequel nous vismes entrer le roy avecqu' une espée et une dague forgées fort gentiment, qui paroissoient trenchantes et picquantes, mais point. Contre luy, vint avec mesmes armes, Pompée, Milannois, qui l'avoit appris à dancer et tirer des armes. Ilz tirarent tous deux leurs coups les uns contre les autres, le roy monstrant les armes si belles en la main, et un' assurance belle de combattant, qu'il vint à porter par terre ledict Pompée, et par fainte le tuer. Comparut amprès Monsieur, son frère, avecques un' espée et une rondelle, contre Silvie, son tireur d'armes, avec mesmes armes, qui en fit de mesmes. Et vindrent amprès des diables qui sortirent d'entour de l'hermitage, qui prindrent les mortz, et avec grandz hurlemens, fœuz et joyes les emportarent. Tout cela en fainte fut très-beau, et plaisant à voir, qui se voudroit amuser à le représenter.

Du despuis, on jugea tousjours les armes belles entre les mains du roy, et non tant entre celles de Monsieur, qui de son naturel n'aymoit point les exercices viollans que le roy. Mais, despuis, il changea bien aux guerres et armées où il se trouva, pour ce subject seulement, mais non pour tous universellement, comme le roy, jusques-là qu'il se fit dresser une forge, et l'ay veu forger canons d'harquebuz, fers de chevaux et autres choses, aussi fortement que les plus robustes mareschaux et forgerons qui fussent aux forges.

Il vouloit tout sçavoir et faire, jusqu'à faire l'escu, le double ducat, le teston et autre monnoye, ores bonne et de bon alloy, ores falciffiée et sophistiquée, et prenoit plaisir à la monstrer; voire qu'un jour je le vis qu'il en monstra à M. le cardinal de Lorraine : « Voylà, disoit-il, M. le cardinal, que j'ay faict : « celle-là est bonne, celle-là ne vaut rien; mais « monstrez-la à qui vous voudrez; esprouvez-la à la « couppelle ou au fœu, elle se trouvera bonne. » M. le cardinal ne luy sceut que respondre, sinon luy dire : « Ah Dieu! sire, vous pouvez en cela faire ce « qu'il vous plaira, car vous portez vostre grâce « avec vous; la justice n'y a rien à voir ny que vous « reprendre, comm' elle fairoit sur un autre. »

Il voulut un jour sçavoir les dextéritez et finesses des couppeurs de bources et enfans de la Matte en leurs larcins, et pour ce il commanda au capitaine

La Chambre, qu'il aymoit (car il aymoit toutes sortes de gens habiles), de luy amener, un jour de festin et bal sollempnel, dix ou douze enfans de la Matte, des plus fins et meilleurs couppeurs de bource et tireurs de laine, et qu'hardiment ilz vinssent, sur sa foy et en toute seuretté, et qu'ilz jouassent hardyment et excortemment[1] leur jeu, car il leur permettoit tout, et amprès qu'ilz luy rapportassent tout au butin, comm' ilz en font de serment, car il le vouloit tout voir, et puis leur redonneroit. Le capitaine La Chambre n'y faillit pas, car il vous en emmena dix, triez sur le vollet, desliez et fins à dorer, qui les présenta au roy ; ausquelz il trouva très-belle façon, et bien habillez, et braves comme le bastard de Luppé : et, se voulant mettre à table et puis au bal, il leur recommanda de jouer bien leur jeu, et qu'ilz lui fissent signe quand ilz muguetteroient leur homme ou leur dame ; car il avoit recommandé et hommes et dames, sans espargner aucunes personnes. Le roy à son disner ne parla guières ceste fois aux uns et aux autres, sinon par bouttades, s'amusant à voir le jeu des autres, qui ryoit quand il voyoit les autres faire signe qu'ilz avoient joué leur farce, ou qu'il les voyoit desniaiser leur homme et femme. Ilz en firent de mesmes à la presse du bal ; et enfin, après disner et bal, il voulut tout voir au bureau du butin, et trouva qu'ilz avoient bien gaigné trois mill' escus, ou en bources et argent, ou en pierreries, perles et joyaux, jusques à aucuns qui perdirent leurs cappes, dont le roy cuyda crever de rire, outre tous les lar-

---

1. *Excortemment*, prudemment.

recins, voyant les gallans desvalisez[1] de leurs cappes, et s'en aller en pourpoinct comme lacquays. Le roy leur rendit à tous le butin, avec commandement et deffence qu'il leur fit exprez de ne faire plus ceste vie, autrement qu'il les fairoit pendre s'ilz s'en mesloient jamais plus, et qu'il s'en prendroit au capitaine La Chambre, et qu'ilz l'allassent servir à la guerre.

Il voulut sçavoir la poësie et se mesler d'en escrire, et fort gentiment. M. de Ronsard en a monstré en son livre quelque petit eschantillon[2]; et m'estonne qu'il n'en a monstré d'advantage, car il a bien plus composé que cela, et surtout des quatrains, qu'il faisoit fort gentiment, prestement et impromptu, sans songer, comme j'en ay veu plusieurs qu'il daignoit bien quelquesfois monstrer à ses plus privez

---

1. *Var.* Desvarisez (ms. 6694, f° 409).
2. Voyez, entre autres, dans l'édition de Ronsard, donnée par M. Blanchemain (*Bibliothèque elzévirienne*), tome III, p. 255, 257. Quant à la pièce si connue :

>   L'art de faire des vers, deust-on s'en indigner,
>   Doit estre à plus haut prix que celui de régner,

elle ne figure, à ma connaissance, dans aucune des anciennes éditions de Ronsard. Elle paraît avoir été publiée pour la première fois dans la *Bibliothèque Françoise* de l'abbé Goujet (t. XII, p. 204), qui ne dit point d'où il l'a tirée. Dans le texte qu'il en a donné manquent ces deux vers qui la terminent ailleurs :

>   Elle amollit les cœurs et soumet la beauté.
>   Je puis donner la mort, toi l'immortalité.

Cette pièce est d'une telle facture qu'il semble bien difficile d'admettre son authenticité. Si elle était réellement de Charles IX, on ne pourrait s'expliquer comment elle a pu être omise par les soigneux auteurs de la grande édition de 1623.

en sortant de son cabinet, et mesmes aucuns qu'il addressoit à M. Nicolas[1], l'un de ses secrettaires, fort honnest' homme et bon compagnon, qui estoit fort heureux à en faire et renconter de très-bons et plaisantz qu'il addressoit au roy ; et le roy aussitost attaqué se deffendoit, disant qu'il y alloit de son honneur s'il ne respondoit de mesmes. Bien souvant, quand il faisoit mauvais temps, ou de pluye, ou d'un extrême chaud, il envoyoit querir messieurs ses poëtes en son cabinet, et là passoit son temps avecqu' eux. Il prenoit ce temps là à propos; car lorsqu'il faisoit beau il estoit tousjours hors de la chambre, en campaigne, en action, ou à jouer à la paume, et surtout à la longue paume qu'il aymoit fort; et s'y efforçoit par trop, à sauter, à jouer au pallemaille[2], bref, en plusieurs autres plaisans et viollans exercices hors de la maison, qu'il hayssoit estrangement, disant que :

Le séjour des maisons, palais et bastimens.
Estoit le sepulchre des vivans.

Entr' autres poëtes qu'il aymoit le plus, estoient

---

1. Dans l'*Histoire chronologique de la grande chancellerie de France*, par Tessereau (1676, in-fol., p. 122, 222, 235, 322), je trouve mentionnés deux Simon Nicolas. L'un fut reçu secrétaire du roi le 26 novembre 1564 et résigna ses fonctions le 21 octobre 1596. L'autre, reçu le 3 avril 1559, fut privé de sa charge pour forfaiture, le 9 octobre 1590.

Ronsard a dédié à un Simon Nicolas une pièce intitulée *Caprice*, et qui commence ainsi :

Tout est perdu, Nicolas, tout s'empire.

2. *Var.* Au parmaille (ms. 6694, f° 409).

MM. de Ronssard, Dorat et Bayf, lesquelz il vouloit tousjours qu'ilz composassent quelque chose; et, quand ilz la luy apportoient, il se plaisoit fort à la lire ou se la faire lire, et les en récompensoit, non pas tout à coup, mais peu à peu, afin qu'ilz fussent contraintz tousjours de bien faire, disant : que les poëtes ressembloient les chevaux, qu'il falloit nourrir et non par trop saouler ny engraisser, car amprès ilz ne valent rien plus.

Il fut mieux disant et escrivant en prose qu'en rhythme, et surtout fort éloquant; et parloit bravement, hardiment, autant ou plus à la soldatesque qu'à la royauté : ce qu'il avoit appris de M. de Sypierre, qui parloit, à mon gré, françois, espaignol et italien, mieux que gentilhomme et homme de guerre que j'aye jamais veu; et pour ce le roy se voulut façonner à ce beau dire plustost qu'à celuy, disoit-on, du Peron, despuis mareschal de Raiz, qui parloit certes fort bien, mais mieux en praticien et banquier qu'en gallant homme. M. Amiot[1], son précepteur, y avoit bien opéré aussi, pour luy apprendre le bon, orné et éloquant parler, mais non la grâce, ny la façon belle, ny le geste brave, ainsi qu'on a veu souvant parler aux grandz seigneurs estrangers qui venoient vers luy, et ambassadeurs qui l'arraisonnoient, parmy lesquelz nullement s'estonnoit; mais, monstrant une magesté et contenance assurée, les escoutoit fort bien la teste un peu penchante (ce

---

1. Jacques Amyot, grand aumônier de France (1560), évêque d'Auxerre (et non de Lisieux, comme le dit plus loin Brantôme), né à Melun le 30 octobre 1514, mort le 6 février 1593.

que le roy son frère après luy ne faisoit, car il l'haussoit fort, à plein visage et regard fixe) et l'œil bas; et puis après avoir tout ouy, il respondoit fort pertinemment et de belle éloquance, si qu'il en ravissoit tous ces messieurs; et s'en partoient de luy avec grande admiration.

Il fit une fois[1] une harangue à messieurs de la court du parlement à huys ouvertz, qui ne vouloient passer quelques éditz qu'il avoit arresté. En premier lieu, il loua fort la reyne sa mère, qu'il aymoit, honnoroit et craignoit fort tout ensemble, disant qu'il luy estoit tenu de sa vie et de son royaume; puis il n'oublia l'amitié et bonne voulonté que son frère Henry luy portoit : et amprès, se plaignant de sa justice, et de la corruption qu'y estoit, et des reffus de ses éditz : « C'est à vous autres, dist-il
« d'un' audace brave et quasi menassante, d'obéyr
« à mes ordonnances, sans disputer et contester
« quelles elles sont; car je sçay mieux que vous ce
« qui est propre et convenable pour le bien et prof-
« fit de mon royaume. » N'ayant point encor de barbe au menton, il tint ces propos devant ces vieux et sages personnages, qui tous s'esmerveillarent d'un si grave et brave langage, qui ressentoit plus son généreux courage que les leçons de M. Amiot, son précepteur, qui l'avoit pourtant bien instruict et qu'il aymoit fort; et luy avoit donné de bons et beaux béneffices, et faict évesque de Lizieux, et l'appelloit tousjours son maistre; et se jouant aucunes fois avec

---

1. Ce lit de justice se tint le 13 mars 1571. De Thou (liv. L) a rapporté la harangue du roi.

luy, il luy reprochoit son avarice, et qu'il ne se nourrissoit que de langues de bœufz; aussi estoit-il filz d'un boucher de Melun, et falloit bien qu'il mangeast de la viande qu'il avoit veu à son père apprester. Osté ceste avarice, c'estoit un très-grand et sçavant personnage en grec et latin, tesmoingt les belles et éloquantes traductions qu'il a faict de Plutarque, qu'aucuns pourtant ses envieux ont voulu dire qu'il ne les avoit pas faictes, mais un certain grand personnage et fort sçavant en grec, qui se trouva, par bon cas pour luy, prisonnier dans la conciergerie du pallais de Paris et en nécessité. Il le sceut là, et l'en retira, le prit à son service, et eux deux en cachette firent ces livres, et puis luy les mit en lumière en son nom; mais c'est une pure menterie, dict-on, que ses hayneux et envieux luy ont presté, car c'est luy seul qui les a faictz; et qui l'a cognu, sondé son sçavoir et discouru avec luy, dira bien qu'il n'a rien emprumpté d'ailleurs que du sien. Pour fin, il nourrit très-bien ce brave roy, et surtout fort catholliquement. Il avoit pris ceste coutume, qu'à toutes les festes, après qu'il luy avoit faict baiser l'évangille qui s'estoit dicte à la messe, comme d'ancienneté cela se fait aux roys, il prenoit le livre et se mettoit près de luy, et luy lisoit ceste évangille dicte, et la luy explicquoit et interprettoit. Advant luy, M. le cardinal de Lorraine avoit ainsi accommancé au feu roy François II, comme je l'ay veu, et plusieurs autres avec moy.

Le roy Charles oyoit fort attentivement ceste leçon et la messe; et se levoit bien souvant et s'en alloit à l'imitation du feu roy Henry son père qui en faisoit de mesmes, au lettrier¹ avec ses chantres; et se mettoit parmy eux, et chantoit sa taille et le dessus fort bien; et aymoit ses chantres, et surtout Estienne Leroy, dit M. de Sainct-Laurans, qui avoit une très-belle voix. Le roy amprès son frère chantoit très-bien aussi, mais ilz estoient différens tous deux en leurs ayrs qu'ilz chantoient, et en ceux qu'ilz aymoient ouyr chanter à d'autres.

Bref, je suis confus en tant de divers subjectz qui se présentent à moy pour louer ce grand roy Charles, que, pour mon honneur, il faut que je quicte la plume et ne le loue plus : car en pensant bien dire, je pourrois faillir. Dont je m'estonne ce que M. d'Amiot, M. de Raiz ou M. de Villeroy, qui sçavoient si bien dire et escrire, que le roy a tant aymez et chérys et leur a tant faict de biens, qu'ilz ne soient estez curieux de faire une recherche après sa mort de tous ses beaux faictz, motz et dictz, et en composer un grand livre et le dédier à la postérité. Ilz en eussent eu aussi ample matière comme celuy qui fit pareille recherche de ceux du grand Alfonce, roy de Naples², que nous voyons et lisons encor aujourd'huy; et m'assure que ceux de nostre roy les vaudroient bien, voire les surpasseroient.

Je m'estonne bien aussi que mondict sieur de Raiz ou M. de Villeroy n'ont faict imprimer et mis en lumière ce beau livre de la chasse et venerie qu'il a

---

1. *Lettrier*, lutrin.
2. La vie d'Alphonse V, roi d'Aragon, de Naples et de Sicile, a été écrite en latin d'abord par Ant. Beccatelli Panormita, 1485, in-4°, puis par Bart. Zaccio, 1560, in-4°. Leurs deux ouvrages ont été plusieurs fois réimprimés et traduits.

composé¹, dans lequel il y a des advis et secretz que jamais veneur n'a sceu ni pu attaindre, ainsi que j'en ay ouy discourir quelquesfois audict mareschal de Raiz de quelques très-rares traictz qui sont là dedans descritz avec un très-beau et très-éloquant langage. Pour le moins, ce livre serviroit et donroit à la postérité admiration de ce roy, pour éternelle mémoire qu'il avoit esté un roy fort parfaict et universel : et les grandz qui fussent venus après luy eussent trouvé ce livre plus rare et plus exellent, pour avoir esté faict et composé du sens et de la main de ce grand roy; et n'eust demeuré sans grande louange à luy pour jamais; car, comme luy dist M. de Ronssard², les beaux pallais et bastimens sont

1. Ce livre publié en 1625, in-4°, sous le titre de *la Chasse royale*, a été réimprimé en 1857 et 1858 par M. H. Chevreul, et en 1857 par M. Bouchard-Huzard. Ayant découvert à la Bibliothèque de l'Institut, dans la collection Godefroy, un manuscrit unique et complètement inconnu de cet ouvrage, je le signalai à M. Chevreul, qui s'en servit immédiatement pour en donner une nouvelle édition préférable à toutes les autres. Elle est intitulée : *Livre du roy Charles. De la Chasse du cerf*, Paris, Aubry, 1859, in-8°, et contient la dédicace, jusqu'alors inédite, du roi à Mesnil, « son lieutenant de venerye ».

On trouve dans les Œuvres de Ronsard (1623, tome Iᵉʳ, p. 671) une *Élégie sur le livre de la Chasse du feu roy Charles IX, recueilly et ramassé par la diligence de M. de Villeroy*. Elle commence ainsi :

Soit que ce livre icy ne vive qu'un printemps.

2. Dans l'*élégie sur le livre de la Chasse* que nous venons de citer et où se lisent les vers suivants :

Il te fit si pratique en l'art de bien chasser,
Qu'aux heures de loisir il en voulut tracer
Le projet de ce livre, aimant la renommée

subjectz à ruyne et ne durent que quelque temps, voire les généreux actes et beaux faictz, mais les escritz durent éternellement.

Voylà pour le coup ce qu'on aura de moy de ce grand roy, sinon que j'ay veu force gens marquer et cotter son règne fort malheureux, ainsi que Nostradamus le pronostiqua à la reyne sa mère, faisant sa nativité, autant pour les guerres qui survindrent, que pour le colloque et assemblée de Poissy, qu'on tenoit ne se devoir nullement faire, pour mettre en dispute nostre religion catholique romaine, si assurée et confirmée despuis la mort de Nostre-Seigneur Jesus-Christ, par luy premièrement fondée, preschée par ses apostres et disciples, et despuis encor establie et corroborée par tant de conciles généraux, autantiqués, bons et sainctz, et puis venir à estre esbranlée par disputes en un petit concile nationnal. On accusoit lors, ce disoit-on, la reyne, le roy de Navarre et le cardinal de Lorraine : le roy de Navarre, parce qu'il estoit de la religion (comme j'ay dict ailleurs), et la vouloit maintenir et faire trouver bonne par ses disputes contre l'autre; mais il fut bien trompé; la reyne, qui luy vouloit complaire et qui vouloit regner, et aussi qu'elle pensoit bien faire, afin d'apaiser les troubles qu'elle voyoit préparer, contre l'opinion pourtant de M. le cardinal de Tournon[1], ce bonhomme, qui, en luy pensant remonstrer

> Qui s'acquiert par la plume et par l'encre animée,
> Mieux que le vain honneur de bastir des chasteaux;
> Car le temps qui renverse et sceptres et empires
> Également abat et marbres et porphyres.

1. François de Tournon, archevêque d'Embrun, puis de Bour-

par de hautz crys un jour la grand' faute qu'elle faisoit en cela, et les inconvénientz qui en adviendroient, elle, après s'estre bien deffendue et dict ses raisons, fut contraincte enfin de luy dire qu'il resvoit ; dont luy tout impatient luy respondit, ce disoit-on (mais je ne le croy pas, car il n'estoit pas si hardy, si ce n'est qu'il se fiast sur sa vieillesse et l'heure proche de sa mort) : « Madame, je ne resve « point; je ne resvay jamais, sinon lorsque je traictay « vostre maryage et vous fis venir en France. » Il se peut qu'il dist cela à ses eclésiastiques pour leur plaire, mais non à la reyne, car elle luy eust rendu bon, et aussi que la vérité ne parloit pas pour luy; car ell' a beaucoup servy à la France, comme je le dis ailleurs, et la treuve-on à dire.

Pour quand à M. le cardinal de Lorraine, on disoit aussi qu'il y condescendit librement, parce qu'il estoit si enflé de gloire de la grande présumption qu'il avoit de son sçavoir, que, ne se contentant de la maniffester à messieurs de la France, tant d'église qu'autres, qu'il en voulut faire parade et obstentation à messieurs les ministres estrangers, qui l'admirarent fort et le trouvarent un très-grand personnage. Aussi y triumpha-il fort, et peu luy peurent respondre à ses subtilitez, que Pierre Martir[1] et M. de Bèze, que M. le cardinal ne se contenta d'araisonner en public,

---

ges, cardinal d'Ostie, mort le 22 avril 1562, à soixante-treize ans.

1. Pierre Vermigli, connu sous le nom de Pierre Martyr, célèbre théologien réformé, né à Florence en 1500, mort à Zurich le 2 novembre 1562. Voyez, sur son rôle au colloque de Poissy, de Thou, liv. XXXVIII.

mais le fit venir en sa chambre, et là, à part, devisarent de beaucoup de choses; et là, de subtil à subtil, s'en fit la contestation belle.

Tant y a, que de ceste assemblée n'en arriva que la source de nos guerres d'amprez; et de tout nostre roy n'en pouvoit mais; car il estoit un jeune enfant mineur et pupil, qu'on manioit comm' on vouloit. De sorte que j'ay veu plusieurs s'estonner que, veu la corruption de son règne, et despuis la perte qu'il fit de M. de Sipierre qui le nourrissoit si bien, comment il fut si magnanime, si généreux, vertueux, valeureux et libéral comm' il a esté; car il a autant estendu sa libérallité que fit jamais roy à toutes sortes de gens : dissemblable au roy son frère, qui employa la sienne à l'endroict de quelques particuliers, siens favorys, que nous avons veuz pleins et remplys exessivement; si ce n'est qu'il enrichist fort particulièrement le mareschal de Raiz, qu'il emplit de grandz biens, honneurs et estatz, et plus que sa portée n'estoit ny sa qualité le requeroit, pour avoir esté ce qu'on l'avoit veu. Si estoit-il pourtant un très-habile homme. Voylà comment ce roy estoit libéral, tenant ceste maxime : qu'il falloit qu'un roy le fust, et que les peuples estoient semblables aux rivières; car tout ainsi qu'elles entrent en la mer, aussi semblablement l'argent du peuple alloit, venoit et entroit aux finances du roy.

Son règne a esté aussi tasché d'avoir esté soubz luy les ecclésiastiques fort vexez, tant de luy que des huguenotz; les huguenotz, les avoir persécutez de meurtres et massacres et expolié leurs églises de leurs sainctes reliques, et luy, avoir exigé de grandes décimes, et alliéné et vendu le fons et temporel de l'Église, de laquelle vendition il tira grand argent. Ce ne fut sa faute; ce fut la misère du temps et la nécessité de la guerre, laquelle nécessairement il falloit faire pour maintenir la religion catholique, à laquelle, si on ne s'y fust opposé généreusement, ell' estoit perdue. Aussi prit-il pour sa devise deux collomnes, l'une de piété et l'autre de justice, par lesquelles les plus grandz empires et royaumes sont appuyez et maintenus; devise prise de Senèque, qui disoit : que les roys et grandz par la piété et justice approchoient de la divinité; aussi a-il aymé l'un' et l'autre, mesmement la piété : de sorte que, pour la conservation des sainctz temples et lieux sacrez de nos ancestres, il n'a point espargné le sang de ceux qui les avoient viollez.

Je me passe icy de monstrer les grandz regretz que firent de sa mort les grandz princes de la chrestienté, comme le pape, l'empereur, le roy d'Espaigne, bref tous les autres, jusques au Grand Turc, tant son nom volloit partout. M. de Muret[1], un des grandz personnages en sçavoir et éloquance de nostre temps, fit de luy l'oraison funèbre devant le pape, et l'accommança par ceste boutade que les Latins appel-

---

1. Marc-Antoine Muret, célèbre humaniste, né à Muret en Limousin le 12 avril 1526, mort à Rome le 4 juin 1585. L'oraison funèbre, dont il est ici question, imprimée en 1574, in-4°, puis dans les œuvres de Muret, commence ainsi : *Hoc igitur unum restabat adflictis ac pene prostratis infelicis Galliæ rebus....* Dans l'édition des *Orationes*, publiée à Douai en 1625, in-18 (*Orationum volumina duo*), on lit en marge cette note (p. 272) : *Exordium est abruptum per exclamationes.*

lent *ex abrupto*, de telle sorte : *Hoc igitur unum restabat, pater sancte.* « Il ne restoit doncques rien plus, « Père sainct; » et puis poursuit ainsi : « pour para-« chever de ruyner la France de sa grandeur et sa « religion, que la mort de ce grand roy Charles, qui « l'alloit redresser et remettre mieux que jamais, s'il « eust plus vescu. » Et puis continua ses louanges par des propos si éloquans, tristes et animez, que le pape et tous les cardinaux s'en esmeurent tellement avec toute l'assistance, que leurs souspirs s'entendirent plus[1] dans l'église que la voix de l'orateur. Ceste oraison fut portée à la reyne, de Rome, qui se la fit lire et interpretter, qui la trouva très-belle et loua M. de Muret, comme je vis.

Il faut faire une fin meshuy, il est temps; et la prendz sur une observation que j'ay veu faire à plusieurs : que de tant d'enfans qu'eut le roy Henri IIe, il n'en reste aujourd'huy pas un, et a failly la race des Valois, la couronne estant venue à celle de Bourbon, de laquelle est le chef nostre grand roy d'aujourd'huy. Il y a quarante ou quarante-cinq ans, que si quelque grand devin eut prognostiqué cet évènement, qu'on ne l'eust cru que comme un fol, et l'eust-on lapidé, bien que Nostradamus prédist à la reyne qu'elle verroit tous ses enfans roys; ce qu'ell' a faict, comme le roy François II, le roy Charles IXe, le roy Henry IIIe et M. d'Alançon, qu'elle ne vist pourtant roy, mais autant valoit, estant seigneur des Pays-Bas absolu, s'il n'eust faict la feste de Sainct-Anthoine à Anvers : et telz pays va-

---

1. *Var.* Firent plus de bruit et de rumeur (ms. 6694, f° 411).

loient bien, et pouvoient bien estre censez un royaume, puisqu'il y a des royaumes qui ne les valent pas, et bientost en fust esté faict et proclamé roy. Aussi que le bon duc de Bourgogne[1] reffusa à plat de l'empereur Sigismond que lesdicts pays fussent érigez en royaume, se contentant de porter le simple nom de duc : ce que son filz, le duc Charles, prince très-ambitieux et hautain, desira fort par amprez, et en requit fort l'empereur Fédéric, qui ne luy voulut point accorder et le reffusa, cognoissant sa superbetté et son courage insatiable, qu'il vouloit amprès quelque chose de plus.

Voylà donc comme la reyne a pu voir ses enfans roys par la prophétie de Nostradamus, en cela très-véritable, qui n'avoit jamais veu Louys duc d'Orléans, qui mourut fort jeune, 1550[2], dont ce fut grand dommage, car c'estoit un très-beau petit prince, et qui promettoit beaucoup ; ce nom de Louys luy ayant esté donné, comme j'ay ouy dire, pour luy estre, un jour, heureux comm' à ses prédécesseurs, les Louys ducz d'Orléans qui sont estez tous braves et généreux. La reyne changea tous les autres trois leurs noms. Le roy Charles s'appeloit Maximilian, tenu du roy de Boëme, despuis empereur, duquel il espousa despuis la fille. Le roy Henry s'appelloit Alexandre-Édouard, filleul du roy Édouard d'Angleterre. François, duc d'Alançon, s'appella Hercules, tenu, je croy, des cantons des Suysses. La

---

1. Philippe le Bon.
2. Louis de France, second fils de Henri II, né le 3 février 1548, mort en 1550.

reyne, par telz changemens de noms, pensoit leur baptiser la fortune meilleure ou la vie plus longue, et vous voyez ce qu'en a esté. J'ay ouy dire à aucuns que cela porte malheur. Toutesfois, le roy François II ne changea jamais, et persista tousjours au sien; si ne fut-il pas plus heureux que les autres en longueur de vie, mais pourtant très-bon prince, doux et gracieux, et fort vertueux, et qui, s'il eust vescu, eust ressemblé en tout au grand roy François son brave parrain, disoit-on; car il estoit tout courageux et généreux.

Et ne tint pas à luy qu'il n'allast à l'armée qui fut deffaicte à la bataille de Sainct-Quentin; car j'ay ouy dire qu'il en pria cent fois le roy Henry, et le genouil en terre; ce qu'il luy accorda et à M. de Lorraine, qui estoient tous deux fort jeunes, mais M. de Lorraine un petit plus vieux que luy. M. le connestable, qui estoit du tout creu, rompit le coup et remonstra au roy sa jeunesse, qui ne montoit qu'à quatorze à quinze ans, et la debolesse[1] de ce filz aisné; qu'il ne faudroit qu'un malheur pour le perdre, ce que la France n'avoit besoing, pour estre son principal appuy après le roy. Mondict sieur le Dauphin en voulut dès lors un grand mal à mondict sieur le connestable, et ne fut point marry de sa desfortune qui luy advint, ni de sa prison, comme je le sçay de bon lieu; disant que ce qu'il en avoit faict et rompu ce coup au roy, que ce n'estoit pour appréhension et peur qu'il eust de sa vie et personne, mais qu'il vouloit estre le seul maistre et comman-

---

1. *Debolesse*, faiblesse, de l'italien *debolezza*.

deur de l'armée, et craignoit qu'il ne prist goust à esjamber sur son autorité. Du despuis, le camp d'Amiens se présenta, où il alla avec le roy; et ne tint à luy que la battaille ne se donnast; pour le moins la desiroit-il fort. Tous les jours et à tout' heure vouloit monter à cheval, à faire le cheval-léger; mais le roy ne le voulut jamais, pour n'estre l'estat d'un roy dauphin et premier filz de France.

Pour fin, de tous ses quatre enfans il n'y en a aucun qui n'ayt esté très-brave, très-généreux, hardy, vaillant et courageux. Du roy Henry IIIe, de M. d'Alançon, j'en parleray ailleurs en un discours que je fays, comme j'ay dict, et comparaisons de six grandz capitaines que nous avons veuz en mesme temps, qui sont le roy Henry et M. d'Alançon, le roy de Navarre, MM. les ducz de Guyze, de Parme, et duc de Biron et prince Maurice, qui tous, pour estre mortz fort jeunes, fors le roy et ledict prince, ont laissé d'eux d'avoir estez très-grandz et des premiers capitaines de la chrestienté, comme j'espère le faire voir si Dieu me faict la grâce d'escrire d'aucuns leurs particuliers faictz, comme j'ay faict de ceux de cy-devant.

Cependant je finis, et prie toutes personnes qui me liront d'excuser mes fautes que l'on trouvera icy dedans bonnes et grandes; car le bien dire ne nasquit ny s'acquist jamais avec moy. L'on m'excusera aussi si je répette force choses et motz et parolles que j'ay dict quelquesfois; car je ne puis avoir la mémoire ny la retentive si bonne que je me puisse ressouvenir du tout. Je prie aussi, et François et estrangers, m'excuser si j'ay laissé au bout de la plume plusieurs grandz capitaines qui pouvoient icy tenir rang aussi bien que les autres. Je leur respons qu'aucuns je les ay oubliez par mesgarde; aux autres, je ne suis pas à leurs gages pour les servir. De plus, ce grand Plutarque en ses *Vies,* duquel un traict de plume valoit plus que tout ce que je sçaurois jamais escrire, a bien limité ces *Vies des hommes illustres* desquelz il a escrit, et en a laissé plusieurs, tant grecz que romains, qui possible tout oubliez pouvoient bien valoir aucuns qui sont couchez dans son livre, ny plus ny moins que l'on voit des commissaires et contrerolleurs des guerres casser bien souvant à la monstre aucuns soldatz et gensd'armes qui valent bien les passez. Et si l'on me reprend que je parle fort sobrement d'aucuns et d'aucuns point, je leur responz qu'ainsi me plaist, et en ay ensuivy ma fantaisie en cela, ne pensant faire tort à aucun. Pour les estrangers, ilz sont plus heureux en bons historiographes que nous, qui ont mieux escrit et plus curieusement et plus véritablement que nos François, lesquelz, selon l'advis des grandz personnages que j'en ay veu discourir, ne s'en sont si bien acquittez comm' ilz debvoient en aucunes particularitez, qu'ilz ne sont estez si curieux et diligens d'observer comme les estrangers. Lise donc ce livre qui voudra; il y trouvera les louanges des capitaines et nostres et estrangers, et au plus vray que j'ay peu dire. Il en pourra à part soy après en faire comparaison des uns aux autres. Pour quant à moy, celle que j'en fays, et la meilleure, je la prendz sur un très-beau pourtraict que je vis une fois à Rome de la France despeinte et représentée en forme d'une belle

Pallas toute armée, sa lance en une main et son escu en l'autre, force livres à ses piedz, et entournée et ombragée de force espicz de bled, avec ces motz : *Marte, arte et frugibus;* inférant par là qu'elle surmontoit toutes autres nations par les armes, les lettres et abondance de bledz et fruictz, comme certes elle faict. Mais les Espaignolz ne disent pas cela, car, pour les armes ilz n'en cèdent à aucune nation; pour les sciences et les artz, ilz s'adonnent si fort aux armes qu'ilz les hayssent et vilipendent fort, et envoyent les livres au diable, si ce n'est aucuns, qui, quand ilz s'y adonnent, ilz sont rares, exellans et très-admirables, profondz et subtilz comme j'en ay veu plusieurs. Pour les bledz et fruictz de la terre, l'abondance n'y est si grande qu'en la France; mais je puis bien asseurer d'avoir veu en Espaigne de fort beau bled, et mangé d'aussi bon pain, beu d'aussi bon vin de Sainct-Martin et Rippe-d'Avid[1] qu'en toutes les plus fertilles campaignes et tous les plus friandz vignobles de la France, et faict aussi bonne chère dans Madrid et autres villes d'Espaigne que dans Paris. Ce qui est rare et point commun est tousjours plus exellent; pourtant la France, qui l'a veue d'autresfois, mais non ce qu'ell' est maintenant, a esté un pays incomparable en tout[2].

1. San-Martino de la Arena, à cinq lieues S. O. de Santander. — Ribadavia, dans la Galice.

2. C'est ici que finit malheureusement le manuscrit 6694 qui contenait la première rédaction de Brantôme et nous a fourni de nombreuses et utiles variantes. Nous n'avons plus désormais, pour établir notre texte, que les manuscrits contenant la dernière rédaction de notre Auteur.

DISCOURS

SUR

LES COURONNELS

DE L'INFANTERIE DE FRANCE.

Après avoir parlé des grandz capitaines et généraux d'armée, il faut parler un peu des couronnelz de l'infanterie de France; et pour ce je faictz ce discours, sur l'occasion et sur le poinct duquel j'en fis un jour adviser ce grand et brave prince M. de Nevers, qui m'advoua franchement ne s'en estre jamais apperceu ne advisé, et d'autant (dist-il après le tenir et l'avoir appris de moy) qu'estoit qu'advant la création de couronnel général des bandes françoises, tant de-çà que de-là les montz, que fit le roy François 1er, de M. de Tays[1], il n'y en avoit eu jamais en France de général, mais de particuliers prou. Et sur ce, plusieurs que nous estions à sa table, nous en mismes à deviser et discourir, et ce estoit à l'abbeye

---

1. Voyez son article dans le volume suivant.

de Bonneval[1] en Beauce, lorsque Monsieur, frère du roy, partit la première fois mal content de la court[2]. Entr'autres, il y avoit des vieux capitaines, tant françois que des expérimentez italiens qui fussent au service de la France, qu'estoit le seigneur Petro Paulo Touzin, qui a tousjours fort fidellement et vaillamment servy nos roys. Il y avoit aussi le capitaine Bernardo, bon capitaine et bon François; et pour ce fut tué d'un coup de pistollet à Paris par l'appostement et pourchas du duc Cosme de Florance, disoit-on. Il y avoit aussi des vieux gentilzhommes françois qui, tous ensemble, condescendirent à mon opinion, sans pourtant jamais y avoir pris garde qu'à ce coup là. Dont pour ce j'en allègue icy les textes et exemples, mais un peu plus que je ne fis alors, et allongeray d'avantage mon discours.

Premièrement, quant à l'étymologie de ce mot de *couronnel*, à ce que j'en ay ouy dire à des vieux anciens capitaines, tant françois, espagnolz, qu'italiens, les uns l'escrivent *coullonnel* par *l*, comme voulant dire que celuy qui est le principal chef de l'infanterie est dict que, tout ainsi qu'une coullonne est ferme, stable, et sur laquelle on peut assoir ou l'on assoit quelque grande pesenteur et l'appuye-on fermement, aussi celuy principal qui commande à l'infanterie doit estre ferme, stable et principal appuy de tous les soldatz, soit pour leur commender, soit pour les soubstenir, comme une bonne, belle et puissante

---

1. Bonneval (Eure-et-Loir), abbaye de Bénédictins.
2. En 1575.

coullonne, à laquelle tous les soldatz doivent tendre et viser, et 'y soubstenir et s'affermir.

D'autres disent *couronnel* avec *r*, d'autant que celuy qui en est le chef général a esté esleu et *couronné* de son roy, ou de son supérieur, ou de toute l'armée, pour leur commander, comme triomphant et *couronné* par-dessus tous les autres.

Les uns en ont parlé encores d'autre façon diversement, et selon leur opinion ; je m'en raporte à eux, sans m'amuser d'en chaffourer[1] le papier; et ce nom est venu, à ce que j'ay ouy dire à M. de Montluc, des Italiens et Espaignolz. Les Allemans en ont aussi usé et en usent; et l'avons emprumpté d'eux en nos guerres à l'encontre d'eux et parmy eux, et pratiqué parmy nous autres; car auparavant ce mot n'estoit point en usage.

Je metz à part les Romains, car ce mot leur estoit incognu, et chascun commandoit à sa légion. Bien est vray qu'advant le combat les consulz, préteurs, dictateurs et généraux de leurs armées, leur ordonnoient leur forme, rang et champ de battaille; et bien souvant mettoient pied à terre pour combattre avec l'infanterie, comme nous lisons de ce brave Cæsar, qui bien souvant a servy de couronnel, voire de sergent-majour[2], s'il nous faut parler ainsi, à son infanterie : aussi estoit-il bon homme de pied et de cheval; comme M. du Bellay, en son *Art militaire*, dict qu'il est besoing qu'un général metté quelques-

---

1. *Chaffourer*, salir, noircir.
2. Le sergent-major ou sergent de bataille était un officier supérieur d'infanterie.

fois pied à terre, comme fit l'empereur Charles à l'expédiction de Tunes, et M. de Nemours à la reprise de Bresse, comme j'en parle ailleurs, et M. le mareschal du Byé en la conté d'Oye, en un exploit qu'il y fit, j'en parle aussi ailleurs, et comme fit le roy Édouard en la battaille qu'il donna au comte de Varvyk[1], qu'il vainquit et y fut tué, comme dit messire Philippes de Commines, et aussi que les plus grandz seigneurs d'Angleterre jadis mettoient pied à terre avec les gens de pied pour les mieux animer au combat, comme cela y faict beaucoup; et comme firent ces deux braves princes M. d'Orléans et le prince d'Orange à la battaille de Sainct-Aubin[2], et force autres que je dirois bien; mais je m'en tays pour esviter prolixité.

Il y a aucuns qui ont voulu dire que les tribuns des gens d'armes estoient comme couronnelz; mais ilz commandoient à cavallerie et infanterie : toutesfois prenez le cas que despuis ilz soient esté despartys, et que d'un qui estoit, aujourd'huy est le couronnel de l'infanterie, et l'autre est le couronnel de la cavallerie légère; et sont deux ainsi séparez.

D'autres ont dict que c'estoient mareschaux de camp. Je m'en raporte à ce qui en est et que j'en ouys un jour bravement discourir à feu M. de Carnavalet, brave et vaillant seigneur, gouverneur de nostre roy Henry IIIe, et qui sçavoit tous les commentaires de Cæsar en latin par cœur, et qui estoit

---

[1]. La bataille de Barnet, livrée le 14 avril 1471 par Édouard IV au comte de Warwick, qui y fut défait et tué.

[2]. La bataille de Saint-Aubin-du-Cormier le 28 juillet 1488.

fort curieux de l'antiquité, et mesmes pour le faict de la guerre; dont je m'en raporte aux plus sçavans que moy pour en discourir, car j'aurois peur de me defferrer si je m'y enfonçois si advant en ce marais, pour n'y estre si sçavant.

Touchant à nos François, aucuns ont dict que le grand maistre des arballestiers estoit ce que nous disons aujourd'huy le grand-maistre de l'artillerie; et mesmes encor parmy les estatz de nos roys se treuve le maistre artiller, qui est celuy qui se mesle de faire des arballestes, des traitz et des flesches, que j'ay veu faictes et eslabourées d'eux très-gentiment et proprement marquettées, et aussi se mesle de faire des fuzées. J'ay veu le feu roy Charles qui faisoit bien valoir cest estat et le faisoit bien mettre en besoigne.

D'autres disent que ce maistre d'arballestiers doit estre plustost converty en nom de couronnel ou de celuy qui commande à l'infanterie, et y a plus d'apparance, d'autant que, le temps passé, au lieu des harquebuziers d'aujourd'huy, c'estoient tous arballestiers. Je m'en raporte encor à nos rechercheurs des motz et estatz antiques de nostre France, encor qu'ilz n'y treuvent guières grand cas ny de beau de l'infanterie de France d'alors; car la pluspart n'estoit composée que de marautz, bellistres, mal armez, mal complexionnez, faicts-néantz, pilleurs et mangeurs de peuples.

Les uns, un temps, se sont appellez *brigans*, à cause des brigandines[1] et armes dont ilz estoient armez et

---

1. *Brigandine*, armure à lames articulées.

endossez; d'autres francz-archers, comme le franc-archer de Baignollet, dont est la chanson[1], qui furent après cassez par le roy Louis XIe, et en leur place prit des Souysses.

Les autres s'appelloient seulement archers, qui s'aydoient de l'arc, dont les Anglois pour lors s'en faisoient appeller maistres : tesmoingt la battaille de Poictiers du roy Jean et autres combatz, et despuis les Gascons, qui furent leurs subjectz, tenenciers et apprentifz soubz leurs enseignes, et les ont surpassez; car il n'y a qu'arballestier gascon de jadis et d'aujourd'huy encores.

D'autres les ont appellez *rustres*, ainsi que nous lisons dans le roman de M. de Bayard, que « M. de Mollard dist à ses *rustres*, » appellant ainsi ceux ausquelz il commandoit.

D'autres les ont appellez advanturiers de guerre, tesmoingt la chanson,

> Advanturiers de guerre
> Tirez de-là les monts.

Et aussi que telz les trouverez-vous, mesmes dans les vieux romans du roy Louys XII et du roy François Ier, au commencement, et peintz et représentez dans les vieilles painctures, tapisseries et vitres des maisons anciennes; et Dieu sçait comment représentez et habillez, plus à la pendarde vrayement, comme l'on disoit de ce temps, qu'à la propreté; portans des chemises à longues et grandes manches, comme

---

[1]. Voyez, dans les œuvres de Villon, le *Monologue du Franc-archier de Baignollet*.

Boëmes de jadis ou Mores, qui leur duroient vestues plus de deux ou trois mois sans changer, ainsi que j'ay ouy dire à aucuns; monstrans leurs poitrines velues, pelues[1] et toutes descouvertes, les chausses plus bigarrées, découppées, déchiquettées et balaffrées[2], usant de ces motz; et la pluspart monstroient la chair de la cuysse, voire des fesses. D'autres plus propres avoient du taffetas si grand' quantité qu'ilz les doubloient, et appelloient chausses bouffantes; mais il falloit que la pluspart monstrassent la jambe nue, une ou deux, et portoient leurs bas de chausses pendus à la sainture. Encores aujourd'huy, les Espaignolz usent de ce mot *advantureros*, mais ce ne sont pas soldatz gagez ny soldoyez, mais qui y sont pour leur plaisir, soient soldatz et gentilzhommes; tous les appellent ainsi ceux qui ne tirent paye; mais ilz disent, quand ilz veulent nombrer leurs gens de guerre en un' armée, amprès avoir compté les soldatz gagez, ilz disent outre cela *ay adventureros tanto*[3], selon qu'il y en a. Aujourd'huy en nostre France les appelle-on soldatz de fortune.

Voylà la différance des advanturiers d'aujourd'huy à ceux-là du temps passé, lesquelz, outre ce que j'en ay dict, prenoient plaisir à estre les plus mal en point qu'ilz pouvoient, jusques à marcher les jambes nues et porter leurs chausses à la sainture, comme j'ay dict : d'autres avoient une jambe nue et l'autre chaussée, à la bizarre.

Sur quoy il me souvient qu'un combat à la bar-

---

1. *Pelues*, poilues. — 2. *Balaffrées*, déchirées.
3. Il y a tant d'aventuriers.

rière se faisant un jour à la court, en la basse salle du Louvre, après les premiers troubles, entre autres combattans comparut et entra le capitaine Buno, gentil cavallier certes, mais bien bizarre en tout. Il estoit fort bien en point et bien habillé; il avoit une jambe chaussée et l'autre nue. Les vieux capitaines qui estoient pour lors à la salle dirent et confirmarent que les soldatz advanturiers du temps passé alloient ainsi chaussez à la bizarre, et ainsi l'entendoit ledict capitaine Buno encores de nostre temps. Mesmes au voyage d'Allemaigne[1] j'ay ouy dire que force capitaines et soldatz, quand ilz vouloient aller à un assaut, couppoient leurs chausses au genoil tout à l'instant, parce qu'elles estoient toutes d'une venue et attachées en haut, afin qu'ilz pussent mieux monter à l'assaut; pour lors les bas d'estame[2] ny de soie n'estoient pas en usage.

Or, advant ce nom d'advanturier practiqué, aucuns appelloient les soldatz *lacquays*, mesmes dans Monstrelet; et vous trouverez un capitaine Ramonnet, assiégé par Maximilian l'archeduc dans Malonoy, tenant pour le roy Louis XIe. La place fut prise, et luy fut pendu avec aucuns de ses lacquays, dict-il ainsi, dont le roy Louys amprès en fit belle vangeance[3].

---

1. En 1552. — 2. *Estame*, espèce de tricot de laine.
3. Le fait est rapporté non pas dans Monstrelet qui s'arrête à l'année 1444, mais dans un de ses continuateurs. « Le duc en Autriche, le comte de Romont, y est-il dit, et autres de leur compagnie vindrent devant une place nommée Malaunoy, dedans laquelle estoit un capitaine gascon, nommé le cadet Remonnet, et avec luy de sept à huict vingts lacquets arbalestriers aussi gascons; laquelle place par lesdits d'Autriche et Romont fut as-

Voylà comm' il appelle les soldatz *lacquays*, ce que j'ay veu confirmer en mes jeunes ans à aucuns vieux routiers; mais ilz les appeloient les *allacquays*, comme voulans dire gens à pied allans et marchans près leurs capitaines, comm' aujourd'hui nous appellons ceux qui vont au devant ou après nous, *lacquays*, comme font aussi aujourd'huy les estaffiers en Italie, Espaigne, et en France les valletz à pied, qui sont bons à pied, à faire message et mettre la main à l'espée; dont par ainsi ne se faut esbayr si aujourd'huy nous voyons si braves capitaines et soldatz sortir des *lacquays*.

Ledict Monstrellet appelle aussi lesdictz soldatz *piétons*, comm' aussi M. du Bellay en son livre de l'Art militaire. Froissard les appelle *soudoyers*, quelquesfois archers; mesmes quand il parle des Anglois, quelquesfois il les appelle *pillardz*, par ce propre nom, ainsi qu'il dict en un passage : « Il y avoit

---

saillie, et par lesdits Gascons fut fort résisté, mais enfin furent emportez d'assault et moururent la plupart desdits lacquets; et les autres se jettèrent dedans les fossés. Et au regard dudit cadet, il fut prins prisonnier, et mené par asseurance devers ledit d'Autriche; lequel, nonobstant ladicte asseurance, et trois jours après sadicte prinse, et de sangfroid et rassis, ledit d'Autriche le feit pendre et estrangler. Et pour vengeance faire de sa mort le roy, très mal content d'icelle, feit pendre jusques au nombre de L des meilleurs prisonniers que ses gens d'armes eussent en leurs mains, et par le prévost des maréchaux, lequel les feit pendre; c'est à sçavoir sept des plus espéciaux prisonniers au propre lieu où le cadet Remonnet avoit esté pendu, dix autres prisonniers devant Douai, dix autres devant Saint-Omer, dix devant la ville d'Arras et dix devant L'Isle. Et estoit ledit prévost accompagné pour faire faire ladicte exécution de huict cens lances, et six mille francs-archiers. » Monstrelet, édition de Paris, 1595, in-fol., tome II, *Loys XI*, f° 71.

« quatre cens lances et deux mille pillardz. » Voylà un plaisant nom pour nos gens de pied, lequel est aujourd'huy fort propre à aucuns, voire plus que celuy de soldatz.

Or, despuis tous ces noms se sont perdus et se sont convertis en ce beau nom de *soldatz*, à cause de la *solde* qu'ilz tirent. Les Italiens et Espaignolz nous les ont mis en usage, encore que les Italiens quelquesfois les appellent *fantassins*; mais l'Espaignol use tousjours de ce mot *soldados*, qui est le plus beau nom de tous ceux qu'on peut imposer aux gens de pied, et n'en desplaise aux Latins avec leurs mots *milites* et *pedites*, qui sont fort sotz et laidz au pris de celuy des *soldatz*. L'Espaignol usoit aussi du mot *peones*, jadis, comme nous disons piétons.

Pour quant aux chefz qui leur commandoient, ilz ne s'appelloient parmy nous que capitaines simplement; car le nom de couronnel ny de maistre de camp n'estoit point encor né en France : du temps du roy Louys XIe, le principal qui commandoit à son infanterie estoit le capitaine Flocquet[1], qui fut tué à la bataille de Montléry, dont on faisoit un très-grand cas, et fut fort regretté.

Paulo Jovio[2] descrivant l'entrée du petit roy Charles VIIIe dans Rome, et de son armée, représentée, à son histoire, la plus superbe et la plus furieuse en ses armes, visages, desmarches, contenances et habitz, que c'estoit une chose très-espouvantable à voir, tant

---

1. Voyez Philippe de Commines, livre I, ch. v.
2. Voyez Paul Jove, liv. II, traduction de Denis Sauvage, p. 44 et 45.

François, Allemans et Suysses, ny là ny ailleurs nous ne lisons point qui des François eut la principalle charge de l'infanterie françoise, ou qui en fust général. Il faut croyre donc qu'il n'y avoit que leurs capitaines, commandant chascun à leurs bandes et enseignes, soubz lesquelles se rengeoient de bons hommes, mais la pluspart de sac et de corde, meschans garnimens eschappez de la justice, et surtout force marquez de la fleur de lys sur l'espaulle, essorillez, et qui cachoient les oreilles, à dire vray, par longs cheveux hérissez, barbes horibles, tant pour ceste raison que pour se monstrer plus effroyables à leurs ennemis, comme faisoient jadis les Anglois, ainsi que dict Cæsar[1], qui se frottoient le visage de pastel pour plus grand effroy diabolic, et que font aujourd'huy nos reystres.

Mais le monde n'est plus enfant et n'a plus peur de ces faux visages ny loups-garoux, ainsi que nous lisons dans un petit livre en espaignol des guerres de Milan soubz le roy Louys XIIᵉ, d'un capitaine souysse qui s'appelloit Tocquenet. Je pense que celuy que nous avons veu en France, fort aymé du roy Charles IXᵉ et capitaine de sa garde suysse, estoit son parent[2]. Celuy donc marchoit tousjours vestu de pied en cap de peau d'ours fort pelu, les cheveux longs et hérissez, avec la barbe pareille, de sorte qu'à le voir, on l'eust pris pour un diable sauvage, avec sa grande et desmesurée taille; si bien qu'il faisoit peur *à los vellacos que lo miravan, mas no á los determi-*

---

1. Voyez *Commentaires*, liv. V, ch. XIV.
2. Voyez plus haut, p. 270.

nados, ce dict le livre, qu'il faisoit peur aux peureux qui le regardoient, mais non aux déterminez et assurez. Voylà les bizzarrettez de nos capitaines et soldatz de jadis.

Or, le roy Louys XII⁰ estant venu à la couronne et ayant retiré Milan qui luy appartenoit et le royaume de Naples de mesmes, pour les acquerir et garder, il fit de belles guerres et continuelles, tant contre les Italiens que Espagnolz; pour ce, nostre infanterie françoise se commença à façonner un peu mieux, fors qu'ilz ne se pouvoient encor bien accommoder à ces harquebuz et avoient tousjours en singulière recommandation les harballestes, et en rendoient de bons combatz; si bien que j'ouy dire à Naples que la ville alors ayant esté reprise et regaignée par les Espaignolz, il y eut une douzaine d'arballestiers gascons, qui estoient pour la garde de la tour de Sainct-Vincent, qui s'y opiniastrarent si bien avec leurs arballestes qu'ilz ne peurent estre pris ne chassez de deux mois, après que la munition de leurs arballestes leur faillit, et sortirent, en bonne composition pourtant. L'empereur Charles, après la Goullette prise et qu'il s'achemina vers Tunes, tousjours marchant en battaille, et que les Mores et Arabes le venoient tant agasser et importuner, il souhaita d'avoir une compagnie d'arballestiers à cheval; cela se list dans Paulo Jovio[1]. Quelle humeur, puisqu'il

---

[1]. « J'ay depuis ouy dire à l'empereur, lorsqu'il me racomptoit à Naples la déduction de toute sa victoire gaignée, quand je la vouloye escrire, que pour ce jour il desira grandement une compaignie d'arbalestiers à cheval. » P. Jove, liv. XXXIV, traduction D. Sauvage, p. 308.

avoit de ces bons harquebusiers espaignolz! Pourtant il y avoit là à discourir.

Or, puis après ledict roy Louys, lorsque les Genevois se révoltarent de son obéissance, il dressa une fort grosse armée pour reprendre leur ville; et d'autant qu'il avoit besoing d'infanterie plus que de gendarmerie, il bailla la chargè à plusieurs capitaines et braves gentilzhommes françois de bonne maison, comm' aux seigneurs de Maugyron, de Vandenesse, d'Espic, de la Crotte, de Bayard, de Normanville, de Montcavray, de Rossillon, du Tresnel, de Silly, le cadet de Duras, le capitaine Odet[1], le capitaine Imbaut[2], le chevallier Blanc[3], et plusieurs autres, desquelz ni les uns ni les autres n'avoient charge de couronnel ny le nom de maistre de camp[4].

Nous lisons dans les romans de Bayard qu'il luy donna aussi charge de mill' hommes de pied; ce que voyant, il l'accepta : et encores qu'il eust faict proffession plus de cheval que de pied, mais à luy tout estoit de guerre. Toutesfois il dist et remonstra au roy qu'il avoit trop de gens soubz sa charge que ces mille pour s'en acquitter très-dignement. (Aujourd'hui nos maistres de camp ne font pas cela, car ilz en prennent trois mille, quatre mille, dix mille, voire vingt mille, tant qu'on leur en donroit, jusques à les en lasser et saouler; aussi font-ilz de belles glissades et faux pas.) Par quoy il le pria de ne luy en donner

1. Odet d'Aydie.
2. Imbaut Rivoire, seigneur de Romagnieu.
3. Antoine d'Arces, Dauphinois, dit le *chevalier Blanc*.
4. Il y avait d'abord sur le ms. : « Desquelz les uns avoient charge de couronnel ny de maistre de camp (f° 103 v°). »

que cinq cens, et qu'il s'assuroit, avec l'ayde de Dieu et de ses amis, de luy faire et mener une si bonne trouppe, que, pour petite qu'elle seroit, il battroit bien une plus grande deux fois que la sienne.

Aussi le capitaine Montmas, qui despuis fut maistre de camp, dist un jour au feu roy Henry IIe. « Sire, « vos commissaires et contrerolleurs des guerres, en « faisant ma monstre, me sont venuz contreroller ma « compaignie, et crient que je ne l'ay pas complette, « et ne me veulent passer que ceux de la monstre; « je vous prie croyre, sire, que je serois bien marry « de vous desrober d'un seul sou; mais l'argent qu'il « me faudroit donner à plusieurs, je le donne à « moins de soldatz, lesquelz j'appoincte de ce que « je donnerois aux autres; aussi les sçay-je appoinc- « ter et choisir si bien, qu'avec le petit nombre que « j'ay, je battray tousjours et defferay un' autre com- « paignie, quelque complette qu'elle soit. » Monstrant par là que la force ne gist pas au nombre, ains à la valeur : aussi n'avoit-il jamais la moytié de sa compaignie, au lieu que les autres l'avoient tout entière; mais si peu de nombre de soldatz estoient très-bien choisis et très-bien appoinctez, qui faisoient tousjours rage partout où ilz se trouvoient.

Avant luy, tout de mesmes en avoit faict M. de Bayard, comme j'ay dict : aussi fit-il ceste compaignie de cinq cens hommes tous de gens d'eslite, si que plusieurs gens d'armes quictarent la lance pour prendre la picque avecques luy, comm' il se list. Aussi fust luy et sa trouppe qui firent le grand effort à la prise de Gennes, et en fut la principalle cause. Ce nom de couronnel n'estoit encor point en usage, sinon que le livre dict que le roy luy donna charge de mill' hommes de pied[1].

M. de Mollard, vieux routier, aux guerres d'Italie ne porta non plus titre de couronnel, ains qu'il avoit charge de deux mill' hommes de pied qu'il entretint tousjours braves et vaillans, comm' ilz le monstrarent à la battaille de Ravanne, où ilz firent très-bien, et en moururent beaucoup avec leur capitaine : aussi donna-il le premier avec le capitaine Jacob, Allemand[2], qui avoit charge de quelques lansquenetz, qui servit bien le roy ce jour : aussi y mourut-il des premiers avec M. de Mollard, lequel, avant le combat, fit ce traict; car, ainsi que les Allemans passoient les premiers le pont qui avoit esté faict pour passer le canal, et voyant qu'ilz tardoient tant à passer et faisoient trop longue file, embarrassant le passage, luy semblant qu'il ne seroit jamais à l'ennemy, dist à ses rustres (ainsi dict le livre, qu'il appella ses soldatz) : « Comment, mes compaignons, nous seroit-il « reproché que les Allemans soient passez du costé « des ennemis premiers que nous ? J'aymerois, quant « à moy, plustost avoir perdu un œil[3]. » Et soudain se jetta dans l'eau et commança le premier à sonder le gué, tout chaussé et vestu, sans marchander, qui n'estoit point si petit qu'ilz n'y fussent jusques près des esselles : et tous ses gens le suivirent aussitost; et firent si bonne diligence qu'ilz eurent passé plustost que les Allemans, et tous trempez et mouillez

---

1. Voyez *Le Loyal serviteur*, ch. XXVII.
2. Jacob Demps.
3. Voyez *Le Loyal serviteur*, ch. LIV.

combattirent ainsi. Quelle belle ambition ! Les anciens Romains n'en ont jamais plus faict.

Le baron de Grammont et le capitaine Maugiron firent là aussi très-bien, qui commandoient chacun à mill' hommes de pied; comme le capitaine Bonnet, qui aussi s'y trouva, qui fit très-bien ; mais il n'y mourut pas comme les autres, il en fut quicte pour un coup de picque dans le front, dont le fer y demeura.

Il avoit eu auparavant un très-brave et vaillant lieutenant, qu'estoit le capitaine Lorges, frère aisné de ce brave que nous avons veu despuis, qui a commandé longuement à plusieurs trouppes de gens de pied, et pour ses mérites faict capitaine des gardes escossoises du roy. Cet aisné Lorges, lieutenant dudict Bonnet, mourut à la conqueste du Friol[1], où M. de La Pallice avoit mené des forces au service de l'empereur Maximilian, par le commandement du roy Louys XII.

Or, tous ces capitaines, encores qu'ilz commandassent à grosses trouppes, ne sont jamais estez appelez que capitaines simplement : de couronnelz nullement. Que s'il y a eu quelque escrivain moderne qui les aye vouluz appeller couronnelz, il n'y faut adjouster foy, mais bien aux vieux exemplaires du passé, qui en ont parlé naïvement ny sans fard, comme les modernes, qui veulent faire des pindariseurs et des jollys à parler, et autant de mocqueries pour eux.

Ainsi que voulut faire une fois un prélat de par le

---

1. En 1509.

monde, qui voulant faire du beau parleur, comme certes il est, il se vint à alléguer le prophète Hélie, qui estoit (ce disoit-il) conseiller d'Estat du roy. Un autre prellat, aussi sçavant et bien disant comme luy, respondit qu'il n'avoit jamais leu dans la Bible, ny ouy dire qu'il fust conseiller d'Estat, ny qu'il eust aucune ny pareille charge en la maison du roy, qu'il n'en avoit jamais érigé qu'il sceust : ce qui fut une grande risée pour luy en l'assemblée où il estoit. Il se fust mieux passé de ce mot; mais il vouloit faire du bien parlant, et qu'il avoit treuvé le mot de la febve.

Je ne doubte qu'aucuns de nos escrivains modernes n'en ayent faict de mesmes ou n'en facent; mais c'est faire tort à ce qui a esté faict et escrit, et vaut mieux se regler au vieux texte et n'user encor de ce mot de couronnel pour la matière de ce temps là, mais simplement capitaine de tant ou commandant à tant, ainsi que je tiens de M. de Montluc et autres vieux capitaines.

Le roy François vint après; et si nous devons croire aux Mémoires de M. du Bellay, comme certes pour la suffisance du personnage il le faut, ce mot commença à se pratiquer; mais, possible, il est à présumer que ceux qui les ont mis en lumière et qui sont esté modernes, et qui ont voulu pindariser comme les autres, ont voulu pratiquer ce mot de couronnel, n'ont suivy, possible, en cela le vieil exemplaire. Tant y a, quelque chose que l'on y peut faire, il le faut croyre. Dans ces mémoires donc vous y trouverez comme M. de Guyze, Claude de Lorraine, fut couronnel à la battaille de Marignan de six mille lansquenets. Certes il pouvoit porter ce nom, car, ou fust que les Allemans qui en avoient l'usage luy pouvoient avoir donné, ou qu'estant prince grand, il méritoit bien d'avoir un nom plus que le commun.

De mesmes, feu M. de Sainct-Paoul, lorsque le roy François s'arma et se prépara pour aller lever le siège de Mézières, fut faict couronnel de cinq mill' hommes de pied, qui estoit un grand cas, qu'un tel prince du sang, brave et vaillant, ne fust couronnel général de toute l'infanterie françoise, et pourtant ne l'estoit que de cinq mille seulement : qu'est bien pour faire approuver mon dire, qu'il n'y avoit encor de couronnel général, comme verrez dans l'histoire du roy François. Toustesfois, aucuns vieux livres ne le disent que général de cinq mill' hommes de pied; force particuliers couronnelz légionnaires y avoit-il, chascun pourtant commandant à sa légion de sa province.

Lorsque ledict M. de Sainct-Paoul fut envoyé lieutenant en Italie contre Anthoine de Lève, M. de Montigean[1] commandoit à son infanterie, et mesmes à l'entreprise de Gennes, où ilz n'y firent rien qui vaille.

Au camp d'Avignon, il fut aussi couronnel de l'infanterie françoise; mais il fut pris au commancement de la guerre, où il ne fit rien qui vaille aussi. Bref, je serois trop prolixe, si je voulois espelucher tous ces couronnelz spéciaux; je fairois tort à ceux qui en seront curieux de les rechercher et qui se plairont de lire ces belles histoires, et non ce livre.

1. Le maréchal de Montejean.

Le siège de Parpignan vint, où le nom de couronnel se mit fort en vogue, car M. de Brissac fut couronnel de toute l'infanterie françoise, tant des trouppes qui vinrent du Piedmont pour estre là, que de celles qui estoient en France; mais cela s'entent de l'infanterie qui estoit en ceste armée là, et non de toute celle de la France; car feu M. d'Orléans, en sa conqueste de Luxembourg en ce mesme temps, avoit la sienne à part, comme je tiens de ceux qu'y estoient alors; et despuis mondict sieur de Brissac quicta ceste charge pour estre couronnel général de la cavallerie légère.

M. de Tays eut cet honneur d'estre esleu et faict du roy François couronnel général de l'infanterie françoise, tant deçà que delà les montz, duquel, advant que je parle, je dirai ce mot : que les Espaignolz n'ont pas esté grandement curieux de faire couronnelz généraux en leurs bandes ny en basses factions, sinon en leurs armées grandes d'une grande conqueste, d'un grand siège ou faction signalée, ou journée. Aux guerres d'Italie, ce grand marquis de Pescayre et le marquis del Gouast son cousin, commençarent à leur commander en titre de couronnel général. Avant eux, dom Pedro de Navarre avoit commandé à ses trouppes qu'il avoit en Barbarie, et qu'il en remmena; puis après, luy ayant esté faict prisonnier à Ravanne, le capitaine Solis, duquel j'ay parlé ailleurs, et puis le marquis de la Padule, qui se deschargea de ceste charge à son nepveu le marquis de Pescayre. Avant eux aussi avoit commandé le vieux capitaine Allarcon, qui en avoit bien commandé à aucuns, mais non à si grande trouppe comme les précédens; et, advant tous eux, dom Pedro de Navarre, comme je viens de dire, avoit esté couronnel de quatre mille Espaignolz qui furent envoyez en Barbarie par ces dévotes et catholiques personnes, le roy Ferdinand et la reyne Izabel de Castille, contre les Mores et infidelles[1].

Sur quoy, j'ouy discourir un jour gallantement à feu M. de Montluc, à son logis, au siège de La Rochelle, nous donnant à soupper au mareschal de Raiz, à M. d'Estrozze et à moy, et autres gentilzhommes, nous apprenant à tous d'où estoit venu premièrement et usité parmy les Espaignolz ce mot de *soldados viejos*[2]. Il disoit donc : que ce bon roy et reyne envoyarent en Barbarie quatre mille soldatz espaignolz, conduictz par dom Pedro de Navarre, où ilz firent de très-beaux exploictz et des conquestes très-belles, mesmes qu'ilz mirent en grand destroict[3] la ville d'Alger, tant aujourd'huy renommée, par le moyen d'un fort qu'ilz firent par une très-grande et merveilleuse promptitude, en ung issolat[4] tout devant la ville, les tenant par ce moyen de si près assiégez et pressez, qu'en peu de temps ilz furent contrainctz de requérir trefves pour dix ans, qui leur furent accordées moyennant certain tribut qu'ilz payarent tousjours jusqu'à la mort de Ferdinant; et, appellans Cairedins[5] Barberousse à leur secours au bout de quelque temps qu'ilz virent leur bon, rom-

---

1. Ce que Brantôme dit des capitaines espagnols, dans cette page et les suivantes, n'est guère qu'un résumé de ce que l'on trouve dans le premier volume.

2. Vieux soldats. — 3. *Destroict*, détresse.

4. *Issolat*, île, de l'italien *isola*. — 5. *Cairedins*, Khaïr-ed-Din.

pirent trefves, prindrent le fort, chassarent les Espaignolz et recouvrarent liberté.

Or, durant les trefves, la guerre s'ouvrit entre le pape Jules et le roy François[1] : Ferdinant secourit le pape, et tire à soy dom Pedro de Navarre avec les Espaignolz de la Barbarie, et les envoye en la Romanie avec son armée de Naples, conduicte par dom Raymond de Cordona[2]; et se trouvarent à la battaille de Ravanne; et ce fut lors que M. de Nemours haranguant ses gens et parlant de ces Espaignolz, il dist qu'il ne falloit point appréhender ces soldatz espaignolz, qui se vantoient et bravoient tant, d'autant qu'ilz n'avoient appris qu'à combattre des Mores tous désarmez et fuyardz, et qui n'avoient encor esprouvé les François si bien armez et qui combattoient de pied ferme.

Si firent-ilz bien pourtant, ne voulans pour ce coup croyre leur général dom Pedro, qui les tenoit retrenchez et ressarrez, et ne vouloit qu'ilz bougeassent de leur retrenchement et advantage, voulans là attendre l'assaillement. Mais nos François, bien advisez, firent bracquer quelques pièces d'artillerie, qui les endommagea tellement, qu'ilz se mirent à crier : *Matados somos del cielo, vamos á combater los hombres;* c'est-à-dire : « Nous sommes tuez du ciel, al« lons combattre les hommes. »

Ledict dom Pedro en vouloit de mesme faire aux Italiens et les arrester, mais tous commençarent à crier haut : « Comment! et faut-il qu'à l'appétit et « opiniastreté d'un marrane nous périssions ainsi

---

1. Le roy François, lisez : Louis XII. — 2. De Cardona.

« misérablement ! » et, par ainsi, sortirent de leur retranchement.

Or, quand dom Pedro emmena cesditz Espaignolz, ne faut point doubter, venans de ces guerres loingtaines et barbares, s'ilz estoient superbes (comm' ilz sont coustumiers quand ilz viennent de telz lieux et telles belles factions) et piaffans, et s'ilz bravoient ; de sorte qu'ilz ne se vouloient appeller autrement que *soldados viejos ;* et ne prindrent le nom de soldatz de Barbarie ou du terze de Barbarie ou de la Guerre-Saincte ou autrement, ainsi qu'aujourd'huy se font appeller par les terzes[1] de Lombardie, de Naples, de Scicille, de Sardaigne et de la Gollette quand ell' estoit à eux ; mais ce nom de *soldados viejos* seulement leur plaisoit et leur estoit agréable. Et du despuis (ce disoit M. de Montluc), encore qu'ilz fussent des terzes susdictz, ilz ont voulu porter tousjours ce nom de *soldados viejos,* comme les nouveaux venus on les appelloit *bisoignes*[2] ; mais en un rien, par la bonne discipline militaire et par la belle créance et bon soubstient qu'ilz ont entr'eux, s'aguerrissent et se mettent en rang de soldatz vieux aussitost, ainsi que moy mesme en ay veu arriver à Naples tant piètres, chétifz, mal habillez, *con çapatos dy cuerda,* soulliers de corde, descendre ainsi des gallères ; les vieux soldatz les entreprenoient et les prenoient en main, les mondanisoient, leur prestoient de leurs habillemens ; si bien qu'en peu de temps on ne les eust point recognus.

---

1. C'est-à-dire : sont désignés par le nom des terzes....
2. De l'espagnol *bisoño,* recrue.

J'en vis une fois arriver à Naples si bisoignes, si nouveaux, si fatz, que, se promenant par la ville, ilz la regardoient de tous costez avec très-grande admiration, et sottement pourtant. Aussi avoient-ilz raison; car, ne leur en desplaise, ilz n'en avoient veu de pareille en leur païs. Et comme badaux, jettoient leurs yeux dans les boutiques et partout, crians : *Mira á qua, mira à quella*[1]! Et quand les vieux soldatz les y surprenoient en telle badauderies, à mon advis qu'ilz leur faisoient la réprimande, et après ilz n'y osoient retourner; tant ilz estoient curieux de les rendre bien créez, et ne leur faire boire de honte. Quelle curiosité affectionnée !

Pour retourner à nos couronnelz, et mesmes à dom Pedro de Navarre, que l'Espaignol appelle *el conde Pedro de Navarre,* dans de vieux livres espaignolz, je ne luy ay point veu donner ce titre de couronnel des Espaignolz, mais ouy bien de général *de los soldados españoles;* mais, dans les livres modernes italiens et françois, il porte bien ce nom de couronnel : comme du despuis le voyage de M. de Lautreq et au siège de Naples, [on] le dit très-bien couronnel des Gascons, comme M. de Burie couronnel des François.

Nous lisons bien aussi qu'en la conqueste de la Goullette et de Tunis, le bon et vaillant vieillard Allarcon commandoit à l'infanterie espaignolle, et en avoit esté faict couronnel M. le marquis del Gouast, ayant esté faict général de l'armée et esleu par l'empereur. Mais pourtant les couronnelz espaignolz ne sont de durée ny ne gardent longtemps tel nom ny

1. Vois ceci, vois cela.

telle charge, sinon pour quelque temps, comme j'ay dict, ainsi que fit le marquis de Muns ou Marignan, qui fut couronnel général de toute l'infanterie en l'armée aux sièges de Saint-Dizier et de Metz.

Le duc d'Albe aussi, estant en Flandres, fit Chapin Vitelly couronnel général de toute l'infanterie; mais ce ne fut que pour un temps; car les soldatz espaignolz sont si rogues et si bravaches que mal voulontiers, tant eux que leurs maistres de camp et capitaines, obéissent-ilz, sinon à gens qui leur plaist, et de grand' qualité et expertise[1]. De sorte que j'ay leu dans un livre en espaignol[2], que jadis, aux guerres d'Italie, jamais personne n'avoit bien peu disposer d'eux ne leur commander absolument ny généralement, que le marquis de Pescayre, pour la grande amytié qu'ilz luy portoient à cause de sa valeur; encor le pensoient-ilz beaucoup obliger à eux. Après luy, defférarent de mesmes à M. del Gouast, son cousin. Après que dom Pedro de Navarre fut pris à Ravanne, le capitaine Solis leur commanda pour quelques jours; mais, d'autant qu'il n'estoit de grand' maison, mais vaillant pourtant et bon vieux soldat, ilz ne luy voulurent plus obéyr; et falut que le marquis de La Padulle en prist la charge. Si est-il le meilleur pourtant d'avoir un chef universel et principal. Pour les Espaignolz pourtant, il ne leur en chaut, car ilz sont si bien policez, si obéissans et si aguerris, que d'eux-mesmes, jusques aux moindres, ilz sçavent commander et aux plus grands obéyr, et

---

1. *Expertise*,, expérience.
2. Dans l'histoire du marquis de Pescaire, de Vallès.

aussi qu'ilz ont leurs maistres de camp de leurs terzes.

Quand à nous autres François, je m'en suis cent fois estonné, et beaucoup de capitaines avec moy, comment le temps passé ilz ont pu faire tant de belles guerres sans couronnelz et maistres de camp; car chasque capitaine estoit maistre de camp de leurs gens, fussent qu'ilz en eussent peu ou beaucoup. Du despuis nous en avons eu en France à quantité, mais non pas des règnes du roy François et Henry. Du temps du roy François, sur son déclin, M. de Monluc le fut seul devant Boulloigne.

Du temps du roy Henry, M. de Montluc l'a esté seul en Piedmont, et puis en sa place le baron d'Espy, lorsqu'il fut esleu du roy son lieutenant dans Sienne, en Toscane. Le capitaine Aysnard l'a esté seul; M. de Montmas seul, fors aux places assiégées, où l'on y en commettoit un pour l'importance, ainsi que fit M. de Guyze le capitaine Favas[1] dedans Metz et autres places de conséquence assiégées, ou qu'on alloit assiéger.

M. des Crozes[2] le fut seul en Corsègue; aussi méritoit-il de n'avoir point de compaignon, car il sçavoit très-bien sa charge; et fut grand dommage de sa mort, ayant esté décapité à Rouan. Je le vis mourir fort constamment. Je ne parle pas de la Toscane, car j'en parleray à part. Sur la fin du roy Henry,

1. Fabas. Il fut tué au siége de Metz le 13 décembre 1552, suivant Bertrand de Salignac.
2. Jean de Croze, capitaine huguenot; fait prisonnier au siége de Rouen en 1562, il fut décapité après la prise de la ville (voyez de Thou, liv. XXXIII).

M. de Boesse[1], gentilhomme de Périgord, brave et vaillant homme, s'est veu le seul maistre de camp, tant à la campagne que dans les villes; car la paix estoit faicte et les compagnies estoient ressarrées aux garnisons. Je n'aurois jamais faict si je les voulois mettre tous en nombre.

Cest estat est très-beau et honnorable, et qui s'en sçait bien acquitter est gentil compaignon. Aussi le susdict M. de Montmas disait une fois au roy Henry que, quand on se vouloit acquicter dignement de tel estat et de capitaine de gens de pied, on n'y devoit jamais vivre ny envieillir plus haut de deux ans : aussi ne la garda-il guières, car il y mourut aussitost. Disoit-il : « Nostre estat est tel, que qui ne « s'hasarde ne faict rien qui vaille, et qui bien s'ha- « sarde faict beaucoup; et bien hasardant aussi il « faut qu'on y meure; » et par ainsi que c'estoit une grand' honte de voir un capitaine de gens de pied vieux, ayant la barbe blanche, et longuement traisner cet estat. Telle estoit l'opinion de ce brave et vaillant capitaine. Mais pourtant s'en sont veuz beaucoup de bons et vaillans soldatz, capitaines et maistres de camp en barbe blanche et cheveux grisons, et qui avoient traisné toute leur vie la pique.

Je n'en allègue que ce vieux routier et brave advanturier M. de Lorges, qui fit tant de preuves de sa valeur de son temps, et il est mort en l'aage de quatre-vingts ans; et ce vaillant et signallé M. de Montluc, qui est mort en l'aage de soixante et dix-

---

1. Probablement Armand d'Escodeça, baron de Boesse.

huit ans; et le bon homme M. de Jour[1], couronnel des légionnaires de Champaigne, et commandé aux guerres d'Italie et ailleurs en grand' réputation, est mort en l'aage près de quatre-vingtz ans, aussi gaillard et dispost qu'en l'aage de quarante ans. Je l'ay veu en l'aage de soixante-dix ans s'habiller aussi gentiment et proprement qu'on eust veu jeune gentilhomme à la court, et tousjours son chappeau ou bonnet couvert de plumes très-belles et naïfves; et disoit ce bon-homme, que cela sentoit encor sa vieille guerre et le vieux temps qu'il estoit advanturier de-là les montz. Il devint de la religion; pourtant il voulut servir le roy aux premières guerres, mais je sçay bien qui empescha que le roy ne s'en servist. On n'eust sceu imputer à ces trois grandz capitaines que, pour estre chargez d'ans, ilz n'eussent toute leur vie cherché, recherché et encouru les grandz hasardz et périlz; mais leur heure n'estoit pas encore venue.

Tant de vieux capitaines espaignolz ay-je veu si vieux et cassez, comme Pedro de Paz, Mondragon, Jullien Romero et autres, qui ne se sont espargnez aux hasardz non plus que les autres. L'on a beau faire, se perdre, se précipiter, se présenter devant les harquebusades, canonnades et les coups, ilz ne peuvent mourir si le sort fatal n'est tumbé, et plusieurs vivent en despit d'eux-mesmes.

Le jour que les Rochellois firent ceste sortie, quand nos Suysses vindrent en nostre camp, que tout le monde les estoit allez voir arriver, comme si jamais

---

1. C'est, suivant le Laboureur, François d'Anglure, baron de Jour, fils de François-Saladin d'Anglure.

on n'eust veu Souysses (qui fut la plus sotte curiosité que je vis jamais : aussi ceux de dedans sceurent bien prendre le temps, car ilz furent maistres de nos trenchées quasi une heure, et en raportarent dedans six enseignes, et les plantarent sur leurs rampartz à nostre veue, ventillantes[1] pour nous braver; mais le lendemain, parce que nous parlamentions de la composition, moy y estant allé, je leur remonstray et priay de les en oster, de peur de ne despiter le prince et aygrir les choses qui commançoient à s'addoucir : ilz me creurent et les en ostarent), je vis là donc deux capitaines que M. d'Estrozze tança pour n'avoir pas là bien faict leur devoir et failly beaucoup à leur honneur, qui paradvant pourtant n'avoient point eu de reproche.

Tous deux firent leurs excuses comm' ilz peurent, car j'y estois présent, et promirent qu'à la première occasion ilz repareroient le tout ou ilz mourroient. Au bout de quatre ou cinq jours, il se présenta un petit assaut au bastion de l'Evangile, où tous deux y allarent d'une très-grande assurance et résolution d'y mourir, montant aussitost en haut ; et là les vist-on se précipiter dans le retranchement : l'un y receut quatre ou cinq harquebusades et n'y peut mourir; l'autre, qui fut le capitaine Pierre, Basque, y mourut. Voylà comment la destinée avoit borné la journée de l'un et de l'autre.

Tant y a, l'on a beau estre brave et vaillant, hasardeux partout et résolu à la mort, si nostre destin ou nostre Dieu, pour en parler plus sainctement, ne

---

1. *Ventillantes*, flottant au vent.

nous veulent emporter, le plus souvent, en despit de nous, nous demeurons dans la place de vie.

Ce grand empereur Adrian[1] en sçaroit bien que dire, à qui rien ne manqua, pour estre parfaict en tout, que le baptesme et le nom de chrestien ; car estant tourmenté ordinairement d'un flux de sang, demandoit tousjours la mort ; et parce que Severian, son beau-frère, et Fusque, son nepveu, prétendoient à l'empire, il les fit tous deux mourir ; mais Severian, avant que mourir, leva les yeux au ciel et invoqua les dieux, et protesta qu'il mouroit injustement, et les pria que quand Adrian voudroit mourir il ne peust ; ce que luy advint ; car estant tousjours tourmenté de son mal, invoqua plusieurs fois la mort, voire se la voulut donner luy-mesme, demandant ores de la poison et ores une espée ; mais personne ne luy voulut rien donner qui le peust offencer, fors un seul esclave appellé Mastor, qui, pour lui obéyr, s'essaya de le tuer ; mais estonné perdit sa force, et ne le fit que blesser sans le parachever : sur quoy, détestant son malheur, dist qu'il avoit souveraine puissance sur tout le monde, et sur soy ne pouvoit rien. Enfin, après plusieurs maux endurez et cent fois souhaité la mort, il mourut hétique et hydropique.

M. de Montluc dans son livre allègue plusieurs vaillans capitaines qui n'ont jamais estez blessez, entr' autres M. de Sansac le bonhomme. Si j'avois entrepris d'en alléguer plusieurs, je le ferois, comme nous avons veu M. de Nemours, Jacques de Savoye, le-

---

1. Voyez Spartien, chap. XXII.

quel, si jamais prince fut vaillant et hasardeux, cestuy l'a esté, et pourtant jamais blessé, ayant exercé et faict l'estat de gendarmerie, de cavallerie et aussi d'infanterie; car il s'est meslé de tous ces trois estatz.

Feu M. le vidasme de Chartres[1] en a esté de mesmes, s'estant employé en toutes ces trois charges, sans jamais s'y estre espargné, et mesmes au siège et assaut de Conys, assiégé par M. de Brissac, tous deux couronnelz, qui ont veu et senty gresler plus d'harquebuzades sur eux que le ciel ne jette de gresle sur les champs en mars, lorsque l'hyver veut prendre congé de nous; et n'ont jamais estez blessez, sinon lorsqu'ilz sont mortz.

Nostre roy Henry dernier, sans aller plus loing, ny en battailles ni en sièges de villes qu'il a faict, n'a non plus esté blessé, ne s'y espargna non plus que les moindres.

Pour venir aux petitz, feu M. de Gouas[2] a esté un aussi brave et vaillant soldat et capitaine qui ayt esté de son temps, et fort advantureux; il ne fut jamais blessé, et vint mourir à La Rochelle d'une petite harquebuzade dans la jambe, qui n'estoit nullement dangereuse.

Ceux qui ont cognu le capitaine Mons, qu'on appeloit le borgne Mons, nepveu de ce brave M. de Mons qui mourut à la guerre de Toscane, lieutenant de M. de Sipierre, de sa compagnie de chevaux-lé-

---

1. François de Vendôme.
2. « C'était, dit de Thou (liv. LVI), un vieil officier qui n'avait jamais été blessé. » Il reçut la blessure « dont il mourut un moment après), » dit encore de Thou, au grand assaut qui fut livré le 26 mai (1573).

gers, on ne sçauroit dire autrement qu'il n'ayt esté l'un des plus hasardeux et des plus déterminez soldatz de la France, et autant cherchant la fumée des harquebusades, et les alloit hallainer[1] tousjours désarmé et en pourpoinct, jamais aucune n'entra en son corps ny blessé : enfin, son heure estant venue, en une petite escarmouche faicte à La Rochelle, lorsque nous estions encores aux masures, à la Fosse aux lions, que les courtizans appelloient ainsi, il fut blessé, et moy avec luy ; et mourut après dans quatre jours, ayant esté et estant encores par sa valeur lieutenant d'une des couronnelles de M. d'Estrozze.

Sans M. de Guyze, qui s'y trouva à poinct, il y eust eu du désordre ; et je me trouvay alors avecqu' eux, et puis M. d'Estrozze y survint.

Je n'aurois jamais faict si je voulois alléguer quantité d'exemples sur ce subject : en quoy pourtant faut bien noter, que tous ceux qui meurent à la guerre, ou qui soint blessez, ne sont pas plus vaillans que ceux qui ne le sont point, encores que j'en aye veu de fort vaillans estre ordinairement blessez ; mais tel estoit leur malheur et leur désastreux destin.

J'ay veu le capitaine Saincte-Collombe, vaillant et brave soldadin, et déterminé s'il en fut onc. On disoit qu'il estoit de ceste maison valeureuse de Saincte-Collombe en Béard, mais non légitime ; toutesfois je vous assure que ce bastard ne faisoit point de déshonneur aux légitimes, mais ordinairement il estoit blessé. A La Rochelle il fut blessé trois fois ; et n'avoir pas plustost eu un coup de guéry, qu'il en avoit

1. *Hallainer*, respirer.

un autre. A la reconqueste de Normandie la basse faicte par le seigneur de Matignon non encor mareschal, il y fut blessé deux fois ; pour la troisiesme il mourut à Sainct-Lô[1] : de sorte que nous l'appellions et son corps, une garenne d'harquebuzades.

Le vaillant capitaine La Route, qui despuis fut tué à la reprise de Marçaut dernièrement, d'où il estoit gouverneur, a esté tout de mesmes subject aux blessures.

Feu M. de Corbozon, puîné de Lorge, vaillant certes s'il en fut onc, car de ceste race ilz sont estez tous braves et vaillans, aussitost qu'il estoit en quelque bon affaire, aussitost estoit-il payé de quelque coup ; bien contraire à son frère Sainct-Jean Lorge, qui ne devoit rien en valeur à tous ses frères, et qui ne s'espargnoit aux hasardz non plus qu'eux, se sauva de blessures, jusqu'à ce qu'il fut proditoirement et malheureusement massacré par la menée du mareschal de Matignon, qui en fut très-blasmé, car c'estoit un brave et vaillant gentilhomme. Il avoit esté dédié à l'église par son père, et portoit encore le nom de l'abbeye de Sainct-Jean-lèz-Fallaize qu'il tenoit ; mais il estoit meilleur guerrier qu'abbé.

Le brave M. de Grillon a esté aussi couvert d'un' infinité de playes sans avoir peu encor mourir par elles, les ayant toutes gaignées de vaillante façon.

Bref, je n'aurois jamais faict si je voulois compter les vaillans malheureux à recevoir les coups : si ne faut-il pas pourtant inférer pour cela que tous ceux qui sont blessez aux factions de guerre soient plus

---

1. En juin 1574.

vaillans que les autres; il faut aussi considérer et adviser de quelle façon l'on va s'exposer à l'hasard et recevoir les coups, si c'est de la bonne et de la mauvaise façon; car il y a tant d'ypocrites de guerre que c'est pitié.

Ouy, il y en a, comme j'ay veu et à ce que j'ay ouy dire à de grandz capitaines de guerre, plus qu'en tous estatz; car telz sont blessez que vous ne sçauriez dire de quoy ny pourquoy, sinon que les coups les vont chercher à une lieu loing, ou dernière les autres, ou cachez en une trenchée, ou dernière une muraille, ou sans y penser, ou tenans les mains liées; et s'ilz ne peuvent rencontrer les harquebusades, les canonnades les vont chercher une lieu loing : bref, ilz sont blessez en plusieurs façons poltronnesques; et font au partir de là raisonner et publier leurs blessures dans un camp, dans une ville, dans une court, dans une province, comme si c'estoient eux qui eussent tout faict; et Dieu sçait, ilz n'auront pas mené la main de l'espée plus qu'un pionnier; et pourtant on les estimera, on les louera, on les plaindra. A part pourtant, de ceux qui les auront veuz en besoigne et recevoir leurs blessures en sont mocquez, et les tient-on en cervelle, et n'osent braver devant eux, craignans qu'on ne leur die soudain : « Nous sçavons bien comment vous avez esté « blessé; » ou parlant à un autre de luy : « Nous « avons veu comment il a esté blessé. » Aussi en cachette de ceux qui ne les ont veuz font valoir leurs blessures.

Sur quoy il me souvient de ce que feu ce brave M. de Guyze me dist un jour estant à la trenchée de

La Rochelle, et luy m'ayant faict cet honneur de m'avoir faict assoir en terre contre luy et auprès luy; car il me faisoit cet honneur de m'aymer et de causer avecques moy et d'ouyr mes parolles : et, en me contant des nouvelles qu'il venoit de recevoir de la court, et comme l'on y louoit plusieurs qui ne le méritoient pas, mais parce qu'ilz avoient esté blessez, comme le mareschal de Raiz[1], lequel, en se retirant de la trenchée, vint à estre blessé à la Font[2], et l'harquebuzade, petite pourtant, l'alla querir jusques-là dans les reings, là où il y avoit pour le moins quatre cens pas. Puis, m'alléguant d'autres que nous sçavions n'avoir pas esté blessez moins à propos que luy, il me dist en ryant : « Si faut-il que nous nous « facions un peu blesser, au moins quoy qui soit, « pour nous faire estimer comme les autres et parler « de nous. Ce n'est point nostre faute, ny de M. d'Es- « trozze, ny de moy, ny de vous; car il n'y a hasard « que nous ne recherchions, il n'y a factions que « nous ne recuillons autant ou plus qu'il y en ayt « icy : et pourtant le malheur est tel pour nous, que « nous ne pouvons recevoir aucun petit coup heu- « reux qui nous remarque et signale. Il faut bien « dire que l'honneur nous fuit. Et quand à moy, je « fairay dire une messe demain, qui est le jour de

---

1. Le nom est biffé sur le manuscrit.
2. La Font (ou la Vieille Fontaine, comme il est dit dans de Thou) est, ainsi que nous l'avons indiqué ailleurs, le nom d'un faubourg de la Rochelle. Les anciens et les modernes éditeurs ont arrangé ainsi la phrase de Brantôme : « Lequel .... vint à être blessé à la *joue*, et l'harquebusade .... l'alla querir jusques là dans les *rangs*. »

« l'assaut, afin que je prie Dieu qu'il m'envoye quel-
« que petite heureuse harquebuzade, et qu'en re-
« tourne plus glorieux au moins, puisque la gloire
« de nostre court et des dames consiste aux coups
« receuz et non aux coups donnez. — Monsieur, luy
« respondis-je, ceux qui vous cognoissent et qui vous
« ont veu en affaires, et icy et en tant d'autres lieux,
« publieront tousjours vos valeurs sans vos blessu-
« res. Vous en avez assez eu, contentez-vous : Dieu
« vous envoyera ce qu'il luy plaira. Cependant vos-
« tre conscience demeure tousjours nette et hardie
« pour comparoistre devant tout le monde, et mes-
« mes devant les dames que dictes. — Vous dictes
« vray, ce me dist-il, et c'est ce qui me console. »
Toutesfois, il me disoit : « C'est un grand cas, M. de
« Bourdeille (car il m'appelloit ainsi tousjours), quoy
« que nous puissions faire, nous ne pouvons estre
« blessez, et nous en retournerons à la court voir le
« roy et les dames sans estre marquez. Si faut-il,
« quand nous serons là, que nous nous accordions
« et nous soubstenions, que si nous voyons quel-
« qu'un de ces gallans blessez qui veuille faire du
« brave et du fringant, porter ou un bras en escharpe
« ou un baston ou potance pour s'appuyer la jambe,
« que nous les repassions et renvoyons bien loing
« s'ilz n'ont esté blessez à propos ; car nous sçavons
« toutes les véritez. » Voylà la gentile ambition de
ce prince, qui estoit tant généreux et vaillant s'il en
fut au monde, qu'il concepvoit en soy ; et puisqu'il
désiroit ce petit heur à l'hasard de son sang, la fortune estoit bien peu courtoise et fort contraire de le
luy reffuser.

Je vous assure qu'à son exemple, moy, son inférieur en tout, j'estois bien touché de mesme ambition, et si ay faict en tout ce siège tout ce que Martin fit à danser ; je l'ay continué despuis le commancement jusques à la fin sans en bouger, qui fut sept mois, sans solde ny paye aucune, sinon à mes despans et mon plaisir, n'habandonnant jamais M. d'Estrozze le couronnel ny jour ny nuict, dormant chez luy, et en sa chambre et en la tranchée, beuvant et mangeant avec luy, le secondant tousjours costé à costé de luy et en quelque faction qu'il y ait esté. Je le dis avec vérité sans me vanter ; ceux qu'y estoient le pourroient dire aussi en vérité. Au diable le coup et l'harquebusade qui me soit venu voir, sinon, le jour que nous fismes la première ouverture du fossé, au mois d'apvril, et que nous y entrasmes dedans, fus blessé d'un esclat de pierre qui me donna dans la main gauche, qui m'y apporta une telle douleur sourde, que je m'en sentis quinze jours, sans en faire pourtant aucun semblant ny porter bras en escharpe, car je me mocquois fort de ceux-là qui le faisoient mal-à-propos. J'ay bien eu trois grandes harquebuzades dans mes armes : voylà comme j'en eschappay à bon marché.

M. d'Estrozze en eschappa de mesmes : bien est-il vrai que ce mesme jour que nous estions dans la fosse, il eut une grande harquebuzade dans sa cuyrasse, que je vis et l'ouys donner. Aussitost je le pris : « Ah ! monsieur, estes-vous blessé ? » luy dis-je ; et le visitant, je n'y vis rien que la blancheur de la balle dans sa cuyrasse, et qu'il n'avoit point de mal. Un' autre fois, le jour du grand assaut, ainsi que nous estions sur le haut de la bresche, luy fut tiré une grande harquebuzade dans sa cuyrasse, qui le fit tumber du coup ; et un soldat provançal, son domestique, qui s'appelloit Baptiste, et moy, l'aydasmes à lever et l'emporter dans le trou par où nous estions sortis, là où nous ne trouvasmes nul mal sur luy, sinon la blancheur de la balle dans la cuyrasse qui ne put estre faucée. M. de Sordiac[1], dict le jeune Chasteauneuf, de Bretaigne, brave et vaillant jeun' homme, qu'y estoit, en sçauroit bien que dire.

Un' autre fois, estant derrière deux gabions, M. d'Estrozze, d'Au[2] et moy, fut tirée une canonnade de la *Vasche*, coulevrine de La Rochelle appellée ainsi, qui nous tua un capitaine et trois soldatz tout auprès de nous, qui nous couvrirent tous de sang et de chair ; et moy estant plus près de tous, j'euz le visage tout couvert de cervelle d'un, et un ristre[3] de vellours verd, fourré, tout gasté, et eux estans assez loings de là. Je me remis soudain dans la chaire qui estoit de natte de Flandres, où s'estoit assis M. d'Estrozze ; et pour ce qu'il faisoit froid et qu'il faisoit là beau s'assoleiller, je m'y plaisois bien et n'en voulus partir, ny de deux ny de trois prières que me fit M. d'Estrozze de m'en oster et de m'aller mettre auprès de luy, jusqu'à ce qu'il m'envoya quérir par un soldat, y cognoissant du danger. Je ne fus pas sitost hors de là, qu'un soldat, qui avoit esté lacquais de

---

1. Probablement René de Rieux, seigneur de Sourdéac, gouverneur de Brest, chevalier de l'ordre du roi en 1599.

2. Probablement Jean d'O, seigneur de Manou, frère du surintendant.

3. *Ristre* ou *riste*, collet.

M. de Guyze, prit ma place et se mit dans la chaire. Il ne fut pas plustost assis, que voycy la mesme pièce, qui tire si justement, qu'elle perce la chaire et tue le pauvre soldat. Cela fust esté pour moy si je ne m'en fusse osté; mais ma fin n'estoit encor si proche.

Au camp de Sainct-Dizier, le marquis de Mus, commandant à l'infanterie, et estant un jour en la tranchée assis dans une chaire, y arrive le prince d'Orange, à qui soudain il présenta sa chaire pour s'y assoir, voire l'en priant : il n'y fut pas plus tost assis que voycy une mousquettade qui le persa et tua aussitost[1]. Je voudrois fort sçavoir à un grand philosophe, si ledict marquis n'eust bougé de là, le coup l'eust tué. Possible que non, et n'y fust venu à luy, car ce n'estoit sa destinée, ouy de l'autre.

Le jour que la mine joua, qui se renversa contre nous autres et nous tua plus de trois cens hommes, j'avois conseillé à M. d'Estrozze de nous tenir en ce lieu où il fut faict ce grand carnage, afin qu'aussitost la mine jouée nous fussions plus pretz et lestes pour aller à l'assaut; et de faict M. d'Estrozze m'avoit cru, et y demeurions, sans M. de Cossains[2], vaillant, sage et expert capitaine, qui, prévoyant le danger si la mine tournoit encontre nous, comm' elle fit, nous en osta, et m'en leva moy-mesme par le bras, disant que j'estois un fol et que je n'avois pas encor tasté de ces fricassées; et nous mena dans le trou du fossé pour en estre à couvert; et n'y fusmes pas plus tost, que

1. Voyez tome I, p. 245, 246 et 301-302.
2. Cossains ou Caussens, de la maison de Cassagnet. Il avait été l'un des assassins de Coligny et fut tué au siége de la Rochelle le 18 avril 1573.

la mine joua son violant mystère contre les nostres, qui fut la plus grand' pitié que je vis jamais, pour voir nos pauvres soldatz desmembrez, mutilez et estropiez, qu'il n'y eut cœur si dur qui n'en pleurast et n'en eust compassion. Bien nous servit l'advis ce coup de M. de Cossains; car nous fussions estez fricassez de mesmes. Toutesfois c'est à sçavoir qui nous servit plus en cela, ou l'advis de M. de Cossains, ou le destin qui nous osta de là, ne voulant avoir affaire avecques nous pour ce coup.

J'ay veu en ce mesme siège M. de Guyze esviter de pareilz hasardz, ce fust ou qu'il menast les mains, ou qu'il fust dans la trenchée immobille. J'en ay veu un' infinité tuez et blessez auprès de luy d'harquebuzades et canonnades qui venoient essuyer ses costez ou luy passer auprès du bec sans l'attaindre.

Ensemble ce brave M. de Longueville, encor qu'il eust cesté opinion, qu'estre blessé sans mener les mains, ou que la canonnade ou harquebuzade vint à toucher son homme, il ne tenoit ceste blessure que peu glorieuse, sinon celle qui s'aqueroit en bien combattant.

En quoy le prince de Condé, dernièrement mort[1], le voulant imiter en son opinion, le jour de la mycaresme, que ceste grande escarmouche fut dressée de ceux de La Rochelle, d'où sortirent près de douze cens hommes, sans ceux qui bordoient la muraille, qui firent bien autant de dommage que les autres, M. de Grillon, brave et vaillant gentilhomme s'il en fust onc, se trouva là, y alla pour plaisir, car il n'y

---

1. Henri Ier.

avoit nulle charge; et y combattit et y fit si bien, qu'enfin il eut une grande harquebuzade au-dessus de l'husse de l'œil[1], si bien que nous le timmes long-temps mort. Mondict sieur le prince, entr'autres louanges qu'il luy donna, c'est qu'il dist qu'il voudroit avoir donné beaucoup de pouvoir estre blessé, s'il pouvoit l'estre, de ceste si honnorable et valeureuse façon, d'autant qu'il estoit allé à l'harquebuzade, menant les mains, et non l'arquebuzade à luy, comm' il estoit vray.

Si faut-il pourtant louer et les uns et les autres, blessez en quelque façon que ce soit; mais l'un est plus à louer que l'autre : car enfin, quand nous allons à la guerre, nous y allons comme à un marché, ainsi que disoit un bon capitaine que j'ay cognu, là où nous nous contentons d'avoir et achepter ce que nous trouvons; de mesmes à la guerre, nous y amassons ce que l'on donne et sème, et si nous n'y allons jamais nous n'aurons rien.

La fortune est bonne en cela pour ceux qui sont grandz et de grand' qualité; la moindre blessure ou rafflade qu'ilz reçoivent, les voylà haut eslevez en gloire pour jamais : nous autres petitz compaignons, nous nous en contentons de peu, et tout ce que nous faisons ce ne sont que petitz eschantillons au pris de grandes pièces des grandz, qui sçavent mieux faire sonner la trompette de leur renommée que nous, qui ne pouvons passer partout comm' eux à publier nos playes et valeurs.

Or, je pense bien que plusieurs personnes qui me

---

1. L'*husse*, l'orbite?

liront diront que je suis un grand extravaguant en mes discours, et que je suis fort confus; mais qu'on prenne le cas que j'en faictz comme les cuysiniers, qui font un pot-pourry de plusieurs viandes, qui ne laissent pourtant à estre très-bonnes et bien friandes; de mesmes en sera la confusion de mes propos : et si elle ne plaist aux uns, possible plaira-elle aux autres, en tel ordre qu'ilz puissent estre.

Retournons encor un petit à nos maistres de camp, puis nous retumberons bien sur les couronnelz. Comme donc j'ay dict cy-devant, sur le déclin du roy François IIᵉ et du commancement de Charles IXᵉ, ne se trouva en la France qu'un seul maistre de camp, à cause de la paix qui ressarra les compaignies dans les places et garnisons. La guerre civile vint, à laquelle fallut pourvoir; et pour ce fut dressée un' armée soubz la charge du roy de Navarre, lieutenant général du roy, MM. de Guyze, le connestable et mareschal de Sainct-André, qu'on appelloit, les trois derniers, par ce nom de Triumvirat. Pour l'infanterie furent esleuz et constituez (de l'invantion de M. de Guyze, qui s'entendoit à l'infanterie aussi bien qu'homme de France, encor qu'il n'y eust esté nourry, et l'aymoit fort), trois maistres de camp, à mode des Espaignolz; et iceux estoient le capitaine Sarlabous l'aisné, que j'avois veu gouverneur de Dombarre[1] en Escossé, n'avoit pas longtemps; le capitaine Richelieu l'aisné[2], qui avoit esté autres fois lieutenant

---

1. Dunbar.
2. Louis du Plessis, seigneur de Richelieu, qui fut tué par le sieur de Brichetière. C'était l'aîné de François du Plessis, après lui, seigneur de Richelieu, qui fut nommé par Henri III, qu'il

d'une des couronnelles de M. de Bonnivet en Piedmont, et gouverneur d'Albe, la mesme, et le capitaine Remole, tous trois certes dignes de ceste charge; et tous trois eurent leurs régimens à part; et soubz eux trois et leurs régimens toute l'infanterie françoise fut rengée à la mode des terzes espaignolz.

Il y en avoit qui trouvoient ceste pluralité de maistres de camp un peu estrange; mais M. de Guyze, qui sçavoit mieux que tous eux comme il se falloit gouverner, l'ordonna ainsi : aussi tous trois susdictz firent si bien durant la guerre qu'ilz n'y eurent aucun reproche.

Le capitaine Charry vint après en nostre camp, mandé de Gascoigne par M. de Montluc, avec les bandes gasconnes et espaignolles, et emmena un beau et grand régiment de Gascons venant à trois mill' hommes, qui fut un bon secours et propre pour faire lever le siège de Paris, encor qu'il ne nous nuisist trop. M. de Guyze fit de grandes caresses et faveurs audict Charry, tant pour sa valeur que pour ce qu'il l'avoit suivy à la court un peu advant; car je l'y ay veu suivre avec le petit capitaine Calverat, tous deux ensemble n'ayans chascun que deux chevaux, un vallet et un laquais. Il commança à l'advancer et luy donna la première charge d'attaquer le fauxbourg d'Orléans, où il s'en acquitta certes très-dignement; car en moins d'un rien l'emporta, aussi estoit-il très-digne homme pour l'infanterie. M. de

avait suivi en Pologne, grand prévôt de France (1578), chevalier de ses ordres (1586), et devint capitaine des gardes de Henri IV. Il mourut le 10 juillet 1590.

Montluc le loue assez en ses *Commentaires* sans que je le loue d'avantage.

La paix se fit après, et mit-on les compaignies ès garnisons ainsi que l'on advisa, qui n'y demeurarent guières; car il fallut aller assiéger le Havre, lequel fut emporté certes avecqu' un très-grand heur, et Dieu mercy la peste grande qui s'estoit dedans mise. Paradvant on avoit renvoyé Remolle en Provance pour y establir la paix, que l'on donna à M. de Biron, qui avoit ce régiment, pour luy faire escorte avec quelque cavallerie; et ce fut là son premier advancement dudict M. de Biron. Il y emmena aussi en Languedoc le régiment du jeune Sarlabous, qu'on luy donna après la paix; car advant il n'avoit qu'une compaignie. Mais parce qu'il avoit esté estropié devant le fort de Saincte-Catherine à Rouan, à un bras, d'une harquebuzade, que pourtant un des siens luy donna, ce disoit-on (je le vis blesser estant à l'escarmouche et menant ses gens vaillamment; aussi c'estoit un vaillant et gentil capitaine), on le fit maistre de camp, et son régiment ordonné pour Languedoc. Ces deux frères Sarlabous ont eu l'estime d'avoir estez deux fort bons capitaines de gens de pied; mais l'on estimoit plus le jeune. L'aisné fut pourtant gouverneur du Havre, pour y avoir très-bien hasardé sa vie à la reprise. Il avoit eu une très-grosse querelle auparadvant avecques le capitaine Lagot[1], qui fut tué à la reprise de Poictiers, faicte par M. le mareschal de Sainct-André.

Ce Lagot estoit un homme fort haut à la main,

---

1. En 1562. Il combattait dans les rangs huguenots.

scalabreux et fort brave et vaillant : sçachant que M. de Guyze le vouloit accorder avecques Sarlabous, et estant devant luy, il alla invanter et dire qu'il avoit receu dudict Sarlabous en Escosse un coup de baston, et que pour ce il ne se sçauroit accorder qu'il ne se fust battu contre luy et luy eust tiré du sang. M. de Sarlabous disoit, juroit et affermoit qu'il ne l'avoit jamais frappé, et autres capitaines disoient de mesmes, qui avoient veu le différent; si bien que M. de Guyze dist là-dessus : « Il parest bien que cet « homme est brave et vaillant et a grand'envie de se « battre, puisqu'il a veu que Sarlabous luy a voulu « faire toutes les honnestes satisfactions du monde, « et nyoit l'avoir frappé, et que je le voulois accor- « der, et avec son total honneur; il est allé invanter « et me persuader qu'il avoit receu ce coup de bas- « ton, pour fuyr dutout à l'accord que beaucoup « d'autres de ses compaignons n'eussent pas reffusé. »

On disoit que ledict Lagot le fit autant pour ce subject que parce qu'il voyoit ledict Sarlabous pourveu de ce grade, dont il en portoit un despit extrême et jalouzie, le pensant bien mériter aussi bien que luy : et pour ce, de gayeté de cœur, se vouloit battre contre luy et en faire vaquer l'estat, comme il le pensoit, et comme il le desdaignoit et comme aussi il présumoit beaucoup de soy, ainsi qu'il avoit certes raison, car pour lors il estoit en réputation d'estre un très-vaillant capitaine; sa façon et ses effectz l'ont monstré. Son jeune frère succéda à luy, lequel eust despuis le gouvernement de Caen en Normandie, par la faveur de M. de Sipiere, qui aimoit Lagot son frère. Du despuis, en ceste guerre de la Ligue, fut gouverneur à Allançon, et fut assiégé et pris par le roy fort aisément.

Or, le Havre pris, les Anglois chassez encor un coup hors de France, le roy et la reyne sa mère, qui pouvoit tout alors à cause de la minorité du filz, constituèrent un régiment de gens de pied françois, pour la garde de Sa Majesté : et ce fut lors la première institution composée de dix enseignes de la garde du roy, desquelles M. de Charry en fut lors faict le maistre de camp, duquel estat il estoit très-digne, mais il s'y perdit tellement de gloire qu'il se mist à desdaigner M. d'Andelot, qui estoit son couronnel, car, par la paix, il avoit esté remis en ses estatz ; les uns disent qu'on le luy faisoit faire, les autres disent que cela venoit de luy-mesmes. Si est-ce que, quant à moy, jamais je ne vis un plus honneste et gracieux homme de guerre que celuy-là. Toutesfois, pour très-sage qu'il estoit, et advancé sur l'aage et un peu maladroict d'un bras à demy estroppié, il bravoit et parloit un peu trop haut, jusques à mespriser beaucoup d'obéissances qu'il devoit à son couronnel : dont mal luy en prist, car M. d'Andelot, qui estoit brave et vaillant, et haut à la main autant ou plus que l'autre eust seu estre, le bravoit aussi jusques à un traict qu'il luy fit un jour. Car, ainsi qu'il descendoit de l'escalier du Louvre, et Charry le montoit, M. d'Andelot le tasta soubz son manteau, en luy disant : « Vous estes armé ; » mais, il ne le trouva tel, ce dict-on. Charry, le prenant à injure, s'en plaignit au roy, et en fit dans la salle un grand esclandre et rumeur, comme je vis ; et disoit que ce n'estoit à luy à le visiter, et mesmes qu'il pouvoit entrer au logis du roy et y estre armé et désarmé comm' il luy plairoit, puisqu'il estoit le chef de ses gardes : et, de faict, il le fit trouver fort mauvais au roy et à la reyne, qui en firent petite réprimande à M. d'Andelot, et luy eussent faict plus grande et sentir, n'eust esté le grand rang qu'il tenoit, et que lors on craignoit fort mécontenter les huguenotz.

Toutesfois Charry bravoit tousjours et s'y perdoit; et moy-mesmes luy dis; mais, pour le seur, on luy faisoit faire. Ce qui fut cause de sa mort ; car, M. d'Andelot n'en pouvant plus suporter, Chastelier-Portaut, gentilhomme de Poitou, fort honneste et brave, qui suivoit M. l'admiral et estoit fort aymé de luy et de M. d'Andelot, prit l'occasion de tuer ledict Charry, sur le subject que quelques années auparadvant ledict Charry avoit tué au siège de La Mirande en appel son frère aisné, luy disoit mal-à-propos, et pour avoir donné le coup au lieu assigné advant, sans attendre à se rendre là, et avoir gaigné le devant : toutesfois, M. de Sansac, qui estoit lors lieutenant de roy en ceste place, assuroit qu'il avoit esté tué fort bien et sans supercherie. Tant y a, que ledict Chastellier la luy garda tousjours, jusques alors qu'un matin, ainsi que ledict Charry partoit de son logis des Trois-Chandelliers, en la rue de la Huchette, accompaigné du capitaine La Tourette et d'un autre, et passant sur le pont de Sainct-Michel, Chastelier, sortant de chez un armurier, accompaigné de ce brave Mouvans[1] et d'un gentil soldat, qu'on appelloit Con-

---

1. Paul de Richiend, sieur de Mouvans. Brantôme raconte plus loin sa mort au combat de Mensignac.

stantin, et autres, assaillit fort furieusement ledict Charry, et luy donna un grand coup d'espée dans le corps, et la luy tortilla par deux fois dans ledict corps, affin de faire la playe plus grande; et par ainsi tumba mort par terre avec La Tourette, que Mouvans et Constantin tuarent, ce disoit-on; et puis tous se retirarent froidement et résolument par le quay des Augustins, et de là aux fauxbourgs Sainct-Germain, où trouvarent de bons chevaux, se sauvarent, et oncques puis ne furent veuz dans Paris[1].

Il ne faut point demander si la court fut esmeue de ce meurtre, et principallement la reyne, laquelle se pourmenoit pour lors dans la salle haute du Louvre, avec M. l'admiral et autres du conseil; et l'advertissement luy ayant esté donné, la reyne se tourna soudain vers M. d'Andelot, qui estoit là près, qui luy dist qu'il l'avoit faict faire, à ce que l'on disoit, et qu'un soldat qui estoit à luy et à ses gages, qui s'appelloit Constantin, avoit aydé à faire le coup. Soudain M. l'admiral et M. d'Andelot firent bonne mine; car, de leur naturel, ilz estoient si posez que mal aisément se mouvoient-ilz; et, à leurs visages, jamais une subite ou changeante contenance les eust accusez. M. d'Andelot nyant le tout, fit un peu pourtant la mine d'estre esmeu, et dist : « Madame, Constantin « estoit ast' heure icy, et est entré dans la salle avec « moy. » Et fit semblant de le chercher et l'ap-

---

1. Jacques Prévôt, seigneur de Charry, fut tué par Chatelier-Portaut, à la fin de l'année 1563, un jour de fête, dit de Thou (liv. XXXV). Les meurtriers furent condamnés à mort par contumace.

peller luy-mesme, et quelques archers avec luy, par le commandement de la reyne; mais on ne le trouva point. Je vis tout cela.

Ce Constantin avoit la réputation d'estre un des gentilz soldatz des bandes; et, lorsque M. de Guyze mena la reyne sa niepce[1] à son embarquement de Callais, le soir premier qu'elle vist entrer la garde dans la place, il le recognut et en fit cas; et, ainsi que les soldatz tiroient pour salve à la tour de l'horologe, il dressoit tousjours sa parolle à Constantin par sus les autres, en luy disant : « Tire encor, Con-« stantin, tire encor pour l'amour de moy; » ce que l'autre n'avoit garde de faillir, se voyant ainsi caressé d'un si grand; et tiroit d'une fort bonne grâce, et estoit très-juste harquebuzier. J'y estois, je vis tout cela; et, aux guerres civiles, ledict Constantin se mit à suivre M. d'Andelot.

Le roy et la reyne, et la pluspart de la court, ne doubtoient nullement que M. d'Andelot n'eust suscité et persuadé le coup, dont plusieurs l'en excusoient pour ne pouvoir estre patient des bravades et insollances dudict Charry; car il disoit tout haut qu'il n'obéyroit jamais à M. d'Andelot : et, de faict, il y en avoit eu de grandes disputes au conseil devant la reyne, qui disoit que c'estoit une garde extraordinaire de sa charge et son estat, que le roy avoit dressé pour sa personne, et que par conséquent elle ne luy estoit subjecte, et nul y pouvoit commander sinon le roy, qui l'entendoit ainsi.

---

1. Marie Stuart qui s'embarquait pour l'Écosse, où Brantôme l'accompagna et où elle arriva le 21 août 1561.

Toutesfois, ceste cause demeura indécise, qui estoit desbatable d'un costé et d'autre. J'estois lors à la court, et vis toutes ces choses. J'en puis parler comme sçavant, et dire que la reyne, aussitost qu'elle sceut les nouvelles du meurtre, envoya querir M. d'Estrozze, qui estoit en la chambre du roy, et sur-le-champ luy bailla la charge dudict Chárry, vaquante, et luy commanda sur l'heure d'aller trouver ses trouppes qui estoient à trois lieus de Paris, pour y commander ; ce qu'il ne faillit. Et ne fut de ce meurtre autre chose, sinon force crieries, mutinemens et parolles des capitaines de ceste garde, qui ne firent jamais peur à M. d'Andelot, en ayant bien veu d'autres ; et aussi, que rien ne se peut vériffier ny prouver, tant la partie avoit esté bien conduicte, et avoit bien réussy, car tous les conjurateurs se sauvarent à grand' erre très-bien, et nul ne peut estre attrappé, et n'en sentit-on rien que le vent.

Dieu et la fortune voulurent qu'au bout de quatre ou cinq ans, ledict Chastellier fust pris à la bataille de Jarnac, et tué de sang-froid, luy faisant payer son vieux debte.

Aucuns blasmoient Chastellier de quoy il avoit tant demeuré à vanger ceste mort, veu qu'ilz s'estoient trouvez en Toscane assez souvant, et mangeans à la table de M. de Soubise[1], lors général ; mais, en table de général, amis et ennemis se peuvent assoir en seurté ; et aussi, que les vangeances s'allongent et s'accourcissent à mode d'estrivières, comme l'on veut et s'en

---

1. Jean de Parthenay, seigneur de Soubise, mort en 1566, à cinquante-quatre ans environ.

prend l'humeur aux vangeurs. Aucuns pourtant en soubçonnarent M. d'Andelot, puisque Chastellier s'estoit là lors advisé de se vanger; car, possible n'y songeoit-il pas sans luy.

Plusieurs disoient que M. de Charry ne se fust jamais faict tort de recognoistre M. d'Andelot; car, de plus grandz que luy l'avoient bien recognu, tesmoingt M. de Grandmont, M. de Pardaillan[1], aux prises de Calais, Guines et ailleurs, et autres fort grandz seigneurs et gentilzhommes de bonne maison, qui avoient eu charge soubz luy.

Toutesfois, M. d'Estrozze, encor qu'il fust fort affectionné à M. l'admiral et d'Andelot, ne le recognut jamais pour estre commandé de luy, sinon du roy qui le vouloit ainsi. Bien est vray que jamais il ne porta titre de couronnel; et luy-mesmes, quand il parloit aux Espaignolz, il se disoit maistre de camp de la garde du roy, et n'en voulut jamais porter autre : et si j'ay veu au voyage de Bayonne qu'aucuns Espaignolz, qui le vouloient aplaudir et gratiffier, l'appelloient couronnel, il leur disoit qu'il n'estoit que *maestro di campo de la gardia del rey*[2], en quoy il s'est montré très-sage.

Lorsqu'il eut ceste charge vacquante dudict Charry, il en estoit un des capitaines avec Cossains, Sarriou, Gouas vieux et le jeune Cabanes, Yrombery, Neuillan et Forcez. Et ne fallut rien changer, sinon que sa compaignie fust au premier rang, et celle de

---

1. Antoine d'Aure, dit de Gramont, vicomte d'Aster, mort en 1576. — Hector de Pardaillan, seigneur de Gondrin.
2. Maître de camp de la garde du roi.

Charry, qui estoit la première, fust la dernière, qui fut donnée au capitaine La Motte, qui estoit lieutenant dudict Charry, qui la méritoit bien ; car c'estoit un très-brave et gallant capitaine : mais il ne la garda guières, car il mourut de peste à Lyon, au grand voyage du roy, et Cadillan, qui estoit son lieutenant, eut la compaignie.

Je croy que, dans le droict canon, il ne se trouvera point tant d'*extravagantes*[1] comme il s'en trouvera icy ; mais c'est tout un, tout est de mise pour moy.

M. d'Estrozze donc, faict maistre de camp général de la garde du roy, servit très-bien son maistre tout du long du grand voyage que fit Sa Magesté en contournant son royaume, qui dura deux ans ; et amprès, pour l'amour des troubles survenus en Flandres, et qu'on voyoit quelque apparence d'une paix assez perdurable en France, le roy ne voulut plus de gardes et les renvoya aux garnisons anciennes de Picardie : à quoy poussoient fort les huguenotz, disans qu'il n'estoit bien séant au roy d'avoir tant de gardes, et que c'estoit une despense superflue, et mesmes au corps de son royaume, et que la principalle garde du roy estoit le cœur de ses subjectz, comme je leur ay veu dire souvant. Tant y a qu'ilz criarent tant, qu'ilz furent creuz ce coup par leur

---

1. Les éditions anciennes et modernes portent *extravagances*, ce qui n'a aucun sens. On appelait *extravagantes*, dans le droit canonique, les constitutions des papes postérieures aux *Clémentines*, parce qu'elles étaient *quasi vagantes extra corpus juris*, c'est-à-dire hors du droit canonique qui ne comprenait d'abord que le décret de Gratien.

importunité. Et disoit-on à la court que l'encloueure n'estoit pas là, mais parce qu'ilz vouloient jouer leur jeu plus seurement qu'ilz ne jouarent après à Meaux pour la Sainct-Michel ; que sans les Souysses, qui paradvant estoient envoyez quérir pour faire teste au duc d'Albe, passant vers Flandres, la bécasse estoit bridée. Le roy pourtant ne fut tout ce jour sans se repentir d'avoir laissé lesdictes gardes, et non sans les souhaiter cent fois; pour lesquelles querir, aussitost M. d'Estrozze fut despesché, qui les emmena fort heureusement, ainsi que j'ay dict ailleurs.

Voylà donc la guerre reprise plus que jamais; et par ce que M. d'Andelot estoit de l'autre costé, M. d'Estrozze tint sa place, et fut faict par le roy couronnel, et changea de nom de maistre de camp; et soubz luy furent créez trois maistres de camp de ses capitaines : l'un fut Cossains, du régiment de la garde, Sarriou, et l'aisné Gouast (M. de La Noue, en son livre, les nomme couronnelz; dont je m'esbays, car jamais ilz ne furent honnorez de ce titre) non sans mescontantement d'autres capitaines plus vieux, comme Forcez et autres; mais ainsi pleust au roy, et falut passer par-là, qui pourtant se mirent à obéyr tous à Cossains. Les autres maistres de camp eurent des compaignies nouvelles, dont pour ma part j'euz commission du roy d'en lever deux, mais je n'en levay qu'une, m'en sentant assez chargé, à l'imitation de M. de Bayard, que j'ay dict cy-devant; et dont nous fusmes cinq ou six qui eusmes mesmes commissions de deux; mais aucuns en mirent deux aux champs, comme le conte de Maulevrier, le marquis de Canillac¹, et Sainct-Géran, frère de M. de la Guiche²; autres n'en firent qu'une, comme Besigny, dict le jeune Nançay³, le jeune Monluc dict Fabian, et moy : et ainsi fusmes despartis par les régimens, selon la voulonté du couronnel, lequel voulut que je fusse avecques M. de Sarriou, parcequ'il commandoit à une de ses couronnelles, et me vouloit faire cet honneur que je fusse auprès de ceste couronnelle.

M. de Brissac, autre couronnel, mais du Piedmont, eut aussi, comme M. d'Estrozze, les trois maistres de camp qui furent M. de Muns, vieux maistre de camp du Piedmond, le gros La Berte et Aunous, tous trois certes braves hommes et dignes de leurs charges : et l'ont tousjours bien monstré en leurs factions, et mesmes Aunous, qui, ayant succédé à M. de Muns mort, fit si bien quand il s'alla jetter dans Poitiers assiégé.

Ce M. de Muns fut celuy qui fut donné pour garde en Provance à M. le chancellier de l'Hospital, qui se craignoit de la populasse et autres qui cryoient fort contre luy, et l'accusoient de plusieurs édictz en faveur des huguenotz, dont ilz le menassoient; et, ne s'en sentant assuré, demanda une garde au roy, qui luy donna trois bons capitaines de sa court, qui ne bougeoient d'auprès de luy la pluspart du temps, tous trois de diverses religions, dont la court en ryoit

---

1. Probablement Jean de Beaufort, marquis de Canillac.

2. Claude de la Guiche, seigneur de Sain -Géran, chevalier de l'ordre du roi, mort le 2 janvier 1592.

3. Balthasar de la Châtre, seigneur de Besigny, chevalier de l'ordre du roi.

quelques fois. L'un estoit huguenot, qui estoit M. de Grille, despuis seneschal de Beaucaire, brave et vaillant capitaine, et des vieux du Piedmont et de la France, qui fut pris dans Thérouane, et despuis fit tant la guerre en Provance pour les huguenotz aux premiers troubles, et deffit les trouppes de M. de Suze en la plaine de Sainct-Gilles[1] : il estoit fort mon amy. Le second estoit M. de Muns, qui estoit bon papiste et fort honneste homme, et très-bon et sage capitaine. Et le tiers estoit M. de Bellegarde, qui tenoit le *medium*, ce disoit-on; encor disoit-on qu'il passoit plus avant, despuis mareschal de France. Par ainsi la garde de mondict sieur de l'Hospital estoit composée; et devoit estre bien gardé, sans avoir peur de toutes les sortes de religions.

Or, ceste seconde guerre se passa par le siège de Paris, de plusieurs escarmouches là devant, et puis la bataille de Sainct-Denys, amprès le voyage de Lorraine et autres exploitz de guerre, sur laquelle on fit la paix de Chartres. L'on envoya les trouppes aux garnisons; mais, d'autant que les régimens estoient accreuz, et les compaignies, on renvoya le tout en Picardie, en Champaigne, Bourgoigne, Normandie et ailleurs.

Ceste paix ne dura pas six mois, qu'on appelloit la petite paix, d'autres la courte; la tierce guerre s'acommença, qui apporta et engendra force beaux combatz et grandes factions, comme les deux signallées bat-

---

[1]. Le 27 septembre 1562, le comte de Sommerive (et non le comte de Suze) fut complétement défait à Saint-Gilles par Honoré des Martins, dit le capitaine Grille, et Bouillargues.

tailles de Jarnac et Montcontour, les sièges de Sainct-Jean, de Poitiers, Mucidant, Nyort, et d'autres.

Au bout de deux ans, la paix se renoua et se reffit à Angers, qu'on appelloit la paix boiteuse et mal-assise, parce qu'elle avoit estée commencée par M. de Malassise, dict M. de Roysy, maistre des requestes, grand personnage et digne de sa charge, et M. de Biron, qui estoit boiteux. Toutes les compaignies encores se ressarent aux garnisons.

Mais voycy le massacre venu de la Sainct-Barthélemy. Il falut aller assiéger La Rochelle, où tous les vieux régimens furent mandez pour venir, tous obéissans à M. d'Estrozze, couronnel général; car M. de Brissac estoit mort, et ne parloit-on plus de ses trouppes, sinon de celles qui estoient en Piedmond, desquelles La Rivière-Puytaillé l'aisné estoit maistre de camp, et puis Auteffort, soubz M. de Brissac, fort jeune enfant, mais pourtant successeur de son frère en l'estat de couronnel de Piedmont.

A ce siège de La Rochelle se trouvarent trois vieux régimens, qui estoient : celuy de Cossains des gardes, de Gouas et de M. de Gua, qui avoit eu la place de Garriers, qui avoit eu celuy-là de La Berte, mort. Il y en eut autres nouveaux, comme celuy du Fouillou, nepveu du lieutenant de Poictou, qui mourut des premiers, de Landreau, de Pavillac, de Boisjourdan, et autres. Ce siège malheureux emporta Cossains, Gouas et Pavillac. M. du Gua fut blessé à la mort en allant vaillamment à l'assaut du bastion de l'Evangille, et n'y mourut.

La composition de la ville faicte, et la paix arrestée, chascun se retira, à l'accoustumée, aux garnisons, mais non en si grandes trouppes : car il y eut de très-grandes casseries ; mesmes le roy cassa ses gardes et n'en voulut plus avoir auprès de soy. Mais la guerre du Mardy-Gras estant venue, qu'on appelloit ainsi, et beaucoup d'entreprises secrettes et mauvaises contre sa personne descouvertes, il bailla commission nouvelle au capitaine Lussan, aujourd'huy gouverneur de Blaye, très-brave, vaillant et fort sage, et au capitaine Forian, que j'avois veu autres fois lieutenant de M. de La Tour, un fort homme de bien et brave seigneur, frère du mareschal de Raiz, pour dresser chascun une compaignie nouvelle ; et les prit pour sa garde, les tenant pour très-fidelles, et s'en servit jusques à sa mort très-fidellement.

Le roy mort, M. du Gua, qui estoit fort aymé du nouveau roy son maistre, et qui avoit sur tous estatz aspiré à celuy de maistre de camp de la garde du roy, ou, pour mieux dire à la mode des Espaignolz, capitaine général de la garde du roy, ainsi que l'appellois en espaignol fort souvant (et tel parler et tel nom luy plaisoit venant de moy, car il m'aymoit fort), remit sus ce régiment, et le fit aussi beau que jamais. Il avoit esté composé de bons et braves capitaines, comme du Massez, lieutenant de la couronnelle, aujourd'huy gouverneur d'Angoumois et Xaintonge ; de Poncenat, lieutenant dudict sieur de Gua, brave soldat et capitaine, qui, après la mort de son capitaine et maistre de camp, fut tué au siège de Brouage, eut sa compaignie ; de Lussan, aujourd'huy gouverneur de Blaye ; de la Hyllère[1], gouverneur de

---

1. La Hillière. Il était gouverneur de Bayonne en 1577.

Bayonne; de Sarret, gouverneur de Sainct-Denys aujourd'huy, et despuis de Calais; de Sarillac, gouverneur de Paris pour la Ligue, aujourd'huy gouverneur du prince de Condé; de Busq, qui mourut maistre de camp au combat de M. d'Estrozze, de regret, craignant d'avoir quelque reproche d'avoir mal faict; de Laval, qui avoit esté maistre de camp de douze enseignes en Languedoc, et qui l'estoit encores; et autres capitaines, tous certes bons et capables pour leurs charges.

En quoy je diray en passant, que telle charge de capitaine en ses gardes estoit si honnorable à celuy qui l'avoit, que, venant à commander à un' autre plus grande, ne vouloit pourtant jamais s'en démettre; comme ledict capitaine Laval que je viens de dire; lequel estoit bien content de se dire capitaine de ceste garde, et d'ailleurs estre maistre de camp d'autres compaignies en Languedoc. Le Busq eut un régiment au voyage de M. d'Estrozze vers Portugal, et ne quicta jamais pourtant sa première place de capitaine de la garde. M. de Bonnouvrier, brave, vaillant et déterminé capitaine, s'est veu commander à toute l'infanterie françoise de M. d'Espernon en Provance; et pourtant n'avoit quicté sa compaignie des gardes du roy. Sarret en fit de mesmes, quand il accompaigna M. du Mayne en Guienne, estant maistre de camp avant eux. Le jeune Gouas, qui fut massacré en Béard, estant maistre de camp là, mourut aussi capitaine de la garde du roy. Voycy donc,

---

Voyez d'Aubigné, *Hist. universelle*, année 1577, livre III, chapitre xv.

s'il vous plaist, comme beaucoup de petites charges, que l'on pense, parangonnent aux grandes; car l'honneur n'est pas petit que de garder le corps de son roy. Nos François et autres nations en ont faict grand cas, ainsi que firent jadis les Romains de leurs bandes prétoriennes, qui prindrent tel pied et authorité, qu'ilz vindrent à eslire les empereurs; et les Genissaires, qui sont pour la garde du Grand-Seigneur, qui se font craindre par tout ce pays.

Or, ce M. du Gua ne garda pas plus haut d'un an quelque mois ceste charge; car il vint à estre tué dans son lict, estant mallade. Hélas! si je le puis dire sans larmes aux yeux, un mien grand amy tua un mien autre grand amy. L'on en accusa le baron de Vitaux, qui estoit mon grand amy et frère d'alliance, à qui je disois souvent : « Ah! mon frère et grand « amy, vous avez tué un autre mien grand amy. « Pleust à Dieu que vous ne l'eussiez jamais faict! je « vous aymerois davantage. » Il me le nyoit tousjours; mais il y avoit grand' apparence qu'il l'eust faict; car il estoit estimé en France tel, qu'il n'y avoit homme résolu pour faire le coup que celuy-là.

Je ne sçay comment je dois appeler ce coup, ou résolution ou miracle de Mars, ou fortune; d'autant qu'ordinairement M. du Gua estoit très-bien accompaigné : mesme que, la pluspart du temps, il faisoit faire garde à son logis de dix ou douze soldatz; et, après avoir posé garde au logis du roy, en falloit aller faire de mesmes et autant au sien. Mais le malheur fut que ce soir n'y en avoit point; car il avoit changé de logis, ne quictant pas le sien pourtant, où estoit son train; mais pour mieux faire la diette, il s'estoit sequestré et séparé à part : et aussi que luy, se doubtant tousjours dudict baron, il se fioit à un homme qui guestoit et espioit ledict baron, et où il estoit; car, deux mois avant, il estoit party de la court. Cet homme le trahist. Aussi le sceut-il bien dire aux abois de la mort : « Ah! Barbe-grise, tu m'as trahy! »

Le baron donc le soir entra avec trois de ses lyons (ainsi appelloit-on ses confidans, qui luy assistoient en ses résolutions et entreprises meurtrières), mettant l'espée au poing dès la porte, courut au lict. M. du Gua l'appercevant, saute en la ruelle, prit un espieu; mais ne le pouvant contourner ny s'en ayder aisément comm' en belle place, le baron, avecqu' une courte espée qu'il portoit tousjours telle, le blessa tellement avecques ses lyons, qu'il ne put guières plus parler, et mourut. Ayant faict son coup, il sortit résolu, sans trouver empeschement, et se sauva de la ville si dilligemment et finement, qu'encor doubta-on s'il l'avoit faict, et aucuns en doubtent encor. J'en parle ailleurs[1].

Voylà la mort du brave Gua, qui n'avoit guière de pareilz en toutes sortes de vertus, de valeurs et perfections, ayant les armes et les lettres si communes ensemble avec luy, que tous deux à l'envy le rendoient admirable. Au reste, c'estoit le plus splandide,

---

1. L'assassinat de Louis Bérenger du Guast, par Guillaume du Prat, baron de Vitteaux, eut lieu le lundi 31 octobre, à dix heures du soir, suivant le journal de l'Estoile. Les historiens du temps s'accordent à dire que le meurtre fut commis à l'instigation de Marguerite de Valois. De Thou (liv. LXI) raconte longuement le fait.

le plus magniffique et le plus libéral qu'on eust sceu voir. La faveur qu'il avoit du roy luy estoit bien deue, car c'estoit par ses vertus; et n'en abusoit point, et estoit compaignon avec les compaignons. Je l'ay veu faire des remonstrances au roy, lorsqu'il luy voyoit faire quelque chose de travers, ou qu'il oyoit dire de luy; mais c'estoit secrettement; car ainsi faut parler en telles choses aux roys. Aussi le roy le trouvoit bon, et s'en corrigeoit; si bien que l'on disoit que, tant que le Gua a vescu, le roy, sa court et son royaume s'en trouvoient bien.

On dict que le roy le regreta fort; mais pourtant, après l'avoir loué, il dist qu'il estoit insatiable de biens, et qu'il ne le pouvoit saouler. Je vous laisse à penser ce qu'il a peu dire des autres favorys qui sont survenus après, puisque, lorsqu'il est mort, n'avoit que douze mille livres de rente en l'Eglise, encor discipées et telles quelles; d'argent, il ne s'en trouva dans ses coffres ny en intéretz un sol, si bien que M. du Gua, son frère aisné, qui estoit un très-honneste et brave gentilhomme et qui avoit commandé autresfois aux vieilles guerres du Piedmont, ne s'en enrichist guières, ainsi que j'en puis tesmoigner pour l'avoir veu à l'œil, et qu'il me le dist; car ce généreux homme despendoit tout pour la gloire et service de son maistre. S'il ne fust mort, il fut esté mareschal de France par le premier vacquant, et ne fust pas esté des pires du trouppeau.

Hélas! s'il m'eust voulu croire, il ne fust point esté tué, ny mort ainsi, car je le voulois mettre d'accord avec le baron; non qu'ilz eussent autre différent ensemble, sinon que lorsqu'il eut tué Millaud d'Allaigre[1], M. du Gua, qui l'aymoit fort, s'en formalisa comme si ce fust esté son frère, et comme quasi partie. Et moy, plusieurs fois luy remonstrant et priant de laisser couler cela et acepter l'amitié dudict baron, dont je l'en priois et l'assurois de la recherche, il me respondoit : « Je n'ayme pas mes amys vivans « seulement, mais morts encores. »

Trois mois advant qu'il fust tué, estant dans la court du Louvre, un jour il me monstra son espée, et la me donnant, « Advise, Branthome, ce me dist-il, « si ceste espée est bonne. Je l'ay prise aujourd'huy « exprez pour chastier ces braves qui me font la « mine. Par Dieu! s'ilz m'appellent à l'isle du Pal- « lais, je la leur fairay sentir, et les estrilleray bien, « tout estropié que je suis. » Moy, ayant manié ceste espée à gardes dorées, je la trouvays fort belle et bonne; mais pourtant fort foible et par trop légère; mais il la luy faloit telle, à cause de la foiblesse de son bras.

Le baron entendit ces motz, qui dist à quelqu'un qui me le redist. « Je ne suis pas si fol de le faire « appeller; car je sçay bien ce que vaut l'aulne d'ap- « peller un tel, qui a telle charge de la garde du roy, « et favory de son maistre. Je m'en garderay bien : « il me combattroit à belles harquebuzades qu'il me « fairoit tirer par ses soldatz. Cependant, je la luy « garde bonne. » Puis il s'en partit au bout de quatre jours; on ne le vist plus dans Paris, sinon lorsqu'il vint faire le coup, qui attrista plusieurs per-

---

1. Le baron de Vitteaux avait tué en duel, en 1581, Antoine d'Alègre, baron de Millau, son cousin.

sonnes de la court, car il estoit aymé de la plus grand' part.

Il en resjouist bien aucuns, et mesmes quelques dames, et principallement une grande[1]. Mais, qu'elle mette la main sur la conscience, elle n'advouera jamais qu'elle l'ayt trouvé si arrogant et si insolent et si mal officieux à l'endroict de Sa Magesté, comm' elle en a trouvé d'autres despuis; et luy m'a dict qu'il l'honnoroit comm' elle méritoit et comm' il luy estoit de son devoir, et qu'il ne mourroit jamais qu'il ne luy eust osté la mauvaise opinion de luy, et ne lui eust faict service signallé. Je croy qu'il l'eust faict; car son ambition estoit telle, ce m'a-il juré souvant; et me prioit de luy dire, et estre médiateur de son accord; mais la playe de l'injure estoit trop fresche; et falloit encor attendre que le temps, médecin des offances, l'eust consollidée.

MM. de Montmorancy l'ahissoient fort, dont il estoit poussé par son maistre, et autres subjectz que je ne diray point. Et mesmes le jour que les députez d'Angleterre, estans venus à Paris pour le maryage de Monsieur[2], furent festinez de Monsieur, en l'hostel du Peron, M. de Méru et luy se prindrent de propos, tellement qu'ilz furent bien pretz de se bien battre. Et pourtant M. du Gua ne s'estonna, encor qu'il ne fust pas le plus fort; car tous ceux de la maison de Monsieur estoient pour M. de Méru bandez

---

1. La reine Marguerite, comme nous l'avons dit plus haut. Du Guast avait tenu sur elle les propos les plus injurieux.

2. En 1578. L'envoyé d'Élisabeth était Édouard, comte de Strafford (voyez de Thou, liv. LXVI).

contre luy, fors le vaillant M. de Souvré[1], aujourd'huy gouverneur de M. le Dauphin et de Touraine, qui fit là un traict de gallant homme, qui, aymant M. du Gua, se tournant vers luy, prit son party; en quoy Monsieur luy voulut tel mal, que M. de Souvré, le quictant, ne le suivit jamais plus, puis après luy avoir dict et prié ne trouver mauvais s'il avoit faict pour son amy, il[2] perdroit tout respectz et tous devoirs. Là se trouva aussi La Cornière, qu'estoit lieutenant de M. de Bouillon, aux gardes des Souysses du roy, qui estoit fort son amy et qui sçavoit M. de Bouillon l'aymer uniquement, qui luy servit bien. Aussi la rumeur y fut haute et l'esclandre grand, et M. du Gua se retira gallantement, en rondellier[3], comm' on dict; car on ne luy eust sceu desrober qu'il ne fust vaillant.

La première fois que je le cogneuz, ce fut à nostre voyage de Malte, qu'il se mit à suivre M. de Brissac, et eut une querelle contre un des mauvais garçons qui fust en nos trouppes, qu'estoit le roux Anguervuagues, qui fut tué aux tierces guerres à Confoulan en une rencontre contre les Puivuidaux[4]. M. du Gua l'envoya appeller à la poste de Castille; que, sans le vent qu'en sentit M. de Brissac, se fussent bien estrillez. Ce n'estoit pas signe de couardise de s'attaquer à un tel vaillant, et mesmes pour chose de peu

1. Gilles de Souvré, marquis de Courtenvaux, gouverneur de Louis XIII, maréchal de France (1613), mort en 1626, à 86 ans.
2. Il y a évidemment ici des mots sautés dans le ms.
3. Comme un soldat porteur de rondelle (bouclier).
4. Puivudal était un capitaine huguenot qui figura, entre autres, au siége de Lusignan, en 1574 (voy. de Thou, liv. LIX).

qu'ilz avoient différent, si bien qu'il y avoit plus de la bravade et générosité que de grand subject.

On me pourra dire que je m'affectionne aux louanges de ce personnage. Ouy, je ne me peux despétrer de ce subject; car il estoit fort mon amy, duquel j'assure bien n'avoir dict chose qui ne soit vraye, et que n'aye tout veu. Si faut il se taire enfin : c'en est assez dict.

M. du Gua mort, il y eut force brigueurs et contendans à ceste charge honnorable; entre autres Lavardin[1], qui la pensoit mériter pour avoir esté maistre de camp de quatre compaignies nouvelles, en la conqueste de la basse Normandie, et y avoit esté blessé à la mort. Mais le roy, qui estoit sage, prévoyant combien cela luy importoit de commettre cet estat de la seuretté de son corps à un qui dépendoit plus de la dévoction d'autruy que de la sienne (ainsi comm' il ne le celloit pas, car il estoit de la nourriture et faction du roy de Navarre), ne la luy voulut point donner; dont il s'en despita; et despuis oncques ne servit le roy, mais le roy de Navarre, sinon lorsque M. de Joyeuse le mit en la grâce du roy. L'estat donc à luy desnié, et à autres concurrans, fut donné à Beauvais-Nangy[2] que le roy aymoit fort, et se fioit en luy; et lequel servit très-bien et fidellement, et mesmes au siège de La Fère et autres. Mais M. d'Espernon venant à estre couronnel, et

1. Jean de Beaumanoir, marquis de Lavardin, maréchal de France, mort en 1614.
2. Antoine de Brichanteau, seigneur, puis marquis de Beauvais-Nangis, chevalier des ordres du roi, amiral de France, né en 1552, mort le 9 août 1617.

Beauvais criant tout haut qu'il ne luy obéyroit jamais, et qu'il s'estimoit autant que luy, fut défavorisé de son roy, car il faut ce que le maistre veut, ou du tout quitter; et fut desmis de sa charge et transférée et donnée à M. de Grillon, brave et vaillant s'il en fut onc, et à qui le roy n'eust sceu donner à homme qui l'eust peu mieux débattre, garder, et opiniastrer contre le possesseur desmis, voire contre tout autre, que celuy-là. Aussi luy a-il demeuré paisible jouyssant et très-digne de ceste charge, par la voix de tout le monde. Si je voulais conter tous les maistres de camp que j'ay veuz et raconter leurs vaillances, je n'aurois jamais faict.

Pour ceste conqueste de la basse Normandie, furent faictz maistres-de-camp trois ensemble d'une vollée, MM. de Bussy, de Lussé[1] et Lavardin, chascun de quatre compaignies seulement, braves certes, comme leurs effectz l'ont monstré; et le roy Charles n'eust sceu faire meilleure élection; aussi qu'il en avoit nourry deux, Bussy et Lussé, gentilzhommes de hautes maisons, riches et bien accomplys en tout. Lussé fut tué devant Lusignan, à l'assaut de la Vacherie, où il fit très-bien; car luy et M. de Bussy, s'estans tous deux à l'envy précipitez dans le retranchement, luy fut tué, dont ce fut grand dommage, et Bussy blessé à la mort, dont despuis il alla plus de six mois à potance[2].

Il y a eu aussi ce brave et déterminé conte de

1. Jean Coesme, seigneur de Lucé. Il fut tué le 23 novembre 1574; mais, suivant de Thou, Bussy avait été blessé à un autre assaut donné le 23 octobre précédent.
2. Avec des béquilles.

Martinengue¹, qui a esté maistre de camp, et s'est bien tousjours dignement et vaillamment acquicté de sa charge en toutes les factions où il s'est trouvé, et pour sa couronne², et au siège de la Charité, où il mourut, et fut tué.

Quelques années auparadvant, il avoit mené un très-beau régiment françois au service des Vénitiens, après qu'ilz eurent perdu la Cipre³, ayans pour lors grand besoing de secours, d'autant que le Grand Seigneur menassoit encor la Candie et Dalmatie. Et parceque ledict conte estoit hay des Vénitiens et estoit très-mal avecqu' eux, parcequ'en plein jour, quelques longues années avant, estant entré dedans Bresse, il alla tuer un sien ennemy dedans sa maison, si résolument et si excortement qu'il eut moyen de sortir hors de la ville et se sauva, (j'en parle ailleurs) et pour ce, les Vénitiens luy eussent faict un mauvais party s'ilz l'eussent tenu; et, quelque prière que le roy leur fist à obtenir sa grâce, ilz ne la voulurent accorder, d'autant que le mort estoit d'estoffe, qui demandoit justice par les siens. Mais après, mettant tout soubz les piedz, en ce qu'il les vint secourir de quelque beau et bon régiment, luy pardonnarent et le révoquarent⁴. Aussi, ayant assemblé une fort belle trouppe de deux mille François, qu'il recuillit et amassa aisément bien à propos, et sans rumeur, à cause de la paix, alla trouver la seigneurie, qui le recuillit de fort bonne façon et avec fort bonne paye

1. Le comte Sara Martinengo fut tué le 19 avril 1577.
2. Pour son couronnement.
3. En 1570.
4. C'est-à-dire révoquèrent sa condamnation.

et appoinctement pour luy et ses gens, portant titre de couronnel et enseignes blanches. J'en parle encor ailleurs de luy.

Quelz en conteray-je d'advantage? Et, pour abréger, sans toucher à leurs actes preux et généreux, vous avez eu tant en France de ces maistres de camp, que j'en fairois perdre la mémoire à ceux qui les voudroient apprendre par cœur. Outre ceux-là que j'ay nommez, vous avez eu le chevallier de Montluc, mon frère d'Ardelay, qui fut tué dans Chartres en le deffendant très-vaillamment, assiégé des huguenotz; et pour telle obligation, la ville et le clergé luy ordonnarent sa sépulture au chœur de l'église, et près du grand autel, où n'avoient octroyé ceste faveur et grâce à corps quelconque, et ainsi ne leur estoit permis par leurs statutz; mais pour un tel bienfaicteur et libérateur de la ville, ilz les viollarent.

Vous avez eu Livarot, qui fit si bien à la Mure[1]; MM. d'Auteffort, de Sainct-Luc, brave et vaillant; d'Espernon, auparavant dict La Vallette; Tajean, Le Houllet, frères; le conte de Grandpré, mon cousin de La Chastaigneraye[2], capitaine sans peur, qui fut si villainement massacré à la battaille d'Ivry; Gear-

---

1. Jean d'Arces, sieur de Livarot. Il commandait un régiment au siége de la Mure par le duc de Mayenne, en 1580.

2. Tajean ou Tagen, comme l'écrit d'Aubigné (*Histoire univ.*, année 1588, p. 170, 171). — Je trouve dans le P. Anselme un seigneur de Tagen de la maison de Montlezun. Je ne sais si son frère le Houllet est le même que le Houillez, mestre de camp, cousin germain du duc d'Épernon, et qui fut tué à l'attaque de Jergeau en 1589 (voy. à cette date d'Aubigné, liv. II, ch. XXI). — Roger de Joyeuse, comte de Grandpré, mestre de camp des régiments de Poitou et de Champagne, mort en 1589. — Jean de

geay, Rubenpré, Pralin, Canisy, Sacremore, Ballagny, qui par sa valeur s'estoit à soy attribué Cambray, et despuis mal perdu; Chamois, Thevalle, Genissac; La Garde, qui a si long-temps et si bien guerroyé en Flandres; La Maurye[1], le très-vaillant, qu'on pensoit faire perdre, (et luy et son régiment, estant allé en Flandres pour des maux prétendus faictz en France), à l'envoyer en Frize; mais au lieu d'y recepvoir mal, il en donna à bon escient aux autres; si bien qu'en tournant victorieux on l'admira, et fut nommé l'espouvante de la Frize. Si Dieu luy eust prolongé ses jours, il eust bien faict d'autres œuvres de guerre, tant il estoit brave et vaillant, et avec cela très-advisé capitaine.

Je suis esté le premier qui l'ay eslevé et mis les

Vivonne, seigneur de Chasteigneraie, tué à la bataille d'Ivry en 1590.

1. Claude de Choiseul du Plessis-Praslin. — Henri de Carbonnel, seigneur de Canisy. — Charles de Birague, dit le capitaine Sacremore, était un bâtard de Ludovic de Birague, naturalisé en août 1564. Suivant d'Aubigné (*Histoire univ.*, année 1586, t. II, liv. I, ch. VII), il fut tué au siége de Monségur en mai 1586. Je ne sais s'il y avait deux Sacremore, ou si d'Aubigné a été mal informé, mais on trouve dans l'Estoile, à la date du mois de décembre 1587, le récit de la mort du capitaine Sacremore, « tué à Dijon par le duc de Mayenne, son bon maistre. » — Chamois. Il commandait pour le duc d'Anjou dans Dunkerque qu'il rendit au prince de Parme. le 15 juillet 1583. — Jean de Thevalle, seigneur d'Aviré, gouverneur de Metz, chevalier des ordres du roi en 1581. — Genissac, capitaine huguenot, tué en 1587 dans une tentative sur Saint-Macaire (Saint-Machary). — Le colonel Lagarde était, dit de Thou (liv. LXXVII), un bon officier qui avait rendu de grands services aux États et au prince d'Orange. Il commandait l'artillerie, et fut tué au siége de Viersel, en avril 1583, par un canon qui creva. — La Maurie, capitaine huguenot.

armes à la main ; et ne fut jamais, tout jeune que je l'avois avecq moy, qu'il ne promist beaucoup de soy ; ainsi que M. Du Préau[1], aujourd'huy gouverneur de Chastellerault, par sa conqueste et expertise de ses armes et de son gentil esprit, lequel j'ay nourry page aussi et eslevé, et premier mis aux armes, et a bien appris de M. de La Noue en Flandres. Quand je pense à la valeur et suffisance de ces deux jeunes hommes que je viens dire, ainsi accomplys, je penserois et présumerois estre quelque chose, n'estoit le proverbe : que le disciple passe bien souvant le maistre.

Il y a eu aussi M. du Cluzeau, dict autrement Blanchard[2], lequel on peut dire estre l'un des braves et sages capitaines qui soient en France ; car il a la vaillance, et l'esprit et le sçavoir ; partout où il s'est trouvé, s'est faict signaller, comme en Flandres et au siège de Castillon[3], et aux guerres de la Ligue ; aussi de bonn' heure commença à se monstrer ; car, estant jeune de quinze ans, il portoit une enseigne du capitaine La Garde au siège de La Rochelle, qui estoit à M. de Lanssac.

Je suis bien marry que je ne puis faire icy le roolle de tant de braves maistres de camp et capitaines françois, qui, de mon temps, ont si bien triumphé parmy nos guerres. Mais, ma foy ! la teste me faict mal quand je les veux tous repasser par ma mémoire ;

1. Hector de Préaux, lieutenant général, gouverneur de Châtellerault, ambassadeur en Hollande (1607).
2. François Blanchard de Cluseau, brave capitaine, dit de Thou (liv. XCV), mais homme sans foi et sans probité.
3. En 1589.

car il y en a une milliasse, et si, sans cela, je penserois m'en souvenir et conter aussi bien qu'homme de France, au moins des principaux, qui ont estez pour nostre roy et Monsieur en ces guerres de la Ligue. Il y en a tant eu et s'en faict tant tous les jours, que, par manière de dire, il n'y a guières contrée en France, que, si l'on en bat les buyssons, on en verra sortir un maistre de camp, ainsi qu'on disoit le temps passé des capitaines de la Gascoigne; ce qui est un' extrême confusion en la discipline militaire.

Il y a aucuns grandz, et mesme M. d'Espernon, (le roy, luy, a cassé tout cela,) qui disent et treuvent bon qu'il y ayt ceste pluralité de maistres de camp, d'autant qu'il y a plus de capitaines en un' armée; et, où il y a plus de capitaines, plus de gens de bien et de valeur y a-il; et par conséquent, l'armée s'en treuve mieux, et les combatz s'en débattent mieux, ayant opinion que les capitaines, qui ont l'honneur devant les yeux plus que simples soldatz, ne faillent pas sitost.

Cela est bon si tous les capitaines estoient d'eslite, triez sur le vollet. Mais si les compaignies estoient composées de pareilz soldatz que j'ay veu aux gardes du roy, lorsque M. d'Estrozze les alla quérir aux garnisons de Picardie, pour venir à Paris aux secondes guerres, ce seroit bien le meilleur; car il n'y avoit guières soldat qui ne méritast d'estre capitaine; jusques aux jeunes cadetz, qui eussent combatu jusques au dernier souspir, comme les dix mille Grecz que souhaita un jour Marc-Anthoyne, et aussi qu'aucuns y entrent qui ne vallent pas simples soldatz; et telz soldatz avons-nous veu autresfois, qui s'estimoient plus que plusieurs capitaines.

L'on a veu faire des traictz à des soldatz, fust aux battailles, fust aux escarmouches, fust à recognoistre des places, fust aux assautz, fust en combatz, qu'ilz faisoient honte aux capitaines. J'en ay veu plusieurs reffuser des places de capitaines, pour demeurer en leur simplesse de soldatz, tant ilz s'y plaisoient. Aussi, pour dire vray, je pense qu'il n'y a rien si brave et si superbe à voir qu'un gentil soldat, bien en poinct, bien armé, bien leste, soit qu'il marche à la teste d'une compaignie, soit qu'il se perde devant tous à un' escarmouche, ou à un combat, ou à un assaut, tirer son harquebuzade, tout nud, désarmé, aussi résolument que les mieux armez. Aussi sont-ilz appellez fantassins, d'autant qu'ilz sont jeunes, et rien n'est impossible à la jeunesse pour le sang jeune, neuf et bouillant, qui leur bouil dans le corps et dans l'âme; de mesmes rien n'est malséant à la jeunesse.

Et ce que j'admire autant en ces fantassins, c'est que vous verrez de jeunes gens sortir des villages, de la labeur[1], des boutiques, des escoles, des pallais, des postes, des forges, des escuries, des lacquays et de plusieurs autres lieux pareilz bas et petitz ; ilz n'ont pas plus tost demeurez parmy ceste infanterie quelques temps, que vous les voyez aussitost faictz, aguerrys, façonnez, que, de rien qu'ilz estoient, viennent à estre capitaines et esgaux aux gentilzhommes, ayans leur honneur en recommandation autant que

1. *Labeur*, labour, labourage.

les plus nobles, à faire des actes aussi vertueux et nobles que les plus grandz gentilzhommes. Voyez quelle obligation ilz ont aux armes, qui les poussent ainsi! Car nous autres gentilzhommes, nous sommes poussez par double subject à faire de beaux actes : l'un, pour la noblesse que nous avons extraite de nos ancestres, qui nous esmeut à les ensuivre et acquérir honneur, et l'autre, par les armes qui nous sont nées : au lieu que nos soldatz les recherchent d'eux-mesmes, et les sçavent si bien entretenir que de petitz ilz deviennent très-grandz.

J'ay ouy raconter dans Naples que Francisque Sforce (que messire Philippes de Commines dict avoir esté filz d'un cordonnier, et le loue fort pourtant[1]), estant un jeune garçon labourant en la terre, voyant passer des soldatz bien en poinct et bien armez, et en bonne façon, telle veue luy pleust; et entre en tentation, et se fantastique[2] soudain de les ressembler, et se faire soldatz comm' eux, et quicter son mécanique mestier. Par quoy, prenant sa pioche, ou la *zappa* (comme dict le Napolitain), de quoy il labourroit, il la jetta sur un arbre, en disant : « Va, « si tu y demeures et que tu y accroches et ne re- « tournes vers moy, je ne te reprendray jamais plus, « et en ton lieu je prendz les armes. » La fortune, ou son destin, voulurent qu'elle y demeura accrochée[3]. Par quoy, suivant ce présage, prend les armes, se faict soldat, et se rend le plus grand et renommé

---

1. Voyez Commines, liv. VII, chap. IV.
2. *Se fantastiquer*, avoir la fantaisie.
3. Il est fort possible que Brantôme ait entendu raconter le

capitaine qui eust esté en la chrestienté despuis plus de trois cens ans, ayant faict de si beaux exploictz, que de luy et par luy ses enfans, ses nepveux ont estez grandz, comm' on les a veuz et comme nous lisons, et venus à estre ducz de Milan. Don Anthoine de Lève a esté de mesme extraction et mort très-grand, dont j'en parle en sa vie[1].

On dict le marquis de Marignan avoir esté estaffier du castellan du chasteau de Muns; et ainsi que son maistre l'envoya vers le duc de Milan Sforce, pour porter quelques lettres, le duc le despescha aussitost, et manda dans les lettres qu'il luy portoit, qu'il ne faille, aussitost après estre veues, de le prendre et le faire pendre, car il le vouloit trahir et la place. Luy, qui sçavoit lire, fust ou que son démon l'y poussast ou quelque curiosité ou remors de conscience, ouvrit les lettres en chemin, où il trouva sa sentence; et la leust très-bien et la rompit après en cent pièces; puis, estant devant son maistre, luy dist que le duc le mandoit par luy en grand'haste, qu'il l'allast trouver soudain, comm' il ne faillit; et, estant party et dehors, il fit si bien, que, gaignant aucuns soldatz et chassant les autres, il se rendit maistre du chasteau, puis, poussant sa fortune, se rendit grand comme nous l'avons veu, et comme j'en parle ailleurs en sa vie.

Je ne sçay si ces deux contes précédens sont vrays; mais ilz me sont estez assurés pour très-véritables,

---

fait à Naples, mais il a pu tout aussi bien le trouver dans le livre LIII des *Éloges* de Paul Jove à qui il avait été raconté par le duc de Milan, petit-fils de Sforza.

1. Voyez sa vie au tome I.

dans Naples et l'autre dans Milan ; et cela est très-vray, et n'est hors de raison qu'il ne puisse avoir esté, puisque nous avons veu tant de grandz personnages s'estre eslevez de bas lieu, comme ce grand Tamburlan[1], qui, de pasteur qu'il fut, se rendit si grand, si puissant et si redoutable, que s'il ne fust mort si soudain, il estoit pour estre le plus grand homme qui fust jamais, selon son beau commencement.

Je ne parle point de plusieurs empereurs romains, comment de rien ilz sont venus à ceste suprême dignité, jusques à un quicte forgeron qui le fut, ayant esté bon soldat, et ne s'en faignoit de le dire, mesme un jour que, ayant à combattre ses ennemis, haranguant ses soldatz, et les animant au combat : « Quant « à moy, je leur monstreray (ce dist-il, parlant de « ses ennemis) que je n'ay point encor oublié mon « premier mestier, qu'estoit de bien battre le fer ; » voulant dire qu'il les frapperoit et battroit bien[2].

J'en nommerois plusieurs autres; mais suffise qu'on les trouvera escritz ailleurs ; et quant à ceux de nos temps, qui de petitz se sont veuz grandement parvenus par les armes, le nombre en est infiny. Que s'il est vray ce que j'ay dict du marquis de Marignan, l'on a veu de mesmes un' infinité de bons et braves capitaines qui ont estez lacquais. J'en ay cognu force, et mesmes des Basques, que le feu roy Henry IIe se faisoit fort à les pousser, et après luy M. de Montmorancy d'anuict et connestable.

1. Tamerlan.
2. M. Claudius Puppienus Maximus, empereur en 237, était fils d'un forgeron ou d'un charron, suivant Capitolin (chap. v).

J'en ay cognu deux en nos bandes, qui sont mortz en très-belle réputation de capitaines : l'un, le capitaine Mignard, qui fut tué à la Roche-la-Bellie[1]; et un autre, nommé le capitaine Pedro, qui est mort de malladie. A les voir, on ne les eust jamais pris pour avoir estez lacquais, non plus que le capitaine Bequin, aussi sage et bon capitaine, qui fut blessé et mourut à La Rochelle, nourry lacquais de M. de Nemours. Je les ay veuz, l'un premièrement lieutenant de Sainct-Géran, et l'autre du jeune Nanzay, dict Besigny; et puis leur donnarent leurs compaignies, venans à avoir plus grandz charges.

Ah! que j'en nommerois d'autres, voire qui sont venus de plus bas lieux, et que les armes ont rendu très-nobles. Et encores que plusieurs soldatz ne parviennent ou ne sont parvenuz aux charges de capitaines, si sont-ilz pourtant tousjours nobles à estimer, j'entens les bons, et qui ont tousjours bien faict où ilz se sont trouvez : car, (comme j'ay dict) plusieurs se plaisent plus en leur estat de soldat, portant sa belle harquebuze et son beau fourniment de Milan ou son beau corcellet gravé et sa picque, à obéyr que non pas à commander. J'en ay veu un' infinité parmy nos bandes de telle humeur; et ne laissoit-on à les honnorer et estimer autant; aussi les appelloit-on payez, réallez[2] et lancepassades[3], et l'Espaignol, *soldados advantajados*[4].

J'ay ouy raconter à capitaines et soldatz qui l'ont

---

1. En 1569.

2. *Reallez*. Ce mot tiré de l'espagnol *real*, peut avoir ici, à ce que je crois, la signification de soldats réguliers.

3. Anspessades. — 4. Soldats privilégiés.

veu, qu'en ces dernières guerres en Fandres, faictes par le prince de Parme, il y avoit parmy les bandes espaignolles un vieux soldat qui avoit près de cent ans, et qui avoit traisné par toutes les vieilles guerres de l'empereur et autres, qui n'avoit jamais voulu charge de commender, encor que l'on luy eust présenté souvant, mais rien moins, tant la condition de simple soldat lui plaisoit; mais, pourtant, il estoit en telle estime de sage et bon capitaine, ne luy en restant que le nom, qu'ordinairement le prince de Parme l'appelloit au conseil et se conseilloit à luy, et mesmes aux sièges des places; et, le plus souvant, et le prince et les autres capitaines le croyoient, et s'en trouvoient très-bien. Quel honneur à ce brave et bon vieillard de soldat, avec sa simple picque et corcellet qu'il portoit tousjours, qui conseilloit aux plus grandz capitaines! Possible le faisoit-il à tel dessain pour la gloire, de laquelle l'Espaignol est fort avide.

J'ay ouy dire (comm' il se treuve aussi par escrit dans l'histoire de ce temps[1]), à plusieurs capitaines et soldatz qui y estoient, que M. l'admiral, se voyant à bon escient assiégé dans Sainct-Quentin, fit faire un bandon général parmy la ville : que tous soldatz qui sçauroient quelque chose à redire dans la ville, qui fust ou bonne pour la deffendre, ou mauvaise pour s'en garder, qu'ilz le vinssent dire et révéler à mondict sieur l'admiral, et luy en donner advis et conseil, et y seroit très-bien receu et venu; d'au-

---

1. Voyez de Thou, livre XIX. Coligny raconte aussi le fait dans la relation qu'il a laissée du siége de Saint-Quentin.

tant, disoit-il, qu'il n'estoit pas possible qu'il n'y eust léans de bons et expérimentez soldatz, qui eussent veu plusieurs sièges et guerres, qu'encor qu'ilz n'eussent attaint le nom de capitaines, que pourtant ilz ne donnassent de bons advis et bons conseilz; à quoy il les prioit tous de bon cœur de dire ce qu'il leur en sembloit : et, pour ce, venoient à luy et luy rapportoient leurs opinions, dont bien souvant il s'en trouvoit bien.

J'ay veu feu M. de Guyze le Grand ordinairement aux sièges caresser l'un et l'autre soldat aussi bien que les capitaines, et mesmes ceux qu'il avoit cognus pour bons, et les avoit veuz bien faire; ou s'il ne les cognoissoit, ceux ausquelz il leur apercevoit une bonne façon et grâce belle, soldadesque, les caressoit bien fort et leur demandoit leur advis aussi. « Que « te semble de cecy? disoit-il. Que te semble de « cela? » Et estoit fort aise quand ilz luy respondoient bien, et qu'il en recueilloit quelque bon advis. Et tousjours après remarquoit si bien ce soldat qu'il le recognoissoit pour jamais; et surtout aux sièges, vouloit prendre plustost advis des soldatz et des capitaines de gens de pied, que des autres capitaines de gens-d'armes, pour les y tenir plus advisez et expérimentez.

Je le vis au dernier assaut de Rouan, quand nous le prismes : un peu advant que l'ordonner, il appella Saincte-Coullombe, de Béard, lequel de trois braves frères qu'ilz estoient, il estoit le second, et si n'avoit pourtant aucune charge; mais d'autresfois il en avoit eu; et luy parla de l'ordre de cet assaut, et en conféra fort avec luy; et, selon qu'il le vist, il le cogneut fort disposé de faire la première poincte, si M. de Guyze luy donnoit telles gens qu'il voudroit. « Saincte-Coullombe, luy dist-il alors, le roy et moy « vous avons beaucoup d'obligation, puisque si li- « brement vous vous offrez à une si bonne affaire, « sans autrement aucune contraincte de charge que « vous ayez icy. Par quoy, prenez telz soldatz que « verrez, et donnez; car bientost je vous suivray. » Saincte-Coullombe soudain alla prendre et choysir cinquante des meilleurs soldatz harquebuziers, tous de la compaignie de son frère le jeune Saincte-Coullombe, qui ne faisoit que venir mener fraischement de Metz; laquelle estoit l'une des belles que l'on eust veu; et, entre les cinquante, voulut qu'il y en eust de meslez une vingtaine de goujats et cadetz, que ce n'estoit que fœu et bons harquebuziers. Il donna si furieusement, et M. de Guyze après, que la place n'eut qu'à tenir, et en un rien fut emportée. Aussi demeura-il sur la place plus d'une vingtaine de mortz et autres blessez de ces cinquante, et luy le pauvre Saincte-Coullombe blessé à la mort, dont mourut quatre jours après[1]; et le brave Castelpers[2], jeune gentilhomme d'une très-grande vaillance et espérance, mort; M. d'Andouins, père de madame la contesse de Guysche d'aujourd'huy, mort aussi près de M. de Guyze, vaillant seigneur[3].

Sur quoy je fairay ceste petite disgression, que, le

1. Voyez de Thou, liv. XXXIII.
2. De la maison de Brunet, en Languedoc.
3. Paul d'Andouins, vicomte de Louvigny, seigneur de Lescun, père de Diane d'Andouins, dite la belle Corisande, mariée en 1567 à Philibert, comte de Gramont et de Guiche.

lendemain de la prise de la place, M. de Guyze, allant au-devant de la reyne qu'y venoit loger, ainsi qu'il vist de loing qu'on emportoit un blessé sur une chaire nattée dans ladicte ville, il commanda à Brouilly, son escuyer, que feu mon oncle de la Chastaigneraye avoit nourry page, d'aller voir qui estoit ce mallade et blessé. Il tourna vistement luy raporter que c'estoit M. de Saincte-Coullombe. M. de Guyze se destort viste de son chemin; et, au grand gallop, vint le trouver et luy demander le plus courtoisement qu'il peut comment il se portoit. « Hélas !
« monsieur, dist-il, très-mal : je m'en vays mourir ;
« mais, monsieur, je ne plainctz point ma mort, si
« je meurs en la bonne grâce de mon roy et la vos-
« tre, et que soyez content que je vous servis bien
« hière.—Comment, content ! luy repplicqua M. de
« Guyze; et qui ne le seroit ? Ouy, je le suis, M. de
« Saincte-Coullombe : et tellement le roy et moy
« vous sommes obligez, qu'il faut conffesser que,
« possible, l'on seroit encor à entrer dans ceste place
« sans vous. En quoy vous devez prendre courage
« et vous guérir, et vous tenir pour très-assuré qu'a-
« près le roy vous récompensera de telle honnorable
« récompense qu'à jamais vous en serez content. Et
« quand bien il ne le fairoit, dont il n'est pas si dés-
« naturé et ingrat roy, ne vous soucyez; car à jamais
« je vous fairay part de ma fortune et de mes moyens,
« comm' à mon compaignon et frère d'assaut, que
« nous fusmes hière. Resjouissez-vous doncques,
« M. de Saincte-Coullombe; car, avec l'ayde de Dieu,
« vous serez bientost guéry. » M. de Saincte-Coullombe le remercia très-humblement avec la larme à

l'œil. M. de Guyze l'avoit aussi, et le conduisit plus de cent pas, parlant tousjours à luy. Je le puis dire, car j'y estois et le vis; mais le pauvre gentilhomme ne la fit pas en après guières longue; dont M. de Guyze eut grand regret, honnorant son enterrement de sa personne, et le louant ordinairement à toute outrance. Ce traict luy obligea les soldatz dudict Saincte-Coullombe qu'il voulut cognoistre, au moins ceux de l'eslite, et force autres.

Voylà comm' il les recherchoit, parloit à eux et en prenoit langue. Comme de vray, en ce qui touche de mener les mains, ma foy, on ne les doit pas seullement employer et leur dire : « Donnez icy, « donnez là; » mais il en faut prendre quelquefois leur advis : la raison le veut. En la plus grande tempeste, les plus grandz mariniers prennent bien advis des plus petitz.

Julles Cæsar, en la journée de Pharsale, ainsi qu'il visitoit les rangs et l'ordre de sa bataille, il vist un centenier qu'il avoit veu bien faire d'autresfois; ne desdaigna luy demander : « Eh bien! que te semble-« il de ceste bataille d'aujourd'huy? — Je ne sçay, « respondit l'autre, mon empereur; mais, je t'as-« sure bien que tu me loueras aujourd'huy vif ou « mort. » Comme de vray, il fit rage telle qu'il mourut. Aussi son empereur le loua après comm' il méritoit[1].

Ah! qu'il y a bien parmy nos bandes encor de gentilz soldatz et capitaines que si on se mettoit à les louer, dire leurs valeurs et en faire des oraisons

1. Voyez Plutarque, *Vie de César*, chap. LIX.

funèbres pour leurs beaux faictz, comme jadis les Romains, que l'on en verroit de belles et qui serviroient de beaucoup à esmouvoir leurs compaignons, et ceux qui viendroient après, à faire d'aussi vaillans actes qu'eux! Mais aujourd'huy, il y a si peu de règlemens de guerre parmy nos soldatz, qu'ilz s'adonnent si fort au pillage et à la picorée, que, mais qu'ilz en ayent, ne s'en soucient d'autres choses, et tout cela vient qu'ilz ne sont pas payez.

J'ay veu pourtant autresfois nos soldatz parmy nos bandes dans le camp deux ou trois mois demeurer sans faire monstre. Au diable s'ilz eussent osé desrober tant soit peu! Bien est-il vray que la munition ne leur manquoit point; et, qui pis est, si on leur devoit quatre ou cinq et six mois, on leur en faisoit perdre le plus souvant la plus grand' part. Mais aujourd'huy, nostre infanterie est si fort corrompue et bien différante à celle qui a esté. Aussi dict-on qu'il n'y a plus de soldatz d'assaut; non que je veuille dire qu'il n'y en ayt encor de bons. Et y en auroit d'aussi bons que jamais; mais ilz regardent plus à piller, desrober, laronner et à faire leur proffit, qu'à gaigner de l'honneur. Et la cause en est, qu'ilz n'ont plus de discipline militaire, n'ont plus de règle, n'ont plus d'obéyssance; et, sur ce, ilz allèguent qu'ilz ne sont plus payez et ne reçoivent une seule solde du roy. En quoy il faut estimer la fortune du roy[1], que, sans argent, il a sçeu si bien entretenir ses soldatz, qu'avecqu' eux il a faict de si beaux exploictz et incroyables conquestes. Je vous laisse à penser, s'ilz

---

1. Henri IV.

estoient payez, quelle règle seroit parmy eux, et ce qu'ilz fairoient.

La seule dissipline militaire des Romains jadis a plus faict que toutes leurs armes à surmonter toute la multitude des Gaulois, la grandeur des Allemans, la force des Espaignolz, et les richesses et finesses des Affricains, et la prudence et ruse des Grecz. Aussi Jules Cæsar permettoit toutes desbauches, vices, pilleries et insollences à ses soldatz, mais qu'ilz ne fussent point mutins, désobéissans et desreglez à leur devoir; et faisoit cela affin qu'ilz fussent braves, bien en point et tous couvertz d'or et d'azur; estimant que d'estre bien en point et superbement armez, que cela servoit et animoit mieux à combattre.

Feu M. de Guyze hayssoit et l'un et l'autre, qu'estoit la pillerie et désobéyssance. A la prise de Calais, il avoit commandé au capitaine Sainct-Estefe le borgne, Basque, de demeurer en un certain lieu près d'une advenue, s'il arrivoit inconvénient, pour y pourvoir. La ville prise, ledict Sainct-Estefe, voyant que tout le monde y pilloit, et luy point, se perd ce coup, pour un bon capitaine qu'il estoit, et quicte son lieu à luy ordonné par mondict sieur, entre en la ville faire comme les autres. Qui fut esbahy? ce fut M. de Guyze. Quant il le vist là : « Capitaine de « Sainct-Esteffe, luy dist-il, avez-vous esté si hardy « et si peu songneux de mon commandement et de « vostre devoir, que de quicter le lieu où je vous « avois mis? » Sainct Estefe respondit : « Je pensois, « monsieur, que je n'y servois plus de rien, la ville « prise, et aussi qu'il me faschoit fort de voir un

« chascun de mes compaignons gaigner quelque
« chose, et moy point.—Comment ! luy replicqua
« M. de Guyze, et me tenez-vous si mal advisé et
« desraisonnable, que je ne vous fisse pas récompen-
« ser et n'eusse esgard à vostre perte que vous faisiez
« par vostre absence?—Hà! ouy, monsieur, respon-
« dit Sainct-Estefe, qui estoit un peu haut à la main;
« mais cependant....—Quoy ! cependant, dist M. de
« Guyze : baisez la terre. » Et ne s'en falut guières
qu'il ne luy baillast de l'espée à travers le corps.
Mais voyant que l'autre recognoissoit sa faute, et bai-
soit la terre, aussitost luy pardonna, en n'y retournant plus à telle faute; et puis généreux et magnanime qu'estoit ce prince, le récompensa, et luy donna
plus, possible, qu'il n'eust gaigné au sac; et luy fit
remonstrance, devant d'autres capitaines, de la
faute qu'il avoit faicte, tant d'avoir abandonné la
charge et le lieu que son général luy avoit ordonné,
à quoy cela pouvoit venir à une très-grande conséquence, si l'ennemy fust survenu de quelqu' autre
part, que pour la désobéyssance qu'il avoit commise.

Il desiroit sur toute chose l'obéyssance des siens.
A son voyage d'Italie, il fit pendre deux soldatz, l'un
pour avoir larronné une seule pièce de lard, et l'autre pour quelqu' autre chose légère; dont le bon
prince s'en conffessa à sa mort, et le dist tout haut,
et l'ouys, et plusieurs autres avec moy : dont je
m'estonne que M. l'évesque de Riez, qui recuillit ses
dernières, et très-belles, bonnes et sainctes parolles,
et despuis les fit imprimer, n'y a mis ce traict; car
il s'en conffessa tout haut et s'en repentit; mais il

dist qu'il n'avoit faict exercer ceste justice, sinon pour la police et pour servir d'exemple à ceux qui en voudroient faire de mesmes.

Voylà comment ce prince désiroit de ses soldatz deux choses surtout, qu'estoit l'obéyssance et la bonne vie.

Que diroit-il aujourd'huy s'il retournoit veoyr nos soldatz de maintenant, qui sont si desraiglez et qui font plus proffession de brigandage que de guerre? car dès-lors qu'ils s'enroolent ou marchent soubz un' enseigne, c'est à prendre qui pourra sur l'un, sur l'autre, autant ou plus sur l'amy de son party que sur l'ennemy tenir les champs : faut que l'enseigne se pourmène, et non pas pour peu de temps, mais pour cinq ou six mois, comme j'en ay veu; usant de ce mot invanté de nouveau : *Il faut parrossier*, qui est d'aller de parroisse en parroisse, et voysiner à bon escient, mais non à la bonne mode. Et si quelque régiment est licencié du général pour sortir de l'armée, où il y aura longtemps demeuré et s'y sera fatigué, pour se remettre il vous arpantera deux ou trois provinces, les pillant, volant, et larronant tout ce qu'il pourra; et appellent cela : « Nous « allons nous raffraischir. »

Les autres ne vont en aucunes armées, ny en belles factions, sinon, qu'après qu'ilz ont bien pillé et sont pleins comm' un œuf, se retirent en leurs maisons, ou boutiques, ou villages, ou ailleurs, et reprennent leur premier mestier; disans qu'ilz veulent pourvoir à eux, afin que si la paix venoit, qu'ilz ne demeurassent sans mestier et mourussent de fain. Au moins s'ilz attendoient la paix, et cependant qu'ilz suivissent la guerre et la servissent bien, ilz seroient pardonnables et recepvables.

Ce que j'en dictz, ce n'est pas pour réprimer le butin, ny la mangeaille aux soldatz; car il faut qu'ilz vivent et gaignent. Et en cela, ne me puis engarder que je ne blasme fort la punition que l'on fit au voyage d'Allemaigne du roy Henry II, de quelques dix ou douze soldatz, lesquelz, après n'avoir mangé, l'espace de six jours, ny pain, ny chair, ny presque toute l'infanterie, arrivans à la ville des Deux-Pontz et aux terres du duc, furent pendus pour avoir pris quelque bestail pour eux vivre et leurs compaignons; et, qui pis est, ilz voyoient dans les bois le bestail à quantité. Il fut faict un bandon général de n'y toucher, et tous mouroient de fain : ce que je trouve la plus grande et sotte simplicité, et cruauté très-laide, de laisser ainsi mourir ses gens de fain parmy les vivres.

M. de La Noue en l'un de ses discours, il approuve et veut que le soldat, après la guerre et venant la paix, se retire en son premier art et mestier, ce qu'à plusieurs gallans hommes ay veu désaprouver, et s'estonner de M. de La Noue, qui a esté si bon manieur d'armes, ayt eu ceste opinion, les voulant en cela abbaisser par trop, qu'il faille que les mains qui les ont maniées si noblement et si nettement, s'aillent souiller et vilanner par un labourage et vil et sale mestier mécanique. Et croy fermement qu'il fasche beaucoup à un brave soldat, ainsi que j'en ay veu l'expérience de plusieurs, quand il est là réduict, et luy est un grand crèvecœur; et lui sçay un très-bon gré quand il ne faict point tel eschange, et ayme mieux quicter sa patrie et aller chercher son advanture en terre loingtaine et guerre estrangère, ainsi que font ordinairement la pluspart de nos braves soldatz françois; lesquelz, quand la guerre, leur mère nourrice de laict, leur vient à faillir, s'espendent si bien par toutes les contrées de la chrestienté, voire du monde, qu'il n'y en a guières que vous n'y en voyez, comme j'en ay veu en celles que j'ay esté, jusques en Turquie et la Barbarie.

Moy estant lors en Italie que la paix fut faicte entre le roy Henry et Phillippes, la pluspart des soldatz françois qui estoient en la Toscane ne se voulurent jamais embarquer dans les gallères de France; lesquelles M. de Sainct-Suplice[1] (qui fut la première charge honnorable qu'il eut jamais, car advant il avoit leu les institutz[2] à Poictiers, despuis ambassadeur en Espagne, et puis gouverneur de M. d'Alançon) avoit emmenées exprès pour les enlever; et, pensant charger, les trouva quasi toutes vuydes; et ceux qui restoient disoient entr'eux compaignons : « Mais aussi bien de-çà comme de-là, que fairons-« nous en France? nos armes y mourront de fain. « De reprendre nos premiers mestiers et artz méca-« niques, nous les avons oubliez. Ne vaut-il pas mieux « que, comme soldatz que nous avons estez si long-« temps, nous vivions et mourions comme soldatz?» Et, sur ce, prindrent résolution de trajetter vers la

1. Jean Ebrard, baron de Saint-Sulpice, chevalier des ordres du roi en 1579, mort en 1581, fut ambassadeur en Espagne en 1563 et 1564. Ses dépêches et ses lettres à Charles IX et à Catherine de Médicis sont conservées à la Bibliothèque impériale.

2. Les *Institutes*, c'est-à-dire qu'il avait étudié le droit.

France, et aussi qu'ilz avoient faict une grosse sédition dans Grossette[1], dont le capitaine La Solle, Gascon, avoit esté chef, qu'ilz craignoient qu'en France ilz en pattissent.

Par quoy sachant que le roy d'Espagne faisoit battre le tambour par toute l'Italie, se vindrent enrooler si grand nombre tant des soldatz françois, de la Toscane que du Piedmont, ainsi désapointez se trouvarent près de douze cens enroolez. Et en vis une grand' partie à Naples, embarquez sur les gallères pour aller en Scicille. Entr' autres je vis le capitaine La Solle, qui avoit très-bonne façon, pensans tous que l'armée deust faire quelque journée ceste année-là; mais ilz hyvernarent en tous ces quartiers du règne de Naples et Scicille, et, l'année amprès, se donna ce furieux combat aux Gerbes, auquel les François emportarent vogue d'avoir très-bien et vaillamment combatu, et tellement qu'il n'en resta pas en vie la tierce partie.

N'estoient-ilz pas braves, gallans et heureux, ces gens de bien de soldatz, de vivre et mourir en soldatz, et pour la deffence de la foy, non pas faire la vie mécanique que M. de La Noue ordonne; car et comment est-il possible qu'un noble cœur veuille venir vilain?

Qu'on m'aille dire que ces braves soldaz espaignolz, quand ilz ont une fois manié les armes, qu'ilz les quictent pour retourner à leur art méquanique qu'ilz ont quitté; mais ilz envieillissent avecqu'elles et meu-

---

1. Grosseto, petite ville de Toscane, à neuf lieues N. d'Orbitello.

rent avecqu' elles. Aussi ont-ilz un bon père nourrissier, leur roy, qui, en paix et en guerre, les nourrist et entretient tousjours tant qu'ilz peuvent mener les mains; et, venans vieux, il les envoye mortepayes aux chasteaux, ou leur donne pensions ou héritages des malfaicteurs et rebelles, ainsi qu'on faisoit jadis à ces braves romains vieux soldatz; quand ilz n'en pouvoient plus, s'alloient tenir en leurs terres et héritages qu'on leur donnoit, et là vivoient sans retourner à leur premier mestier méquanique.

Et vous, braves soldatz françois, qui ne quictés point l'honneur de vos armes, vous ne mourrez jamais. Vous avez faict craindre vos valeurs par toutes les partz de l'Orient et par tout le monde! Encor s'en treuve-il aujourd'huy qui en fairoient de mesmes, s'ilz trouvoient des chefz qui les y voulussent mener; car, encor tous desraiglez et tous mal disciplinez et mal obéyssans qu'ilz sont, il s'en treuve tousjours qui font des actes signallez et de très-beaux combatz, dans leur propre terre, les uns contre les autres, contre frères, parens et amys. Je vous laisse à penser ce qu'ilz fairoient contre leurs propres ennemis, encor que la guerre intestine et civile aye l'estime d'estre la plus cruelle de toutes, selon aucuns; mais, selon d'autres, il s'y faict plusieurs courtoisies, et plus qu'aux guerres estrangères, dont il s'en fairoit de très-beaux discours.

Voylà donc comme ces nobles soldatz françois du Piedmont et de la Toscane ne voulurent jamais quicter la noblesse des armes, qu'ilz avoient conquise par effusion de leur sang. Je n'ay pas veu seulement ceux-là, mais un' infinité d'autres, lesquelz, aussitost nos paix faictes en France despuis trente ans, sont allez rechercher la guerre en plusieurs pays estranges. Les voyages qu'ilz ont faictz en Italie, en Flandres, en Espaigne, en Portugal et leurs isles, en Hongrie et autres lieux, nous en faict foy.

J'ay ouy assurer qu'en la guerre de Cypre dernière, il y avoit un bascha, ou sangiac (aucuns disent qu'il n'estoit que sangiac), qui estoit gascon, de la comté d'Armaignac, et avoit esté brave soldat en France. Y voyant la guerre finye, il s'en alla en Turquie, où il se fit si bien parestre pour un bon soldat et capitaine, que, parvenant peu à peu aux grades, il vint à estre bascha ou sangiac, et se faisoit appeller le bascha Armaignac. Je ne sçay s'il est vray; mais aucuns venans du Levant me l'assurarent pour chose vraye. Et fit tout plein de courtoisies aux chrestiens et aucuns soldatz françois qui se fourrarent dans Famagoste; encor que le livre faict et escrit de la guerre de Cypre n'en face aucune mention[1], j'en laisse à croyre au monde ce qui en est; mais je le vis une fois qu'on le disoit au roy Charles IXe. Je ne veux pas advouer qu'il fist bien, pour estre venu là et s'estre renié; mais je ne sçache guières soldat qui n'en fist de mesmes pour telle grandeur et am-

---

1. La guerre de Chypre a été racontée par plusieurs écrivains contemporains. Je ne sais au juste lequel Brantôme a voulu désigner. Je crois pourtant qu'il a eu en vue la *Chorograffia et breve historia dell' isola de Cipro* per il R. P. lettore fr. Steffano Lusignano di Cipro, Bologna, 1573, in-4°. A la fin de cet ouvrage (f°s 92 à 125), on trouve *Vera et fidelissima narratione del successo dell' espugnatione et defensione del regno de Cipro, fatta per il R. P. F. Angelo Calepio di Cipro.*

bition, plutost que mourir de fain en sa maison et sa patrie.

Froissard en son quatriesme livre ou volume[1], parlant de la bataille de Nicopoly en Hongrie, que les François perdirent contre les Turcz, desquelz estoit le chef l'Amorabaquin, dict autrement par ledict Froissard filz du roy Bajazet, dict par les modernes Bazazet, il dict donc que là, parmy les chevalliers françois, se trouva un chevallier de Picardie, qui s'appelloit messire Jacques de Helly (madame d'Estampes est sortie de ceste maison), lequel avoit demeuré en son temps en Turquie, et avoit servy en armes, ainsi parle-il, Amorath'baquin, père au roy Bajazet dont je parle, et, pour ce, il sçavoit parler bon turc. Quand il vist que la desconfiture tournoit sur les chrestiens, il advisa à se sauver et se mettre entre les mains des Sarrazins, et s'ayder de leur langage qu'il sçavoit, et par ainsi se sauva.

De mesmes en fit un escuyer de Tournesis, qui se nommoit Jacques du Fay et avoit servy le roy de Tartarie, lequel[2] et quand ce Jacques sceut que les François venoient en Turquie, il prit congé du roy de Tartarie qui luy bailla assez légèrement, dict Froissard. Si fut à la bataille, et là pris et sauvé promptement des gens de Tartarie qui là estoient; car ledict roy y avoit envoyé de ses forces.

Par ainsi ces deux braves François furent sauvez pour avoir estez adventuriers; et, s'ilz ne le fussent estez, ilz estoient perdus et mortz come leurs com-

---

1. Livre IV, chap. LII, édit. du *Panthéon*, tome III, p. 263.
2. Il y a probablement quelques mots de sautés.

paignons, que ledict Amorabaquin fit tuer devant luy.

Notez l'humeur de ces deux braves François: l'un alla servir le Turc, et faire preuve de ses armes; et l'autre, encor plus advantureux, alla servir le grand can de Tartarie, qui est bien plus loing.

Qui sçauroit donc assez louer ces deux braves hommes de tel courage advantureux, qui, amprès, leur servit de beaucoup? car ilz se garentirent de mort, et si firent (au moins l'un, Jacques de Helly) grand service aux pauvres François qui restarent de la battaille, ainsi que récite ledict Froissard en nos histoires françoises.

Certes, pour quand à moy, je loue fort ces deux hommes; car leur voyage n'estoit point commun nullement, et si estoit bizarre : car plusieurs alloient outre-mer et au sainct sépulchre de Hiérusalem; et telz s'appelloient chevalliers d'outre-mer, ainsi que le mesme Froissard dict de celuy qui rencontra le conte de Nevers auprès de Venize tournant de sa prison, qu'il interrogea fort de toutes nouvelles de de-là.

Froissard parle ainsi que je dis. Outre dict que ce Jacques de Helly fut recognu, après avoir esté pris, de force gens de la maison d'Amorabaquin, qui luy firent très bonne chère, et le présentarent audict Amorabaquin, qui luy en fit de mesmes, et l'envoya vers le duc de Milan et en France, pour porter des nouvelles de la deffaicte; et, amprès avoir composé de la rançon des François il luy donna, et au sieur de Chasteau-Morand, sur les deux cens mille florins de la rançon vingt mille pour les peines.

J'ai ouy conter qu'en Piedmont, du temps du

mareschal de Brissac, y eut un capitaine, qui se nommoit le capitaine Valesergues, qui servoit le Grand-Seigneur, sultan Sollyman, et estoit à ses gages et solde de guerre. Il vint par deux fois en Piedmont, et faisoit ce qu'il pouvoit pour gaigner des gens pour mener par delà. La première fois, il y mena si[1] braves soldatz et un capitaine, et les desbaucha; et si avoit desbauché mon frère le capitaine Bourdeille, qui estoit fort jeune et tout luy estoit de guerre. Mais la guerre de Parme survint, où il ayma mieux aller. La seconde fois, il[2] retourna, et emmena autres dix bons soldatz, ayant du Grand-Seigneur force argent pour les gaigner, et faisoit son cas secret. Mais M. le mareschal en eut le vent, qui luy deffendit de n'y retourner plus, car il luy faschoit de perdre ainsi ses bons soldatz : car là voulontiers gens de bas cœur n'entreprennent telz voyages. Et, sans que ledict mareschal aymoit ledict capitaine Valesergues et le tenoit pour bon capitaine, et aussi qu'il sçavoit que c'estoit que du monde et qu'il falloit que le François ne perdist point sa coustume d'estre advantureux, il luy eust faict mauvais party, ainsi que plusieurs resveurs lui conseilloient.

Encore ces messieurs firent mieux qu'un baron de La Faye, François, depuis dix ans; lequel estoit bon compagnon, et ayant despendu tout son bien en France, il s'en alla en Turquie et Constantinoble, où, ayant cognu que les Turcz faisoient grand' cas d'un homme de valeur, d'esprit et d'entendement, s'il se renioit et se mettoit avecqu' eux, luy, en présumant

---

1. *Si*, six. — 2. *Il*, le capitaine Robert de Valesergues.

quelque bien pour luy, car de faict il estoit un accomply gentilhomme, il se renia gentiment, sans autre cérémonie ny forme de contraincte. Du despuis, j'ay ouy dire à gens qui l'ont veu très-bien venu des Turcz et en estime, et si faisoit plaisir aux François quand il les rencontroit, encores qu'un rénégat soit grand ennemy de sa nation et religion.

Comme de mesmes, un de ces ans, a faict ce brave M. de Potrincourt[1]; lequel, ayant commandé à un régiment aux guerres de la Ligue, et elles finies, en ayant reffaict un autre et mené en Hongrie, et y mené bien la guerre pour les chrestiens, il s'alla révolter et renyer, fust ou pour mescontentement ou despit, ou par capriche, emmenant avec luy force braves des siens, et si bien receu et apoincté, luy et les siens, qu'en un rien il fut faict et créé sollempnellement à Constantinoble bascha, et envoyé pour tel en Chypre. J'ay veu des soldatz et autres qui l'y ont veu. A ceux qui vouloient demeurer avec luy, les apoinctoit bien ; aux autres qui s'en vouloient tourner en France, leur donnoit argent pour passer chemin. Du despuis, il est mort bascha de Damas en très-grand' réputation, et fort aymé de son maistre.

Lorsque les nopces de Madame, sœur du roy, furent accordées avec le roy de Navarre[2] à Bloys, y arriva en ambassade le connestable du roy de Suède[3],

---

1. De la maison de Biencourt.
2. En 1572.
3. Pontus de la Gardie, baron d'Eckholm, sénateur et feldmaréchal de Suède, né vers 1530 à la Gardie (Aude), noyé devant Narva, le 5 décembre 1585.

lequel estoit gentilhomme gascon, au moins du Languedoc, de la maison de Rive; car son frère, qui l'estoit venu voir, s'appelloit M. de Rive, lequel j'avois veu avant en l'armée des huguenotz. Ce gentilhomme, la paix faicte, ennemy de l'oisiveté et desireux de servir, s'en alla en Suède, où estant, servit si bien le roy qu'il l'honnora de l'estat de connestable; et vint, comme j'ay dict, en ambassade trouver le roy, pour quelques traictez qu'ilz avoient ensemble. Il y vint très-bien accompaigné. Il avoit une très-belle façon, de belle taille, noiraud en tainct du pays, s'habillant à la françoise; je luy vis faire la révérence au roy et reine. Il tint alors sa gravité, ainsi que portoit le devoir de son ambassade; mais amprès, il portoit à Leurs Magestez tout honneur comm' à son roy et à son souverain, faisant ses excuses si, au deu de sa charge, il tenoit le rang de son maistre; mais, hors de là, il se faisoit très-humble; dont le roy et la reyne l'en estimarent et lui en sçavoient un très-bon gré, et prenoient plaisir de l'entretenir, ainsi que je vis par deux fois se pourmener avec la reyne dans les jardins de Bloys. Il convia M. d'Estrozze d'aller disner deux ou trois fois avecques luy, et j'y estois tousjours. Il estoit de fort bon discours et faisoit très-bon avec luy, tenant encor plus du Gascon et François, que du Suède, comme je peuz entendre. Il desiroit obtenir du roy qu'il peust emmener là-bas un régiment de quelques deux mill' hommes de pied françois. Il ne luy fut pas du tout reffusé, mais donné quelque espérance; car nostre voyage et embarquement de mer en Brouage, que nous allions faire, empescha. Songez donc là-dessus quelle joye et contentement pouvoit avoir ce gentilhomme de parler ainsi à son roy, tenant la place d'un autre roy son compaignon. S'il n'eust bougé de son pays, il n'eust pas faict cela.

A la guerre de Parme, y alla un gentilhomme de ce pays de Brye, qu'on appelloit M. de Vaux. J'ay veu un sien frère, brave et gallant homme, qui suivoit feu M. le prince de Condé le premier, et estoit son escuyer. Ce gentilhomme s'opiniastra de quicter son pays, et de faire service au duc Octavie[1] qui le prit en telle amytié, qu'il le gouverna despuis fort paisiblement; et avoit bonne part en luy et en son estat. Je ne sçay s'il est mort; mais n'y a pas longtemps qu'il vivoit : et voylà comme le François se pousse bravement.

A nostre retour du siège de Malte, estant à Rome, le comte de Beljouyouse[2], Milannois, qui estoit avec nous dans les gallères, nous fit cognoistre, à mon frère d'Ardelay et à moy, un conte du réaume de Naples, qui s'appelloit *el conde dy Burdella;* et se pleust fort de se dire et se trouver nostre parent; lequel, après avoir arraisonné, nous alla dire que les siens ayeulz et bisayeulz estoient venus des confins de Gascoigne et estoient venus jadis aux guerres de Naples, du temps que les François les y faisoient; et, de faict, portoit mesme nom et mesmes armes que nous; et estoit riche de douze mill' escus de rente et avoit sa maison en la Pouille; et nous y

---

1. Octave Farnèse, duc de Parme.
2. C'est probablement Louis, troisième du nom, comte de Belgiojoso.

voulut mener et faire bonne chère; car, dès-là, nous nous estions fort renduz privez et acousinez; nous n'y voulusmes point aller, car nous voulions tourner en France.

Il nous festina souvant très-bien à Rome, car il y avoit une maison; et nous monstra sa femme, qui estoit là une grand' faveur, et sa sœur; et, comme cousins, nous y vinsmes très-privez. Sa femme estoit très-belle, mais sa sœur, point maryée, l'estoit encor plus, et surtout fort à mon gré. Nous nous en tournasmes, en protestation qu'il nous fit faire que l'irions voir exprès dans quelque temps, et qu'il nous mèneroit faire très-bonne chère en sa maison qui estoit en la Pouille, et ne plaindrions nostre voyage, nous promettant de beaux chevaux du règne. Mais la guerre civile survint et se renouvella, qui empescha nostre dessain, et aussi qu'entendismes despuis sa mort; que, sans cela, j'avois très bien résolu de le tourner voir.

Quand nous fusmes en France, j'en fis le conte à mon frère M. de Bourdeille, et comme nous avions des parens au royaume de Naples, et le priay de faire adviser dans les vieux titres et pancartes du trésor de nostre maison ce qu'en pouvoit estre. Après les avoir bien visitez et feuillettez, il se trouva comm' un cadet de Bourdeille, de quatre qu'ilz estoient, l'un s'en alla à la guerre de Naples avec le roy Louys[1], dont l'on n'en sceut nouvelles autres, sinon qu'il ne tira jamais légitime de nostre maison, et demeura à ses autres frères : dont par là nous tirasmes

---

1. Louis III d'Anjou.

que ce dict conte de Bourdeille estoit venu de celuy-là de succession en succession, puisqu'il portoit mesme nom et mesmes armes ; et aussi il nous dist qu'estant en sa maison, il nous monstreroit à plein son origine, dont, pour lors, il ne s'en souvenoit point autrement, sinon que les siens estoient extraitz des confins de Gascoigne, dont il en faisoit grand' gloire ; et se tenoit pour fort honnoré que fussions parens et nous l'appellissions cousin.

Cest ayeul estoit frère de ce brave Arnaud de Bourdeille[1], dont les histoires parlent de luy, qui fut faict chevallier devant Fronsac, avecques plusieurs autres seigneurs, et fut lieutenant de roy et séneschal en Périgord, et fut frère de Hélies de Bourdeille, cardinal, archevesque de Tours et évesque de Périgueux ; et celuy dont je parle s'appelloit Jean. Il nous escrivit deux fois en France, nous sommant de nostre promesse de l'aller voir, et puis mourut après.

Avant luy, il y en avoit bien un autre qui mourut en la guerre de la Terre-Saincte, et testa avant de mourir ; et ne touche rien en son testament, sinon les légatz qu'il faisoit de ses chevaux, armes, joyaux et quelque argent qu'il donnoit à son escuyer, qu'il nommoit *scutifer* ; car le testament est en latin fort grossier, qu'on ne peut bien lire à cause de la vieillesse de l'escriture et parchemin ; bref, à tous ses gens et serviteurs et à aucunes églises il légua.

Avant tous ceux-là, nous trouvons dans le roman de Morgan, faict en stances italiennes, comme un Angellin de Bourdeille fut envoyé recognoistre l'ennemy

---

[1]. Arnaud, deuxième du nom. Il testa en octobre 1473.

la vigille de la bataille de Roncevaux où il fut tué, et dit le vers :

> Angellin de Bordella solo fu morto
> De Paladin; ma gli fu fatto torto[1].

Je me fusse passé, ce dira quelqu'un, de faire ces contes. Aussi ne les ay-je faictz sinon pour donner exemples à mes nepveux, et ceux qui viendront après moy en ma race, d'imiter en telz voyages et advantures leurs advanturiers prédécesseurs, lesquelz s'y sont tellement addonnez, qu'en ces voyages d'outre-mer ilz y ont estez si fréquens et si advantureux, que les bonnes gens et bonnes vieilles femmes de nostre pays sont encor en ceste badine opinion que : pourquoy les gens d'aujourd'huy ne sont si gens de bien que le temps passé? Disent-ils : Parce qu'ilz ne sont baptizez d'un si bon et si sainct cresme du temps que les Bourdeilles l'alloient quérir par delà Hiérusallem, et l'alloient prendre dans l'oreille d'un dragon qu'il falloit qu'ilz tuassent de leurs mains, et puis en tiroient de ladicte oreille de la substance dont on en faisoit le chresme, et le sanctiffioit-on dans Hiérusallem par les sainctz prélatz qu'y estoient, puis le raportoient en leur pays, et en fournissoient les églises. Voylà la plaisante opinion et fable qu'avoient, èt racontent encor ces bonnes et simples gens et femmelettes de nostre pays.

---

[1]. Brantôme, pour le besoin de la cause, a altéré le nom du personnage mentionné dans *Il Morgante maggiore* (chant XXVI, strophe 78, vers 7 et 8). Voici, en effet, le texte de Pulci :

> Angiolin di Bordea solo era morto
> De' Paladin; ma gli fu fatto torto.

Si ne me veux-je point vanter; mais je peuz bien assurer avec vérité, que ceux de ma race n'ont jamais estez cazaniers, et qu'ilz n'ayent bien employé leurs jours en voyages et guerres, qu'aucunes que ce soient en France. Les vieux titres de nostre maison en font assez foy. Mes ayeulz, bisayeulz, grands-pères, pères et frères, ne s'y sont nullement espargnez : et quand à pour moy, dès-lors que je commançay à sortir de subjection de père et mère, et de l'escolle, sans les voyages que j'ay faictz aux guerres et aux courtz dans la France, j'en ay faict sept hors de la France, lorsque la paix y estoit, pour chercher advanture, fust pour guerre, fust pour voir le monde, fust en Italie, en Escosse, Angleterre, Espaigne, Portugal, dont j'en raportay l'*habito di Christo*[1], duquel le roy de Portugal m'honnora (qui est l'ordre de là), estant tourné du voyage du Pignon de Belys en Barbarie, puis en Italie, encor à Malte pour le siège, à la Goulette d'Affrique, en Grèce, et autres lieux estranges, que j'ay cent fois plus aymé pour séjour que celuy de ma patrie, estant du naturel des tabourineurs, qui ayment mieux la maison d'autruy que la leur.

Tellement qu'estant à Malte, j'avois résolu d'y prendre la croix, sans M. d'Estrozze, qui estoit mon amy parfaict, qui m'en destourna et empescha, et me prescha tant et tant que je le creuz; me donnant à entendre que, pour une croix, ne devois quicter ma bonne fortune qui m'attendoit en France, fust de la part de mon roy, ou d'une belle et honneste dame et riche, de laquelle j'estois alors fort serviteur et

---

1. L'ordre du Christ.

bienvenu, que j'eusse peu espouser. Veu toutes ces considérations, je m'y laisse aller ainsi aux persuasions de mon amy, et m'en tourne en France, où, pipé d'espérance, je n'ay receu autre fortune, sinon que je suis esté, Dieu mercy, assez tousjours aymé, cognu et bienvenu des roys mes maistres, des grandz seigneurs et princes, de mes reynes, de mes princesses. bref d'un chascun et chascune, qui m'ont eu en tel estime, que, sans me vanter, le nom de Branthôme y a esté très-bien renommé.

Mais toutes telles faveurs, telles grandeurs, telles vanitez, telles vanteries, telles gentillesses, telz bons temps, s'en sont allez dans le vent; et ne m'est rien resté que d'avoir esté tout cela, et un souvenir encor qui quelques fois me plaist quelques fois me déplaist; m'advançant sur la maudite chenue vieillesse, la pire de tous les maux du monde, et sur la pauvretté, qui ne se peut réparer comme par un bel aage florissant, à qui rien n'est impossible; me repentant cent mille fois des braves et extraordinaires despenses que j'ay faict autresfois, de n'avoir réservé quelque bien, qui me serviroit maintenant à mon aage foible, dont j'ay faute de ce que d'autresfois j'ay eu trop; ayant un crève-cœur extrême dedans moy, de voir un' infinité de petitz compaignons en ce règne eslevez grandz, soit en biens, en richesses, grades et grandeurs, que d'autres fois j'ay veu qu'ilz se fussent sentis très-heureux qu'ilz eussent eu quelques parolles de moy, encor à la traverse ou sur l'espaule. Ce n'est point que je ne l'aye autant ou bien mérité qu'aucuns d'eux; car je cognois et sçay par cœur toute leur vie; mais c'est la fortune, traistresse et aveugle quell' est, qui, amprès m'avoir repeu assez de vent, m'a quicté et s'est mocquée de moy.

Or, comme dit l'Espaignol, *assi van las mudanças de la suerte*[1]; aussi dict-on que la fortune est une putain et vraye vesse, qui s'abandonne à tout le monde, quelques fois aux valletz mieux qu'aux gentilzhommes, et quelques fois à ceux de peu de mérite comm' à ceux qui méritent, ainsi que font nos putains.

Pour le moins, si elle me mettoit bientost entre les mains de la mort, encor luy pardonnerois-je les torz qu'elle m'a faict; mais voylà le pis; nous ne vivons ny mourons comme nous voulons, nous avons beau de chercher les occasions, soit en guerres, querelles, voyages, ou ailleurs, comme j'ay faict et dict, je croy que si le destin n'en donne la sentence, nous avons beau nous peiner à la rechercher.

Or, face donc le malheureux destin ce qu'il voudra, jamais il ne sera que je ne le maudisse et maugrée pour jamais, soit de la bouche, soit du cœur; mais encor maugrée-je et détesté-je plus la vieillesse chargée de pauvretté. Car, comme me disoit un jour la reyne mère du roy (ayant tel honneur de parler à elle), sur le subject d'une personne de sa court; la vieillesse nous apporte assez d'incommoditez, sans nous surcharger de la pauvretté, qui sert au comble du malheur des personnes; contre lesquelles le plus beau et souverain remède qui soit, c'est le trespas. Et bienheureux est celuy qui le peut gaigner, quand on a passé cinquante ans, venant à cinquante cinq,

---

1. Ainsi vont les changements du sort.

car amprès il n'y a que douleur et labeur ; et ne peut-on manger que du pain de cendre, faict de toute douleur, ainsi qu'a dict le Prophète[1].

Le lecteur me pardonnera si je me suis perdu en ce petit discours de ma misère, laquelle réciter m'est autant de soulagement.

Si faut-il que je face un conte advant que d'achever ceux de ces braves François qui [se] sont pleuz à perser monde pour chercher advantures. Le croyra qui voudra : mais nous le tenons pour très-certain en nostre pays de Périgord et de Xaintonge, tant pour avoir esté remémoré et passé par les bouches et oreilles de père en filz, que par aucuns titres et aparances. Le conte est donc tel. Tous ceux qui ont escrit l'origine des deux frères de Barberousse, Cayradin et Ariaden, disent qu'ilz furent natifs de la belle isle de Lesbos, tant renommée de jadis, et despuis dicte Methelin ; lesquelz estans allez, comme les plus pauvres de l'isle, chercher advanture sur la mer, tant furent par le menu favorisez de la fortune, que tous deux sont estez heureusement décédez roys d'Alger. Voylà ce qu'en disent les histoires qui en ont escrite et mesmes Paulo Jovio[2].

Or, les anciennes bonnes gens et vieilles de nostre pays ne disent pas ainsi. Vous sçaurez donc comm' en Xaintonge il y a une maison noble et bonne, qu'on nomme la maison d'Authon. En ceste maison fut mariée une fille, nommée Marguerite de Mareuil, de ceste très-illustre et grande maison de Mareuil en Pé-

---

[1]. Quia cinerem tanquam panem manducabam (Psaume ci).
[2]. Livre XXXIII.

rigord, d'où est yssue la très-vertueuse, sage, très-honneste madame la princesse, mère de M. de Montpensier d'aujourd'huy[1]. Ceste Marguerite de Mareuil porta en ladicte maison d'Authon, pour maryage, les terres des Bernardières et des Combes. De ce maryage sortirent deux enfans : à l'aisné escheut la maison du père, qui estoit Authon ; et au second les terres des Bernardières et des Combes. Auquel, comm' est la coustume ordinaire des jeunes cadetz, prit envie de ne s'amuser aux cendres casanières[2], mais d'aller voir le monde ; et afferma ses terres et en prit de l'argent ce qu'il peut ; et, associant avec soy et prenant pour frère d'alliance et de fortune un autre jeune cadet d'Angoumois, de la maison de Berneuil, dict de Montsoreau, tous deux mettent la plume au vent[3], comme bons frères jurez de ne s'abandonner jamais, et vivre et mourir ensemble, et vont busquer[4] fortune.

Pour lors, les chrestiens estoient vers Methelin,

1. Comme je ne puis préciser à quelle date Brantôme a écrit ces lignes, je ne sais s'il veut parler de François de Bourbon, duc de Montpensier, mort le 4 juin 1592, ou de Henri de Bourbon, mort le 27 février 1608. Dans le premier cas, il s'agirait de Jacqueline de Longwic, comtesse de Bar-sur-Seine, morte le 28 août 1561, et, dans le second, de Renée d'Anjou, marquise de Mézières, comtesse de Saint-Fargeau, mariée en 1566, et morte, dit Moréri, à la fleur de son âge.

2. *Aux cendres casanières*, aux cendres de la maison (casa), au foyer domestique.

3. Pour se diriger du côté où la plume serait emportée par le vent. — Cette expression proverbiale venait d'une ancienne coutume mentionnée dans les *Origines du droit français*, de M. Michelet, (p. 72, 73).

4. *Busquer*, chercher.

soubz M. de Rabastain[1], car c'estoit du temps du roy Louys XIIe, où les François allarent par le commandement du roy; parmy lesquelz se trouvarent ces deux cadetz et frères; où estans, s'hazardarent si bien sur mer avec quelque petit vaïsseau qu'ilz avoient peu recouvrer, qu'ilz firent quelque léger et petit butin, et assez bon pourtant pour l'advènement et la portée de leur fortune nouvelle : puis s'en tournarent en France, comm' est la coustume du François; car, quoy qu'il soit, il faut qu'il tourne voir fumer sa cheminée, ou bien pour faire monstre de sa fortune ou de sa vaillance et voyage.

Y estant venus, ne faut point demander s'ilz se firent valoir et s'ilz firent obstentation et parade de leur butin et valeur; dont entr' autres ce cadet d'Authon fit présent à l'église de la parroisse des Bernardières, qu'on nomme Champeau[2], de la coiffe de Nostre-Dame, qu'il disoit, et faisoit-il ainsi entendre au menu peuple, estre telle, et recouverte[3] par une très-grande curiosité vers Hiérusalem.

Tous deux n'eurent pas si peu demeuré en leurs maisons qu'ilz se fascharent et firent dessaing de reprendre leur routte : et, pour ce, ce cadet d'Authon vendit Bernardières à feu mon grand-père, qui est un chasteau bon et fort, devant lequel demeura quelques jours en Périgord Bertrand du Glasquin[4], comme vous trouverez dans son vieux roman imprimé en lettre gottique; et ce cadet vendit ceste

---

1. Philippe de Clèves, comte de Ravestein. — En 1501.
2. Champeaux, dans la Dordogne.
3. *Recouverte*, recouvrée. — 4. Du Guesclin.

place pour, de cet argent, estant vers Methelin, achepter un plus grand vaisseau qu'ilz n'avoient au-paradvant, et aller en cours, luy et son frère de Montsoreau, qui n'estoit si riche que l'autre qui fournissoit à tout; car rien n'est tant si coquin, ny doux, ny attirant qu'un butin, quel qu'il soit, soit de mer, soit de terre.

Estans donc ces deux frères ainsi garnis bien d'argent, s'entournent vers Methelin; où estans, ne faillirent d'achepter un bon vaisseau; et battent la mer si heureusement qu'ilz firent un butin bien plus grand que l'autre : si bien que, pour la seconde fois, ilz retournent encor revoir la douce France et la bonne patrie, où le cadet d'Authon, se voyant sans maison ou habitation (car il avoit desjà vendu son Bernardières qui estoit assez jolliment basty), se mit à faire bastir les Combes, qui estoient une jollie terre près dudict Bernardières, mais pourtant point bastie, et y fit un si beau bastiment, qu'aujourd'huy on n'y en fairoit un tel pour trente mille francz. Il y fit aussi quelques acquisitions et autres despenses, ainsi qu'est la coustume, que d'argent de jeu ou de butin on en fait tousjours bon marché, et ne se soucye-on guières de l'embourcer. Je parle d'aucuns. D'autres sont plus sages.

Mais ce cadet, voyant, ou qu'il avoit brouillé tout son argent et qu'il n'en avoit plus, ou bien qu'il voyoit que ceste maison des Combes n'estoit bastante pour son ambition, ny pour nourrir et ressasier son généreux et avide cœur, ou qu'il cogneust en soy ce qu'il estoit et fit emprès, se résoult pour la dernière fois de quicter France et patrie et parentelle, fouyer et cheminée; et maison et village, et parroisse et curé; diocèze et la coiffe et tout; vend son chasteau à un greffier de la court du parlement de Bourdeaux, qui despuis fut prehmier ou second président de Rouan; dont longtemps, et plus de soixante ans, luy et les siens en ont estez possesseurs; mais despuis, il y a trente ans, ses héritiers le vendirent à un gentilhomme du pays.

Ce faict, luy et son compaignon et frère Montsoreau reprennent encor leur routte de Methelin; mais avant que partir, il révoqua la coiffe de Nostre-Dame, qu'il avoit donnée à sa parroisse de Champeau, et la donna à l'église de Sainct-Front de Périgueux, pour y avoir droict et privilège d'y bastir un sépulchre eslevé pour luy et les siens, comme de faict il le fit construire fort superbe, faict en pierre, haut eslevé, armé, tenant un' espée en la main; lequel sépulchre a duré jusques à ce que les huguenotz prindrent la ville de Périgueux, qu'ilz abbattirent à leur mode les images, démolirent les sépulchres et ruynarent les églises.

Il se trouve encor, parmy les titres du clergé et de la maison des Combes, une transation faicte entre le clergé de Périgueux et de la parroisse de Champeau, pour avoir plaidoyé longuement ceste dicte coyffe de Nostre-Dame, sur le débat quelle donnation devoit estre la meilleure, ou la première ou la dernière. Enfin, par accord et transation faicte, ladicte coyffe demeura à l'église de Périgueux; laquelle a estée vénérée parmy les autres sainctes reliques qu'y estoient, jusques à ce que lesdictz huguenotz pillarent tout.

Voylà donc ce cadet d'Authon, seigneur des Combes, et son frère Montsoreau, qui s'en revont à Methelin, où estantz, employent leur argent à recouvrer un bon vaisseau, avec lequel ilz font si bien qu'ilz se rendent grandz et fameux corsaires.

Sur ces entrefaictes, les chrestiens quictent Methelin. Eux, voyans qu'ilz n'avoient quoy faire ny frire en France, où que la fortune leur prédisoit meilleure qu'en France, et qu'ilz y avoient tout mangé et vendu, eurent honte d'y retourner si souvant. Par quoy, attirez du doux plaisir du butin, continuent leur brigandage; et escument si bien la mer qu'ilz se rendent très-renommez corsaires; et cachans leur nom et leur nation, se disent enfans de Methelin, prennent le party de la foy des Turcz; et, par ainsi, de deux François qu'ilz estoient, de Methelin, et de cadetz d'Authon et de Montsoreau, se font nommer Cayradin et Ariaden Barberousse.

Leurs parentz et proches ne faillirent de s'enquérir aux François qui retournarent de Methelin, qu'estoient devenus leurs parentz d'Authon et Montsoreau. Les uns disoient qu'ilz estoient demeurez encor sur mer, continuans leur mestier de corsaire, et qu'ilz les verroient bientost. Les autres disoient qu'ilz estoient mortz et submergez en la mer, et qu'il y avoit longtemps qu'ilz ne les avoient veuz. D'autres, de la plus saine voix, affermoient qu'ilz s'estoient reniez et avoient adoré Mahommet.

Voylà mon conte achevé. Je ne sçay s'il est vray; mais je l'ay ainsi ouy conter à des vieilles personnes, qui le tenoient de plus vieux qu'eux. Possible que cela est faux, possible que non, et que les deux frères, pour avoir estez longuement à Methelin, ayent donné occasion à ceux qui en ont escrit de dire qu'ilz estoient natifz de ladicte isle, ou bien qu'eux-mêmes l'ayent ainsy publié. Je m'en raporte à ce qui en est. Il ne sera pas damné qui le croyra ou descroyra.

Tant y a que l'un de ses petitz nepveux, qui vit encor, qui est le baron d'Authon, fut si curieux, du temps du roy François I et Henry IIe, de voyager le monde et de s'enquerir de telles nouvelles. Et de faict, il a veu et pratiqué autant le levant qu'il est possible, et en sçavoit très-bien raconter, et y vouloit encor retourner, sans les guerres civiles, ce disoit-il. Je ne l'ay jamais veu, encor que j'en eusse très-grande curiosité; mais l'occasion ne s'y est jamais présentée. La race en est bonne et brave.

J'oubliois à dire que le cadet de Montsoreau mourut le premier, estant le plus vieux, et Authon survesquit, qui fut despuis Barberousse et roy d'Alger; m'estonnant cent fois, si le conte est vray, que luy, ayant pratiqué tant de François, et mesmes venu en France lorsque la ville de Nice fut prise, de quoy il ne se descouvrist aux François, ou ne s'enquist de sa maison sourdement ou d'autres maisons de France. Je croy qu'il avoit honte de quoy il avoit quicté sa loy et sa religion, ou que luy estant passé tant de choses en son entendement, qu'il ne s'en souvenoit plus; ou qu'il les desdaignoit, se voyant si grand; ou que telle est la coustume des chrestiens se renyans, et mesmes venans aux grandes charges de sangiacz et baschatz, de renyer tout, jusques à la cognoissance de leurs parens, pour n'en faire jamais plus de cas, ny de leur mémoire. Là dessus on discourra qui voudra. Ce que j'en ay escrit, c'est par une curiosité qui plaira possible à aucuns, et non possible aux autres.

Voylà comment en toutes façons, soit pour bien, soit pour mal, les François ont estez hasardeux à rechercher les advantures, et faire rencontres et entreprendre voyages ; que quand ilz leur failloient en leur pays, ilz les alloient de loing esvanter hors de leur patrie.

Il me souvient que, lorsque nous allasmes au siège de Malte, dont le Grand-Seigneur s'en plaignit au roy, qui, pour le contenter, nous bannyt tous et désadvoua ; mais vous eussiez dict que ceste année-là[1] estoit venue et destinée pour faire voyager les François. Les uns allarent en Hongrie avec ce vaillant prince feu M. de Guyze, qui ne pouvoit lors avoir attainct dix-huit ans ; lequel, suivant l'exemple de ses ayeulz en la guerre saincte, se voulut trouver pour faire teste à l'armée infidelle de ce grand sultan Solliman, qu'y estoit luy-mesmes en personne, ainsi que sa mort a signé le tesmoignage[2]. Ce jeune valeureux prince donc y alla, très-bien accompaigné d'une très-belle noblesse, comme de M. des Fossés, son gouverneur, d'Auteffort, de l'Archant, de Clermont, d'Antragues, du baron de Senessé, du May, de Nentuy, d'Echilles, bref plusieurs autres, qui pouvoient monter bien à cent, tous valeureux, qui me seroient très-longs à les escrire.

Les autres allarent en l'armée du Grand-Seigneur

1. L'année 1566.
2. Soliman mourut au siége de Szigeth en 1566.

avec l'ambassadeur du roy M. de Grand-Champ, comme M. de La Fin La Nocle et plusieurs autres.

Les autres allarent en Constantinoble, comme les seigneurs de Ville-Conin qu'y mourut, de Theligny, de Longua, de Genissac, tous huguenotz, et le baron de Vantenat. Celuy estoit catholique, et alloit recognoistre Aregouze[1] pour un dessain qu'il y vouloit bastir, suivant un que le brave Salvoison avoit projecté en son vivant, qu'un capitaine Sainct-Martin, lieutenant dudit Salvoyson, luy avoit descouvert[2].

Les autres allarent à Madère avec ce courageux et vaillant capitaine Montluc, qu'y mourut, qui fut un grand dommage inestimable. Avec luy estoit le viscomte d'Uzais, grand personnage certes, les deux Pompadours[3], et autres; lesquelz, après la mort de leur général, et bien vangée par sang et fœu, tournarent l'armée saine et sauve, et bien chargée de butin.

Nous autres allasmes à Malte, dont le nombre montoit à près de trois cens gentilzhommes, et plus de huict cens soldatz. Il y avoit M. d'Estrozze et de Brissac, ausquelz defferions pour nostre bonne *voglia*[4], et non autrement, comme gens voulontaires, et à nos despens chascun que nous estions, et tant qu'il nous plaisoit, et ne les recognoissions pour nos généraux. Il y avoit M. de Bellegarde, despuis mareschal de France, MM. de Lansac, de Clermont-

---

1. *Aregouse*, Raguse. Brantôme écrit ailleurs Sarragouse, nom sous lequel il désigne aussi Syracuse.
2. Voyez tome IV, p. 117, 118.
3. Jean III et Louis Ier, vicomtes de Pompadour.
4. De bonne volonté.

Tallard, les deux frères de Clermont-d'Amboise, de Quermant, breton, Saincte-Solline, mon frère d'Ardelay et moy, de Taillade; de Janssac, le baron de Montesquieu, les deux frères; les trois frères d'Anguers, vasques; le jeune La Molle, de Sainct-Gouard, le brave comte Martinango, d'Espaux, la Guyche, aujourd'huy grand maistre de l'artillerie, de Lussan, d'Aymard, du Bourdet le jeune, dict Romegou, de Neufvy le jeune, le capitaine Brignolle, le capitaine Soleil, le capitaine La Rivière, qui mena une compaignie à ses despans de cinquante harquebusiers, dont Lambertie, de Lymosin, estoit enseigne; de Blosset, d'Aubres, deux frères, de Provance; de Villemaigne, le jeune Rintgrave.

Bref, un' infinité d'autres dont le récit seroit plus importun que le taire.

Et notez qu'il n'y avoit guières gentilhomme principal de nous autres qui n'eust emmené avec soy, à sa suitte et despans, quatre ou cinq gentilzhommes ou capitaines.

Enfin, ce fut une trouppe, pour estre petite, aussi belle, aussi bonne, et si leste et aussi bien armée que jamais sortit de France pour aller contre les infidelles : aussi par tous les lieux d'Italie où nous passions, nous tenoient en ceste estime et nous admiroient estrangement; car nous avions passé par Milan, où nous nous estions accommodez d'habillemens et d'armes si superbement, qu'on ne sçavoit pour quelz nous prendre, ou pour gentilzhommes, soldatz, ou pour princes, tant nous faisoit beau voir.

Ainsi arrivans à Malte, dans les gallères que le

grand maistre nous avoit envoyées à Saragosse[1] en Scicille pour nous recueillir et querir, nous fismes un' heure durant, devant qu'entrer dans le port, une salve et escouppetterie si belle, que tous les regardans qui estoient sur le port, qui en estoit bordé de toutes partz, se perdoient d'admiration et d'ayse de nous voir et nous faire bonne chère, les assurans de nostre venue[2], qu'ilz n'eurent plus peur, disoient-ilz, de ceste armée turquesque; comme de vray ilz s'en craignoient fort, car desjà ilz commançoient à envoyer en Scicille force femmes et courtizanes, et force autres bouches inutiles. Mais tous furent assurez de nostre veue, comme du fœu de Sainct-Elme, quand il parest dans et sur les vaisseaux après une grand' tourmente.

Il ne faut point demander si le grand maistre de Malte nous receut fort honnorablement, tant pour l'honneur que nous autres François luy faisions, et luy François, de luy venir porter nos personnes pour secours. Aussi s'en sçavoit-il bien prévaloir de ceste gloire parmy les estrangers, et principallement les Espaignolz, qui estoient jaloux de nous.

Outre plus, ce vénérable et généreux grand maistre fit escrire et enroller dans un livre les noms et surnoms de tant de gentilzhommes, soldatz et capitaines qui estoient là, et les fit enregistrer, mettre et enserrer parmy les arches de leur religion très-précieusement, à perpétuité et mémoire; il nous deffraya tous l'espace de trois mois et demy, à ses propres coustz et despans. Quelle libérallité de prince!

1. Syracuse. — 2. Les rassurant par notre venue.

Il faut notter que la pluspart de nous autres passâmes à Rome, où estoit pour ambassadeur M. d'Oysel, dict Villeparisi[1], un fort honneste gentilhomme et digne de sa charge. Il le monstra bien en tout. Il nous fit à tous faire la révérance à ce bon et sainct père le pape Pie Quinte, qui nous receut certes de très-bon cœur et d'un fort amiable visage; et la larme à l'œil nous disoit et à M. l'ambassadeur, qu'encor en France y avoit-il de bons chrestiens et catholiques, et que l'hérésie ne les avoit du tout gaignez et exterminez, et que c'estoit bien ce que sainct Hiérosme avoit dict[2] que la France, jusques à son temps, n'avoit jamais nourry de monstres, entendant des hérétiques, et que, s'il y en avoit ast' heure, pour ce les bons chrestiens les surmontoient; et qu'il luy sembloit de voir à l'œil les braves François croisez d'aller encor à la guerre saincte : et ce bon père nous donna à tous des *Agnus Dei* pour nous préserver des dangers.

A nostre retour, il nous receut de mesmes, et nous remercia tous amiablement. Sur quoy je fairay ce petit incident, qu'il y eut quelques-uns des nostres, et gentilzhommes (je ne les nommeray point), auxquelz escheut pour mesgarde de manger de la chair la vigille de Nostre-Dame d'aust. L'inquisition en fut aussitost informée et scandallisée, qui en advertit Sa Saincteté pour en faire la punition. Elle, sans s'esmouvoir, respondit que, possible, l'avoient-ilz faict

1. Clutin d'Oisel, seigneur de Villeparisis.
2. A propos de Vigilance, le premier hérésiarque produit par la Gaule et contre lequel il écrivit des lettres et un traité particulier où se trouve la phrase rappelée par Pie V.

par mesgarde et inadvertance, et qu'ilz n'en sçavoient rien, car enfin c'estoient gens de guerre qui ne pouvoient sçavoir vigille ny feste comme le prebstre; par quoy il s'en falut enquerir pour cela, et qu'il n'estoit vraysemblable, ny qu'il peust croyre qu'ilz l'eussent faict par mespris de l'Eglise, veu leur bon zelle et affection qu'ilz avoient monstré en ce voyage et à Dieu, pour le venir servir, et partir de si loing, laisser leurs pères, mères, femmes, enfans, frères, leur pays, leur aise, leur fortune et leur roy; et que telles indices et voyages de huict cens lieues, faisoit assez parestre leur saincte dévoction à Dieu. Par quoy commanda que, sans procéder plus avant, qu'on s'en enquist; et trouva l'on qu'ilz estoient innocens et insciens de la feste, comm' il estoit vray. Si est-ce que pourtant qu'il sçavoit bien que parmy nous il y en avoit une cinquantaine d'huguenotz, comme le jeune Clermont-Tallard, le jeune Bourdet, Romegou, Espaux, et force d'autres, tant de leur suittes qu'autres; mais il n'en sonna mot, couvrant et palliant leur erreur par l'ardant zelle qu'ilz avoient porté là pour servir Dieu.

M. de Villeparisis nous dist la bonne voulonté du pape qu'il nous portoit à tous, avec admonestation pourtant d'estre tous sages, et ne sonner mot de la religion, comme M. le grand maistre en fit de mesmes.

Ainsi ce bon sainct père traicta les François et se contenta d'eux, tant il les estimoit, et tellement, que, nouvelles estans venues subitement que l'on avoit descouvert, vers la plage romaine et Hostie, quelques gallères, galliottes et fustes turquesques, le pape et toute la ville en furent en très grand'rumeur et allarme : si bien que la plus grand'part des François estantz partis de Rome avec MM. de Brissac et Strozze, et y estantz encores restez une centaine, dont nous estions mon frère d'Ardellay et moy, Neufvic, Janssac, MM. de Clermont-Tallard, Lanssac, et force autres de nostre suitte, Sa Saincteté à minuict nous manda par le seigneur Troyle Ursin, nourry en France (que despuis le feu duc de Florance fit tuer), qui nous vint prier de ne partir encor pour l'amour de ceste allarme, et de luy assister; ce que voulontairement nous luy accordasmes, car nous ne demandions pas mieux ; dont Sa Saincteté s'en esjouyst tellement qu'il dist : *Non havemo che temer, poi che questi buoni Francesi son nostri*[1]. Enfin, ce ne fut rien de ceste allarme, car les corsaires ne firent qu'escumer et passer; et amprès, nous entournasmes fort joyeux avec la bénédiction et bonne grâce de Sa Saincteté.

Telles quasi semblables parolles dist le pape Paul IVe Caraffe lorsqu'il se vist quasi assiégé dans Rome par le duc d'Albe, que M. de Montluc luy mena des trouppes françoises de Toscane si bien à poinct. Il dist : *Che torna adesso el ducque d'Albe, poiche son arrivati gli Francezi*[2].

Voylà, nobles François, comme vous estes estimez par tout le monde, parmy lequel la Renommée vous

---

1. Nous n'avons rien à craindre, puisque ces bons Français sont avec nous.

2. Que le duc d'Albe s'en aille à présent, puisque les Français sont arrivés.

a pourmenez dans son charriot despuis que vous estes en estre.

Ces vaillans Romains, jadis dompteurs de tout le monde, en sçaroient bien que dire s'ilz pouvoient sortir de leurs tumbes poudreuses, car vous les estes allez chercher et battre jusques dedans leur ville, et leur faire telle peur et terreur, que, quand on parloit de la guerre des Gaullois, il faloit que tout le monde y allast, sans espargner ny prebstres ny personnes aucunes. Et si Cæsar vous a subjuguez et surmontez, ce n'a esté tant par sa vaillance, ny des siens, comme par vos divisions et séparations les uns des autres, et d'aucunes de vos assistances à luy, dont aujourdhuy vous en devez donner garde. Et encor, tout subjuguez que vous fussiez, Cæsar (tant vous tenoit-il en estime) se voulut servir de vous, tant à cheval qu'à pied, ayant tousjours une légion qu'il appelloit l'*Alouette*.

Que firent-ilz encor contre les Parthes lorsque le jeune Crassus, et vaillant plus que son père, se desbaucha des trouppes de Cæsar en la Gaule, et y mena une trouppe de braves Gaulois, qu'on ne parloit que d'eux? Aussi le firent-ilz bien parestre à la mort de celuy qui les y avoit amenez si vaillamment.

Il faut doncques, François, que vous entreteniez ceste belle réputation, et l'alliez employer ailleurs que dans vostre patrie les uns contre les autres.

C'est assez pourmené ce discours, encore trop.

Il faut retourner à nos maistres de camp, lesquelz j'eusse voulontiers achevé, n'eust esté que je fairois tort à ceux-là des huguenotz, dont il y en a eu certes de très-bons et braves.

Aux premières guerres, M. de Grammont[1], qui en estoit couronnel, emmena à Orléans six mill' hommes de Gascoigne, tous vieux soldatz, bons s'il en fut onc, et de ceux qui s'estoient retirez en leurs maisons despuis la paix espaignolle faicte[2].

A ces trouppes pour maistres de camp commandoit M. de Montamart[3]. de la maison brave et noble de Fonterrailles; et fut tué au massacre de Paris, dont ce fut un grand dommage; car, c'estoit un fort honneste, doux, gracieux et brave gentilhomme. Il y avoit aussi le cappitaine La Lane, brave et bon capitaine aussi, qui avoit esté l'un des lieutenans de M. de Grammont, en l'une des compaignies qu'il avoit aux guerres estrangères. Il y avoit aussi le capitaine Bahu, bon et vieux soldat, qui commandoit à la porte Champanoise au siège de Metz.

Du Dauphiné descendirent aussi quatre à cinq mille bons soldatz, dont M. de Fontrenay, dict le jeune Rouan[4], fut couronnel, et à aucuns desquelz commandoit le brave Sainct-Auban[5]. Brave l'appellé-je, parce qu'il avoit une fort belle, brave et allègre façon, et aussi qu'il estoit fort estimé parmy eux en tout : et c'est

---

1. Antoine d'Aure, dit de Gramont. D'abord huguenot, il redevint catholique dans ses dernières années. Il mourut en 1576, gouverneur et lieutenant général au royaume de Navarre et pays de Béarn.

2. La paix de Cateau-Cambrésis, en 1559.

3. Bernard d'Astarac, baron de Montamart, gouverneur et lieutenant général en Béarn et Basse-Navarre pour Jeanne d'Albret, tué à la Saint-Barthélemy.

4. Jean de Rohan, seigneur de Fontenay. Il était fils de René de Rohan, premier du nom, vicomte de Rohan.

5. Gaspard Pape de Saint-Auban, tué en 1587, à Montpellier.

celuy duquel M. de Montluc parle en ses Commentaires, au siège de Sienne[1]. Aussi apprit-il là si bien soubz ce bon maistre, que despuis il s'en est ressenty et a faict leçon aux autres : et M. l'admiral, après la battaille de Dreux, qu'il s'en alla en Normandie, le laissa avec M. d'Andellot dans Orléans pour luy assister en ce siége.

Il y eût aussi Pontdorsé[2], brave et vaillant gentilhomme (M. de Montluc en parle), et portoit l'enseigne lors de Sainct-Auban, qui avoit esté dédié à la rob' longue, et avoit esté grand ribleur de pavé à Tholoze estant escolier, ainsi que j'ay ouy dire à aucuns de ses compaignons; et puis se desbaucha jeune, et s'en alla en Toscane et en Corsègue, où il se fit fort cognoistre et remarquer; et puis il vint mourir honnorablement à la battaille de Dreux, où il menoit les enfantz perduz, et s'advançarent très-bien; mais, luy mort, ilz s'estonnarent par la brave et furieuse charge que M. de Guyze leur fit et sur leur infanterie, qu'il mit en un rien en roütte et deffaicte.

Les vieilles bandes de M. d'Andellot, s'espandirent qui çà, qui là, comme ses deux couronnelles. Voyans que l'une ne se pouvoit s'emparer de Callais, où elles estoient en garnison, par la prévoyance et valeur de ce sage et vaillant gouverneur M. de Gourdan, ny dans Péronne non plus, à cause de M. de Humières, lors gouverneur, fort sage et advisé capi-

1. Voyez *Commentaires*, tome II, p. 17.
2. *Pontdorsé* est sans aucun doute une faute du copiste. Il faut lire Comborcier (voyez Montluc, édit. de Ruble, t. II, p. 20). La maison de Comborcier ou Combourcier était du Grésivaudan. Voyez le *Dictionnaire du Dauphiné*, par Guy Allard.

taine aussi, et des vaillans habitans, qui estoient plus fortz qu'eux, se jettarent dans Rouen avecques M. de Gordes[1] qui estoit l'un des lieutenans (nous l'appellions Gourdillon, parce qu'ilz estoient plusieurs frères; et aussi qu'il estoit mesgrelin et esclandre); de brave et vaillante race de Provance et Dauphiné, desquelz j'en ay cognu quatre frères, tous bons capitaines, et mesmes M. de Gordes l'aisné; qui fut lieutenant de cent hommes d'armes de M. le mareschal de Montmorency l'aisné, et despuis lieutenant du roy en Dauphiné.

Ce Gordillon, fort jeune d'aage, mais beaucoup aâgé d'expertise de guerre, fut fort disgratié au siège de Rouan; car estant dans le fort de Saincte-Catherine, il eut les deux jambes emportées d'une canonnade, c'est-à-dire, l'une toute emportée, et l'autre la moytié, ou la plus grand' part du pied; dont ce fut un grand dommage, non pas qu'il en mourust, car il a survescu longtemps, et croy qu'il vit encor; mais il demeura si estroppié et si impost[2], qu'il ne peut plus faire le mestier de la guerre, ce qui luy fut un grand crève-cœur, car il y estoit bien né et très-propre, et porta fort patiemment sa misère. Toutesfois, quand il voyoit aucuns de ses compaignons de guerre gallans et dispos ou qu'il oyoit parler de quelques beaux faictz d'eux ou d'autres, il plouroit

---

1. Jean-Antoine de Simiane, seigneur de Cabanes, protonotaire apostolique, puis huguenot, né le 7 septembre 1525, mort en février 1612. Son frère aîné Bertrand-Raimbauld de Simiane, baron de Gordes et de Caseneuve, lieutenant général en Dauphiné, né en 1513, mort en 1578.

2. *Impost*, impotent.

et disoit souvant : « Hélas! j'ay bien veu le temps
« que je n'en eusse pas perdu ma part. Patience! »
Et, pour ce, il se retiroit le plus qu'il pouvoit de la
fréquentation du monde.

Le capitaine Monains, de Périgord, brave et vaillant gentilhomme, avoit l'enseigne couronnelle, qui se fit là fort signaller à toutes les sorties et escarmouches qui s'y firent. Il me souvient que la vigille et le soir dont le matin nous allasmes recognoistre et assiéger le fort Saincte-Catherine, M. d'Aumale qui l'avoit assiégé devant, et la ville et tout, par deux mois[1], dict à M. son frère : « Monsieur, vous verrez
« demain de bons et vaillans soldatz sortir sur les
« vostres, et venir à l'escarmouche bravement, et
« faire bien. Ce que j'estime, c'est qu'ilz sont bien
« menez; et croy que le capitaine Moneins les mè-
« nera, car c'est sa coustume. On le cognoistra à sa
« grande taille et bonne façon, et à une grand' ron-
« delle couverte toute de vellours verd, et un mo-
« rion de mesmes. Il m'a faict plusieurs sorties l'au-
« tre fois que j'estois devant. Par quoy, monsieur,
« il faut que vous faictes choisir une trouppe des
« meilleurs de vos gens de pied pour leur mettre en
« teste; car ce sont tous vieux soldatz des couron-
« nelles. »

M. d'Aumale le dist, tout ainsi arriva; et ainsi aussi M. de Guyze ordonna ses hommes, conduictz par le jeune Sarlabous, autant digne de commander aux gens de pied, et surtout de mener les harquebuziers, qu'on en ayt veu de son temps. Il le monstra

---

1. La même année, en 1562.

bien lors à ceste escarmouche qui s'attaqua là, qui fut très-belle et furieuse, attaquée et soubstenue très-bien par le capitaine Moneins, où falut emmener de la cavallerie, où le conte de Rhintgrave fit une fort belle charge avec cent chevaux reistres qu'il avoit avec luy, qu'ilz rembararent jusques dans leurs fossez, et leur infanterie et quelque peu de cavallerie qu'ilz avoient jettez hors.

Ce fut lors que M. de Geargeay, brave et vaillant jeune gentilhomme, fut tué en combattant très-vaillamment : et par ainsi ceux dedans se retirarent, et les nostres camparent et prindrent leur place.

Au premier siège, y estoient mortz les deux Lanquetos frères[1], braves et vaillans capitaines, desquelz l'aisné fut celuy qui entra dans Sainct-Quantin avec M. l'admiral, et qui fit très-bien là. Dedans Rouan fut aussi tué le capitaine Dernelle. Bref, là dedans y avoit d'aussi bons soldatz qu'en tout le monde ; car c'estoit la fleur des bandes de M. d'Andellot.

Aussi M. d'Aumalle fut contrainct de leur quicter la place et en lever le siège, car il n'avoit l'armée complette, ny gens pour forcer une telle place, pleine et regorgée de si bons hommes. Mais pourtant, après que M. de Guyze l'eust assiégée et prise, ilz furent fort escrarcys[2] ; car, de soldatz et capitaines, il en fut tué un grand nombre, et mesmes au premier assaut, lorsque le roy de Navarre fut blessé et puis mort ; car, n'ayant pas encor bien faict leurs traverses pour se couvrir de l'artillerie du fort Saincte-Catherine,

1. De Thou les appelle Languetot. (Voyez *Hist. univ.*, liv. XIX et XXX.)

2. *Escrarcys*, éclaircis.

qui leur donnoit par costé, et à plomb et à veue, ce jour là en fut tué une très-grande quantité, ayantz autant d'appréhension des canonnades comme de coups de pierre, les vivans prenans la place de ceux qui venoient estre tuez et emportez, à l'envy les uns des autres, que c'estoit une chose estrange à voir, ainsi qu'à plein les voyions près de nous emporter; dont M. de Guyze s'estonna fort, et admira telz gens de bien, et les regretta; car la pluspart d'eux luy avoient assisté fort fidellement aux prises de Callais et de Thionville; car c'estoit l'homme qui aymoit autant les bons soldatz; et la pluspart qui estoient dans Rouan estoient autant huguenotz que moy. Aussi mondict sieur de Guyze en sauva tant qu'il peut, je dictz ceux qui restarent vifz après la furie de l'assaut et combat, dont le capitaine Moneins en fut un, qui avoit esté blessé d'une grande vilaine harquebuzade dans la cuysse, qui n'en fut pas guéry qu'après il fut tué à la Sainct-Barthélemy; et M. de Guyze luy fit bon recueil, et à plusieurs autres; et en vouloit faire de mesmes (tant il estoit bon et généreux prince et père des soldatz) à M. de Crose, sans que tout le conseil opina qu'il devoit mourir, parce qu'il avoit vendu et livré le Havre aux Anglois; sans cela il fust esté sauvé.

Un peu advant ce siège, celuy de Bourges s'en estoit ensuivy. Au dedans s'y trouva de bons et vaillans capitaines et soldatz, aussi commandez par M. de Janlis le jeune, dict Yvoy[1], qui avoit esté autresfois

---

1. Jean de Hangest, seigneur d'Yvoy, puis de Genlis après la mort de son frère François de Genlis (1569).

prothonotaire, estant couronnel, faict par M. le Prince, des bandes françoises, desquelles il en mena environ douze cent dans Bourges, qui firent moytié mal, moytié bien, pour le nombre des gens qu'y estoient, et pour la bonté de la place, et pour la faute des poudres et munitions que nous avions. J'en parle ailleurs.

Entr'autres il y avoit les deux de Sainct-Remy[1], capitaines et frères, enfans de ce brave et vieux gendarme, et grand ingénieux capitaine, le bonhomme de Sainct-Remy, qui s'estoit en son temps trouvé en sept ou huict sièges renfermez, dont les deux derniers furent dans Metz et dans Sainct-Quantin, par l'advis duquel les lieutenans du roy là dedans se gouvernoient fort.

Il y eut aussi léans dans ce Bourges le capitaine Sainct-Martin l'huguenot[2], qu'on appelloit ainsi, vieux soldat, et qui fit si bien en ceste belle et grande sortie qui fut faicte un jour là devant, où venant aborder et affronter teste à teste M. de Richelieu, maistre de camp, lui dist : « A moy, à moy, capitaine « Richelieu ! D'autresfois, nous sommes-nous cognus ; « il faut icy encor renouveller la cognoissance, non « comme amis, mais comme ennemis. » Et luy donna

1. La Porte Saint-Remy.
2. Saint-Martin de Brichanteau, qu'on appelait le *huguenot* pour le distinguer d'un autre Saint-Martin qui était luthérien. Suivant de Thou (liv. XXX), ce fut Antoine de Richelieu, colonel d'infanterie, qui le défia. Saint-Martin blessa son adversaire dont il emporta le casque. Après la capitulation de Bourges, il s'attacha au duc de Guise avec Saint-Remy et le colonel Brion dont il est parlé à la page suivante. (De Thou, *ibid.*).

là dessus un grand coup d'espieu dans la cuysse. Ceste saillie pour un peu mit en désordre les nostres; mais après qu'on se fut recogneu, tout se rallia.

Là dedans aussi se trouva le capitaine Brion[1], brave et vaillant gentilhomme; et ce fut celuy qui entra dans Sainct-Quantin à l'improviste, avecques trente ou quarante soldatz, les autres ne l'ayant peu ou voulu suivre; et lorsqu'il fut despesché pour y aller, il dist résolument : « J'y entreray, ou je mourray, « et tiendray la foy de gentilhomme, vif ou mort. » Il avoit bien l'âme de le dire et faire le coup, car je vous asseure qu'il avoit une très-belle façon soldatesque.

Quand il sortit de ce siège, M. de Guyze luy fit bonne chère, et luy dist s'il ne vouloit pas redevenir serviteur du roy. « Si je le veux, monsieur? respon-« dit-il. Ouy, monsieur, vous jurant que je ne me « suis mis icy pour la religion, que pour un mes-« contentement que j'euz après la guerre, m'en « voyant si mal récompensé; et MM. le Prince et « admiral m'ayant les premiers recherché, je les ay « servis fort fidellement, comme je fairay le roy, « ainsi que j'ay faict le roy son père; vous priant « de le suplier qu'il me face aussi du bien, n'estant « point à M. le Prince et à M. l'admiral, qu'en tant « qu'il me plaira, ny huguenot que par humeur et « mescontentement. Pour fin, je suis subject de mon « roy, veux vivre et mourir en telle quallité, et vos-« serviteur, sçachant bien, monsieur, combien vous « faites cas et estime des gens de bien. »

---

1. Voyez la note précédente.

Du despuis M. de Guyze le prit en amytié, et en fit grand cas; mais il ne dura guières, car, voulant monstrer comm' il desiroit bien servir son roy, il mourut devant Rouan, où il fut tué, ceux de dedans n'en estans pas trop marrys; car incessamment ilz luy reprochoient de dessus la muraille : « Ah! Brion, « Brion, tu as quicté ton Dieu, ta religion et ton par- « ty! » Mais luy leur rendoit la responce que je viens de dire qu'il fit à M. de Guyze. Ce fut grand dommage de sa mort, car il fust esté grand : sa façon, sa grâce, sa valeur, luy conduisoit fort; aussi qu'il estoit gentilhomme.

Il y eut aussi l'autre compaignie couronnelle de M. d'Andelot, commandée par M. du Poyet, lieutenant, brave et fort advisé capitaine; il se rendit dans Orléans avec aucuns de sa compaignée. Tant qu'il a vescu, il a faict tousjours de très-belles preuves de sa vertu et valeur. Ce fut luy qui, avec Rouvray[1], prit la ville de Vallenciannes[2], à la barbe du duc d'Albe; mais, par le moyen de la citadelle, il[3] les en jetta bientost. Il vint aussi avec le comte de Montgoumery au secours de La Rochelle, et commandoit dans un navire où il y avoit son enseigne bleue.

Ceste compaignie couronnelle estoit d'ordinaire en garnison en temps de paix dans Péronne. M. de La Hunaudaye[4], grand seigneur, despuis lieutenant de roy en Bretaigne, en portoit l'enseigne. Après la paix faicte à Chartres, elle y voulut retourner et ren-

---

1. René de la Rouvraye de Bressaut. — 2. En 1572.
3. *Il*, le duc d'Albe.
4. Pierre de Tournemine, seigneur de la Hunaudaye.

trer par commission et commandement du roy; mais ceux de la ville ne l'y voulurent recevoir, jurans qu'ilz n'y admettroient jamais huguenotz, quelques seconde et tierce jussions que le roy leur fist; et y receurent très-bien moy et la mienne, par le commandement du roy et de M. d'Estrozze, soubz qui j'estois : mais pourtant ladicte couronnelle de M. d'Andelot et moy estions commandez d'entrer et estre ensemble dans ceste ville. Ce fut à ladicte couronnelle de se tenir aux environs de ladite ville, quelquesfois aux faubourgs, et quelquefois au mont Sainct-Quantin, et quelquesfois ailleurs : mais cela ne dura guières, car ceste petite paix, qu'on appelloit ainsi, finit, et la guerre se recommança.

Il y avoit aussi d'Arambure[1], qui fut un bon capitaine, vieux, sage et bien advisé.

M. de Montbrun[2], de Dauphiné, gentilhomme de bon lieu et bonne part, a esté un bon capitaine; il avoit un beau régiment et une fort belle cornette de cavallerie, lorsque M. d'Acier[3] mena ceste belle et grande trouppe en Guyenne à M. le Prince. Il pouvoit avoir certainement ce beau régiment et ceste belle cornette, car il se peut dire de luy que, despuis la sédition d'Amboise jusques à sa mort, il n'a jamais posé les armes, encores qu'il ne fust point en ladicte sédition, laquelle estoit une très-villaine et détestable entreprise, bien que les conspirateurs la

1. Jean d'Harambure.
2. Charles du Puy de Montbrun, mort sur l'échafaud en août 1575.
3. Jacques de Crussol, seigneur d'Acier, mort en septembre 1586.

palient; mais je sçay bien que j'en dirois si je voulois, car j'estois lors à la court, qui fut la première fois que, venant d'Italie, je commançay à la suivre.

Je me souviens que, du temps du petit roy François, ce M. de Montbrun fut commandé plusieurs fois de Sa Magesté de poser les armes; pour un peu il les laissoit, et aussitost les reprenoit: et sans M. le cardinal de Tournon, à qui il appartenoit, il en fust esté en peine; mais pourtant il se sçavoit bien garentir dans ces montaignes dauphinoises. Il y fit de belles guerres et prises.

Luy et M. de Mouvans[1], et autres, prindrent prisonnier le baron des Adretz, bon et grand capitaine, et plus grand capitaine encor s'il eust poursuivy sa première partie, qui leur commandoit à tous auparadvant, sans le soupçon qu'ilz eurent qu'il vouloit les quicter et embrasser le party du roy, comm' il y avoit apparance, et fit après.

Ce brave Montbrun, quelque peu de temps avant qu'il mourust, deffit quelque quinze cens à deux mille Souysses en ces montaignes du Dauphiné[2], avec quelque peu de cavallerie et infanterie qu'il avoit; qui fut une fort signalée victoire et qui fut fort prisée à la court, où j'estois lorsque les nouvelles s'y vindrent, et lorsque le roy tourna de Pouloigne. Estant en Avignon, il escrivit une lettre audict M. de Montbrun, un peu brave et haute et digne d'un roy, sur quelques prisonniers qu'il avoit pris, et quelque insollance faicte. Il respondit si outrecuydément que cela luy cousta la vie : « Comment! dist-il, le roy

---

1. Paul de Richien, seigneur de Mouvans. — 2. En 1574.

« m'escrit comme roy, et comme si le devois reco-
« gnoistre ! je veux qu'il sçache que cela seroit bon
« en temps de paix, et que lors je le recognoistray
« pour tel; mais en temps de guerre, qu'on a le
« bras armé et le cul sur la selle, tout le monde
« est compaignon. » Telles parolles irritarent tellement le roy, qu'il jura un bon coup qu'il s'en re-
pentiroit.

Au bout d'un an après ou quelques mois, il vint
faire une charge en Dauphiné, où, estant porté par
terre, fut pris et mené dans Grenoble par M. de Gordes [1], qui là estoit lieutenant de roy. J'estois lors à
la court, que M. de Berre [2], bon et vaillant capitaine
provençal, qui estoit présent à ceste charge, en porta
des nouvelles au roy, qui l'en gratiffia et en fut très-
aise, et dist : « Je le scavois bien qu'il s'en repenti-
« roit; il en mourra; et il verra ast' heure s'il est
« mon compaignon. » Et soudain manda à la court
de Grenoble de luy faire son procez et trencher la
teste, quoyqu'on luy remonstrast que cela tireroit
à conséquence et que les ennemis en pourroient
faire autant à ses serviteurs. Nonobstant tout, il
mourut.

Si ce M. de Montbrun estoit un bon homme de
guerre, M. de Mouvans, de mesme patrie ou des
confins, l'a esté aussi, et qui, de mesmes que l'autre,
a fort peu mis les armes bas despuis les guerres.
Quand le duc d'Albe passa vers Flandres, tout le
bruict commun estoit qu'en faisant semblant d'escu-

---

1. Bertrand de Simiane de Gordes. Voyez p. 445, note 1.
2. C'est, je crois, Louis de Berre, seigneur de Quelongue.

mer[1] Genefve, que tout à plat il l'alloit assiéger. M. de Mouvans s'y alla jetter dedans aveequ' un régiment de sept à huict cens bons hommes choisis (Dieu sçait comment!); si que l'on pense que telle trouppe reffroidist ledict duc et rompist son entreprise et desseing.

Aux troisiesmes troubles, lorsqu'il falut aux Dauphinois et Provançaux, et autres de la religion de là le Rosne, venir trouver M. le Prince, qui les avoit tous mandez pour la Guienne, tous les passages du Rosne estans pris et gardez soigneusement par ceux du roy et de M. de Gordes, et estans en tous les esmois du monde pour passer ceste tant grande, large et furieuse rivière, M. de Mouvans s'addonna de faire un vray traict de ces capitaines romains. Il vient donc sur le bord du Rosne, et y bastit un fort; et ayant par terre porté un petit batteau portant seulement quatre hommes, faict passer file à file, en peu de temps et en si grand' diligence, trois ou quatre cens hommes de par delà, et y bastit un autre fort vis-à-vis de l'autre, où il logea ses gens peu à peu; et en moins de rien, rend ces deux fortz bons et tenables, que ce fut une chose esmerveillable, et si soudainement faicte qu'on n'en sceut rien jamais jusques à ce que les fortz furent faictz et en deffence; par le moyen desquelz, et de ce petit bateau, se passarent plus de dix mill' âmes, et se rendirent avec les autres trouppes heureusement. Cas estrange, cer-

---

1. *Escvmer*. Ce mot, qui se retrouve dans les imprimés, est certainement une faute du copiste. Il pouvait y avoir sur le ms. original *escuiver* (esquiver).

tes, et dont il en fut faict une chanson ou vaudeville soldatesque et jollie, et s'accommançoit :

Mouvans a esté commandé.

que ces soldatz, par admiration et gloire d'un tel capitaine, chantoient en cheminant et soulageant le travail de leur chemin par ce moyen, à la mode des anciens advanturiers.

Après ce bel acte, qui ne se peut assez louer, il vint mourir en Périgord, à un petit village qu'on appelle Chante-Gelline[1], je croy le plus chétif du pays; et ce fut par sa faute, comme j'ay ouy dire à aucuns des siens; car M. d'Acier estant arrivé avec toute son armée à Sainct-Astier[2], M. de Mouvans, ne se voulant contenter du logis assez bon qu'on luy avoit donné, se fascha fort et maugréa fort, et, trop présumant de soy, desdaigna un peu M. d'Acier. Encor qu'il eust faict une grand' traicte de cinq bonnes lieus aux courtz jours d'hyver, il alla loger à deux grandes lieus par delà, à Menssignac, séparé de la grand' trouppe de ces deux lieus, croyant tant en soy qu'il battroit tout le monde qui se présenteroit devant luy, ainsi qu'il se vantoit, avec ses trouppes, la fleur de toutes ses autres, et son compaignon Pierregourde, qui estoit un jeune gentilhomme brave et fort hasardeux, duquel j'ay parlé parlant de M. le mareschal de Sainct-André.

On leur remonstra bien qu'ilz courroient fortune s'approchans près de Périgueux, où l'on faisoit cou-

1. Près de Périgueux, le 25 octobre 1568.
2. Dans la Dordogne, arrondissement de Périgueux.

rir le bruit que MM. de Montpensier, Martigues, Estrozze et Brissac devoient venir; mais ilz desdaignoient tout, disans tous : « Et qui nous pourroit « battre? les Strozziens?» (Ainsi appelloient-ilz les soldatz et capitaines de M. d'Estrozze.) » Ces braves, « qu'ilz y viennent! » encor qu'ilz les estimassent pour les plus braves et bons soldatz vieux des bandes, ne parlant point de ceux de Brissac, comme certes ilz n'avoient la vogue comme nous autres Strozziens; et disoient : « Nous autres diantres Provençaux, nous « les mangerons tous en un grain de sau[1]. » Mais il advint bien autrement, car les trouppes du roy, dont M. de Montpensier estoit général, s'estans approchées de Périgueux avecqu' une extrême dilligence, les surprindrent et deffirent.

Le brave conte de Brissac, pourtant, ayant gaigné les devans et faict les premières charges, voire quasi toutes, s'il faut dire ainsi, y acquist là le plus grand honneur, encor que M. d'Estrozze y survint à propos, et M. de Martigues.

Ceste victoire fut fort heureuse pour nous, car il y fut tué fort peu de gens des nostres, et nul de marque que le jeune La Chastre, dict Sillac[2], qui avoit une compaignie de gens de pied soubz Brissac : et disoit-on que Dieu l'avoit puny, car en ceste deffaicte il se monstra grand meurtrier et carnacier ; dont fut dommage, car ce fust esté un jour quelque chose de grand. Il y eut aussi de tué le seigneur d'Essé, filz de ce grand capitaine M. d'Essé.

1. *Sau*, sel.
2. Jacques de la Châtre, seigneur de Sillac, capitaine des gardes du duc d'Anjou.

On ne peut jamais trouver le corps de M. de Mouvans, et si fut fort recherché. Il y eut quelques-uns de ses soldatz qui affermarent qu'estant au combat, où il se monstra fort assuré et résolu, et se battit bien, comm' il avoit faict tousjours en tous lieux, il eut une grand' harquebuzade dans le corps, et le vist-on soudain tout plein de collère et rage et despit, s'appuyer la teste avec ses deux mains contre un arbre (car c'estoit dans une fourest, qu'on appelle la fourest de Fayolles, où fut la furie du combat), voire qu'il se donna de la teste par deux fois contre l'arbre, pensez plus de despit, d'ennuy et de regret d'avoir perdu ses gens, que de sa blessure. Ainsi qu'en cas pareil il arriva au généreux Cæsar-Auguste, lorsque Varrus luy perdist ses légions en Allemaigne, qu'on vist souvant donner de la teste contre les murailles, et de rage crier : « Rendz-moi mes légions, « Varrus ! » Et oncques plus ne le virent, disoient lesdictz soldatz. Son compaignon Pierregourde se trouva bien mort avecqu' une chemise bien blanche, desjà despouillé, et surtout une fort belle fraise, bien et mignonnement froncée et goldronnée, comm' on portoit alors, car il s'aymoit et se plaisoit fort : aussi estoit-il un fort beau gentilhomme, et de fort bonne grâce et fort vaillant.

Ces deux capitaines estoient renommez pour des meilleurs des trouppes et des plus hazardeux, et accompaignez des meilleurs hommes ; et s'ilz eussent vescu, ilz eussent bien porté nuisance à nostre party. Aussi M. le Prince les sceut bien regretter, et surtout M. l'admiral, qui sçavoit ce qu'ilz valloient.

Ilz s'advancèrent le plus qu'ilz peurent pour les recuillir, et vindrent jusques à Aubeterre, où ilz sceurent la nouvelle de la deffaicte, parce que M. d'Acier, sage, advisé et vaillant capitaine, et le chef général de tous, suivoit son chemin projetté et pourpensé, se retira luy et ses troupes sans mal ny combat, et tout l'eschet tumba sur le pauvre Mouvans et Pierregourde et leurs gens; et ont nommé despuis, la *Deffaicte des Provançaux*, encor qu'il y en restast force autres qui se sauvarent; car la trouppe, tant d'eux que de Dauphiné, de Languedoc, de Vivaretz, de Fouretz et de Bourgoigne, estoit très-grande et très-belle, et telle que j'ay ouy dire et affirmer à M. d'Acier, qui les mena, qu'il avoit avec luy vingt et deux mill' hommes de pied, dont il y en avoit dix-huict mille harquebuziers de nombre faict et bien compté. Si bien que M. le Prince et M. l'admiral les ayans joinctz, et s'advançans pour avoir leur revanche de leur deffaicte des Provançaux, et pour combattre M. de Montpensier, qui, de son costé estoit trop foible, s'advançoit pour se joindre à Monsieur, frère du roy, nostre général, et se mettre entr'eux deux et de les garder de se joindre, ainsi qu'ilz marchoient un jour en bataille et pensoient combattre, MM. l'admiral et d'Andelot demandarent à M. d'Acier quelques enfans perduz pour les jetter au debvant loing des battailles, ainsi qu'est la coustume. MM. l'admiral et d'Andelot se donnarent la garde qu'ilz virent quatre mille harquebuziers sortir hors des rangs, tous morions gravez et dorez en teste, tant de beaux fournimens et harquebuz de Milan, et tous hommes de bonne façon, de gente taille et dispos, qu'il n'y avoit rien à dire en eux, pour faire leur charge, et avec cela conduictz par de très-bons capitaines. Qui furent esbahis? ce furent M. l'admiral et M. d'Andelot; car ilz pensoient au plus ne voir que quelques mille à douze cens harquebuziers, comme d'autresfois qu'ilz s'estoient veuz; louarent fort ceste belle bande, et se pleurent fort à la voir, croyans qu'elle fairoit un grand effect.

Le capitaine Monains m'en fit le conte quelques temps après. Pour ce coup, ilz ne les mirent point en besoigne, mais ilz monstrarent à l'escarmouche de Jaseneuil ce qu'ilz sçavoient faire, laquelle fut l'une des plus belles qu'on eust veu de nostre temps, après celle de la Belle-Croix à Metz, qui fut le jour que le duc d'Albe vint recognoistre la place; et l'une et l'autre durarent quasi tout un jour, et l'une et l'autre furent faictes en un mesme temps d'hyver, et quasi en mesme moys : je croy qu'il ne s'en falloit pas quinze jours, car celle de Metz fut faicte le vendredy, vigille de la Toussaincts, et l'autre quelque quinze ou vingt jours dans le mois de novembre, ou sur la fin, si bien m'en souvient. Il y eut différance entre l'une et l'autre; car celle de Metz fut attaquée et soubstenue par les Espaignolz, qui ne pouvoient monter au plus haut qu'à six ou sept mille, et un régiment de lansquenetz; et celle de Jazeneuil le fut de plus de vingt mille harquebuziers : non pas que tout à coup ilz escarmouchassent et combattissent, mais par bandes et grosses quadrilles, dont la moindre estoit de quatre ou cinq mille; et se reffraichissoient les uns les autres, et ainsi que les uns venoient les autres se retiroient; et ce fut là où les nostres firent très-bien, qui n'estoient en si grand nombre, il s'en falloit beaucoup, qui les soubstinrent très-bien. MM. de Brissac et d'Estrozze y acquirent un très-grand honneur, et M. de La Vallette avec sa trouppe de gens-d'armes, et autres. J'ouys faire alors aux anciens capitaines ceste comparaison de ces deux escarmouches, qui avoient veu et l'une et l'autre.

Or parmy les bandes de M. d'Acier, il y avoit encore force maistres de camp, et de très-bons, et gentilzhommes de bonne part, comme estoit M. de Beaudiné[1], frère dudict M. d'Acier, jeune gentilhomme de ceste grande maison d'Acier et Cursol, mais pourtant vieux capitaine et soldat, et qui estoit fort estimé parmy les soldatz. Il fut tué au massacre de Paris.

Il y avoit aussi M. d'Anconne[2], lequel avoit un très-beau et bon régiment. Il en estoit bien digne, et conduisoit bien vaillamment tousjour où il falloit aller. Il avoit, en jeune fol, pris pour devise fort plaisante en ses enseignes ces mots : *Partout vit Anconne*. Ces motz ont deux entendes ; je m'en raporte aux personnes bien curieuses de les explicquer.

Il y eut aussi M. de Blacon[3], un vieux et très-bon capitaine du temps passé, et qui avoit veu les croix rouges aussi bien que les blanches ; encores mieux, car il avoit beaucoup fréquenté les guerres espaignolles en Toscane et ailleurs, et estoit un fort hom-

1. Galiot de Crussol, seigneur de Beaudisner. Il avait eu un frère aîné, Jacques, mort en 1562, qui avait porté aussi le nom de Beaudisner.
2. Antoine de Pracomtal, seigneur d'Anconne. La devise qu'il avait adoptée resta à sa maison.
3. De la maison de Vesc.

me de bien. Il a laissé un filz, qui est aujourd'huy M. de Blacon, gouverneur d'Orange, qui ne luy en doit rien, très-bon et vaillant capitaine. Il y avoit aussi aux trouppes dudict sieur d'Acier force autres bons capitaines, que je n'aurois jamais faict si je les voulois espéciffier, comme d'ailleurs il y en avoit d'autres, comme le visconte de Panas[1], gentilhomme de bonne part; jeune et vaillant homme; et celuy-là avoit le plus grand régiment de tous, s'il le faut prendre selon le nom gascon qui le porte ainsi.

Il y eut aussi un M. de Piles[2], lequel a esté un très-bon capitaine, vaillant et heureux, et qui avoit ordinairement un beau régiment; car il avoit si grand' créance parmy les soldatz, et mesmes avec ceux du long de la Dourdoigne, où il y en a d'aussi bons qu'en contrée de Guyenne, qu'en un rien il fournissoit trois ou quatre mill' hommes.

Aux premières guerres civiles, il en mena une assez belle trouppe à Orléans. Mais il n'y fit guières grand séjour, et s'en retourna, au grand mescontentement de M. l'admiral, qui l'en rabroua à son partement, disant que c'estoit de ces capitaines de plat-pays, qui ne vouloient demeurer hors de la maison en une armée plus d'un moys, sans tourner voir fumer leurs cheminées; et luy eust faict un mauvais party, à luy et à ses gens, et les vouloit faire mettre en pièces sur les chemins, sans M. le Prince. Ilz l'eussent trouvé à dire du despuis; car il les a bien servis, et mesmes au siège de Sainct-Jehan, qu'il tint

---

1. Louis de Brunet, vicomte de Panat?
2. Armand de Clermont, seigneur de Piles.

assez opiniastrement fort longtemps, arrestant le cours de la grand' victoire que Monsieur venoit d'acquérir par la bataille de Montcontour. Et certes, qui voudra considérer ce siège et la forteresse de la place, qui estoit alors très-bonne, et du despuis des meilleures de la France, dira pourtant qu'il devoit estre plus opiniastre, et veu aussi le nombre des gens qui estoient dedans, tant d'estrangers que d'habitans, et le beau secours qu'y entra, ainsi que j'en ay ouy discourir à de grandz capitaines, et comme à l'œil il se pouvoit voir. Et si l'on en donnoit la gloire audict M. de Piles, le capitaine de La Mothe[1] en avoit bien sa plus grand' part, car il avoit veu le siège du Petit-Lict en Escosse, soubz le bonhomme M. de La Brosse, lieutenant de roy, et soubz M. de Martigues, son couronnel, lequel a esté un des beaux et des longs, furieux, et des mieux assaillis et deffendus qu'on avoit veu il y a longtemps; et sceut si bien pratiquer à Sainct-Jehan ce qu'il avoit veu audict Petit-Lict, qu'il nous donna bien de la peyne.

Aussi M. de Martigues luy sceut bien dire, quand il demanda parler à luy sur la muraille : « Ah ! capi-
« taine La Mothe, vous pratiquez là dedans ce qu'a-
« vez veu et appris avec nous dans le Petit-Lict. —
« Ouy, monsieur, luy respondit-il, et n'en doubtez
« pas : mais je voudrois fort que ce fust contre ceux
« à qui nous avions affaire estant avec vous, non pas
« contre vous ny contre ceux de ma nation; car je
« suis fort votre serviteur. » Comme de vray il l'estoit, et le regretta fort après sa mort. Aussi M. de

---

1. Jean Fargue, dit La Mothe-Pujols.

Martigues le vouloit fort attirer à soy; ce qu'il eust faict avec le temps.

Ce fut luy qui fit ceste muraille seiche sur le haut de la bresche toute la nuit, qui le matin estonna nos gens et leur nuisit beaucoup.

Ledict Piles avoit aussi un sergent-majour, nommé le capitaine La Ramière, brave, praticq' et vieux capitaine, qui luy servit bien, et là et ailleurs.

Voylà que sert en telz endroictz un homme qui a veu. Celuy-là et La Mothe, pour ce coup, aydarent bien à la gloire dudict sieur de Piles, lequel dict sieur fut quelque temps après tué au massacre de la Sainct-Barthélemy à Paris, qui ne s'en fust pas doubté jamais, d'autant que, deux jours avant, le roy luy avoit faict cet honneur de luy commander de nager avec luy vers l'isle de Louviers, et de luy apprendre et de luy tenir le menton. Il eust esté à craindre que, si quelque devin luy eust anoncé telle fin, qu'il eust faict au roy un mauvais party. Ainsi les roys font et deffont les personnes comm' il leur plaist.

Or je n'aurois jamais faict si je voulois nombrer tous les maistres de camp de la religion, comm' ont esté les sieurs de Mouy, très-vaillant et honneste jeune gentilhomme; de Bourry[1] qui, despuis, quictant l'espée, a pris la robe longue, contre le naturel de tous quasi ordinairement; d'Aubigny[2], qui est bon celuy-là pour la plume et pour le poil, car il est bon capitaine et soldat, très-sçavant, et très-éloquent

---

1. Charles du Bec-Crespin, baron de Bourri.
2. Agrippa d'Aubigné, l'auteur de l'*Histoire universelle*, des *Tragiques*, du *Baron de Fœneste*, etc.

et bien disant, s'il en fût onc; de Charbonnière, très-vaillant; de Préau, gouverneur de Chastelleraud, très-vaillant et très-habile celuy-là; de Sorlut; de Couronneau; de Parabel[1], qui commande ast' heure dans Nyort; de Valiraux, le capitaine Deschamps, son compaignon; bref, un' infinité d'autres, que jamais on n'auroit faict, et aussi que l'histoire de nostre temps ne faudra, si croy-je, de les nommer et raconter leurs valeurs et mérites.

Et nonobstant, si je n'avois autre œuvre à faire qu'à parler, tant d'eux que des nostres catholiques, ma foy, j'en penserois bien autant dire que toutes nos histhoires, pour avoir cognu la plus grand' part et veu aux affaires, mais non pas tous, car il faudroit que j'eusse eu cent corps et deux cens yeux, et aussi qu'il me plairoit fort de parler d'eux, estant un très-grand plaisir, si me semble, de parler des gens vertueux et valeureux.

Je m'en tay donc, et reprens mon premier chemin des couronnelz.

1. Jean de Baudéan, comte de Parabère, mort en 1631 ou 1632.

FIN DU CINQUIÈME VOLUME.

APPENDICE.

ADDITIONS ET CORRECTIONS.

Tome II, p. 327.

L'anecdote du prédicateur et de M. de Joyeuse est rapportée, à la date du 27 mars 1583, par l'Estoile, chez lequel l'interlocuteur de Poncet n'est plus le duc de Joyeuse, mais le duc d'Épernon.

Tome III, p. 119.

La tapisserie du *Triomphe de Scipion*, dont parle Brantôme, était encore à la fin du siècle dernier conservée dans le Garde-meuble de la couronne. C'est du moins ce qu'à l'article *Garde-meuble* nous apprend le *Dictionnaire historique de la ville de Paris*, par Hurtaut (publié en 1779), qui en parle avec quelque détail. Nous ne savons si elle existe encore aujourd'hui.

Tome V, p. 109 et 110.

L'épitaphe dont Brantôme cite le 25e et le 26e vers est de Molinet. Elle est rapportée dans les *Annales de Bourgogne*, de Paradin, livre III (1566, p. 919).

Tome V, p. 176.

L'assassinat du maréchal d'Aumont eut lieu en 1579. Voici comment il est raconté par l'Estoile : « Le 29 mai à six heures du soir, Beaupré, gentilhomme de Berry, qui se disoit avoir été outragé par le sieur d'Aumont, accompagné de cinq autres bien montés, vint charger ledit d'Aumont en son carrosse, près la porte de Bussy, avec M. de Bouchemont et les dames de Retz et de la Bourdaisière, à grands coups de pistolet; et fut ledit d'Aumont blessé d'un coup de pistolet, dont les balles lui froissèrent les os du bras droit. Le seigneur de Bouchemont, qui n'était pas de la querelle, faisant contenance de sortir du carrosse, fut tué sur le champ. On disoit que Beaupré étoit venu de sa maison à Paris, en habit de cordelier, pour ce que en ce mois s'y assembloit le chapitre général, afin de n'être pas reconnu. D'Aumont leur fit faire leur procès par le prévôt de l'hôtel, et furent en juillet décapités en figure au bout du pont Saint-Michel, et, entre autres, Beaupré, conducteur et chef de l'assassinat, sur la figure duquel furent faits ces vers :

> Belpratus jacet hic, princepsque caputque latronum;
>   Non jacet; immo alta de cruce pendit adhuc.
> Supposita est quondam Graiis pro virgine cerva;
>   Fœnum pro prato nunc quoque suppositum est.
> In cruce cæsa nihil post vere colla timeret,
>   Pro ficta at metuit nunc cruce mille cruces.

Tome V, p. 388, note 2.

Le capitaine R. de Valesergues, lisez : *le capitaine Valesergues.*

FIN DE L'APPENDICE.

TABLE DES MATIÈRES.

M. DE MONTPENSIER. Notice, p. 1 à 26.

M. de Montpensier, descendant de saint Louis qu'il veut prendre pour modèle, 1-2, 24; son grand-père, Gilbert de Montpensier; observations sur le traité d'Atelle conclu par celui-ci; Philippe de Commines, cité, 2-3. Enfants de Gilbert : Louis de Bourbon qui meurt sur le tombeau de son père; le connétable Charles de Bourbon; François de Bourbon; Louise de Bourbon, princesse de la Roche-sur-Yon; Suzanne de Bourbon, 4-5. Brantôme voit Louise de Bourbon à Champigny; mort de cette princesse, 5. M. de Montpensier recueille une partie des biens du connétable par le moyen de sa femme Jacqueline de Longwic que servait M. d'Orléans, 6-7; né pauvre, il meurt le prince le plus riche de la France; Fontaine-Guérin, lieutenant de sa compagnie; dicton sur cette compagnie, 8-9. Il est pris à la bataille de Saint-Quentin; devient gouverneur de Touraine et d'Anjou; ses cruautés et sa perfidie envers les huguenots, 9, 10. Le capitaine des Marays; le cordelier Babelot; M. de Montoiron, guidon de M. de Montpensier; dicton et anecdote sur lui, 10, 11, 12. Punition de l'adultère chez les Romains; Nicéphore, cité (à tort), 11, 12. Chavigny, Puygaillard, Richelieu, 13. Ambition du duc de Montpensier qui veut inutilement succéder au roi de Navarre comme lieutenant général, 13, 14. Il est lieutenant du roi aux guerres civiles; il veut faire pendre La Noue qui est sauvé par M. de Martigues; ses capitaines, 15, 16. Il assiége et prend le château de Lusignan, qu'il fait raser; beauté du château construit par Mélusine, 16. Visite que la reine-mère fait avec Brantôme aux ruines du château; ce qu'elle en dit, 16, 18 ; les matériaux sont donnés à Chemerault qui en fait bâtir sa maison de Marigny ; Sainte-Soline, qui était capitaine du château, se laisse surprendre par les huguenots, 18. Ce que Brantôme entend dire à un vieux morte-paye sur la visite que Charles-Quint fit au château ; ce que les vieilles femmes racontèrent à l'empereur sur les apparitions de Mélusine, 18-20. Geoffroy à la Grand'Dent. Déconvenue de M. de Montpensier qui, au sacre de Henri III voulait prendre rang avant son beau-frère M. de Guise, 20-22. Brantôme envoyé par le roi vers La Noue à la Rochelle, 21. M. de Montpensier refuse de marcher contre François d'Alençon auquel il fait accorder des trêves, 22, 23. Sa querelle avec M. de Nevers où il est soutenu par le roi Henri de Navarre et les huguenots, 23. Paix qu'il fit avec ceux-ci ; veut imiter saint Louis. Cruauté de Charles d'Anjou contre Mainfroi et Conradin ; ses revers ; ce qu'on en dit dans Naples à Brantôme, 24, 25. Enfants de M. de Montpensier. Vies de Henri III et de Henri IV écrites par Brantôme, 26.

M. LE PRINCE DE LA ROCHE-SUR-YON. Notice, p. 26 à 30.

Bon catholique comme son frère M. de Montpensier, 26. Il est nommé gouverneur de Charles IX au-dessus de M. de Sipierre ; éloge de celui-ci, 26-27. M. de la Roche-sur-Yon devient riche par son mariage avec la maréchale de Montejean ; son voyage en Espagne ; sa libéralité ; avarice de son frère. Il meurt sans enfants ; son fils le marquis de Beaupréau est tué accidentellement par le comte de Maulevrier ; colère du prince contre celui-ci qu'il veut tuer, 28-29. Sa loyauté ; surnommé le *Grison fidèle* par sa maîtresse ; sa querelle avec M. d'Andelot, 29. Sa sagesse ; est gouverneur de Paris après la bataille de Saint-Quentin, 30.

M. LE MARESCHAL DE SAINT-ANDRÉ. Notice, p. 30 à 47.

Son amour des plaisirs et du luxe ; sa maison de Valery, 30. Tapisserie représentant la bataille de Pharsale achetée par M. de Vieilleville ; tapis de Perse. Sa veuve donne la maison et les meubles au prince de Condé, 31 ; sa valeur à la bataille de Cerisoles ; sa rivalité avec M. d'Enghien. Grand favori du dauphin, qui devenu roi le nomme premier gentilhomme de sa chambre, et maréchal de France, 32. Il est envoyé en Angleterre pour jurer le traité de Boulogne et porter l'ordre de Saint-Michel au roi Édouard qui lui donne l'ordre de la Jarretière; erreur de Brantôme sur l'ordre de l'Annonciade, 33. Danger dont le maréchal est menacé en passant en Angleterre; il fait arrêter plusieurs navires flamands à Dieppe; représailles qu'exerce la reine de Hongrie sur les navires français à Anvers, 34-35. Il est fait prisonnier à la bataille de Saint-Quentin; surnom que lui donnaient les huguenots. Il ne peut empêcher la jonction de M. d'Andelot et du prince de Condé, 36. C'est lui qui donne le plan de la bataille de Dreux; ce qu'il dit à M. de Guise le matin de la bataille, 37; il y est fait prisonnier et tué par Baubigny, 38-39. Il s'empare, avec l'aide du trésorier Pineau, de Poitiers qu'il ne traite pas fort rigoureusement, 39-40. Sa belle retraite du camp de Valenciennes au Quesnoy, 40-45; sa devise; il fait donner par le roi 1200 écus au frère puîné de Brantôme, le capitaine Bourdeille qui avait été blessé à Metz et qui est guéri par Doublet, chirurgien de M. de Nemours; Ambroise Paré; Saint-Juste d'Alègre et M. de Guise, 45, 46. Noms des seigneurs qui suivaient ordinairement le maréchal de Saint-André; M. de Vieilleville lui succède comme maréchal de France, 46-47.

M. DE LA BROSSE. Notice, p. 47-49.

Son éloge; il est rencontré par Brantôme le matin de la bataille de Dreux où il est tué, 47-48. Il fut principal conseil de M. de Guise et gouverneur de M. de Longueville, 49.

M. LE MARESCHAL DE VIEILLEVILLE. Notice, p. 49 à 74.

Il est créé maréchal de France à la mort du maréchal de Saint-André qui l'avait fait nommer chevalier de l'ordre et gouverneur de Metz, 49. Il est soupçonné d'hérésie; mariage de sa fille; il laisse échapper le prince de Condé s'enfuyant à la Rochelle et qui lui envoie le capitaine La Trappe, 50-52; sa querelle à Rouen avec M. de Villebon à qui il coupe le bras, 53-54. Dicton sur lui, 54; envoyé en ambassade près de Ferdinand, il en reçoit un buffet d'argent doré que Brantôme voit chez lui, 54, 55. Sa négociation heureuse avec les Suisses; ce que Brantôme entend dire au connétable sur l'alliance avec les Suisses et le Grand Turc, 55, 56. Vie des soldats suisses en France, 56; ambassadeurs français à Constantinople défrayés de tout par les Turcs; noms de ces ambassadeurs, 56, 57. Les armées turques servant les rois de France payées par le sultan; siége de Rhodes; vieux livre cité à ce sujet; anecdote du grand maître d'Aubusson et d'Achmet-Pacha, 58. Avidité des Turcs; ce que Brantôme a entendu dire à Henri III sur les pensions que Philippe II payait aux grands de la Porte; défense de l'alliance de nos rois avec les Turcs, 59 à 69. La Noue, cité, 59. Singulier sermon de M. de Sainte-Foi, évêque de Nevers, 60; excuses de Charles-Quint à Soliman sur la prise de Monastir, 61; empêchement que François Ier apporte dans les guerres de Charles-Quint contre les Turcs; propos de huguenots à Brantôme sur la guerre à faire à l'Espagne; les huguenots abandonnent Henri IV en guerre avec Philippe II; leurs synodes, 62, 63. Ce que le baron de la Garde raconte à Brantôme, 63. François Ier empêche Soliman de détruire le Saint-Sépulcre, 64. M. d'Aramon sauve les chevaliers de Malte à Tripoli et est accusé injustement par le grand-maître Almeida qui fait mettre en prison le commandeur de Villiers, 64, 65. Charles IX sauve l'île de Candie par son ambassadeur à Constantinople, M. de Dax, 66. Anecdote que celui-ci raconte à Brantôme sur une belle Cypriote qu'il rachète à Constantinople; il était fort aimé des Turcs, 67. Les ambassadeurs français s'enrichissent tous à Constantinople; beaux meubles qu'en rapporte M. de Dax qui les lègue à madame de Savoie, 68; ambassadeur turc arrivé en France pendant l'entrevue de Bayonne, 69. De l'inutilité des soldats suisses; leur mutinerie au siége de La Fère; mot de Henri IV, 69, 70. Conspirations dans Metz déjouées par M. de Vieilleville qui y favorise la religion protestante, 70. Il prépare l'entreprise sur Thionville; sa mort, 71.

M. LE MARESCHAL DE BOURDILLON, Notice, p. 71 à 82.

Écuyer d'écurie de M. le dauphin; cadet du sieur des Bordes, 71. Il est envoyé lieutenant général en Piémont. Discussion sur l'exécution du traité de Câteau-Cambrésis à l'égard du duc de Savoie qui est appuyé par le roi de Navarre, 74. Mariage du seigneur d'Alluye avec Mlle de Piennes, 74, 75. Les Piémontais ne veulent pas se séparer de la France, 75, 76, 78.

M. de Bourdillon se laisse corrompre et rend les places de Piémont, 76-78. Son beau-père, le président de Birague, et Goutery secrétaire du président, 76, 77. Il est souvent utile de désobéir aux princes, 78-80. Henri III et son frère François d'Anjou, 78; Henri III et le prince de Condé; le connétable de Saint-Pol; M. de Ligny, 79. Mot d'un seigneur sur un roi qui portait un chapeau de paille, 80. M. de Bourdillon est nommé maréchal de France. M. d'Alluye rapporte de nombreux présents de la cour de Savoie et entres autres une chaîne d'or qui lui est gagnée au jeu par M. de Villequier dit *le gros*; railleries à la cour sur lui et M. de Bourdillon, 81.

M. DE LA CHASTAIGNERAYE. Notice, p. 82 à 89.

Il était oncle de Brantôme. Son duel avec Jarnac; duel de deux soldats à ce sujet, 82, 83. Il est blessé à l'assaut de Coni, au ravitaillement de Landrecies et à celui de Thérouanne. Comment il portait son drapeau. Souvenir qu'il avait laissé de sa vaillance à Péronne, 83, 84. Il est aimé de François Ier et de Henri II; il courait la bague avec le premier qui l'appelait sa nourriture et son filleul, 85, 86. Son habileté dans l'escrime; faisait venir des tireurs italiens; sa générosité; sa hauteur et son amour des querelles, 86, 87. Bussy d'Amboise lui ressemblait, au dire de Mme de Dampierre sa sœur. Poudres d'or, d'acier et de fer que son père lui faisait prendre avec ses aliments; sa vigueur et son adresse, 87. Mot de son père à ce sujet. Sa fille, Mme de L'Archant; comment il l'élevait au berceau, 88.

M. DE TAVANNES, MARESCHAL DE FRANCE.
Notice, p. 89 à 123.

Origine de ses ancêtres; ses commencements, 89. Il est accusé d'être la cause de la mort de M. de Dampierre; est lieutenant de M. de Guise en Bourgogne, 90; part glorieuse qu'il prend au combat de Renty; il est fait chevalier de l'ordre sur le champ de bataille, 90, 91. Digression sur la manière dont le collier de l'ordre a été souvent accordé, et comment il s'est avili, 91-114. M. de Chateaubriand; le capitaine Pasquier; Foissy, pourvoyeur de M. de Nemours; Montaigne, 92-93. Le marquis de Trans fait faire son maître d'hôtel chevalier de l'ordre;

comment à la cour on appelait ces chevaliers, 93. Le conseiller Saulière, huguenot, l'achète 500 écus; pasquin sur un chevalier, 94. Apostrophe à Louis XI, fondateur de l'ordre. Ordre de l'Étoile, 95, 96. Description du collier de l'ordre, 96, 97. Il était défendu de le vendre ou de l'engager, 97. Paul Jourdain des Ursins le renvoie au roi, 97, 98. Le petit ordre devait toujours être porté; chevaliers qui le cachèrent pendant une bataille, 99. Couronnes militaires chez les Romains, 100-101. Grand prince qui est décoré de l'ordre; ce qu'il en dit à Brantôme et à Strozzi, 101. Institution de l'ordre du Saint-Esprit par Henri III, 102. Anecdotes sur un chevalier qui fait fabriquer des titres pour établir sa noblesse, sur le maréchal de Raiz, 103-104. Comment on fait les maîtres-ès arts dans la rue aux Fers; anecdote sur le maréchal de Biron, 104. Collier de l'ordre donné à un seigneur en échange de chiens. Ce que la reine-mère dit à Brantôme au sujet de cette institution, 105. Pasquin sur Liancourt et Combaut; railleries que l'on faisait aux chevaliers, 106, 107. Chevalier du Saint-Esprit battu par les pages, 108. Réflexions sur l'ordre de la Toison d'Or; vers mis sur le tombeau de Philippe le Bon, 109, 110, et *Appendice*, p. 437. Les rois de France pensent un moment à s'emparer de cet ordre. Ce que M. de Lansac dit à Brantôme de l'ordre du Saint-Esprit comparé à celui de Saint-Michel, 111-112. Ordre de la Jarretière; ordre de l'Annonciade, 113-114; ordre du Croissant, 114. M. de Tavannes ne peut empêcher les reîtres de joindre le prince de Condé; siége de Chartres. Tavannes cherche à surprendre M. le Prince dans sa maison des Noyers qu'il pille; il donne les robes de la princesse à sa femme qui s'en pare à la cour, 115-117. Il gouvernait l'armée; ses démêlés avec le comte de Brissac que Brantôme entend s'en plaindre, 117, 118. Il conseille la paix après la bataille de Moncontour, 118. Il est avec Raiz le principal auteur de la Saint-Barthélemy. Menaces qu'il fait au prévôt des marchands et aux principaux de Paris qui ne voulaient pas consentir au massacre, 119. Sa cruauté; ce qu'il disait au peuple pour l'exciter à la tuerie; il ne sauve que la Neufville, 120. Projets qu'il conte au roi pour l'extermination des hérétiques; raillerie à ce sujet, 121. Sa mort; ce qu'un grand prince en raconte à Brantôme; il était compagnon de Coligny; comparaison de ces deux capitaines, 122.

M. LE MARESCHAL DE BIRON. Notice, p. 123 à 159.

Le plus vieux et le plus grand capitaine de la France; page de Marguerite de Valois, 123; est estropié par une arquebusade; guidon du maréchal de Brissac, puis gentilhomme de la chambre du roi; son dépit de ne pas être nommé chevalier de l'ordre; M. de Montpezat, 124, 125; il est tenu pour huguenot; service que lui rend le maréchal de Raiz, 125, 126. La *Promesse* de Ronsard, 125, 126. Biron pacifie la Provence; est fait maréchal de camp, 126, 127. Le vicomte d'Auchy, 127. Échecs de Biron à Jazeneuil et au Petit-Limoges; est mal mené par Monsieur et par Tavannes, 128, 129; est envoyé avec M. de Roissy pour faire la paix dite *paix boiteuse* et *malassise*, et négocie le mariage de Henri de Navarre avec la sœur du roi, 130. Les huguenots lui reprochent de les avoir trompés; il est proscrit à la saint Barthélemy, ainsi qu'il le raconte à Brantôme, 131, 132. Il est chargé de négocier avec La Rochelle au siége de laquelle il est malheureux, 133, 134. Ses intrigues pour empêcher la paix; rudes paroles que lui dit le duc d'Anjou; ce qu'il raconte à Brantôme, 134, 139. Il se retire en sa maison; est rappelé pour marcher contre les reîtres; Brantôme le voit arriver à la cour, 139, 140; anecdote sur le maréchal de Raiz, 139, 140. Il négocie la paix avec le duc d'Anjou, puis avec les huguenots à Bergerac; est nommé maréchal de France; conversation sur lui de M. de Bourdeille avec le roi de Navarre, 142, 143. Il est envoyé en Flandre avec le duc d'Anjou; est accusé de l'entreprise sur Anvers; y perd son second fils, M. de Saint-Blancard; le capitaine la Motte, renégat, 144, 145. Mauvaise conduite des Français dans leurs conquêtes. Regrets de Brantôme sur la mort de Monsieur; personnages dont il veut écrire la vie, 145. Conciliabule de Bourg-sur-Mer où assiste Biron que l'on veut gagner à la Ligue moyennant 30 000 écus; il commande l'armée en Guyenne et va trouver Henri III après l'assassinat du duc de Guise, 146, 147. Il reconnaît Henri IV pour roi à la mort de Henri III. Ses exploits et sa mort; réflexions de Brantôme sur la mort subite. Biron s'appelait un maître Aliboron, 148. Son habileté dans les affaires; son amour de la lecture; ses tablettes; le fou du roi Henri; les chevaucheurs de coussinet, 149. Son exploit à la Rochelle où il fait Campet prisonnier, 150, 151. Son humanité, 151. Sa libéralité; anecdote qu'il raconte à Brantôme, 152-154. Le curé de Saint-Eustache; le curé et les empoisonneurs; réponses de fous à Jules II, 155. Sa conduite lors de la capitulation de Saint-Jean-d'Angély, 154. Sa colère contre un cheval; son habileté à lever des plans et à placer son camp, 156. Éloge de son fils, 156, 157. Éloge de Mme de Biron. Anecdote sur Biron et son fils au siége de Rouen, 158, 159.

M. LE MARESCHAL DE MATIGNON. Notice, p. 159 à 175.

Il était fin Normand; est envoyé en Guyenne; ce que Brantôme, son cousin, lui dit à ce sujet, 159; son mot habituel et son juron, 160. Sa conduite à Bordeaux pendant la Ligue; comment il prend le château Trompette sur Vaillac, 161, 162. Sa guerre en Normandie contre Montgommery qu'il prend; ce que Brantôme dit à son sujet à la reine; propos de M. de Carrouges sur lui à la reine, 164. Le baron de Flers. Matignon est pris en amitié par la reine. Son infirmité, 165; ce que disait de lui Mme de Dampierre; son peu de capacité. Il est fait maréchal et assiége La Fère; son entrevue avec le duc d'Épernon, 166, 167. Ses démêlés avec lui au sujet de Bourg-sur-Mer; digression de Brantôme à ce sujet, 168-170. On prétendait qu'il avait un esprit familier; il s'enrichit dans son gouvernement de Guyenne et meurt le plus riche gentilhomme de France, 171, 172. Comment il meurt; réflexions sur la mort, 172. Il chasse d'Agen la reine Marguerite, 173. Sa douleur et ses paroles quand il perd son fils le comte de Thorigny, 174, 175.

M. LE MARESCHAL D'AUMONT. Notice, p. 175 à 178.

Sa mort honorable, 175. Il est nommé maréchal de France en remplacement de M. de Bellegarde; son attachement à Henri III; est blessé par le capitaine Villeneuve, étant dans un coche avec Mme de la Bourdaisière et Mme de Raiz; le roi va le visiter, 176, 177; *Appendice*, p. 437. Sa querelle avec M. de Beaupré; leurs enfants; blessure dont il mourut, 178.

M. DE CHAVIGNY ET M. DE LA VAUGUYON. Notice, p. 178 à 180.

M. de Chavigny devient aveugle; capitaine des archers de la garde du roi; son éloge, 179. M. de la Vauguyon; sa valeur au siége de Chartres; comparaison qu'on faisait de lui et des oiseaux de proie, 179, 180.

M. LE MARESCHAL DE LA CHASTRE. Notice, p. 180 à 182.

Estime que M. de Guise faisait de lui; Scipion et Lælius, 180; César et Labienus, 180. Conduite de M. de la Chastre pendant la Ligue; il assiége et prend Sancerre, 182.

M. DE MONTSALLEZ. Notice, p. 182 à 186.

Sa vaillance; grand ennemi des huguenots; sa mort heureuse à la bataille de Jarnac, 182; défait Poncenat en Auvergne au combat de Champoulin où assistait Brantôme, 183, 184. M. de Saint-Orens, 184. Digression sur les maréchaux de France, 184, 186. Capitaines huguenots ne se souciant pas d'être maréchaux de France, 185, 186.

M. DE LA NOUE ET M. DES DIGUIÈRES. Notice, p. 186 à 180.

Comment Lesdiguières est appelé par la reine-mère; ses exploits en Savoie et en Piémont, 186, 187. Il s'adonne d'abord aux lettres comme l'empereur Sévère; s'associe M. de Gouvernet; est beau-frère de M. du Guast qui refuse de lui conseiller de changer de parti, 188, 189.

M. DE MERCURE. Notice, p. 189 à 194.

Il est le dernier de la Ligue qui tienne contre le roi; ce que Brantôme entend dire sur lui, 190. Il soulève le peuple de Bretagne. Comment on doit traiter les paysans soulevés, 190, 191. Sa tentative infructueuse sur Fontenay le fait appeler *M. de Recule*; plaisant conte d'un gentilhomme guéri par les huguenots, 192, 193. Comment M. de Mercure recrutait ses troupes, 193. Éloge de sa femme; il est obligé de traiter avec le roi; va faire la guerre en Hongrie où il meurt empoisonné par les Allemands, 194.

M. LE MARESCHAL DE BELLEGARDE. Notice, p. 194 à 212.

Il est dédié à l'église et s'appelle d'abord le prévôt d'Oulx; un meurtre qu'il commet à Avignon le force de s'en aller en Corse près de M. de Termes son oncle, puis en Piémont où il se distingue, 196. Pris en amitié par le comte de Raiz, il reçoit une commanderie de l'ordre de Calatrava, en Gascogne, la seule qui soit en France, 196; ce que la reine d'Espagne en dit à Brantôme qui voyage avec lui, 197. Il va à Malte où il est bien reçu; très-bon duelliste. Monsieur le nomme colonel de son infanterie, ce qui le brouille avec du Guast, 198. Il suit Henri III en Pologne; service qu'il lui rend; ce que ce prince dit à Brantôme, 199. Il est fait maréchal de France et appelé le *Torrent de la faveur;* ce qu'en dit à Brantôme du Guast qui le ruine dans l'esprit du roi, 200. Plaintes que Bellegarde en fait à Brantôme et à Strozzi; on le charge d'assiéger Livron, 201. Envoyé en Pologne, il reste en Piémont, épouse sa tante la maréchale de Termes, trahit le roi et livre le marquisat de Saluces au duc de Savoie, 202. Le roi y envoie inutilement Lussan et d'Épernon; il accompagne le duc à une entrevue avec la reine mère et meurt empoisonné, 203; après lui son fils a le marquisat de Saluces qui finit par être perdu pour la France; le brave Espiart; d'Anselme. La Fin de la Nocle, 204. Rois qui aimaient à changer de favoris, 205. Mécontentement que reçoit Brantôme de Henri III, au sujet de la charge de sénéchal de Périgord et qui est donnée à son neveu d'Aubeterre; colère qu'il en ressent; il quitte le service du roi et forme le projet de vendre ses biens et de passer au service d'Espagne, 206-210. Il est blessé grièvement par un cheval et demeure quatre ans au lit, ce qui l'empêche de mettre ses projets à exécution, 211. Ce que le connétable et François Ier disaient d'un gentilhomme mal content, 211, 212.

M. DE LA VALLETTE. Notice, p. 212 à 215.

Il était beau-frère du maréchal de Bellegarde; ses exploits en Piémont, au camp de Valenciennes et ailleurs, 212, 213; il est

TABLE DES MATIÈRES. 449

nommé maître de camp de la cavalerie légère; belle compagnie qu'il avait à la bataille de Jarnac, 213, 214; est gouverneur d'une partie de la Guyenne; faveur de son fils M. d'Épernon qui l'honorait fort ainsi que sa mère, 214, 215.

M. PARISOT, GRAND MAISTRE DE MALTHE. Notice, p. 215 à 239.

Grand capitaine; siége glorieux qu'il soutient à Malte contre les Turcs, qui affirment avoir vu des diables combattre avec les chrétiens, 216, 217. Il envoie, après la levée du siége, le chevalier de la Roche en ambassade vers Charles IX; entretien que celui-ci eut avec le roi et la reine mère; propos du chancelier l'Hôpital et du connétable, 217, 219. Siége et prise, par Soliman, de Rhodes abandonnée par les princes chrétiens, 219-225. Les menées de Louis XI empêchent Philippe le Bon de faire une expédition contre Constantinople, 223, 224. Entrevue du grand maître Villiers de l'Isle-Adam et de Soliman, 225. Relation du siége par Jacques de Bourbon, 226. Diverses particularités du siége de Malte, 226-229. Projet que le grand maître avait formé de venir en France, il refuse le chapeau de cardinal, 229-231. Procession de la Fête-Dieu que Brantôme voit à Malte; portraits des grands maîtres, 231. Hospitalité que Brantôme et ses compagnons reçoivent du grand maître, 233. M. de Romégas et M. de Saint-Aubin, capitaines de galères appartenant au grand maître; exploits de M. de Romégas, Chansons en son honneur que Brantôme entend chanter à des esclaves turcs; sa rencontre avec un navire vénitien, 234, 235. Il conspire contre le successeur de M. Parisot et est mandé par le pape à Rome où il meurt empoisonné; accident qui lui arrive dans le port de Malte, 235, 236. Exploits de M. de Saint-Aubin; le chevalier de Lussan; le chevalier de la Douze, 236, 237. Éloge des chevaliers de Malte, 237, 238. M. Parisot parlait cinq langues; sa mort, 239.

LE ROY CHARLES IXe. Notice, p. 239 à 297.

Prophéties de Nostradamus sur lui; le livre des *neuf Charles*, 240. Couronnement de Charlemagne à Rome; Paul-Émile, cité, p. 241-244. Éloge d'Octave pour avoir vengé la mort de

J. César; réflexions sur les enfants qui ne vengent pas la mort de leurs pères, et ceux qui ne vengent pas celle des rois leurs bienfaiteurs, 244, 245. Assassinat du comte Téofe à Rome où était alors Brantôme, et comment vengé par ses fils, 246. Meurtre par M. de Mouy de Maurevel qui avait assassiné son père, 246, 247. Vengeance de M. de Guise sur Coligny, 247, 248. Octave; Tibère, les Parthes; Suétone, cité; éléphant envoyé à Charlemagne par Haroun-al-Rechid, 248. Cheval vert pris par Septime Sévère. Réflexions sur les vicissitudes de la fortune, 249, 250. Ardeur et vaillance de Charles IX; il veut combattre, et commander les armées, 250-252; ce qu'il dit au poëte Daurat, 251. Sa réponse à la reine au sujet de son sacre; son mot à M. de Sipierre, 252. Paix conclue avec les huguenots après la prise de Saint-Jean-d'Angély. Massacre de la Saint-Barthélemy; mot du roi à ce propos; sa dissimulation; son favori le maréchal de Raiz; origine de celui-ci, 253, 254. Sa mère, Mme du Perron, gouvernante des enfants de France; détestable influence qu'il exerce sur le roi auquel il apprend à jurer, à blasphémer et à fausser sa foi. Éloge de M. de Sipierre, 254, 255. Le roi est décidé par la reine et le maréchal au massacre, 255. Il tire de sa fenêtre sur les huguenots qui s'enfuyaient. Il ne sauve que sa nourrice et Ambroise Paré, 256. Il laisse assassiner par Chicot et son frère Raymond le comte de Larochefoucauld qu'il regrette, 257. Son mot en voyant le cadavre de l'amiral à Montfaucon; il assiste au supplice de Briquemault et de Cavagnes; sa cruauté, 258. Son changement de caractère et de physionomie après le massacre; avis de M. de Longueville à la Noue, 259. Digression sur le massacre; Eudes, duc d'Aquitaine et les Sarrasins; saint Pierre; Judas; saint Paul, 259-261. Clémence de César, de saint Louis, de Charles VII, de Henri IV, de François Ier, 262-263. Condamnation de Biron, mal défendu par son beau-frère la Force, 263-266. La belle Bradamante, 264. Paroles de l'amiral à Besme, de Pompée à son meurtrier; Catilina, 265, 266. Motifs de haine de Charles contre les huguenots : la journée de Meaux; la prise d'armes du mardi gras, 266, 267. Sa mort, 268-270; son testament, 268. Il fait prêter par tous les assistants serment d'obéissance à sa mère et de fidélité à son frère Henri; le vicomte d'Auchy et de M. de la Tour ne lui survivent guère, 269. Ses recommandations à Toquenot; ouverture de son corps; ce que Ambroise Paré dit à Strozzi et à Brantôme sur la cause de sa mort; vers à ce sujet, 270. On le croit empoisonné; détails sur sa maladie; son premier médecin, M. Mazille, 271. Discours qu'il tient quelques jours avant sa mort; sa réponse à la reine au sujet de la capture de Montgommery; comète qui présage sa mort; vision qu'il eut dans la forêt de Lyons, 272, 273. Visions de Charles VI et de saint Paul, 273. Ce qu'il dit à une dame au sujet des femmes; ses maîtresses; mot de Marie Touchet en voyant le portrait de la reine Élisabeth, 267. Amour du roi pour la chasse et pour les exercices violents du corps, 276, 281. Tournoi à Fontainebleau; combat du roi et de son frère Henri contre leurs maîtres d'armes Pompée et Silvie, 276-278. Il apprend à forger et fabrique de la fausse monnaie; ce que le cardinal de Lorraine lui dit à ce sujet, 278. Divertissement qu'il se donne un jour à la cour où il fait venir une bande de filous, 278-280. Son amour de la poésie; ses vers; son secrétaire Nicolas; son amour pour le jeu de paume; ce qu'il disait du séjour des maisons, 280, 281. Ses poëtes favoris; comparaison qu'il fait des poëtes et des chevaux; son éloquence; M. de Sipierre; le maréchal de Raiz; son précepteur Amyot, 282. Harangue qu'il fait au parlement, 283. Ses railleries sur l'avarice d'Amyot; calomnie à propos des traductions de Plutarque faites par celui-ci, 283, 284. Instructions sur l'Évangile qu'Amyot faisait au roi qui souvent chantait au lutrin ainsi que son frère Henri; chantres favoris du roi, 284, 285. Brantôme s'étonne qu'on n'ait point recueilli les beaux faits et mots du roi Charles, comme ceux d'Alphonse, roi de Naples, 285. Son livre sur la chasse du cerf; vers de Ronsard, 286. Réflexions sur le colloque de Poissy; mot du cardinal de Tournon à la reine mère, 287. Le cardinal de Lorraine, Pierre Martyr et Th. de Bèze, 288, 289. Libéralité du roi, qui enrichit trop le maréchal de Raiz; sa comparaison du peuple et des rivières, 289. Misères des ecclésiastiques sous son règne; sa devise; son oraison funèbre prononcée à Rome par Muret, 289-291. Nostradamus prédit à la reine mère que tous ses enfants seraient rois, 292, 293. Philippe le Bon, duc de Bourgogne, refuse de faire ériger ses États en royaume, ce que son fils Charles demanda inutilement à l'empereur Frédéric, 292. La reine change les noms de trois de ses fils, 292, 293. Ardeur du roi François II; sa haine contre le connétable de Montmorency, 293, 294. Brantôme fait, en terminant, l'apologie de son livre, 294-296. Allégorie sur la France qu'il vit autrefois à Rome; comparaison de la France et de l'Espagne, 295, 296.

DISCOURS SUR LES COURONNELS DE L'INFANTERIE DE FRANCE,
p. 296 à 435.

Couronnels de l'infanterie de France; discours à ce propos à la table de M. de Nemours, 297, 298. Les capitaines italiens Touzin et Bernardo; étymologies du nom de couronnel, 298, 299. Généraux qui ont mis pied à terre pour combattre avec les gens de pied; les tribuns romains; érudition de M. de Carnavalet, 300. Le grand maître des arbalétriers; le maître artiller, 300, 301. Ce qu'était autrefois l'infanterie de France; les *brigands*; les francs-archers; les archers; les arbalétriers gascons; les fantassins appelés *rustres*; les aventuriers; description de leur costume, 302, 303. Leur usage d'avoir une jambe nue; le capitaine Buno chaussé ainsi à un combat à la barrière au Louvre, 303, 304. Le capitaine Ramonnet pendu par ordre de Maximilien; vengeance qu'en tire Louis XI, 304. Soldats appelés *laquais* et *piétons* par Monstrelet; *soudoyers* et *pillards* par Froissard, 304, 305. Éloge du nom de *soldat*; le capitaine Flocquet; Paul Jove, cité à propos de l'entrée de Charles VIII à Rome; les bandes françaises composées en partie de gens de sac et de corde; costume d'un capitaine suisse sous Louis XII, 307. Arbalétriers gascons à Naples; arbalétriers désirés par Charles-Quint en Afrique, 308. Capitaines sous Louis XII; Bayard, 309, 310. Anecdote du capitaine Montmas, 310. M. de Mollard, les capitaines Jacob, Grammont, Maugiron et Bonnet à la bataille de Ravenne, 311, 312. Le capitaine Lorges; anecdotes sur l'ignorance de deux prélats, 312, 313. Claude de Lorraine, couronnel à Marignan; M. de Saint-Pol et M. de Montejean, couronnels, 313, 314. M. de Brissac, couronnel de toute l'infanterie française, ainsi que M. de Tays, 315. Ce que Brantôme entend raconter à Montluc au sujet de l'origine du nom de *soldados viejos* chez les Espagnols, 316-318. Recrues espagnoles que Brantôme voit à Naples, 319. Couronnels et capitaines espagnols, 317-320; maîtres de camp français : Montluc; le baron d'Espy; Aysnard; Favas; de Croze que Brantôme voit décapiter à Rouen, 321; de Boesse; mot de Montmas à Henri II sur l'état de capitaine de gens de pied; M. de Lorges, 322. M. de Jour; particularités sur lui; vieux capitaines espagnols, 323. Anecdotes sur des capitaines au siége de la Rochelle, 324; mort de l'empereur Adrien, 325. Capitaines qui n'ont jamais été blessés : M. de Sansac; M. de Nemours; le vidame de Chartres; Henri III; M. de Gouas; le capitaine Mons, 326, 327. Capitaines souvent blessés : Sainte-Colombe; la Route; de Courbouzon; Saint-Jean de Lorges; Crillon, 327, 328. Digression sur les hypocrites de guerre, 329. Ce que le duc de Guise dit à ce sujet à Brantôme, 330, 331. Conduite, au siége de la Rochelle, de Brantôme qui y est blessé d'un coup de pierre; dangers qu'il y court lui et Strozzi, 332-335. Mort du prince d'Orange à Saint-Dizier, 334. Mot de M. de Longueville sur les blessures; sortie des Rochellois où est blessé Crillon; le prince de Condé, 335, 336. Mot d'un capitaine sur la guerre; réflexions de Brantôme sur les blessures des grands, 336. Réponse de Brantôme à ses critiques. Création de trois maîtres de camp lors de la guerre civile; Sarlabous, Richelieu l'aîné, Remolle, 337, 338. Le capitaine Charry; le capitaine Calverat, 338. Prise du Havre; Remolle est envoyé en Provence sous M. de Biron; le jeune Sarlabous; querelle de l'aîné Sarlabous avec le capitaine Lagot, 339-340. Le jeune Lagot, gouverneur de Caen, puis d'Alençon, 340, 341. Création pour la garde du roi d'un régiment de pied dont Charry est nommé maître de camp; ses démêlés avec M. d'Andelot, 345. Il est assassiné avec la Tourette par Chastelier-Portaut, Constantin et Mouvans, 342, 343. M. d'Andelot est accusé par la reine d'avoir fait commettre ce meurtre, 343-344. Strozzi est nommé à la place de Charry; mort de Chastelier-Portaut à Jarnac; réflexion sur les vengeances, 345, 346. Strozzi ne prit jamais que le titre de maître de camp de la garde du roi, 346; le capitaine la Motte; les *Extravagantes;* suppression de la garde du roi, 347, 348. Strozzi créé couronnel; Brantôme a commission de lever deux compagnies, mais il n'en lève qu'une; Cossains; Sarriou; l'aîné Gouast; Maulevrier; Canillac; Saint-Géran; Besigny dit Nançay; Fabian de Montluc, 348, 349. M. de Muns, le gros la Berte et Aunous, maîtres de camp de M. de Brissac; capitaines de la garde donnée en Provence au chancelier de l'Hospital : M. de Muns, M. de Grille, M. de Bellegarde, 349, 350. La *petite paix;* la paix *boiteuse* et *mal assise;* vieux régiments envoyés au siége de la Rochelle, 350, 351. Le roi casse ses gardes après le siége de la Rochelle, et plus tard il crée deux nouvelles compagnies : les capitaines Lussan, Forian, du Massez, Poncenat, la Hillière, Sarret, Sarillac, de Busq, de Laval, de Bonouvrier, 352, 353. M. du Guast, maître de camp de la garde du roi, 352. Il est assassiné par le baron de Viteaux, 354, 355; était grand ami de Brantôme; son éloge ; particularités diverses sur lui, 355-360. Querelle de M. du Guast avec M. de Méru; M. de Souvré; la Cornière; Anguervuagues; les Puividaux, 358, 359. La charge de du Guast est donnée à Beauvais-Nangis puis à Crillon; Lavardin, 360, 361. MM. de Bussy, de Lucé et Lavardin, maîtres de camp, 361. Le comte de Martinengo, 362. Mort d'Ardelay, frère de Brantôme, 363. Énumération de divers maîtres de camp, 363-366. Les capitaines la Maurye et du Préau élevés par Brantôme; Blanchard de Cluseau, 364, 365. Éloge des soldats, 367-373. Origine de Francisque Sforce, du marquis de Marignan, de Tamerlan, de plusieurs empereurs romains, 368-370. Les capitaines Mignard et Requin avaient été laquais, 371. Soldat centenaire dans l'armée du prince de Parme, 372. Bandon de Coligny au siége de Saint-Quentin; caresses de M. de Guise aux soldats, 372, 373. M. de Guise et de Sainte-Colombe qui est blessé mortellement à la prise de Rouen, 374-376. César et un centenier, 376. Différence entre les soldats d'aujourd'hui et ceux d'autrefois, 377, 378. M. de Guise et le capitaine Saint-Estèfe à la prise de Calais, 378, 379. Sa rigueur envers les pillards, 379. Pilleries des soldats de nos jours, 380, 381; opinion de M. de la Noue, 381. Soldats français passant au service de l'Espagne après la paix de Cateau-Cambrésis; M. de Saint-Suplice; le capitaine la Solle, 382, 383. Soldat gascon, de la comté d'Armagnac, devenu pacha à la guerre de Chypre, 385. Jacques de Helly et Jacques du Fay à la bataille de Nicopolis, 386-387. Le capitaine Valesergues au service de Soliman, 388; le baron de la Faye et M. de Potrincourt, renégats, 388, 389. Le connétable du roi de Suède envoyé ambassadeur en France, était de la maison de Rive en Languedoc, 389, 390. M. de Vaux au service d'Octave Farnèse, duc de Parme, 391. Rencontre que Brantôme fait à Rome d'un comte napolitain qui était de la maison de Bourdeille, 391-393. Ancêtres de Brantôme, 393-

395; fausse citation d'un passage du *Morgante maggiore*, 393, 394. Légende sur les anciens seigneurs de Bourdeille, 394. Voyages de Brantôme; Strozzi l'empêche de prendre la croix à Malte, 395. Déception qu'il éprouve à la cour; ses plaintes sur sa mauvaise fortune; mot de Catherine de Médicis, 396, 398. Tradition en Périgord et en Saintonge sur les deux frères Barberousse, qui seraient des cadets de la maison d'Authon et de la maison de Montsoreau, 398-404. Coiffe de N. D., 400, 401. Tombeau du cadet d'Authon à Périgueux, détruit par les huguenots, 402; le baron d'Authon, 404. L'année 1566 est marquée par les voyages et les aventures des Français, 405. Gentilshommes qui allèrent à Malte avec Brantôme; détails sur leur voyage; le grand maître fait écrire leurs noms dans un livre, 406-408. Bonne réception que leur fait le pape; quelques-uns d'entre eux sont poursuivis par l'inquisition, 409-411. Mot du pape Paul IV, 411. Apostrophe de Brantôme aux Français, 411, 412. Maîtres de camp huguenots, 412 et suivantes; MM. de Montamart, la Lane, Bahu, de Fontenay, Saint-Auban, 414. M. de Pontdorsé (Comborcier), les deux frères de Gordes, dont l'un est estropié au siége de Rouen, 414, 416. Le capitaine Moneins; premier siége de Rouen par M. d'Aumale; mort de M. de Geargeay au siége de Rouen; les deux Languetot, 416, 417. Siége de Bourges; Genlis; les deux Saint-Remy; Saint-Martin l'*huguenot*; son combat avec Richelieu, 419. Le capitaine Brion, après le siége, s'attache au duc de Guise et est tué devant Rouen, 420, 421. M. du Poyet; Rouvray; M. de la Hunaudaye; la ville de Péronne ne veut pas recevoir en garnison la compagnie de celui-ci et reçoit celle de Brantôme, 421, 422. M. d'Harambure; M. de Montbrun, ses exploits; sa réponse à Henri III; il est pris et décapité; M. de Berre, 422-424. M. de Mouvans; ses exploits; chanson sur lui; sa défaite et sa mort à Mensignac, où sont tués Pierregourde, Sillac et d'Essé, 426-428. Cette bataille est appelée la *Défaite des Provençaux*; belle armée de M. d'Acier; ses arquebusiers, 429, 430. Escarmouches de Jazeneuil et de la Belle-Croix, 430, 431. M. de Beaudiné; M. d'Anconne; sa plaisante devise; M. de Blacon et son fils gouverneur d'Orange, 431, 432. Le vicomte de Panat; M. de Piles; sa défense de Saint-Jean-d'Angély où se distinguent le capitaine de la Mothe et le capitaine la Ramière, 433, 434. M. de Piles est tué à la Saint-

Barthélemy; anecdote à ce sujet, 434. MM. de Mouy, de Bourry, d'Aubigné, de Charbonnière, du Préau et autres capitaines huguenots, 434, 435.

APPENDICE.

Additions et corrections, p. 438.

FIN DE LA TABLE DES MATIÈRES.

TABLE ALPHABÉTIQUE.

Aumont (M. le mareschal d').. 175
Bellegarde (M. le mareschal de)................................... 194
Biron (M. le mareschal de)... 123
Bourdillon (M. le mareschal de).................................... 71
Brosse (M. de la).. 47
Charles IX⁰ (le roy)... 239
Chastaigneraye (M. de la).. 82
Chastre (M. le mareschal de la)................................... 180
Chavigny (M. de).. 178
Couronnels de l'infanterie de France.............................. 297
Diguières (M. des).. 186
Lesdiguières. Voy. Diguières......................................
Matignon (M. le mareschal de)..................................... 159
Mercure (M. de)... 189
Montpensier (M. de)... 1
Montsallez (M. de).. 182
Noue (M. de la)... 186
Parisot (M.), grand maistre de Malthe............................. 215
Roche-sur-Yon (M. le prince de la)................................. 26
Saint-André (M. le mareschal de)................................... 30
Tavannes (M. le mareschal de),..................................... 89
Vallette (M. de la)... 212
Vauguyon (M. de la)... 179
Vieilleville (M. le mareschal de).................................. 49

FIN DE LA TABLE ALPHABÉTIQUE.

9889 — IMPRIMERIE GÉNÉRALE DE CH. LAHURE
Rue de Fleurus, 9, à Paris

www.ingramcontent.com/pod-product-compliance
Lightning Source LLC
Chambersburg PA
CBHW070217240426
43671CB00007B/678